Darmstädter Arbeiten zur
Literaturwissenschaft und Philosophie

Darmstädter Arbeiten zur Literaturwissenschaft und Philosophie

Herausgegeben von
Matthias Luserke-Jaqui und Gerhard Gamm

Band 16

Stephan Snyder

Besonnen leben

Über Selbstsein und Verantwortung

Tectum Verlag

Stephan Snyder

Besonnen leben. Über Selbstsein und Verantwortung

Darmstädter Arbeiten zur Literaturwissenschaft und Philosophie
Band 16

Zugl. Diss. Technische Universität Darmstadt 2016 D17
ISBN: 978-3-8288-4020-1
ISSN: 1868-2847
eISBN: 978-3-8288-6785-7
Umschlagabbildung: Personal communication © pogonici/fotolia

Druck und Bindung: CPI buchbücher.de, Birkach
Printed in Germany

Besuchen Sie uns im Internet
www.tectum-verlag.de

Bibliografische Informationen der Deutschen Nationalbibliothek
Die Deutsche Nationalbibliothek verzeichnet diese Publikation in der Deutschen Nationalbibliografie; detaillierte bibliografische Angaben sind im Internet über http://dnb.ddb.de abrufbar.

Inhaltsverzeichnis

1. Einleitung

Sie liegen im Krankenhaus. Fast täglich werden Sie von ihrem Nachbarn besucht. Er lacht und leidet mit ihnen, heitert Sie auf und erledigt kleinere Besorgungen. Auf Ihren aufrichtigen Dank hin erwidert er knapp: „Ach, ich tue doch nur meine Pflicht". Ihr Nachbar ist also ebenso hilfsbereit wie bescheiden. Wer wollte nicht so einen Nachbarn? An ihm sollte sich ein Beispiel nehmen, wer Vertrauen, Rücksicht- und Anteilnahme großschreibt; wer die Zufriedenheit sucht, die mit der Sorge um sich und seinesgleichen einhergeht. Kurzum, ein Leben in innerer und äußerer Harmonie führen will. Ein gewisses Gefühl der Selbstzufriedenheit verspricht aber auch das Handeln aus *reiner* Pflicht.

Angenommen nun, ihr Nachbar wäre überhaupt nicht bescheiden. Würde tatsächlich nur seine Pflicht erfüllen. Also nicht wie von ihnen zunächst angenommen um ihretwillen, sondern ausschließlich aus Pflicht handeln. Dann wären sie für ihn im Grunde beliebig austauschbar. Wer aber wollte neben einemsolchen Nachbarn leben?

Beispiele wie dieses erhellen nach Michael Stocker das Grundproblem moderner Ethiken. Schlicht übergangen wird der *geliebte* andere Mensch. Aber auch das eigene Selbst. Nämlich, insofern es Gegenstand der *Sorge und Pflege* ist. Nur wenig Beachtung findet darüber hinaus der Bereich der Güte bzw. desmoralischen Verdienstes. Gleichsam vorverständigt zeigen sich moderne Ethiken hingegen über ihre kognitive Grundausrichtung; über ihr markt- (Glück und Nutzen) bzw. rechtsförmiges (Pflicht und Freiheit) Moralverständnis. Besonders ins Gewicht fallen für ihn allerdings deren nur einsilbige Antworten auf moralpsychologische Anfragen. Auf beiden Wegen der Moralbegründung wird das Selbst so am Ende gespalten; die Adressaten in einen Zustand „moralischer Schizophrenie" entlassen (Stocker 1998: 19 f.). Bezeichnend für moderne Theorien wären also eine gewisse Lücke zwischen Grund und Motiv.

Gleichwohl lassen sich beide Wege nicht einfach als „falsch" zurückweisen. Können sich beide Wege doch auf den gesellschaftlichen Wandel berufen. Charakteristisch für das Leben auf Höhe umfänglich versachlichter Abhängigkeitsverhältnisse ist die innere Leere, die sich (bisweilen) mit der Pflichterfüllung einstellt. Besonders deutlich hebt sich diese Erfahrung gegen den Hintergrund solcher Werte wie Liebe, Freundschaft und Mitgefühl ab. Gerade anhand der mit ihnen verbundenen Erwartungshaltungen kann also die schwerwiegende Umkehr-nachgezeichnet werden, welche das Nutzenkalkül belastet. Nicht weniger jedoch die Gesetzesform. Unterm Strich können die Adressaten moderner Theorien die Strukturen relationaler Sorge, in die sie nach wie vor eingelassen sind, so allenfalls noch mittelbar erfahren, nämlich durch die Brille subjektiver Vernunft (vgl. ebd., 39) Echte innere Harmonie und Zufriedenheit lassendiese also kaum erwarten. Was also wird den Adressaten durch diese in Aussicht gestellt? „[D]ie Harmonie eines in moralischer Hinsicht armen Lebens." (ebd., 22)

I

Inzwischen scheint es allerdings so, als sei ein gewisses Maß an Schizophrenie von Vorteil. Gleichsam unabdingbar für ein „reiches Leben". Vorgezeichnet könnte dieses mit sich selbst zufriedene Leben durch den Umstand werden, dass den Individuen nicht nur an selbstbestimmten Handlungen gelegen ist. Mindestens ebenso sehr verlangen sie nach einer *fairen* Behandlung. Vor allem dann, wenn in ihrem Namen gestraft, getadelt und moralisch geurteilt wird. Womöglich entpuppt sich das moderne Individuum ja von dieser Seite als „liebesfähig". Und womöglich ist es diese Tatsache, die nebenbei gesagt, gegen diejenigen spricht, die den Sitz der Moral in die Gene bzw. das Gehirn verlegen. Wie also ist es im Alltag um Liebe, Freundschaft, Zuneigung und Mitgefühl bestellt?

„Ich tue nur meine Pflicht." Der Satz kann Wohlwollen ausdrücken. Gegebenenfalls aber auch kränken oder beleidigen. Dankbarkeit somit in Groll, Zorn oder Übelnehmen umschlagen. Wer aber wird in diesem Sinn zur Verantwortung gezogen? Offensichtlich nur selbstverschuldet unmündige. Handelte es sich bei ihrem Nachbarn um einen geistig verwirrten oder kindlichen Sprecher, erschiene das Gefühl der Kränkung hingegen unangebracht. Übel stieße in dem Fall vielmehr das Übelnehmen auf. Schon der Volksmund weiß, „Kindermund tut Wahrheit kund.“ Narren und Kindern gegenüber wahren wir eine gewisse Distanz. Im Umgang mit ihnen dominieren Einstellungen und Haltungen, die vornehmlich Erziehung, Belehrung oder Therapie intendieren. Das gelingt im Umgang mit unseresgleichen kaum. Hier kommt nach Peter Frederick Strawson vielmehr das ganze Spektrum *persönlicher Beziehungen* zum Tragen. Das eigene Handeln prinzipiell verantworten muss danach, wer das Spannungsverhältnis zwischen den nicht-distanzierten wie instrumentell-objektiven Haltungen gegenüber seinesgleichen schlafwandlerisch sicher ausmisst. Bei wem also davon auszugehen ist, dass ihm die Zumutungen *verantwortlichen Handelns* grundsätzlich bekannt sind. (vgl. Strawson 2016: 208 f.)

Übelnehmen und Dankbarkeit bilden demnach Extreme. Sichergestellt wird ihre Polarität insbesondere durch die basale Forderung der Rücksicht- und Anteilnahme. Das zeigt sich nachgerade dann, wenn Wohlwollen, Zuneigung und Mitgefühl durch Einstellungen der Gleichgültigkeit, des Übelwollens oder der Verachtung abgelöst werden. Tritt ihnen jemand versehentlich auf die Hand, reagieren sie darauf ganz anders, als wenn dies mit voller Absicht geschieht. Obwohl die Tat und der Schmerz sich in beiden Fällen gleichen, stellt sich also nur hier das Gefühl der Kränkung ein. In diesem Fall gehen sie eben davon aus, dass ihr Gegenüber über Handlungsalternativen verfügte. „Er hätte anders handeln können“, das ist es, was sie ihm vorwerfen, was sie wütend macht. Der Trittlässt sich also nicht einfach wegerklären. Etwa durch den Verweis auf manipulative Einflussnahmen oder epistemische Belege, die dessen Fehleinschätzung der Situation erklären. In der Situation verfängt also keine der sprachlichen Wendungen, die ansonsten entlasten: Sei nicht zu streng mit ihm, denn „er wollte nicht“. Beruhig dich wieder, „denn er hatte nicht bemerkt“. Sie es ihm nach, er konnte nicht anders, „denn er wurde dazu gezwungen“, „sah keinen anderen Weg für sich“. Schau, „sie ließen ihm keine Alternative“ (vgl. ebd., 208).

Gesetzt nun der Fall, Ihr Gegenüber könnte sich auf diese Weise herausreden. Was würde sich dadurch ändern? Nicht viel. Ihr Gegenüber würde von ihnen weiterhin als jemand betrachtet, der seine

Gründe hat. Die Akzeptanz seines Entschuldigungsgrundes würde also nicht dazu führen, dass er Ihnen als jemand erscheint, dem gegenüber Sie nicht berechtigterweise die Rücksicht auf ihr Interesse erwarten/fordern können. Bezeichnend für die nicht-distanzierten oder teilnehmenden Haltungen sind demnach symmetrische Interaktionsverhältnisse. An der Stelle wäre so vielleicht gleich einem Missverständnis vorzubeugen. Gerade in der Fähigkeit zur objektivierenden Distanz, dem Außerkraftsetzen der gewöhnlichen reaktiven Haltungen und Praktiken, beweisen die Individuen ihre Menschlichkeit (vgl. ebd., 212). Das gilt umso mehr für den Bereich der Moral. D.h., für Urteile über Lob, Beifall und Verdienst auf der einen Seite, Empfindungen der Empörung, der Schuld und der Scham auf der anderen. Die Rücksichtnahme, die wir für uns selbst einfordern und bereit sind, anderen entgegenzubringen, fordern wir auch stellvertretend für andere. Normalerweise sind wir also sowohl willens wie fähig, am Schicksal anderer (aktiv) teilzuhaben. In enger Tuchfühlung mit den für pragmatische Kontexte beschriebenen Reaktionspraktiken wird der Bereich der Moral für Strawson so denn auch gerade durch diese Fähigkeit umgrenzt. Den moralischen Standpunkt einnehmen bedeutet, von solchen stellvertretenden oder wie es auch heißt, „verallgemeinerten Analoga" Gebrauch zu machen. (ebd., 217)

Aus Sicht von Strawson ist die Furcht vor dem „neuronalen Subjekt" demnach unbegründet. Vor denjenigen also, die den Sitz der Moral in das Gehirn verlegen; die, aus ihrer Sicht damit wohl nur folgerichtig, eine umfassende Revision der etablierten Zuschreibungspraxis verfolgen. So etwa für am zukünftigen Verhalten ausgerichtete Verfahren der Vorhersage, wie Strategien der Lenkung, Heilung und Therapie, werben. Besonders fragwürdig erscheinen in diesem Zusammenhang Beiträge, die Freiheit als „Abwesenheit von Zwang" definieren. D.h., den gesetzmäßigen Verlauf der Dinge nicht nur als vereinbar mit dem Freiheitsinteresse erachten, sondern diesen Verlauf als Vorbedingung für jede sinnvolle Rede über Freiheit begreifen. Dagegen gibt es aus der Sicht Strawsons nichts einzuwenden. Im Gegenteil. Dagegen dürfte nur etwas vorbringen wollen, für wen verantwortliches Handeln von stärkeren Freiheitsprämissen abhängt (vgl. ebd., 203). An ihren eigenen Ansprüchen gemessen scheint jedoch folgendes bemerkenswert. Obwohl sie offensiv für sozialtechnologische (Groß-)phantasien eintreten, halten sie doch (insgeheim) weiterhin an den überlieferten Sanktionspraktiken fest. So werden von ihnen nach wie vor auf Ausgleich bedachte Ideen bzw. Redewendungen verwendet, die gemessen an ihren eigenen Nützlichkeitserwägungen bzw. Therapievorschlägen doch der veralteten Vorstellung einer gerechten, weil verdienten Strafe angehören. „Das soll er büßen", „er verdient kein Mitleid", „er hat seine Tat gesühnt" (Pothast 1987: 135). Unstimmigkeiten, die folglich bei denjenigen nicht auftreten, die mit der Willens- auch gleich die Handlungsfreiheit bestreiten.

Unser (praktisches) Selbstbild, so Strawson vor dem Hintergrund dieser Gemengelage, ist viel zu tief in die lebensweltlichen Zusammenhänge eingelassen, als dass es durch entsprechende theoretische Einsichtsgewinne ins Wanken gebracht werden könnte. Insbesondere die Menschlichkeit, die wir bisweilen an den Tag legen, entpuppt sich als unüberwindbare Hürde für das technisch grundierte Bewusstsein. Unterstellen wir unserem Gegenüber einmal nicht, dass er seine Gründe hat und diese auch nennen kann, dann geschieht dies nicht, weil wir zuvor die Argumente der Freiheitspessimisten angehört, für überzeugend befunden und verinnerlicht haben. An der Stelle könnte jemand nun einwenden wollen, ja aber was ist, wenn die Ingenieure am Ende doch Recht behalten? Die Frage ist also nicht, was wir jetzt tun, noch was wir dann täten, sondern was unter diesen Umständen „vernünftig" wäre. Müsste dann nicht doch einer umfassenden Revision des Systems sozialer Sanktionspraktiken zugestimmt werden? Ein Einwand, der nach Strawson nur auf den ersten Blick überzeugt. Verfehlt er doch den quasi unveränderlichen Bezugsrahmen der interpersonellen Beziehungen, der über den Unterschied zwischen intelligenten wie menschlichen Reaktionsformen zu rekonstruieren ist. Sehr wohl möglich ist danach, dass es innerhalb dieses Rahmens zu Modifikationen der Haltungen und Einstellungen kommt. Um den Einwand ernsthaft diskutieren zu können, müsste es jedoch auch möglich sein, über den Rahmen selbst zu disponieren. Das aber ist per definitionem unmöglich. Geliebäugelt würde hier also mit einer Position, die endlichen Vernunftwesen verwehrt bleibt. Wie aber wäre es, wenn wir uns auch nur für einen Augenblick in die göttliche Beobachterposition reflektieren könnten? Selbst dann, so Strawson, blieben andere Gesichtspunkte leitend. Nicht zuletzt Fragen, die dem gelingenden Leben gelten. Der

Einwand verrät für ihn so mehr über die Nichtzugehörigkeit des Sprechers denn über dessen Adressaten. Dem im Sinne einer theoretischen Doktrin geäußerten Konjunktiv „was wäre, wenn der Determinismus wahr wäre…“ könnten wir also ruhig gelassen begegnen (vgl. Strawson 2016: 216 f.). Was jedoch, wenn der Einwand die eingangs genannten Fairnessgründe avisiert? Also nicht von außen an die lebensweltlichen Sprach- und Interaktionsverhältnisseherangetragen wird, sondern sich aus diesen selbst speist? Als Ausdruck eines gegen den Reflexionsstopp gerichteten Gerechtigkeitsimpulses lesbar wird? Bleibt es auch dann noch bei der Gelassenheit? Darauf wird zurückzukommen sein.

Über die gewichtige Rolle, welche Liebe, Freundschaft und Mitgefühl im Alltag spielen, wird der Blick demnach frei für eine Konzeption menschlicher Freiheit, die den kritischen Dialog mit den (Natur-)Wissenschaften sucht. Lassen sich pragmatische und der moralische Kontext(e)im Sinn dieses realistischen Bilds der menschlichen Freiheit aufeinander beziehen, scheint der moralische Standpunkt also nicht zwingend um den Preis der Schizophrenie erkauft werden zu müssen. Maßgeblich für Stockers Diagnose war nicht zuletzt der tiefsitzende Konflikt zwischen dem geliebten anderen Menschen wie der Rücksicht gegenüber *allen* anderen? Strawson selbst deutet diesen Grundkonflikt des sittlichen Bewusstseins womöglich an. Nämlich dann, wenn er den Wert der Menschlichkeit sowohl in Beziehung auf den anderen wie sich selbst gegenüber betont. In diesem Zusammenhang scheint die Frage evaluativer Selbstverhältnisse durchzuklingen. Wendungen wie „Er war in letzter Zeit sehr angespannt“, „Er handelte unter Einfluss von Hypnose“, „Er wurde unter Drogen gesetzt, oder „Er war nicht er selbst“, verweisen auf (innere) Zwangszustände bzw. vorübergehende Ausnahmesituation. Konfrontiert mit solchen Situationen sind allem Anschein nach reaktive Haltungen angemessen, die das Spannungsgefälle zwischen den beiden grundlegenden Interaktionsformen sowohl durchlaufen wie im Zuge dessen mit dem Bild der multiplen Persönlichkeit *spielen*. „Er war nicht er selbst“, was also tun?

> „Wir werden dem Mann, der er ist, die Handlung nicht übelnehmen, die von dem Mann getan wurde, der er nicht ist; oder wenigstens werden wir es in geringerem Maße tun. Wir müssen normalerweise mit ihm unter normaler Beanspruchung umgehen; also werden wir ihm gegenüber dann, wenn er so handelt, wie er es unter abnormaler Beanspruchung tut, nicht diejenigen Gefühle haben, die wir ihm gegenüber gehabt hätten, wenn er

so gehandelt hätte, wie er es unter normaler Beanspruchung täte." (Strawson 2016: 210)

II

Freiheit birgt Risiken. Umso mehr in unübersichtlichen Zeiten. „Ich stehe mit beiden Beinen fest in der Luft". Durch solche Metaphern wird inzwischen schon von Jugendlichen ihr Lebensgefühl umschrieben (Heitmeyer 2005). Ambivalenz und Kontingenz sind demnach längst keine Vokabeln mehr nur für das soziologische Seminar. In Diktion dieser Seminare: Die Individuen leben heute in einer zunehmend entgrenzten Welt. In einer Welt hochgradig vermittelter Handlungszusammenhänge, in der Verantwortungszuschreibungen zwar immer öfters ins Leere zielen, dabei jedoch paradoxerweise als immer notwendiger erfahren werden. In Termini der technischen Rationalität ausgedrückt, einer Welt der Grenzwertbemessungen und ungewollten Nebenwirkungen; in Termini der sozialen Rationalität ausgedrückt, der organisierten Verantwortungslosigkeit und Eigenverantwortung. D.h., der auf den Schultern der Einzelnen abgeladenen und von ihnen in individueller Eigenregie zu bewältigenden systemisch induzierten Widersprüche (Beck 1986).

Sowohl außer- wie innertheoretische Gründe sprechen demnach für das „Gehen ohne Grund". Für besonders förderlich gilt in diesem Zusammenhang das Wissen um den Bedingtheitscharakter der menschlichen Freiheit. Worauf aber beruht die Forderung der wechselseitigen Rücksichtnahme? Aus Sicht Harry G. Frankfurts kommen wir diesbezüglich kaum umhin, die Realität der Liebe anzuerkennen. Die Liebe, davon zeigt er sich zutiefst überzeugt, hält uns fest im Griff. Sie ist es, die im Wesentlichen unsere Denk- Wahrnehmungs- und Handlungsschemata strukturiert. Völlig verfehlt wäre an der Stelle allerdings der rationalistische Umkehrschluss. Vollständig begriffen wird die Liebe von uns nie. Im Gegenteil. Ausgezeichnet sind ihre Gründe gerade durch ihre prinzipielle Unverfügbarkeit.

Frankfurt teilt demzufolge das Wissen um den Bedingtheitscharakter der menschlichen Freiheit. Vertieft und verschiebt dieses jedoch. Er vertieft es, indem er Freiheit als Aneignungsprozess ausbuchstabiert; er verschiebt es, insofern erdenvernünftigen Gründen misstraut. So wird von ihm gegen die Prärogative von Vernunft und Moral augenscheinlich nicht die romantische Liebe ins Feld geführt. Phantasien der Leidenschaft, Anziehungskraft, Intimität, Eifer- und Sehnsucht spielen nur eine untergeordnete Rolle. Vertieft und verschoben wird das Wissen vielmehr durch die Liebe als Inbegriff der Sorge. Teilt Frankfurt an der Stelle also tugendethische Ansichten? Immerhin scheint es ja so, dass er der inneren Harmonie eine zentrale Rolle beimisst? Umgangssprachlich wird der Zustand der Selbstzufriedenheit mit Attributen wie Arroganz und Überheblichkeit oder dem Stolz auf die eigene Leistungsfähigkeit in Verbindung gebracht (vgl. Frankfurt 2014: 105 f.). Neuerdings, d.h., gegen den Hintergrund beschleunigter gesellschaftlicher Verhältnisse (rasender Stillstand), jedoch auch als Verstoß gegen die sich quasi wechselseitig steigernden Apelle der Selbstvermarktung und -optimierung wahrgenommen. Dagegen wurde dieser Zustand eingangs als tugendethische Leitidee vorgestellt. Vergleichbares wurde dabei jedoch auch für die Pflichtenethikbehauptet.

Der Begriff der Selbstzufriedenheit wird demnach sowohl im Kontext lebensweltlicher wie gesetzesförmiger Ethiken als eine Art Fluchtpunktbestimmung ausgewiesen. Frankfurt nun verortet den Begriff gleichsam quer dazu. Zum einen, indem er den Kontroll- und Verfügungsanspruch des Selbst begrenzt. Zum anderen, indem er den Zustand der Selbstzufriedenheit ausdrücklich aus dem moralischen Gleis löst. Für unsere praktische Lebensführung, so Frankfurt, sind weniger Gründe und Beweise relevant, denn Strategien des Verstehens, der Klarheit und des Vertrauens (vgl. ebd., 35). So setzt er dem rationalistischen Selbstbild ungefähr folgendes Credo entgegen: Bevor Sie sich Fragen, worum Sie sich sorgen *sollen*, sollten Sie sich Fragen, worum Sie sich *tatsächlich* sorgen. Wer oder was sind denn die Dinge, Wesen, Personen, Gruppen oder abstrakte Ideen, um die Sie sich mit Hingabekümmern? (vgl. ebd., 33) Übereilt wäre allerdings, daraus den Schluss zu ziehen, dass die Forderungen der Moral gänzlich unwichtig wären. Nur sind sie vielleicht nicht ganz so wichtig, wie gemeinhin angenommen. Auf die mit kleinem i geschriebene Frage „Warum soll *ich* moralisch sein"? kann es aus Sicht Frankfurts also keine definitive Antwort geben.

Offenbar täuschen wir uns nur allzu oft selbst darüber, was uns wichtig ist. Verfolgen wir im Brustton der Überzeugung Pläne und Ziele, die uns in Wahrheit innerlich kalt lassen, während wir gleichzeitig die Dinge, die uns am Herzen liegen, vernachlässigen. Gleichwohl sucht wohl jeder, dem eigenen Leben Sinn und Bedeutung zu geben (vgl. ebd., 100). Von der aufrichtigen Suche nach Antworten auf die Frage, was einem wirklich wichtig ist, hängt so nach Frankfurt ab, ob das „Gehen“ gelingt: „Sich selbst ernst nehmen“ lautet die Maxime. Worin aber besteht die Selbstzufriedenheit? Darin, sich in Verweisungszusammenhängen wieder zu finden, aus denen heraus das eigene Leben für sich und andere als bedeutsam erfahren werden kann. Das könnte man zumindest in einer ersten Annäherung antworten. Wobei die Antwort selbstverständlich beide Seiten der Lebensführung einbegriffe. Also sowohl für das gelingende wie das misslingende Leben gälte. Nach Frankfurt ist uns die Selbstliebe also nicht einfach im Sinne einer einfachen Neigung gegeben. Vielmehr entpuppt sich diese als das Ergebnis harter Arbeit. Der französische Philosoph Michel Foucault würde an der Stelle wohl vom Üben, dem „Gebrauch der Lüste“ sprechen. Wie dem auch sei, wer sich im Sinne Frankfurts selbst liebt, entdeckt hauptsächlich in den Gewinnen, Verlusten und Enttäuschungen der Liebe die Risiken der Freiheit.

Ermöglicht und zugleich notwendig werden diese fortwährenden Anstrengungen der Sorge nach Frankfurt aufgrund der praktischen Selbstbeziehung, die den Menschen auszeichnet. Der Mensch kann sich noch zu seinen Wünschen verhalten: sein *wollen, wollen*. Von dieser Fähigkeit ist es nicht weit zum Willen. Was das einzelne Individuum will, kann demnach geklärt werden, ohne dass der Wille dafür irgendwo lokalisiert werden müsste. Manche Wünsche gelten als Ausdruck der Phantasie und Sehnsucht. Sei es aufgrund der äußerlichen Umstände, denen sie sich verdanken oder aufgrund bestimmter persönlicher Dispositionen bzw. nicht vorhandener Fähigkeiten und Talente. Wohlgemerkt, damit wird noch nichts über die Intensität solcher „bloßen Wünsche“ ausgesagt. Andere Wünsche hingegen heben sich von diesen durch ihre Wirklichkeitstendenz ab. Letztendlich ist es jedoch so, dass nur einer der Wünsche *effektiv* handlungswirksam werden kann. Was also will die Person? Das klärt sich demnach über den

Wunsch, der sich unter der Menge der teils konfligierenden Wünsche bzw. Wunschmengen am Ende für sie als *Handlungsgrund* erweist.

Aus *eigener Einsicht* handeln verlangt also nicht, irgendwo im gesetzmäßigen Zusammenhang der Welt eine Lücke aufzuspüren. Im Gegenteil. Sich selbst bestimmen und sich bestimmen lassen, gehen Hand in Hand. Für heute hat sich Herr Müller vorgenommen, konzentriert an seiner Dissertation zu arbeiten. Sollte er sich nach dem Frühstück tatsächlich an seinem Schreibtisch einfinden, genießt er nach Frankfurt so viel Freiheit als Menschen möglich (vgl. ebd., 26). Sollte er hingegen noch während des Frühstücks und zu seiner eigenen Überraschung den Kindern spontan einen Zoobesuch vorschlagen, dann identifiziert er sich mit seiner Elternrolle womöglich stärker, als ihm bisher selbst bewusst war. Ob er sich in diesem Fall gleich selbst der Willensschwäche bezichtigen müsste, wäre damit jedoch noch nicht ausgemacht. Klar wäre nur, dass es eben nicht der Wunsch, sich durch den Wunsch der konzentrierten Arbeit bestimmen zu lassen, ist, der ihn motiviert (vgl. Frankfurt 1971: 10).

Wir können also Wünsche zweiter Ordnung ausbilden. Uns mit unseren Wünschen identifizieren oder uns von ihnen distanzieren. Im besten Fall uns so von uns selbst überraschen lassen. Im schlimmsten, die eigenen Wünsche jedoch als äußerlich und fremd erleben. Wann stellen sich solche Ohnmachtserfahrungen ein? In der Regel dann, wenn sich ein Wunsch auch dann noch gegen die eigene psychische Immunabwehr aufdrängt, obwohl er längst abgelehnt wurde. In solchen Situationen erleben wir uns nach Frankfurt gleichsam als passive Zuschauer am eigenen Handlungsgeschehen. Herr Müller schafft es an den eigenen Schreibtisch. Muss dann allerdings feststellen, dass seine Computerspielsucht wieder einmal stärker ist (vgl. ebd., 12 f.). Am Beispiel von Herrn Müller wird aber noch mehr deutlich. Erstens, es gibt zum einen Dinge, die *allen* wichtig sind, und zum anderen Dinge, die nur *manchen* oder auch nur *einzelnen* wichtig sind. Zweitens, mit wahrhaft objektiven Einstellungen im Sinne Strawsons müsste wohl rechnen, wer sich buchstäblich um nichts sorgte (vgl. Frankfurt 2014: 28). Herr Müller handelt unfreiwillig, ringt mit sich und scheitert. Nur wenigen dürfte es schwer fallen, sich in ihn hineinzuversetzen. Welchen Eindruck aber hinterließe er, wäre seine Entscheidung nicht Ausdruck eines zwischen Karriereanspruch, Elternliebe und Suchtverhalten ringenden Entschlusses, sondern schlicht eine Angelegenheit der puren Wunschintensität?

Es gibt Dinge, so Frankfurt, die für uns *vorstellbar* und doch zugleich *undenkbar* sind. Wie das zu verstehen ist, verdeutlicht er an einem Beispiel David Humes. Stellen sie sich jemanden vor, der vor die Wahl zwischen der Zerstörung der Welt oder einem kleinen Ritz am eigenen Finger gestellt, sich für die Zerstörung der Welt ausspräche. Verrückt? Wohl kaum. An dem Szenario ist nichts aberwitzig. Auch wenn dies *prima facie* so scheint. Denn nur wenig genügt, um zu erkennen, dass dieses Entscheidungsszenario gegen keines der fundamentalen Denkgesetze verstößt. Insoweit wäre Hume nichts hinzuzufügen. Für nicht wenige Autoren belegen die Gräuel des zwanzigsten Jahrhunderts ja auch nur zu genüge, dass der Vernunft kein überzeugendes Argument gegen den Gattungsmord zu entlehnen ist. Diese Autoren dürfte Frankfurt an der Stelle also auf seiner Seite wissen. Was Hume allerdings entgeht und nach Ansicht Frankfurts wohl auch der radikalen Vernunftskepsis, sind die unter praktischen Gesichtspunkten entscheidenden „Notwendigkeiten des Willens". Nicht weniger als das Denken zeigt sich auch das Handeln über Beschränkungen ermöglicht. Gibt es also Dinge, die wir selbst dann, wenn wir sie wollen, nie im Stande sind durchzuführen, dann aufgrund dieser Form praktischer Notwendigkeit. Nach Frankfurt sollte Humes Beispiel also ergänzt werden. Nämlich um eine Szene, die darlegt, wie die „Ohnmacht der Vernunft" je durch die „Macht der Liebe" korrigiert wird.

Für den Menschen kann das Achsenverhältnis von Vernunft und Liebe also aus dem Gleichgewicht geraten. Das eigene Leben führen heißt ja geradezu, stets die beiden Achsen neu aufeinander abzustimmen. Was jedoch niemals der Fall sein kann, ist, dass sich das Achsenverhältnis vollständig zur Vernunft hin neigt. An der Stelle hilft es laut Frankfurt, sich kurz ein Wesen vorzustellen, bei dem genau das der Fall wäre. Bei dem das Verhältnis also zugunsten der Vernunft entschieden ist. Bezeichnend für dieses Wesen wäre somit dessen nahezu vollständige instrumentelle Handlungs- und Weltorientierung. Dieses Wesen muss also keinesfalls so vorgestellt werden, als werde es qua Affekt- oder Impulssteuerung unmittelbar in seine jeweilige Umwelt eingepasst. Vielmehr zeigt sich dieses Wesen durchaus zu intelligentem Verhalten fähig. D.h. zu auf zielgerichtetem Handeln basierenden Anpassungsstrategien. Dieses Wesen könnte sich also durchaus zu sich verhalten. Würde also durchaus sein wollen, wollen können. Entscheidend für Frankfurt ist nun, dass aus dessen Wollen nichtsdestotrotz nie ein Willewerden würde. Denn dazu müsste dieses Wesen sich mit seinem Wunschidentifizieren können. Das aber ist ihm verwehrt. Dieses von Frankfurt als „Wanton" bezeichnete Wesen ist also durch seine absolute Gleichgültigkeit gegenüber der Tatsache, welcher seiner Wünsche gerade die Oberhand gewinnt, charakterisiert. Unter diesem Wesen sollte man sich also auch niemanden vorstellen, der gleichsam von einem neutralen Standpunkt aus über die in ihm widerstreitenden Wünsche wacht. Denn das setzte ja bereits voraus, dass dieses Wesen beide Wünsche als gleich respektable Alternativen für sich erachten könnte. Damit aber würde dessen Entscheidung nicht mehr wie gefordert nur aufgrund von Intensitätskriterien getroffen. Unvermeidlich würde das Wesen in der Sekunde, da dies der Fall wäre, also mit „volitionaler Vernunft" in Berührung kommen. D.h., sich an der Schwelle von Selbstbeschreibungen bewegen, die aus dem Horizont solcher Fragen erfolgen wie, „Was ist mir persönlich wichtig?", „Was für ein Mensch will ich sein?" „Welche Bewandtnis hat es mit meinem Leben"?

Hinsichtlich der Dinge, die uns wichtig sind, sind nach Frankfurt allerdings noch zwei Großgruppen unterscheidbar. Es gibt Dinge, die nahezu allen qua *conditio humana* wichtig sind und Dinge, die auf individuelle Erfahrungen zurückgehen. Nahezu jeder zeigt sich um den eigenen Nachwuchs, das eigene Überleben – sei es im Sinne der physischen Integrität oder der sozialen Existenz– besorgt. Daneben lassen sich jedoch auch persönliche Bindungen nachzeichnen, die auf die kulturelle und regionale Herkunft verweisen bzw. etwas über die eigene (im Zeichen von Bastelbiographien bzw. Patchwork-Identitäten vorgenommene) Persönlichkeitsbildung aussagen. Inwiefern sich jemand selbst ernst nimmt, dürfte sich von daher nicht zuletzt auch daran bemessen lassen, inwiefern er diese Notwendigkeiten beherzigt. Auch wenn es zunächst paradox klingt. Der Wille setzt die Individuen frei, indem er die Anzahl der Möglichkeiten einschränkt (vgl. ebd., 72 f.). Der Liebende, wie Frankfurt ihn versteht, kommt also nicht umhin, abzuwägen. Einerseits zwischen den Dingen, die ihm wichtig sind, wie seinen sonstigen Interessen. Andererseits jedoch auch unter den Dingen selbst. So scheint er mit tragischen Konfliktsituationen gleichsam von Haus aus vertraut. Ist die Liebe ein Wagnis, dann also nicht zuletzt deshalb, weil ihr eine gewisse Täuschungsanfälligkeit und Verletzlichkeit eignet. Auch im Kontext der Liebe heißt es so bisweilen „Er war nicht er selbst". Wie ist die Aussage hier zu verstehen?

Die Liebe stiftet Sinn. Maßgeblich für ihre Orientierungsleistung ist allerdings, dass sie in ihrer doppelten Bedeutung genommen wird. Noch vor den von uns geliebten Dingen, Personen und Ideen, geht es uns um die Liebe selbst. Worauf es in erster Linie ankommt, ist nicht *was*, sondern *dass* wir lieben. Darin nun ähnelt die Liebe laut Frankfurt den Endzwecken, die wir verfolgen. Hinsichtlich derselben ist uns nicht nur wichtig, dass wir sie *erreichen*, sondern mehr noch, dass wir überhaupt welche *haben*. Gewöhnlich nun wird das Verhältnis von Mitteln und Endzwecken so dargestellt, als ließen sich die Mittel eindeutig den Endzwecken zu- und unterordnen. Gegen den Hintergrund der angeführten doppelten Bedeutung der Liebe werden die Mittel nach Frankfurt jedoch zu den Zwecken herauf-, wie die Zwecke zu den Mitteln herabgezogen. So erscheint also das, was wir konkret erstreben, aus Perspektive des freigelegten Primärinteresses als Mittel. Auf vergleichbare Weise spaltet sich bei näherem Hinsehen jedoch auch die Mittelperspektive. Genauso wichtig, wie das Haben von Endzwecken, ist es, einer lohnenswerten Tätigkeit nachzugehen. Mit ihrem Nutzwert wird den Mitteln folglich immer auch ein intrinsischer Wert zugeschrieben. Gleichzeitig damit erscheint das Haben von Endzwecken als nützlich in Rücksicht auf den freigelegten Eigenwert der Tätigkeit. So geben sich die Endzwecke als nützlich zu verstehen, weil sie Bedingung der lohnenswerten Tätigkeit sind, wie umgekehrt die instrumentellen Tätigkeiten gerade weil sie nützlich sind, als intrinsisch wertvoll. Damit vergleichbar gestaltet sich nach Frankfurt also das Liebesverhältnis. Analog der Mittel/Zweck Beziehung ordnet sich der Liebende den Interessen des Geliebten unter. Wer liebt, wird buchstäblich das eigene Selbst los. Vergisst sich über die Sorge um den geliebten anderen. In der gleichen Bewegung macht er jedoch auch einen gewisseninstrumentellen Gebrauch von seinem Gegenüber. Denn durch die Bewegung hindurch zeichnet sich zugleich ab, wie wichtig ihm denn das Lieben um seiner selbst willen ist. Sorgt sich der Liebende auch um den anderen um seiner selbst willen, verrät er dabei notwendigerweise auch etwas darüber, was ihm das Lieben selbst Wert ist. Das Maß dafür, welchen intrinsischen Wert der Liebende der Tätigkeit des Liebensbeimisst, wäre also nicht zuletzt dessen Hingabe. Wichtiger als die Erfüllung einzelner Lieben ist so, dass wir überhaupt Lieben (vgl. ebd., 65 f.). Widersprechen sich Eigeninteresse und Selbstlosigkeit jedoch nicht? Im Falle der Liebe trügt diese Evidenz nach Frankfurt. Denn gesucht wird in der Liebe ja gerade die Selbstlosigkeit. Diese jedoch ist für den Liebenden stets nur indirekt erreichbar. Nämlich über die aufrichtige Sorge um den geliebten Anderen. Insofern der Liebende gewissermaßen die Welt durch die Augen des Geliebten sieht, sich mit ihm vereinigt (identifiziert), zeigt sich an der Stelle also zugleich, inwiefern echte Liebe keine heroische Selbstaufgabe fordert. Vorzüglich dann, wenn sich jemand über seine Liebe enttäuscht, ernüchtert zeigt, heißt es im Kontext der Liebe „Er war nicht er selbst". In diesem Zusammenhang bezeichnet die Wendung demnach ein beispielloses Zusammenfallen von Eigeninteresse wie Selbstlosigkeit (vgl. ebd., 69 f.).

Eine gewisse Familienähnlichkeit dürfte sich jedoch auch zwischen den Wendungen „Er war nicht er selbst", und „Ich weiß nicht, was ich will" ausmachen lassen. Worauf zielt dieser Selbsthader? Das Selbst bedarf eines Mindestmaßes an innerer Kohärenz. Aufgrund seiner reflexiven Struktur ist dieses somit nie ganz vor der Gefahr der inneren Zerrüttung gefeit. Das erklärt psychische Extremzustände. Doch auch schon Fälle häufiger Unentschlossenheit oder Willensschwäche können in diesem Sinne als Symptome psychischen Ungleichgewichts interpretiert werden. Entschlossenheit und Willensstärke im Umkehrschluss als Belege für eine gesunde Psyche. Was aber macht den willensstarken Charakter aus? Im Zusammenhang mit der Beobachterlogik wurde das Problem sich (unendlich) aufstufender Ordnungen (t^n) herausgearbeitet.[1] Anhand dieser Problematik wird nach Frankfurt deutlich, worin denn die Entschlossenheit und Willensstärke der Individuen auszumachen ist. Für den gesunden Geist bleibt die Anzahl der Ordnungen streng limitiert. Wer sich einmal entschieden hat, dessen Identifikation mit dem eigenen Wunsch durchzieht gleichsam alle

1 Im Kontext von Überlegungen zur Differenz von Wissen und Information kommt Gerhard Gamm zu dem Schluss, dass die Metapher des blinden Flecks den aufklärerischen Glauben an das Ganze insgeheim doch noch nicht aufgegeben hat. Durch die Metapher hindurch lassen sich die Züge des Mangels vernehmen,gegen die insbesondere der nachkantisch-idealistische Diskurs anschrieb (vgl. Gamm 2000: 197).

denkbaren Ordnungen. Wünschst du, durch den Wunsch dich auf deine Abschlussarbeit zu konzentrieren, motiviert zu werden? Auf die Fragekönnte Herr Müllernach Frankfurt nur mit Unverständnis reagieren. Mit anderen Worten, nur weil den Individuen Situationen der Unentschlossenheit und Willensschwäche nie ganz fremd sind, kann überhaupt der Eindruck entstehen, als ließe sich die Anzahl der Ordnungen endlos steigern. Unterschieden werden sollte also streng zwischen dem *ungeteilten* wie dem *geteilten Willen.* Zugleich damit sollte jedoch auch klar sein, dass auch der *ungeteilte* und der *gute Wille* nicht mehr in einem Atemzug genannt werden sollten. Denn die strukturellen Bedingungen der inneren Harmoniewerden schließlich auch von demjenigen erfüllt, der den Forderungen der Moral konsequent entgegen handelt. Sehr wohl in einem Atemzug genannt werden dürfen hingegen der ungeteilte Wille und der Zustand der Selbstzufriedenheit. Hinzugefügt werden müsste dem allerdings, dass mit sich selbst zufrieden sein und mit seinem Leben zufrieden sein nicht dasselbe sind. Auch derjenige, der dezidiert unmoralisch lebt, kann ja im Sinne der (hermeneutischen) Selbstsorge mit sich zufrieden sein. Noch nicht ausgemacht ist damit gleichwohl, ob er auch mit dem Verlauf seines Lebens in all seinen Schattierungen zufrieden ist. Das gleiche gilt jedoch auch für potenzielle Tugendhelden (Frankfurt 2007: 32). Mehr noch, Herr Müller bejaht seine Computerspielsucht. Hadert also keinesfalls mit sich selbst. Derselbe offenbart demnach nicht nur Symptome starker physischer und/oder psychischer Abhängigkeit, sondern setzt gleichzeitig willentlich alles daran, den angenehmen Zustand aufrechtzuerhalten. Herr Müller scheint also mit sich zufrieden. Gilt das aber auch gleich für das von ihm geführte Leben? Offensichtlich handelt Herr Müller unfreiwillig. Vom medizinischen Standpunkt aus betrachtet, ist er schlicht „nicht er selbst". Herr Müller konnte einfach nicht anders handeln. Auf der anderen Seite sind es jedoch nicht diese medizinischen Faktoren, die sein Handeln erklären. Denn selbst wenn er anders gekonnt hätte, hätte er der Beschreibung nach ja den Computer angeschaltet. Demnach genießt er auch in dieser, von außenbetrachtet unerfreulichen (Zwangs-)Lage all die Freiheit, die für uns wünschenswert ist. So provoziert Herr Müller also einen tief in der Lebenswelt verankerten Reflex. Obwohl er nicht anders handeln kann, scheint er für seine Tat verantwortlich (vgl. Frankfurt 1971: 20). In Zukunft sollte ihm also aufmerksamer zugehört werden. D.h., misstraut werden sollte ihm, wenn er versichert, „Ich wurde dazu gezwungen, *also* konnte ich nicht anders handeln". Vertraut dagegen, wenn er erklärt, „*Weil* ich dazu gezwungen wurde, konnte ich nicht anders handeln" (vgl. Frankfurt 1969: 839).

III

Ernst Tugendhat hat die Verantwortung gegenüber Kindern als den zunächst „intuitiv einfachsten Fall einer moralischen Verpflichtung" bezeichnet. Noch im gleichen Atemzug jedoch auch deren Unverfügbarkeit unterstrichen. Drängt sich uns dieser selbstevidente Fall asymmetrischer Fürsorge auch immer wieder auf, verfügen wir doch über kein Theoriedesign, das uns hilft, ihn angemessen zu explizieren (vgl. Tugendhat 1992: 382). Die elterliche Liebe, das ist auch Frankfurts Überzeugung, bildet gleichsam den paradigmatischen Fall der Liebe. Allgemein gilt, der geliebte andere zählt a) um seiner selbst willen. Wird von dem Liebenden b) als einzigartig und unverwechselbar erfahren und lässt ihn c) die Welt quasi durch dessen Augen sehen. Führt diesen somit d), indem sie ihn buchstäblich ergreift, an die Grenzen der eigenen Kontroll- und Verfügungsansprüche heran. So beruht die Liebe also nicht auf souveräner (existenzialistischer) Selbstwahl, sondern belegt vielmehr, inwiefern die Vorstellung, sich am eigenen Schopf aus dem Sumpf ziehen zu können, in die Irre führt (Frankfurt 2014: 87).

Die Probe hierauf macht also die elterliche Verantwortung. Eltern lieben ihre Kinder. Punkt. Eltern zeigen sich demnach nicht aufgrund irgendwelcher womöglich messbarer, ihren Kindern Wert verleihender Eigenschaften oder aufgrund eigener Absichten und Zukunftspläne um das Wohlergehen ihrer Kinder besorgt, sondern schlicht um ihrer selbst willen. Gerade *weil* sie ihre Kinder lieben, kommt ihnen ihr unvergleichlicher Wert zu; leiden, freuen und planen sie zunächst für und später mit ihnen deren Zukunft. Nehmen sie enorme Anstrengungen auf sich, damit diese überhaupt eine Zukunftsperspektive für sich entdecken. Gerade anhand der elterlichen Liebe zeigt sich demnach, wie die Welt durch die Liebe strukturiert wird. D.h., den Individuen aus dem Horizont von Verweisungszusammenhängen aufgeht. Die Liebe, so Frankfurt, macht die Welt lebendig (ebd., 43). Eine Fußnote, die also nicht zuletzt auf die veränderte Weltsicht (werdender) Elterndeutet. Anders ausgedrückt, fast schon bizarr klingt die Frage „Warum liebst du deine Kinder?" Und das nicht nur unter gewöhnlichen Umständen. Nehmen wir Eltern, deren Kinder unsägliches Leid verursacht haben (Extremismus, Amoklauf etc.). Auch ihnen gegenüber, so Frankfurt, werden wir die Frage kaum ernsthaft erwägen. Warum, weil wir noch in ihrem Schmerz und ihrer Verzweiflung gleichsam den unverfügbaren Grund der Liebe vernehmen. Umgekehrt dürften Eltern, die die Frage tatsächlich ernsthaft erwägen, aus Sicht Frankfurts „einen Gedanken zu viel" verraten. Darin steckt eine gewisse Ethik

Die Individuen orientieren sich nicht nur am moralischen Standpunkt. Mindestens ebenso sehr ist ihnen an Möglichkeiten des individuellen *Ausdrucks* gelegen. Gerade in diesem wollen sie sich wechselseitig *anerkannt* wissen.[2]Das erklärt mitunter ihr Interesse an der Psychoanalyse.[3]

Wien, vierter November 1899. Sigmund Freuds *Die Traumdeutung* erscheint. Zunächst mit nur mäßigem Erfolg. Von diesen Anlaufschwierigkeiten will das Impressum gleichwohl nichts wissen. Als Erscheinungsjahr verzeichnet dieses selbstbewusst das Jahr 1900. Ahnte Freuds Verleger Franz Deuticke also etwas von dessen epochemachender Wirkung? (vgl. Gay 2000: 15).Freuds Name wird in einem Atemzug mit Nikolaus Kopernikus und Charles Darwin genannt. Mit dem Wissen der Psychoanalyse, so behauptet er später selbst, büßt der Mensch ein Stück weiter seine Sonderstellung ein. Doch lässt sich mit dem Wissen um die Macht des Zufalls, darum, nicht im Mittelpunkt des Universums zu stehen und nur eine Art unter Vielen zu sein, nicht ungebrochen im Glauben an die eigene Größe und Stärke weiterleben? „Seit Kopernikus", bemerkt Friedrich Nietzsche, „scheint der Mensch

2 Die Individuen wollen sich ausdrücken, darstellen, inszenieren. Um nur einige Autoren anzuführen. Jean Jacques Rousseau unterscheidet in diesem Sinn zwischen Eigen- und Selbstliebe; Georg Simmel zwischen quantitativem und qualitativem Individuum(vgl. Rousseau 2008 u. Simmel 2001 bzw. 2008).

3 Charakteristisch für das moderne Leben ist neben den großen Entzauberungsprogrammen, mit anderen Worten, auch eine gewisse Abenteuerlust. Gleichsam eine Privatisierung, von Rätsel und Geheimnis - der tragischen Heldenepen(vgl. Gamm 2000: 23).

auf eine schiefe Ebene geraten." (Nietzsche 1999: 141) Wohlgemerkt scheint. Wovor Nietzsche an der Stelle warnt, ist, den Siegeszug der modernen (Natur-)Wissenschaften umstandslos, dem Bruch mit alteuropäischen Denkgewohnheiten gleichzusetzen. Noch in deren Formeln und Protokollsätzen, das Nietzsches Befürchtung, lebt etwas von den Glauben an die hierarchischen Gegensätze von Anschauung und Idee, Natur und Geist, Gefühl und Vernunft fort. Und das in sublimierter und damit auf besonders schwer fassbarer Weise. Für einen echten Bruch müssen nach Nietzsche hingegen aus der seit Kopernikus sich vertiefenden Erfahrung der Kontingenz die richtigen (ästhetischen) Schlüsse gezogen werden. Worin also besteht Freuds Provokation? Zumal für hochindustrielle Gesellschaften?[4]

Das tückische an Eisbergen ist, dass nur ihre Spitze aus dem Wasser ragt. Hätte Freud nur dieses in den Schulen vermittelte Bild über das Ich gezeichnet, das sich über die in den Tiefen seiner selbst waltenden Triebkräfte täuscht, dann wäre die Geschichte hierschon zu Ende. Denn dann variierte die Psychoanalyse nur die (neuzeitliche) Geschichte über ein Wesen, das sich selbst bestimmt, indem es sich selbst *beherrscht*. Im Sinne dieses Siegs der Vernunft über die Leidenschaften bildet die Psychoanalyse so etwa für Michael Walzer das Gegenstück zur philosophischen Selbstreflexion. Was die Analyse diesem gängigen Erzählschema zufolge unterhalb der Wasseroberfläche entdeckt, ist die Not eines Lebens, das eingespannt zwischen natürlichem Triebimpuls wie kulturellen Forderungen und Erwartungshaltungen verläuft. Ihr Ziel wäre es folglich, im Bedarfsfall einen Kräfteausgleich herbeizuführen. Und zwar, indem sie die verinnerlichten Norminstanzen einer Art Metakritik unterstellt. Unterscheidbar sind beide Disziplinen nach Walzer damit einzig hinsichtlich ihrer Programme (Therapieren/Erkennen) (vgl. Walzer 1996: 119).

4 An der Schwelle zum 21. Jahrhundert führen sowohl außer- wie innertheoretische Gründe zu einer Annäherung von Ethik und Ästhetik. Zu Bewusstsein kommt, inwiefern Kunst(kritik) und Moral gemeinsam und doch je auf ihre Weise unserem Verlangen nach Sinnverstehen wie dessen notwendigem Scheitern nachgehen. Ein Kurswechsel, der dabei anscheinend aufs engste mit industrie- , arbeitssoziologischen, wie auch kultur- und medienwissenschaftlichen Diagnosen zur erreichten Vermarktung der ästhetischen Kritik korrespondiert(vgl.Früchtl 1992: 3 ff.).

Nach dieser Seite bestätigte die Psychoanalyse also nur Nietzsches Verdacht. Daneben finden sich bei Freud jedoch auch Ansätze zu einer Art „demokratischen“ Version des Selbst. D.h., zu einem Selbst, das sich um sich und seinesgleichen *sorgt* und dabei gewissermaßen mit einem (ironischen) Augenzwinkern auf sich selbst herab- oder zurückschaut. Für diese Version sprechen heute nicht nur normative Gründe. Systemische Entgrenzungs- und Hybridisierungsprozesse, die auf individueller Ebene in Form sich überlagernder bis widerstreitender Rollen- und Identitätsprädikaten bzw. Norm- und Wertvorstellungen durchschlagen, sind hier eindeutig. Vor diesem Hintergrund, so Walzer, sind Offenheit und Vielheit als Leitwerte zu betrachten, die gleichermaßen das Außen- wie das Innenverhältnis der Individuen erfassen. Toleranz ist also nicht nur im Umgang von einzelnen Individuen und Gruppen miteinander gefordert (Ethnie/Kultur/Geschlecht/Sex), sondern auch im Umgang mit dem eigenen Selbst. „‚Die Gewissen‘ ist ein eigenartiger Plural, falls er auf ein einzelnes Selbst angewandt wird.“ (ebd., 126) Ganz oben auf der Liste der (spätmodernen) Agenda steht demnach ein sprachlicher Lernprozess. Dessen Stoßrichtung könnte die Psychoanalyse vorwegnehmen. Das Unbewusste gilt Freud nicht nur als chaotische Urgewalt. Wenigstens stellenweise wird dieses von ihm auch als alternative Rationalität behandelt. D.h., aus der (intersubjektiven) Dynamik der Macht- und Beziehungsverhältnisse zwischen den Individuen und gesellschaftlichen Gruppierungen begriffen. Gegen den Hintergrund dieses derart mit einer eigenen Intentionalität ausgestatteten Unbewussten, ist es für Freud gerade an vermeintlich irrationalen Äußerungs- und Verhaltensweisen (Fehlleistungen, Willensschwäche, etc.), um auf den brüchigen und prinzipiell umkämpften Grenzverlauf zwischen krank und gesund, wahnhaft und vernünftig hinzuweisen. Für Freud deckt sich die Unterscheidung von bewusst und unbewusst sonach weder mit der Unterscheidung von kognitiv und affektiv, noch kann diese länger umstandslosmit dem Unterschied von rational und irrational gleichgesetzt werden(vgl. Gamm 1992: 26 ff.). So könnte die Forderung „Wo Es ist, soll Ich werden“, also die Neugier gegenüber der eigenen inneren Pluralität anregen wollen. Und zwar einschließlich der damit verbundenen inneren Debatten und Wertungen.

Das Unbewusste hat Witz und besitzt, so Richard Rorty, „damit notwendig Sprache. Und wenn ‚rational' nicht nur soviel bedeutet wie ‚fähig, die Realität so zu betrachten, wie sie wirklich ist', sondern soviel wie ‚fähig, komplexe, in sich widerspruchsfreie Glaubensnetze zu knüpfen, dann ist ein gewitztes Unbewußtes zugleich ein rationales Unbewußtes, das sich mit Ungereimtheiten ebenso wenig abfinden kann wie das Bewußtsein." (Rorty 2005: 48)

Worin Freuds Provokation besteht, sollte nun klar sein. Unterhalb der Wasseroberfläche gibt es für ihn nichts Wesentliches und Beständiges zu *entdecken*. Was in den Tiefen verborgen scheint, liegt ebenso offen zu Tage. Beide Teile des Eisbergs (sichtbar/unsichtbar) sind nur durch eine äußerst dünne, verschieb- bzw. umkehrbare Linie getrennt. Aus dieser Perspektive erscheint der Eisberg gleichsam als Sinnbild für die moderne Ablehnung der Erfahrungen von Ambivalenz und Kontingenz. Neu zu definieren wäre von daher das Ende der Therapie. Ziel ist nun weniger das Herbeiführen eines Kräftegleichgewichts, denn das gemeinsame Erforschen und Erproben von Formen und Möglichkeiten des Selbstseins. Verschoben wird das alteuropäische Programm der Selbstintrospektion so durch Freud in Richtung eines „essayistischen" oder „erfinderischen Selbst". Durch Freud, so denn auch Richard Rorty, wird nicht nur einmal mehr der Bedingtheitscharakter der menschlichen Freiheit offengelegt. Dessen Einsicht verspricht mehr. Ihr gegenüber erscheint die im Nachgang David Humes versicherte Irrelevanz der Beobachter- für die Teilnehmerperspektive geradezu belanglos. Formuliert Freud, dass „das Ich nicht Herr im eigenen Haus ist", dann hat er dabei die Ebene der lebensweltlichen Teil- und Anteilnahme im Sinn und nicht etwa sozialtechnologische Kontroll- und Steuerungsansprüche. Das zeigt sich, wenn man Freuds Metapher eben *als* Metapher liest. „Angebracht ist diese Formulierung als Reaktion auf das Hereindrängen eines ungebetenen Gastes, z.B. einer beginnenden Schizophrenie. Dagegen ist sie keine angebrachte Reaktion auf die Erklärung der Abhängigkeit unserer Stimmung etwa vom Drüsensystem. Drüsen sind nämlich nicht so etwas wie Quasipersonen, mit denen man sich auseinandersetzen kann. Physiologische Entdeckungen können uns Auskunft geben über Selbstprognose und Selbstkontrolle [...] ohne daß unser Selbstbild dadurch bedroht oder verändert würde.

Denn solche Entdeckungen deuten nicht darauf hin, daß wir von jemand anders beiseite gedrängt werden." (Rorty 2005: 42)

Anders als die bisherigen naturalistischen Deutungsperspektiven beeinflusst Freuds (doppelter) Diskurs demnach *unsere Art zu leben* nachhaltig. Denn fernab dessen chaotisch-biologistischer Suggestivkraft bezeichnet das Unbewusstein sich geschlossene Dispositionsmengen (Konstellationen von Überzeugungen und Wünschen), über die Freiheitsspielräume für alternative Ich-Erzählungen eröffnet werden. Damit könnte Freud also eine Art Blaupause für ethische Ansätze liefern, die quer zu gesetzesförmigen und lebensweltlichen Ethiken verlaufen. D.h., für Ansätze, die gleichsam auf der Neugier, für die eigenen wie fremden Idiosynkrasien aufbauen und gewissermaßen um deren sorgsame Pflege und *Gestaltung* kreisen. „Die Auffassung wonach diese drei (oder mehr Geschichten) [Ich, ES, Über-Ich, S.S.] ebenbürtig sind und alternative Erklärungen einer verwirrenden Sachlage darstellen, gehört mit zu Freuds ‚egalitärer Revision der herkömmlichen Vorstellung von einer hierarchisch gegliederten menschlichen Natur' um mit [Philip, S.S.] Rieff zu reden. Wenn man sich ein Selbstbild zu eigen macht, das diese egalitäre Revision beinhaltet, dann heißt das, daß es auf die Frage ‚Was ist mir früher wirklich widerfahren?' keine Antwort gibt, die als einzige richtig ist. Es heißt außerdem, daß es keine derartige Antwort auf die Frage gibt: ‚Was für eine Person bin ich jetzt?' Es heißt: anzuerkennen, daß die Wahl eines zur Beschreibung der Kindheit oder des eigenen Charakters vorgesehenen Vokabulars nicht vorgenommen werden kann, indem man eine Sammlung ‚neutraler Fakten' betrachtet [...]. Es heißt, daß man vom Drang zur Läuterung abläßt [...] und eine ‚Toleranz gegenüber Ambiguitäten' entwickelt." (ebd., 51)

IV

It's love, stupid!? Das Ganze könnte allerdings auch eine Kehrseite haben. Selbst Eltern gegenüber, deren Kinder sich als „geborene Bösewichte"(Kant) entpuppen, klingt die Mahnung verfehlt, ihr begeht einen *Fehler*, wenn ihr eure Kinder auch weiterhin ungebrochen liebt. Dass sie für das Kämpfen, was ihnen am Herzen liegt, davon gehen wir selbst in solchen Extremfällen aus (vgl. Frankfurt 2014: 38). Die politischen Implikationen dessen verdeutlicht womöglich Rorty. Nach Rorty lassen sich normative Geltungs- und Legitimationsansprüche allein noch aus den historisch gewachsenen sozio-kulturellen Verständigungshorizonten heraus vortragen. Der inneren Demokratisierung à la Freud entspricht so ein gleichfalls an der Leitdifferenz von *Machen* und *Erfinden* geschultes Politikverständnis. Wer den Glauben an den finalen Triumph der sokratischen Mäeutik, der Macht der Rhetorik, des zwanglosen Zwangs des besseren Arguments aufgibt, wird ebenso frei gegenüber der (politisch korrekten) „Feier der Differenz" wie dem dagegen aufgebotenen Kulturessenzialismus. Kritik ist gleichwohl immer noch möglich. Nur wird sie neu ausgerichtet. Nämlich an der Lust zu gemeinsamen Experimenten (vgl. Rorty 2005: 111). Worauf die Kritik nunmehr hoffen sollte, ist, dass sich die Grenzen des Versteh- und Sagbaren zu ihren Gunsten hin verschieben. „Wir Erben der Aufklärung halten Feinde der liberalen Demokratie wie Nietzsche oder Ignatius von Loyola gewissermaßen für verrückt, denn es besteht keine Möglichkeit, sie als Mitbürger unserer konstitutionellen Demokratie zu sehen [...]. Sie gelten nicht deshalb für verrückt, weil sie sich im Hinblick auf das ahistorische Wesen des Menschen geiert hätten, sondern weil die Grenzen der Normalität durch das gesetzt werden, was wir ernst nehmen können." (ebd., 111)

Rorty setzt also auf die selbstregenerativen Kräfte der liberal-demokratischen Lebensart. „Erfinde dich selbst!" gilt sowohl für das private wie das öffentliche Leben. Bestimmt zeigen sich beide Bezirke demnach durch das an sich selbst „herummodeln". Mit scheinbar zwiespältigen Folgen für Nonkonformisten. Derselbe Nietzsche der als *enfant terrible* gilt, erscheint zugleich als zentrale Leitfigur für das spätmoderne Leben. „Dazu, dass man sich moralisch festlegt, ist ja nicht erforderlich, dass man alles ernst nimmt, was die Mitbürger aus moralischen Gründen ernst nehmen. Es kann sein, dass das genaue Gegenteil erforderlich ist. [...] Womöglich gibt es ernste Gründe, sie so zu necken. Allgemeiner gesprochen, wir sollten nicht davon ausgehen, das Ästhetische sei immer der Feind des Moralischen. Ich möchte geltend machen, dass die Bereitschaft zur ästhetischen Betrachtungsweise der Dinge – die zufriedene Hingabe an das Schiller'sche Spiel und die Ablehnung des von Nietzsche gekennzeichneten Geistes der Ernsthaftigkeit – in der neueren Geschichte der liberalen Gesellschaft ein wichtiges Vehikel des moralischen Fortschritts gewesen ist." (ebd., 108)

Dann also doch lieber *Strawsons Perspektive*? Lieber Nietzsche, du hast ja Recht. Schlussendlich ist es egal, ob wir uns an traditionellen oder posttraditionellen Moralvorstellungen orientieren. Hinter beidem verbirgt sich, wie du in *Menschliches Allzumenschliches* zeigst, nur der hartnäckige Irrtum unserer Verantwortung gegenüber uns selbst wie der Welt. Eine Irrtumsgeschichte, die du mit dem für dich typischen Witz überzeugend auf die Annahme der Willensfreiheit zurückführst. Ob sich unsere moralischen Urteile zunächst nur auf einzelne Handlungen und dabei wiederum zunächst nur auf deren Folgen beziehen, im weiteren Verlauf dann auf allgemein gültige Wert- und Normvorstellungen und im Zuge dessen immer stärker auch die Frage der Moralmotivation mit in den Blick nehmen bzw. noch einen Schritt weiter aus evolutionärer Richtung den Prozess der Charakterbildung rekonstruieren, macht am Ende wirklich keinen Unterschied. Überall der gleiche Fehler. Überall die gleiche schleichende Verdinglichung der ehemals normativen Gebrauchsgegenstände. Überall die Gabe des Vergessens. Eine gleichsam dem Fluss Lethe huldigende repräsentative Verkehrung der ursprünglichen Ausgangsbedingungen.[5]Kurz, deine Analyse überzeugt uns. Werden wir deshalb in Zukunft also anders über dich denken? Vielleicht. Mit Dir anders umgehen? Wohl kaum. Für uns zählt einfach der quasi transzendentale Bezugsrahmen unserer Reaktionspraktiken. Dein Vorwurf, wir würden dich unfair behandeln, zielt also ins Leere. Zugestanden. Die Trennlinie, die zwischen den veränderlichen und unveränderlichen Anteilen des Rahmens verläuft, ist nur unscharf gezogen. Nichtsdestotrotz erfahren wir diese im alltäglichen Umgang miteinander durchaus als real. So werden wir dich und deinesgleichen also auch weiterhin aus der Stadt jagen. Auf einem ganz anderen Blatt steht allerdings die Frage, wie lange wir die Zerrissenheit aushalten, in die wir damit geraten. D.h., insofern du dich nicht selbst als Sprachrohr einer theoretischen Doktrin missverstehst. Schließlich wollen wir ja sowohl gut wie gerecht handeln/sein. Werden wir unsere Reaktionspraktiken also auch dann noch für angemessen halten kön-

5 In erster Linie richtet sich Nietzsches Volte gegen Schopenhauer (vgl. Nietzsche(WK I) 1972: 479 f.).

nen, wenn klar ist, dass hinter dem Lob und Beifall für den einen wie den Tadel und die Verachtung für den anderen, der gleiche Naturmechanismus waltet? Deine Chance dürfte also darin liegen, dass wir angesichts der Beweislast, die du uns aufbürdest, vielleicht doch nicht mehrüberzeugend vortragen können, dass die deterministische These für uns irrelevant ist (vgl. Pothast 1987: 166). In Klammer wäre dem jedoch wohl wiederum hinzufügen: Indem du die ethische Bedeutung der These unterstreichst, bringst du selbst zur Geltung, dass du keinesfalls jede Form der Freiheit leugnest. Deine Forderung setzt ja voraus, dass wir uns in einem wie auch immer näher zu bestimmenden Sinn, als Urheber oder Autoren unsere Handlungen verstehen können. Diesen für unsere Selbstbeschreibung maßgeblichen Sinn von Freiheit leugnest also auch du nicht. Was du vielmehr in Zweifel ziehst, ist, dass dieser Sinn von Freiheit auch schon hinreicht, um unsere soziale Sanktionspraxis als gerechtfertigt auszuweisen. Doch das alles, wie gesagt, nur am Rande (vgl. ebd., 33).

Dann also doch die reine Pflicht? Ja, und Nein. Nein, insofern weder die Erweiterung des klassischen Tenärs (Selbsterkenntnis, Selbstbewusstsein und Selbstbestimmung) um evaluative Selbstverhältnisse zurückgenommen werden sollte, noch die mit Nachdruck aufgeworfenen Frage zulässiger Reaktionspraktiken. Darüber hinaus scheint insbesondere die Begriffsanalyse der Forderung nach inter- bzw. transdisziplinärer Zusammenarbeit in hohem Maße zu entsprechen. Ja, insofern Nietzsche nicht nur Unrecht feststellt. Er empört sich darüber. Äußert sich also stellvertretend für andere. Diese Empfänglichkeit, Fähigkeit und Bereitschaft ist Strawsons eigener Analyse nach ja ausschlaggebend für moralische Forderungen. Sobald die These also nicht mehr im Sinne einer theoretischen Doktrin (miss-)verstanden wird, sondern als Ausdruck eines tief verwurzelten Gerechtigkeitsimpulses interpretiert wird, ist es schlagartig mit der Gelassenheit vorbei. Dann zeigt sich, inwiefern Strawson Fragen der philosophischen Selbstbegründung ausweicht. Ein Manöver, das er womöglich mit gutem Grund wählt. Will er doch den(sprachlichen) Wechsel „von sehr Vertrautem hin zu sehr Unvertrautem“ vermeiden (Strawson 2016: 210).

So ist nach Ulrich Pothast in Strawsons Perspektive ein selbstkritisches Moment einzuführen. Im Ausgang von Wittgenstein liebäugelt derselbe danach noch mit unveränderlichen Grundmerkmalen der menschlichen Existenz. Letztendlich verspielt er damit jedoch die Desiderate der von ihm vorgezeichneten „Verantwortung unter Menschen." Einholen ließen sich diese dementgegen über das Spannungsverhältnis, dass diese zu der subjektphilosophisch grundierten Vorstellung „ultimativer Verantwortung" unterhält. D.h., stellt sich diese Vorstellung isoliert betrachtet als fehlgeleitet heraus, kann sie derart gewendet eine unentbehrliche Korrekturfunktion ausüben. Gleichsam den Spalt zwischen Recht und Gerechtigkeit normativ aufladen. „Mit der Legitimationslücke, die einer Verantwortlichkeit unter Menschen gegenüber dem quasi von außen kommenden Blick auf das Ganze menschlichen Lebens und menschlicher Persönlichkeitsgeschichte immer bleibt, bleibt denen, die sie praktizieren, auch immer die Herausforderung, mit empirischen Kenntnissen ihrer Zeit und ihren gedanklichen Möglichkeiten so viel an Rechtfertigung beizubringen, wie es zu diesem Zeitpunkt und in den gegebenen Grenzen beizubringen ist [...]. Denn es ist nicht zu erwarten, dass irgendwann die Spannung zwischen der letzten Perspektive, in der wir wie eine causa sui sein müssten, um zu verdienen, was uns geschieht, und der menschlichen Perspektive, in der eine ungleiche Verteilung von Lob und Tadel, Belohnung und (bis auf weiteres auch) Strafe leider erforderlich und unverzichtbar erscheint, einfach verschwinden wird. Dies scheint mir ein bleibender Punkt der Unzufriedenheit mit uns selbst zu sein [...], und also auch ein bleibender Punkt des Bedürfnisses der Philosophie." (Pothast 2004: 129)

Inspiriert scheint dieser „bleibende Punkt der Unzufriedenheit" nicht zuletzt durch das Problembewusstsein des nachkantischen Idealismus. Inwiefern die philosophische Selbstvergewisserung den „Wechsel" sucht, wird von diesem immer wieder gegenüber Kant namhaft gemacht. Von Kant geht danach eine Freiheitsdiskussion aus, die sich aus den verschwisterten Ideen des *Unbedingten* und *Unendlichen* speist. Der Leser der *Grundlegung der Metaphysik der Sitten* wird mit folgenden Worten entlassen: „Und so begreifen wir zwar nicht die praktische unbedingte Notwendigkeit des moralischen Imperativs, wir begreifen aber doch seine Unbegreiflichkeit, welche alles ist, was billigermaßen von einer Philosophie, die bis zur Grenze der menschlichen Vernunft in Prinzipien strebt gefordert werden kann." (Kant GMS: 102) Von dieser uns gerade noch „begreiflichen Unbegreiflichkeit" des Sittengesetzesnimmt ihre Diskussion gleichsam den Ausgang. In der Kritik der reinen Vernunft heißt es hingegen, „daß gar keine Frage, welche einen der reinen Vernunft gegebenen Gegenstand betrifft, für eben dieselbe menschliche Vernunft unauflöslich sei." (Kant KrV: 481) Der von ihnen eröffnete Diskussionsraum erstreckt sich so gewissermaßen von der Struktur der aporetischen Selbstverpflichtung, die sich der Grundlegung zufolge den Begriffen praktischer Vernunft einschreibt bis hin zu der Überzeugung der Vernunftkritik, wonach keine die Beschaffenheit der menschlichen Subjektivität betreffende Frage (vorschnell) für „unauflöslich" ausgegeben werden sollte. Die Frage wo die Trennlinie zwischen pragmatischen Handlungskontexten wie dem Moralischen verläuft, scheint für die Idealisten so eng mit der Frage danach verknüpft, welche Darstellungsformen diesem gegenüber angemessen sind. Das Problem berechtigter Reaktionspraktiken dürfte für sie somit untrennbar mit der Verständigung über die Rolle der philosophischen Reflexion verbunden sein. Welcher Richtungssinn wird hier also mit den beiden Ideen verbunden? Auch das könnte sich mit Freud interpolieren lassen.

Wann endet die Analyse? Dafür nennt Freud zwei Bedingungen. Erstens, wenn der Leidensdruck auf Seiten des Patienten merklich nachgelassen hat. Zweitens, der Analytiker zu dem Schluss kommt, dass mit keiner Widerkehr der Symptome zu rechnen ist. „Die Analyse ist beendigt, wenn Analytiker und Patient sich nicht mehr zur analytischen Arbeitsstunde treffen. Sie werden so tun, wenn zwei Bedingungen ungefähr erfüllt sind, die erste, daß der Patient nicht mehr an seinen Symptomen leidet und seine Ängste wie seine Hemmungen überwunden hat, die zweite, daß der Analytiker urteilt, es sei beim Kranken soviel Verdrängtes bewußt gemacht, soviel Unverständliches aufgeklärt, soviel innerer Widerstand besiegt worden, daß man die Wiederholung der betreffenden pathologischen Vorgänge nicht zu befürchten braucht." (Freud 1999: 63)

Wann aber kann der Analytiker sich wirklich sicher sein, dass alle Ängste und Triebkonflikte beseitigt sind? Geschweige denn davon überzeugt sein, dass er die Sprache des Unbewussten fehlerlos entziffert und die innere Zensur entmachtet hat? Offensichtlich dürften beide Bedingungen wohl nur aus der göttlichen Beobachterperspektive jemals voll zu erfüllen sein. Das, so Freud, erklärt denn auch den Stellenwert der Lehranalyse. Nur denjenigen, die die mit ihr verbundene Erfahrung der radikalen Dezentrierung aushalten, und im Anschluss daran kritisch aufarbeiten, sollte die Verantwortung des Analytikers übertragen werden. Dafür spricht auch die Macht, welche Analytiker im Rahmen ihrer Tätigkeit ausüben. Latent begleitet wird die für die psychoanalytische Gesprächskur unentbehrliche „Überlegenheit" und „Wahrheitsliebe" des Analytikers so von der ständigen die Gefahr des Machtmissbrauchs. Nicht zuletzt, um der Dynamik von Übertragung und Gegenübertragung, der im Spiegel der Patienten wachgerüttelten eigenen Triebansprüche Herr zu werden, sollte der Analytiker demzufolge in gewissen Abständen selbst zum Analysierten werden. Weder auf Seiten des Patienten noch auch auf Seiten des Analytikers kann man also jemals sicher sein, dass da, „wo es war, ich herrsche." „Jeder Analytiker sollte periodisch [...], sich wieder zum Objekt der Analyse machen, ohne sich zu schämen. Das hieße also, auch die Eigenanalyse würde aus einer endlichen eine unendliche Aufgabe, nicht nur die therapeutische Analyse am Kranken." (ebd., 96)

Mit der Psychoanalyse verhält es sich dieser metatheoretischen Skizze zufolge für Freud ähnlich wie mit dem Erziehen und Regieren. Diese Praktiken verstehen sich gleichsam von ihrem Ende her. Bestehen quasi nur fort, indem sie sich selbst aufheben. Angesichts der Hürden, welche die Therapie nehmen muss, scheint es also so, „als wäre das Analysieren der dritte jener ‚unmöglichen Berufe', in denen man des ungenügenden Erfolgs von vornherein sicher sein kann." (ebd., 94) Für alle drei Berufe gilt, dass sie ihre asymmetrische Rollenverteilung von Zeit zu Zeit aufheben müssen. Der Erziehende wird wieder zum Erzogen, der Regierende zum Regierten, der Analytiker zum Analysierten. Unabschließbar sind diese Tätigkeiten also nicht etwa aufgrund irgendwelcher individuellen Kompetenzmängel oderäußerlicher Umstände. Zu denken wäre hier mit Rüdiger Bubner etwa an Zeitmangel, einen unbelehrbaren oder dummen Schüler oder politische Fehlentwicklungen. Unabschließbar sind diese Berufe vielmehr aufgrund der für sie zugleich konstitutiven wie nicht aufrechtzuerhaltenden Asymmetrie. Weder für den Erzieher, den Politiker, noch den Analytiker, so Bubner, lässt sich ein klar definiertes Berufsbild angeben. In allen dreien wird nämlich aus der Asymmetrie der Rollen heraus, „*das gesellschaftliche Leben selber zum Thema.*" (Bubner 2007: 46) Alle drei verorten sich somit quer zur funktionellen Arbeitsteilung. Von allen dreien wird erwartet, dass sie gleichsam von „unten" auf die gesellschaftlichen Reproduktionsbedingungen als Ganzes „hinabblicken". D.h., aus der inneren Dynamik ihrer Rollenverteilung heraus als (selbst-)kritische Reflexionsinstanz fungieren. Den betroffenen Individuen als je auf ihre Weise Perspektiven der (richtigen) Lebensführung eröffnen. Und das wohlgemerkt, ohne dass sie sich dabei auf die Rolle überlegener Wahrheitsrichter berufen könnten. „Sie liefern die Paradigmen einer gelungenen Praxis, d.h. einer Praxis ohne Pathologie. Aber sie können nichts von außen, in der Position des überlegen Wissenden anweisen. Die Asymmetrie der Rollen beruht auf ursprünglicher Lebensgemeinsamkeit [...]. Es wird in ihnen nicht demonstriert, was leben heißt, sondern sie werden in ihrem Leben auf die richtigen Pfade gelenkt. Die drei Berufe verfolgen insofern eine Art dauerhafter Praxisbegleitung und -kontrolle." (ebd., 46)

Unterschieden wird von Freud in diesem Zusammenhang zwischen der Analyse von Psychopathologien wie der Charakteranalyse. Hinsichtlich letzterer kann es nicht das Ziel sein, die Triebregungen zugunsten einer „schematischen Normalität abzuschleifen". Die Aufgabe der Analyse erfüllt sich diesbezüglich vielmehr darin, die für die „Ichfunktionen günstigen psychologischen Bedingungen her[zu]stellen." (Freud 1999: 96) Vermag der Analytiker also auch kaum zu sagen, wie das Leben gelingt, bleibt er in seiner Tätigkeit doch auf die Frage verwiesen. Erwartet wird von allen drei Berufsgruppen so eine Leistung, die, wie Bubner schreibt, auf „allgemeine Zustimmung aus ist, und die doch zu keinem schlüssigen Ende zu bringen ist." (Bubner 2007: 58) Bezeichnend für diese scheint damit ein offenes Ende. Offen, jedoch nicht beliebig! Denn von einem beliebigen Ende hebt sich dieses Ende dadurch ab, als dass durch die Asymmetrie der Rollen hindurch stets die Verpflichtung darauf vernehmbar bleibt, dass es ein gutes Ende sei. Gilt das nicht auch für die Philosophie? Sollte sich diese nicht auf ähnliche Weise über sich selbst ins Vernehmen setzen? Über sich selbst also als vierten, „unmöglichen Beruf" nachdenken? Mit Bubner wären die ungelösten Schwierigkeiten der idealistischen Systemkonstruktionen so in diesem Sinne als Vermittlung der Praxis mit sich selbst auszulegen (vgl. ebd., 47). Der Erfahrung der Lehranalyse könnte darüber hinaus womöglich jedoch auch ein Offenhalten für Erfahrungen der Widerfahrnis, des Ausgesetzt- und Angesprochen-seins, des in-Anspruch-genommen-werdens eingetragen sein. Mitteilen müsste sich diese Erfahrung wohl nicht zuletzt auch dem umrissenen Achsenverhältnis von Liebe und Vernunft. So würde die von Walzer zwischen den beiden Disziplinen (Philosophie/Psychoanalyse) gezogene Verbindungslinie vielleichtbestätigt. Dem allerdings in Rücksicht auf die gesuchte intersubjektive Einigungsperspektive hinzugefügt, dass das Selbst vertikaler gedacht werden muss, als dies Walzers Gegenüberstellung vorsieht. Wie also gelingt das „Gehen ohne Grund"? Und was hat die neuere (deutschsprachige) Philosophie dazu zu sagen? Um diese beiden Fragen wird es unmittelbar im Anschluss gehen. Anhand der Diskussion von (analytisch geprägten) Gegenwartspositionen (Kap. 2) sollte deutlich werden, weshalb heute kaum eine Antwort an der Berücksichtigung evaluativer Selbstverhältnissen vorbeikommt. Verständigt man sich über *Freiheit, Rationalität und Verantwortung* unter den skizzierten Prämissen, dann scheint praktische Vernunft durch das Aufsuchen von *Freiheitsspielräumen* gekennzeichnet. Erhellt werden im Rahmen dieser Debatte die *notwendigen* Bedingungen für berechtigte Reaktionspraktiken. Gleichwohl dispensieren auch die in diesem Zusammenhang erörterten Akzentverschiebungen der Autonomieethik nicht von deren Kernfrage. D.h., über Konstruktionen praktischer Vernunft wird nicht zuletzt im Lichte der Frage der moralischen Verbindlichkeit entschieden. Charakteristisch für die im Umkreis der Gegenwartspositionen diskutierten Antworten scheint nun zu sein, dass sie sich allesamt im Horizont pragmatischer Handlungskontexte bewegen. So wird die am Leitfaden der (psychologischen) Kriterien der Urheberschaft wie der Steuerungs- und Kontrollfähigkeit gesuchte Einigungsperspektive letztlich Desiderat bleiben. In den Umkreis der *hinreichenden* Bedingung für gerechtfertigte Reaktionspraktiken gelangt man anscheinend erst, wenn man diese Kontexte übersteigt. Mit Dieter Henrich (der diese Arbeit bis in ihren Titel hinein beeinflusst) wird denn auch am Ende alternativ dazu, eine an *responsiven* Vernunftbestimmungen orientierte Denkform erkundet. Wolfgang Welsch hat zwischen griechischen wie jüdischem Traditionslinien des Denkens unterschieden. „Die abendländische Bevorzugung des Sehens", so derselbe, „ist ein klassischer Fall dafür und besonders einschneidend wegen ihrer Fortsetzung im Ideal der Theorie, die ja eben jenes ‚Betrachten' ist, das ganz und gar auf Distanz und Überschau setzt – im Unterschied etwa zum Betroffensein und Involviertsein des Hörens." (Welsch 2003: 32) Henrich könnte die von ihm vorgenommene denktypologische Unterscheidung nun insofern unterlaufen, als er gerade im Umkreis des deutschen Idealismus, namentlich in Johann Gottlieb Fichtes Selbstbewusstseinstheorie, gleichsam Spuren des Hörens freilegt und nachverfolgt.[6]Explizieren lässt sich die Frage der *hinreichenden* Bedingung demnach nur, insofern man gleichzeitig die (metaphilosophische) Frage mitaufwirft, welche philosophische Sprache und Darstellungsformen denn der Ethik angemessen sind. Konturen einer möglichen Antwort auf diese beiden eng miteinander verzahnten Fragen sollten sich so am Ende der Arbeit abzeichnen (Kap. 7 u.8). Maßgeblich für diese Antwort wird also sein, welche Perspektiven sie hinsichtlich der mit Stocker angedeuteten Problemlagen der Ethik eröffnet. Im Anschluss an die diskutierten Freiheitsspielräume werden von daher zunächst diese Problemlagen sowohl unter systematischen (Kap. 2) wie historischen (Kap.5) Gesichtspunkten herausgearbeitet. Mit Friedrich Schiller (Kap. 4) wird im Zuge dessen auch ein historisches Licht auf die skizzierten Neuakzentuierungen der Autonomieethik geworfen. Kann Schillers Begriffsform am Ende auch nicht überzeugen, führt von ihr doch einer der Wege in den deutschen Idealismus. Wurde die Logik der Sorge in einem ersten Exkurs zum Begriff der Würde durch den Gedanken der *Unausdeutbarkeit des Selbst*provoziert, wird in diesem Zusammenhang die Liebe also noch von einer ganz anderen Seite her aufgezeigt. Dem folgt (Kap. 6) eine Skizze des spekulativen Wettstreits. Im Rahmen dieser Diskussion der idealistischen Begriffsformen werden die Begriffe Freiheit, Rationalität und Verantwortung vor dem Hintergrund der gegen das moralische Sollen erhobenen Einwände neu gewichtet. Das besondere Augenmerk gilt dabei vor allem Fichte. Derselbe steht womöglich nicht nur am Beginn

6 Vorweg: „Deutscher Idealismus ist ein so allgemeiner Name, der sehr verschiedene Dinge zum Zwecke der Abkürzung, der Herrschaft und der Indifferenzierung zusammenfaßt". Ein Ausdruck, der„ gemessen am sachlichen Gehalt [...] ein denkbar schlechter Name" ist. Denn „[w]enige Seiten unvoreingenommener Lektüre sind genug, um einzusehen, daß der Name die Sache nicht geradezu verfehlt, das Verständnis dennoch von Anfang an verdunkelt und in die Irre führt." (Gamm 1997: 8 u. 12)

einer Bewegung, die in Georg Friedrich Wilhelm Hegels Dialektik gipfelt.

Dem *philosophischen Diskurs der Moderne* zufolge ist es Hegel, der das neuzeitliche Prinzip der Subjektivität durchdringt. Hegel erkennt, dass dieses Prinzip neben dem Spannungsverhältnis von Autonomie und Authentizität ebenso über die Sphäre des Rechts mit der Leitunterscheidung von Reziprozität und Allgemeinheit wie schließlich der idealistischen Philosophie als dem Ort, an dem die freie Subjektivität sich über sich selbst verständigt, ausbuchstabiert werden muss(vgl. Habermas 1988:27).Wesentlich für diese Diagnose ist allerdings, dass zwischen zwei Entwicklungsphasen der hegelschen Begriffsform unterschieden wird. Während der junge Hegel gemeinsam mit seinen Stiftskameraden, allen voran Friedrich Hölderlin, den Traum der „mythopoetische[n] Versöhnung träumt, erwacht derselbe gleichsam von seiner Zeit in Jena an. Mit diesem Erwachen gibt er nach Habermas jedoch sukzessiv die in seinem frühen Denken noch angelegte intersubjektive Perspektive zu Gunsten subjektphilosophischer Großansprüche preis (vgl. ebd., 33). Markiert Hegel so den Höhepunkt der (onto-theologischen) Metaphysik, folgt daraus die Forderung nach nachmetaphysischen Begriffsperspektiven. Oder, wie Tugendhat sagt, dem „Abstieg vom Ich zum ‚ich"" (Tugendhat 1979) Sollte sich im kritischen Anschluss an Fichte also ein Freiheitssinn ausweisen lassen, der nicht schon durch die genannten drei Leitkriterien erschlossen wird, dürfte sich das also nicht zuletzt auch auf die im Hintergrund der diskutierten Freiheitsspielräume vorgenommene Umstellung von Bewusstsein auf Sprache, bzw. Subjektivität auf Intersubjektivität auswirken. Umgekehrt muss sich dieser Aspekt von Freiheit wohl auch darüber erklären, was mit ihm an Stelle der „Revolutionierung der Verständigungsverhältnisse" rückt, die Habermas in diesem Zusammenhang vor allem bei Schiller ausmacht.[7] Das kann zum Schluss (Kap.8) jedoch nur noch angedeutet werden.

7 Auf der skizzierten Deutungsfolie ist es für Habermas nicht zuletzt Schiller, der in Richtung „nachmetaphyischen Denkens" aufbricht. Schillers Geschichtsphilosophie kommt ohne größere Vorbehalte gegenüber dem teleologischen Prinzip aus. Dessen Gegenwartsdiagnose zeigt sich in einem Konzept von Urteilskraft abgesichert, dass in einem entscheidenden Punkt über Kant hinausweist. Schiller verzahnt die kantische Urteilskraft mit dem überlieferten republikanischen Konzept der Urteilskraft.

Aufgrund dessen sollte er sowohl im Hinblick auf seine Verdienste um die Autonomie der Kunst, d.h., seine eindringliche Warnung davor, Leben und Kunst ineinander aufgehen zu lassen, wie auch im Hinblick auf seine Analyse der gesellschaftlichen Dialektik von Integration und Desintegration (die in ihren Schlussfolgerungen schon auf diskursethische Prinzipien einschwört) nicht in einem Atemzug mit der jüngeren Generation genannt werden. Schillers ästhetisches Versprechen, so Habermas, zielt auf „eine Revolutionierung der Verständigungsverhältnisse."(Habermas 1988: 63)

2. Wunsch-Lektüren: Pauen, Bieri, Nida-Rümelin – Gegenwartspositionen der Freiheitsdebatte

Radikale Freiheitsskeptiker und -befürworter erkennt man nach Strawson an ihrem Wechsel vom „Vertrauten zum Unvertrauten". Dagegen setzt er auf das wohl Vertraute. Auf Umgangsformen, die ihrem quasi-transzendentalem Charakter nach für eine agnostische Grundhaltung werben („selbst wenn der Determinismus wahr wäre…"). Verstehen die Freiheitsskeptiker sich jedoch nicht selbst im Sinne einer theoretischen Doktrin, muss jene Haltung aufgegeben werden. Dann zeigt sich nach Pothast, inwiefern der von ihm gezimmerte unveränderliche Bezugsrahmen durch das mindestens ebenso tief in der Lebenswelt verwurzelte Gerechtigkeitsempfinden in Spannung versetzt wird. So lag Nietzsches möglichem Einwand ungefähr folgender Richterspruch zu Grunde: „Wir wissen zwar, daß du in einem Milieu aufgewachsen bist, in dem Stehlen und Schlagen zu den wichtigsten Mitteln der Selbsterhaltung gehörten. Wir wissen auch, daß in dir eine Disposition erzeugt hat, in Lagen, in denen du dich bedroht fühlst, auf diese Mittel zurückzugreifen […]. Kurz, wir wissen, […] daß du durch vorliegende Umstände bei Geltung der psychologischen Gesetze, die wir kennen, in gewissem Sinn zwangsläufig so gehandelt hast […] Aber das ist kein Grund für uns, unsere unmittelbare menschliche Reaktion zurückzustellen […]. Die Kenntnis der Umstände, durch die dein Verhalten determiniert war, hat für unsere moralische Beurteilung […] keine Relevanz." (Pothast 1987: 174)

Bleibt es am Ende also dabei? Entweder gehen Einmischungen auf das Recht des/der Stärkeren zurück oder aber sie stellen sich als (wohlmeinende) Übergriffe heraus? Auf der einen Seite also die Gerechtigkeit, die sich als der Vorteil des/der anderen entpuppt (bzw. die Moral der Herrschenden), wie auf der anderen Seite wahlweise anthropologisch (Glück/Nutzen) oder ideologiekritisch gerechtfertigte Zustände fürsorglicher Belagerung? (vgl. Fulda 2007: 15 f.)

Was also ist eine freie Handlung? Welche Intuitionen werden durch die Worte *frei* und *verantwortlich* ausgedrückt?

Herr Meier steht kurz davor, einen Banküberfall durchzuführen. Zufällig erhalten sie Kenntnis von seinen Plänen. Besorgt bitten sie ihn: Tu es nicht!

Ihre Sorge erreicht Herrn Meier offensichtlich nur, insofern er über ein gewisses Maß an *Selbstkontrolle* und *Steuerungsfähigkeit* verfügt. So richtet sich ihre Bitte an ihn als *Autor* und *Urheber* der eigenen Handlungen. Würden sie in ihm nur den Durchgangspunkt eines irgendwie gearteten zufälligen Geschehens ausmachen, auf das er keinerlei Einfluss hat, wäre ihre Sorge deplatziert. Ihr Appell wird jedoch noch durch eine weitere stillschweigende Annahme gestützt. Nach einer anderen Einnahmequelle wird sich Herr Meier auf ihre Bitte hin nur umsehen, insofern er anders handeln kann. D.h. insofern seinen Plänen und Absichten keine äußeren oder inneren Zwänge entgegenstehen. Kurzum, Herr Meier wird von ihnen als jemand adressiert, der selbst über sein Leben bestimmt. Bereits anhand solcher Alltagsbeispiele könnte deutlich werden, inwiefern die in der Forderung nach Selbstbestimmung zusammenlaufenden Ideen der Urheberschaft (Steuerung und Kontrolle) und Autonomie (Abwesenheit von Zwang) zu tief in der Lebenswelt verwurzelt sind, als das ihnen neurowissenschaftliche Forschungsergebnisse etwas anhaben könnten (vgl. Pauen 2015: 36).

Wie dem auch sei, Nietzsches „Irrtumsgeschichte" verweist auf eine nicht zuletzt gegen den nachkantischen Idealismus gerichtete Freiheitsskepsis. Mit Georg Herbert Moore wird diese skeptische Großwetterlage gleichsam wieder überwunden. D.h., erneut ein für Freiheitsbeweise günstiges Klima geschaffen (vgl. Pothast 1987: 9). Das gilt insbesondere für durch Hume beeinflusste Konzepte. Für Hume bilden Handlungs- und Willensfreiheit ebenso wie Freiheit und Notwendigkeit gewissermaßen falsche Gegensätze. Handlungs- und Willensfreiheit, insoweit er letztere per se in Abrede stellt. Freiheit und Notwendigkeit, insofern es für ihn Zwänge und nicht Gesetzmäßigkeiten sind, welche freien Handlungen widerstreiten. Nach Hume sind Freiheit und Notwendigkeit also durchaus miteinander vereinbar (vgl. Hume 1999: 103 f.). Moore nun wendet sich im Kontext der Moralbegründung Hume zu. Neben der Einsicht in das Gute (bei Moore die besten Folgen) muss jede Moraltheorie auch dessen Befolgung behandeln. Als *notwendige Bedingung* für berechtigte Reaktionspraktiken wird allgemeinhin gefordert, dass der betreffende „anders hätte handeln können". Worauf nun zielt der Vorwurf, wenn er in keiner Freiheitsmetaphysik hinterlegt wird, sondern stattdessen einfach nur die Abwesenheit von Zwang verlangt? Moores Antwort auf diese Frage führt über den Sprachgebrauch. Genauer, die Verwendung von „kann", „konnte", „hätte „können". Für den Deterministen führt diese schlicht in die Irre. Denn für ihn hätte ja niemals etwas anderes geschehen können, als das was geschehen ist. In einigen Fällen, so Moore, mag das sicherlich zutreffen. Gleichwohl führt die These ihrerseits in die Irre, insofern sie verabsolutiert wird. Wenn also unterschlagen wird, dass unsere Verwendungsweise der Ausdrücke durchaus „mehrdeutig" ist. Das lässt sich anhand einfacher Alltagsbeispiele belegen.

> „Ich hätte heute Morgen zwei Kilometer in zwanzig Minuten gehen können, aber ich hätte zweifellos nicht vier Kilometer in fünf Minuten laufen können." Oder: „[D]ie Katze hätte auf einen Baum klettern können, der Hund dagegen nicht." (Moore 2016: 147)

Dass Moore das erste hätte tun können, obwohl er es nicht getan hat, während er letzteres auch nicht hätte tun können, wenn er es auch gewollt hätte, muss auch der Freiheitsskeptiker einräumen. So wird er außerhalb des philosophischen Seminars wahrscheinlich selbst mit den Ausdrücken „kann", „konnte" und „hätte können" zwischen *möglichen* und *unmöglichen* Ereignissen unterscheiden. Wenn nicht, so Moore, dann wird gleichwohl ihm angesichts dieser alltagsgebräuchlichen Modalunterscheidung die Beweislast aufgebürdet. Unbeirrt dürften wir uns also als zu Entscheidungen befähigt erachten. Denn was die Begriffsanalyse zeigt, ist, dass die Wendung „hätte können", nichts anderes als die Kurzform für *„Ich würde, wenn ich mich dazu entschieden hätte"* ist. Entscheidend ist also wann, wo und wie die Ausdrücke verwendet werden. Gegen den Hintergrund einer derart geleisteten grammatikalischen Aufklärung gelingen dem Freiheitsskeptiker vor allem zwei Dinge nicht länger. Zum einen kann er die für das Handeln und Entscheiden elementare Erfahrung der offenen Zukunft nicht länger in Abrede stellen. Zum anderen wird er von der Suggestion einer in die Gegenwart hineinragenden unveränderlichen Vorgeschichte, welche den Unterschied zwischen Unglück und Unrecht einebnet, Abstand nehmen müssen. Dass wir normalerweise zu Entscheidungen fähig sind, so Moore, wird ja nicht zuletzt durch die präventive Funktion und Wirksamkeit unserer Sanktionspraktiken belegt. Gegen den Hintergrund dieser Praktiken erscheint der Versuch, Krankheit und kriminelles Fehlverhalten als miteinander vergleichbare Schicksalsfälle zu behandeln, fehlgeleitet. Gleichsam in Umkehr des Sündenbockmotivs, das für jedes Übel einen Verursacher sucht. Gleiches gilt auch für den womöglich dagegen vorgebrachten Einwand: Schön und gut lieber Moore, du behauptest, dass das „hätte können" die Kurzfassung für „wenn ich mich dazu entschieden hätte" ist. Der springende Punkt allerdings ist, ob du dich denn wirklich auch anders hättest entscheiden können? Würde die Frage nicht von der Gegenseite gestellt, so Moore, müsste er sie quasi selbst stellen. Wird durch sie doch der Entscheidungsprozess in seiner Selbstbezüglichkeit beleuchtet. D.h., darauf Bezug genommen, inwiefern die Unterscheidung zwischen der sprachlichen Kurz- und Langfassung noch einmal zu Selbstanwendung kommt. Auch auf die Gefahr eines unendlichen Regresses hin: worauf der Einwand verweist, ist, „daß wir uns so entschieden haben würden, wenn wir uns entschieden hätten, diese Entscheidung zu treffen." (ebd., 154)

Das erklärt auch die für das Handeln wesentliche Erfahrung der offenen Zukunft. Warum sollte jemand denn richtigliegen wollen, wenn es sowieso nicht in seiner Macht stünde, das richtige zu tun? Zum Wesen einer Entscheidung gehört also, dass sie von möglichen kontrafaktischen Szenarien abweicht. Wofür immer jemand sich auch entscheidet. Das Ergebnis dessen wird in „bestimmter Hinsicht" von dem Ergebnis abweichen, das eingetreten wäre, wenn er sich anders entschieden hätte. Als offen erfahren wir die Zukunft also, insofern von zwei Handlungsverläufen, eben nur derjenige, für den wir uns entscheiden „getan *würde*", wenngleich klar ist, dass nur eine „getan werden *wird.*" (ebd., 151) Aus Perspektive des Handelnden erscheint der Abwägungsprozess folglich bis zuletzt offen. Wir selbst können uns also nie ganz genau sicher sein, wie wir entscheiden werden, bis wir denn entschieden haben werden (vgl. ebd., 154). Dass wir niemals „*mit Sicherheit*" vorhersagen können, wie wir uns tatsächlich entscheiden werden, wird sonach grammatikalisch durch die Wendung „hätte ich mich anders entschieden" ausgedrückt (ebd., 154). Wir können also in bestimmten Grenzen wählen und entscheiden. Dies genügt nach Moore zur Moralbegründung. Wird mit der notwendigen also gleich die *hinreichende* Bedingung für berechtigte Reaktionspraktiken ausgewiesen?

Eingangs wurde das „Können“ aus Perspektive des Künstlersubjekts behandelt. D.h., in seiner Bedeutung von Üben, Proben,axperimentieren und Erfinden umrissen. Mit Moore wird der Ausdruck nun aus Perspektive einer pragmatisch orientierten Handlungstheorie thematisch. Das wird nicht zuletzt anhand Moores tendenziell funktionalem Verständnis des Systems sozialer Sanktionen deutlich. Wenngleich er sich zu diesem auch nur knapp äußert. Woran sich Lob und Tadel dessen ungeachtet für ihn in der Hauptsache bemessen lassen müssen, ist ihre Nützlichkeit. Maßgeblich für beide wäre also, inwiefern sie zu zukünftigen Verhaltensänderungen beitragen. Einerseits. Andererseits, inwieweit von ihnen eine präventive oder abschreckende Wirkung ausgeht, bzw. Dritte zur Nachahmung animiert werden. Im Einklang mit den Wortführern einer neurowissenschaftlich gestützten Revision der Sanktionspraktiken müsste Moore also die Sprache der Moral (Verdienst, Buße, Vergeltung etc.) ablehnen. Aufschlussreich könnte also der Selbstwiderspruch sein, in den Moore sich an der Stelle verwickelt. Denn vorbei müsste es dann fortan etwa mit der richterlichen Milde gegenüber jugendlichen Straftätern oder der Frau sein, die ihren Mann im Schlaf erwürgt hat, nachdem dieser sie zuvor jahrelang misshandelt und systematisch gedemütigt hat. In beiden Fällen müssten die Täter vielmehr die ganze Härte des Gesetzes zu spüren bekommen. Der jugendliche Delinquent, weil die Phase der Pubertät und Adoleszenz eben strikter Grenzen bedarf, die gedemütigte Frau, weil so der Gefahr von Nachahmungstäterinnen vorgebeugt würde (vgl. Pothast 1987: 136). Seinen eigenen Vorgaben nach müsste Moore also die herkömmlichen Formen der Strafmaßbemessungen samt der mit ihnen verbundenen Gefühlslagen überwinden wollen. Stattdessen werden diese von ihm jedoch unter dem Deckmantel der Nützlichkeit beibehalten (vgl. ebd., 137). Warum, das zeigt Strawson. Gleichwohl verbleibt auch dessen Analyse innerhalb pragmatischer Handlungskontexte. Das wird umso deutlicher gegen den Hintergrund der in jüngerer Zeit vermessenen Freiheitsspielräume.

2.1 Wünsche und Überzeugungen

Eröffnet werden die „Spielräume" über den jederzeit möglichen Wechsel zwischen der Sprecherposition der ersten und dritten Person. Freies Handeln wird also nicht *gegen*, sondern gerade *aus* Bedingtheitsverhältnissen heraus expliziert. Als maßgeblich dafür wird die Verständigung über erfahrungsbasierte Interpretationen personeller Identität angesehen. Diese versprechen, insofern sie der Fähigkeit zur *Kontrolle* und *Steuerung* zentrale Bedeutung beimessen, eine an die neueren Lebenswissenschaften anschlussfähige Begriffsperspektive. Gleichzeitig muss die Zuschreibungspraxis jedoch auch gegenüber der nicht weniger unangenehmen Vorstellung eines „chaotischen lens" abgesichert werden. D.h., gegenüber einem Willen, der die für adressierbare Urheberschaft erforderlichen, individuell erworbenen Eigenschaften und Einstellungen rundweg ignorierte. Von daher kaum mehr von einem bloß *zufälligen* und *unpersönlichen* Geschehen unterscheidbar wäre. Wäre der Wille derart launisch oder schmetterlingshaft verfasst, würde er die Bedeutung von Willensbildungs- bzw. Entscheidungsprozessen geradezu konterkarieren (vgl. Nagel 2007: 48). Eröffnet wird die Diskussion der Spielräume demnach über die gemeinsam geteilte Annahme, dass freies Handeln zwar Zwang und Zufall nicht aber Notwendigkeit ausschließt. Charakteristisch für die „Spielräume" scheint die Ermäßigung der Autonomieethik in Richtung der Ansprüche eines autonom geführten Lebens.

Moores Analyse formulierte eine elegante Arbeitshypothese. Gleichwohl kann bei ihr nicht stehengeblieben werden. Moore zeigt zwar, dass sich die tiefsitzende Grundintuition des „Anderskönnens", allein aus der Perspektive der Vorstellung eines ungezwungenen Tuns und Lassens, nur unzulänglich aufklären lässt, spart dabei jedoch Fälle subtiler Manipulation (Drogen, Hypnose etc.) aus. Fälle also, in denen derjenige, der etwas tut, dies sehr wohl ungezwungen und dabei doch nicht aus freien Stücken tut. So wird die Aufmerksamkeit im Ausgang von Moores Konditionalanalyse fast unweigerlich von den Problemen der Handlungs- auf die Problemlagen der Willensfreiheit gelenkt (Beckermann 2004: 22). Aus Perspektive des „höherstufigen Wollens" werden so im weiteren Diskussionsverlauf die Selbstbilder thematisch, welche den Prozess der Selbstkontinuierung und -identifikation tragen. Was aber ist mit den Wünschen zweiter Ordnung? Kehrt hier nicht das Problem der Selbstbeobachtung wieder? Diesmal im Lichte eines fehlenden Maßstabs der kritischen Beurteilung?

> „Denken wir z. B. an Personen, die einer Gehirnwäsche oder anderen Formen der Indoktrination unterzogen wurden. Möglicherweise handeln diese Personen auch nach der Behandlung durchaus so, dass die Wünsche erster Stufe ihren Wünschen zweiter Stufe entsprechen. Aber wir hätten sicher Probleme, diese Handlungen frei zu nennen, da bei der Gehirnwäsche ihre Wünsche zweiter Stufe manipuliert wurden." (Beckermann 2004: 23)

Folgen wir Ansgar Beckermann, wäre es also nicht zuletzt die Fähigkeit zu *Kritik* und *Selbstkritik*, welche den weiteren Diskussionsverlauf bestimmen sollte. Das spricht nach Michael Pauen für „eine Minimalkonzeption menschlicher Freiheit". Inwiefern aber minimal? Nacheinander bestreiten Soziologen, Biologen, Psychologen, wie neuerdings auch Kognitions- und Neurowissenschaften, die menschliche Freiheit.[8] Nichtsdestotrotz wird im Alltag unbeirrt an der „Illusion" festgehalten. So scheint die Lebensführung in einem Grunddilemma befangen.

> „Es mag ja sein, daß ‚Absicht', Wille, Entscheidung' oder ‚Schuld' aus der Sicht eines Hirnphysiologen etwas ganz anderes bedeuten als im täglichen Leben. Aber wenn der Hirnphysiologe nach einem Verkehrsunfall, in den er selbst verwickelt ist, seine Schuld bestreitet, weiß er offenbar genau, welcher praktische Sinn dem Ausdruck zukommt." (Gerhardt 1999: 103)

Pauen setzt gewissermaßen an diesem „gespaltenen Selbst" des Hirnphysiologen an. Mit streng an den lebensweltlichen Grundintuitionen der Autonomie und Urheberschaft ausgerichteten begrifflichen Mitteln

---

8 Deren Wortführern zufolge sollte in näherer Zukunft nicht nur Gehirn gerecht verkauft (Neuromarketing) und gelernt (Neurodidaktik) werden, sondern auch gestraft. Vorbeugen statt Strafen!, das wäre die neue Richtlinie. Denn schon jetzt würde sich zeigen, dass Angeklagte sich nichts zu Schulden kommen lassen. Das diese ihre Strafe von daher weder *verdienen* noch, dass die bisher strafmildernden Gründe überzeugen. Gründe, die wenn man so will, um das „Er war nicht er selbst" organisiert sind (Unfähigkeit, Unwissenheit, Gefahr, Zwang, Pflichtenkollision). Maßgeblich für die erwogenen Besserungsmaßnahmen sollte dagegen sein, welche Wiederholungsgefahr vom Täter ausgeht. Gegeneinander abgewogen werden sollte gewissermaßen der übelverursachende beschädigte Präfrontale Kortex wie das Sicherheitsbedürfnis der Allgemeinheit. Wo Erziehung und Therapie versagen, bliebe so im Bedarfsfall nur lebenslanges Wegsperren (vgl. Wolf Singer 2006: 57; Gerhard Roth 2004: 218; Keil 2009: 160).

will er den Eindruck eines unauflöslichen Dilemmas zwischen vorwissenschaftlicher und wissenschaftlicher Weltorientierung widerlegen. Für illusorisch hält er dagegen stärkere Freiheitsbeweise. Wer nach stärkeren Beweisen rufe, verliere sich unverzüglich in den bekannten begrifflichen Antinomien. Um eine Minimalkonzeption würde es sich also insofern handeln, weil mehr weder „*nötig* noch *möglich*" ist. (Pauen 2004: 106)

Pauens Ansatz basiert auf zwei Stützpfeilern. Erstens, auf einer Vorstellung von *Autonomie*, welche die Abwesenheit von Zwang fordert. Zweitens, auf einer Vorstellung von *Urheberschaft*, welche die Wünsche, Bedürfnisse und Überzeugungen der Individuen unter sich befasst. Die mit dem Zwang folglich auch den Zufall ausschließt. Das freizulegende Fundament für beide bildet wiederum eine im Wesentlichen als Selbstbeststimmung konzipierte Freiheit. Was aber meint hier „das Selbst"? Charakteristisch für die erörterte Debatte ist der Austausch des großgeschriebenen und beharrlichen Verantwortungssubjekts, durch das eher flüchtige und kleingeschriebene „ich" der alltagssprachlichen Verständigungsprozesse. Davon macht auch Pauen keine Ausnahme. Auch er versteht „das Selbst" im Sinne dieser „Diät". Hinsichtlich der etablierten Verantwortungspraxis wird von ihm allerdings noch einmal zwischen dem Selbst als allgemeiner Voraussetzung, um überhaupt Zuschreibungen vornehmen zu können, wie dem *profilierten* Selbst als konkreter Zustelladresse unterschieden. Der Gegensatz von allgemeiner Subjektivität und Einzelsubjekt wird in den Gegensatz von „personalen Fähigkeiten" und „personalen Präferenzen" überführt. Genauer, in den Gegensatz zwischen basalen Eigenschaften (Rationalität/Willensstärke), die notwendig sind, um überhaupt als „rationaler Akteur" unter seinesgleichen zu gelten, wie den Einstellungen und Leidenschaften, welche die *bestimmte* Person ausmachen. Während die „Fähigkeiten" also festlegen, ob sie *überhaupt* ein Kandidat für Reaktionspraktiken sind, wird über die Präferenzen ermittelt, *welche* Praktiken ihnen gegenüber jeweils angemessen sind. Die Rede von Freiheitsspielräumen zielt also auf die in konkreten Situationen offenstehenden Handlungsmöglichkeiten.

Sie hatten Gelegenheit, Herrn Meier seine Pläne zu einem Banküberfall auszureden. Allem Anschein nach waren sie dazu nicht gewillt. Sie hätten also anders handeln können.

Im Rahmen der alltagssprachlichen Verwendungsweise von „Können" wird demnach ganz selbstverständlich zwischen den äußeren wie inneren Bedingungsverhältnissen der Akteure unterschieden.

Herr Meier konnte nach dem Banküberfall den Tresor nicht verlassen, weil die Tresortür zugefallen war". Herr Meier wollte nach dem Überfall das Gebäude nicht verlassen, weil ihn sein schlechtes Gewissen plagte. (vgl. ebd., 124)

Mittels des Theoriestücks der „personalen Präferenzen" wird also die Trennlinie zwischen den inneren und äußeren Merkmalen der Handlungssituation systematisch nachgezeichnet. Das ist nach Pauen nötig, weil die Verwendung von „er hätte anders handeln können" im Rahmen der Alltagskommunikation Ungenauigkeiten zeitigt. Unschärfen, die im Streitfallentscheidend sein können.

Herr Meier hätte anders handeln können. Das ist richtig. Er hätte durch den Hinter- statt durch den Vordereingang die Bank betreten können – seinen Plan aufgeben hätte er allerdings nicht können.

Dessen Handlungsspielraum bestand also nur darin *wie*, aber nicht *dass* er die Bank überfällt. Will man also klarstellen, ob letzteres in der geschilderten Situation überhaupt möglich war, ist es hilfreich, die in der jeweiligen Situation gegebenen Handlungsoptionen genau auszuführen. Augenscheinlich macht es einen Unterschied, ob ein Mörder nur die Wahl hatte, sein Opfer zu erstechen oder zu erschießen oder aber den Mord tatsächlich zu unterlassen. (Pauen 2004: 109)

Aus Sicht Strawsons waren Reaktionspraktiken aufgrund einer allgemeinen Freiheitsunterstellung erlaubt. Dessen Ansatz zeigte sich jedoch mit der Schwierigkeit belastet, denjenigen gegenüber, die ihre Tat im Lichte genetischer Dispositionen, erzieherischer Maßnahmen oder biographischer Ereignisse (plausibel) rechtfertigten, nur redundant antworten zu können. Zum Schluss konnte nur auf unhintergehbare Bedingungen verwiesen werden (vgl. Pothast 1987: 173). Pauen verspricht eine weniger peinliche Lage. Mit den aufgelisteten Handlungsoptionenwird für ihn gleichzeitig auch die Vorgeschichte zur Tat ausgeklammert. Beurteilt wird nur die in der jeweiligen Situation gegebene Entscheidungsfähigkeit der Person (vgl. Pauen 2004: 82). Gegenüber Moore nimmt er dabei allerdings noch eine entscheidende Akzentverschiebung vor. Geurteilt wird nämlich nicht mehr über einzelne Willensakte, sondern über die *bestimmte* Person. Zukünftig sollte also im Lichte der für die Person relevanten Überzeugungen und Leidenschaften darüber gestritten werden, ob sie „anders hätte handeln können".

> „Frei im Sinne dieser Konzeption handelt eine Person, die in einer bestimmten Situation eine Option *x* statt einer Option *y* wählt, genau dann, wenn sich die Entscheidung für *x* und gegen *y* auf die personalen Präferenzen der Person zurückführen lässt." (Pauen 2004: 96)

„Ich hätte heute Morgen zwei Kilometer in zwanzig Minuten gehen können." Bezogen auf die Gesetze der Physik, wird damit nichts Unmögliches behauptet. Würde dagegen bei gleichbleibenden physikalischem Bezugssystem behauptet, „ich hätte vier Kilometer in fünf Minuten laufen können.", widerspräche das offensichtlich den Gesetzmäßigkeiten. Dann würde nach Maßgabe des gewählten Bezugssystems etwas Unmögliches behauptet. Durch Beispiele wie dieses wird nach Pauen deutlich, dass der philosophische (modale) Gebrauch von möglich und unmöglich, sich nicht weit von der alltäglichen Wortverwendung fortbewegt (vgl. ebd., 121). Moore identifizierte im Ausgang von diesem Beispiel den Satz „er hätte anders handeln können" hingegen als Kurzform für, „wenn er gewollt hätte". Entlang der Unterscheidung zwischen personellen Fähigkeiten und Präferenzen wird die Analyse demnach in Richtung der individuellen Lebensführung verschoben. Über die von Pauen vorgenommene Neuakzentuierung könnte also nicht zuletzt die bei Moore als problematisch erachtete nutzenorientierte Stoßrichtung („einäugigen Utilitarismus") entscheiden (Strawson 2016: 230). Genügt es für Handlungen (im Sinne von Versicherungsfällen), eindeutig *haftbar* gemacht werden zu können?

Zunächst jedoch, was bezeichnet der Begriff der personalen Präferenz genau? Nach Pauen können hier drei bzw. vier Varianten unterschieden werden. Auf der einen Seite lassen sich Lesarten unterscheiden, die den Begriff entweder kognitiv engführen (im Licht guter Gründe) oder aber auf eine dezidiert pragmatische Handlungskontexte übersteigende Verantwortungssemantik referieren. Augenscheinlich scheiden beide Lesarten für Pauen aus. Sowohl die „rationale Variante", wie die mit ihr verknüpfte Vorstellung „ultimativer Verantwortung", werden für ihn am Ende durch ihr subjektphilosophisches Erbe (rationales Selbstbild) widerlegt. Auf der anderen Seite lassen sich aber auch eine „liberalistische" wie eine „identifikatorische" Variante unterscheiden (Pauen 2004: 87 f.). Was diese beiden Varianten auszeichnet, ist die mit ihnen verbundene Diskussion der evaluativen Einstellungen. Von den nominell drei möglichen Varianten kommen für Pauen also nur zwei in Frage (Pauen 2004: 93). Umstritten sollte unter den heutigen Diskussionsteilnehmern also nur noch sein, *wie* und nicht *dass* das Achsenverhältnis von Vernunft und Liebe neu bestimmt werden muss.

Direkt an Frankfurts Adresse ergehen drei Einwände. Frankfurt hilft erstens „*im Einzelfall*" nicht weiter (Pauen 2004: 56). Woher kann man denn mit Sicherheit wissen, dass die betreffende Person nicht einen weiteren von ihrem Wunsch zweiter Ordnung abweichenden Wunsch dritter oder vierter Ordnung hegt, der diese von der Verantwortung entlastet? Frankfurts vorbehaltloser Entschluss („von ganzem Herzen") ließe sich also nur schwer anwenden. Schwerer wiegt allerdings, die grundsätzliche Schwierigkeit der geforderten Kritik und Selbstkritik. Dem Alltagsverstand gegenüber ist kaum plausibel zu machen, dass jemand zweifelsfrei frei und verantwortlich gehandelt hat, obwohl dessen Wünsche höherer Ordnung mutmaßlich auf (gezielte) manipulative Eingriffe zurückgehen. Derselbe hält also am Prinzip der alternativen Möglichkeit fest. Mit gutem Grund, wie Pauen meint. An der Stelle stimmt Pauen demnach mit Beckermann überein. Das eigene Wünschen und Wollen muss in weit höherem Maße abgelehnt werden können, als dies bei Frankfurt vorgesehen ist. Dessen Entwurf sieht vor, die eigenen Lieben gegeneinander abwiegen, hierarchisch anordnen und sich gegebenenfalls von diesen distanzieren zu können. Etwa im Lichte von auf dem individuellen Lebensweg in den Vordergrund drängender neuer Motivlagen. Was bei Frankfurt jedoch nicht vorgesehen ist, ist sich bewusst auch gegen eine Liebe entscheiden zu können. Unterstrichen wird das nicht zuletzt durch die paradigmatische Rolle, die er der Elternliebe einräumt (vgl. Pauen 2004: 91). Frankfurts hierarchischem Modell zufolge können wir sehr wohl sagen, „langsam verstehe ich, weshalb die Liebe zu meinen Kindern mir so viel Kummer macht". Unglaubwürdig, wenn nicht unverständlich würde hingegen klingen: „nach reichlicher Überlegung habe ich mich dazu entschieden, meine Kinder nicht mehr zu lieben". Dieser Satz verriete „einen Gedanken zu viel". Wäre also dem Ehemann vergleichbar, der, wie Frankfurt in Anlehnung an Bernhard Williams anführt, bei einem Schiffsunglück pflichtbewusst überlegte, ob er zuerst die geliebte Frau oder eine ihm fremde Person aus dem Wasser ziehen soll.

Dagegen nun wendet Pauen ein, dass sich Reaktionspraktiken in erster Linie nicht daran bemessen lassen, inwiefern die beurteilten Handlungen auf einen gelungenen Prozess der Selbstidentifikation deuten. Sie stehen vor einer Kuchenauslage. Gemessen an Frankfurts Modell wären sie selbst dann für ihre Kuchenwahl verantwortlich, wenn sie sich nicht anders hätten entscheiden können. Etwa, weil ihre Wahl auf zentrale und für sie reflexiv unzugängliche Aspekten ihres Selbstbild beruhen. Entscheidend wäre also allein, ihnen nachweisen zu können, dass sie ihren Wunsch wünschten. Wird die Praxis an einer solchen Form der Selbstbejahung orientiert, sind damit nach Pauen enorme und zudem durch die diskutierte Regressproblematik belastete hermeneutische Anstrengungen vonnöten. D.h., jedes Urteil darüber, ob eine Entscheidung auf vorbehaltloser Zustimmung basiert, setzte die Kenntnis weiterer Präferenzen der Person voraus. Konfrontiert mit diesem Einwand könnte ein Verfechter der „identifikatorischen Variante" jedoch noch behaupten, dass für ihn nur die vorbehaltlose Zustimmung zählt. Er also keinen Unterschied zwischen personalen und nicht-personalen Präferenzen macht. Worauf es ihm allein ankäme, wäre also, ob es „*irgendeinen* gravierenden Vorbehalt gegenüber der fraglichen Präferenz gäbe." (Pauen 2004: 94) Damit würden sich nach Pauen allerdings enorme kontraintuitive Konsequenzen abzeichnen. Einem Mörder, der seine Gewaltbereitschaft auf grausame Weise demonstrierte, von dem sich jedoch zeigen ließe, dass seine Gewaltbereitschaft nicht auf vorbehaltloser Zustimmung basierte, wären unter diesen Umständen nicht länger fraglos die Prädikate *frei* und *verantwortlich*anzuhängen. (vgl. ebd., 92) Würde man vorbehaltlose Akzeptanz zum Maßstab erheben, dann gäbe es, mit anderen Worten, nur noch wenige Handlungen, auf die diese Prädikate zweifelsfrei passten. Abgesehen davon, dass die identifikatorische Variante nur schwer Anschluss an kognitions- und neurowissenschaftliche Forschungsbefunde findet, sind es im Wesentlichen so zwei Punkte, die gegen diese sprechen (vgl. Pauen 2015: 36). Durch das Kriterium der vorbehaltlosen Akzeptanz wird erstens der Radius der Verantwortlichkeiten zu eng gezogen. Zweitens, ein Erzählrahmen personeller Identität zusammengefügt, der gegenüber der für die Perspektive der ersten Person entscheidenden Idee der offenen Zukunft nicht standhält (vgl. Pauen 2004: 94).

Anders nach Pauen die liberale Variante. Für diese gibt es hinsichtlich alternativer Handlungsoptionen keine Zweifel. Denn anders als dort, da ich mir die Dinge, die mir wichtig sind, zwar bewusst machen, diese jedoch nicht im emphatischen Sinn verneinen kann, wird hier gerade dieses Nein-Sagen betont. Vorrangiges Kriterium ist hier also, sich jederzeit auch gegen zunächst blind erworbene Vorlieben entscheiden zu können. Etwa aufgrund der Empfänglichkeit für gute Gründe oder aber im Lichte weiterer für die eigene Lebensführung relevanter Wünsche, Überzeugungen und Bedürfnisse. Wohlgemerkt, als personale Präferenzen sind danach auch solche tiefgreifende (religiöse, moralische etc.) Überzeugungen anzusehen, von denen kaum anzunehmen ist, dass sie jemals wirklich in Frage gestellt werden. Ausschlaggebend für ihre Bestimmung als Präferenz ist allein, *dass* sie im Bedarfsfall in Frage gestellt werden könnten (vgl. Pauen 2004: 84). Statt auf vorbehaltlose Akzeptanz wird hier also Wert auf die Möglichkeit selbstbestimmter Entscheidungen gelegt. Das Aneignen der eigenen äußeren wie inneren Vorgeschichte somit vorwiegend aus der Perspektive der Fähigkeit der kritischen Selbstdistanz beschrieben.

An Bedeutung für die eigene Lebensführung gewinnen demnach Kontroll- und Steuerungsvorstellungen. Von einer sich selbstregulierenden Steuerungseinheit wie etwa einem Thermostat würde kaum jemand behaupten wollen, dass dieses Gerät die Wärme im Haus nicht effizient regulieren kann, da es keine Kontrolle über die ihm vorausliegenden Konstruktionsbedingungen hat. Genau das aber supponiere die subjektphilosophische Vorstellung einer voraussetzungslosen Kontrollmacht. Statt uns durch diese in die Irre führen zu lassen, sollten wir uns also an die alltagssprachliche Wortverwendung von Kontrolle halten, die keine scharfe Trennlinie zwischen technischen Geräten und menschlichen Handlungen vorsieht. Von Kontrolle kann danach bereits dann gesprochen werden, wenn es im Hinblick auf die Stabilisierung oder Erreichung von Sollwerten möglich ist, die entsprechenden Prozesse zu überwachen und zielgerichtet zu beeinflussen (vgl. Pauen 2004: 142). Diese basalen Fähigkeiten gilt es nach Pauen also in individuelle Merkmale zu übersetzen bzw. auf diese anzuwenden.

> „Wichtig ist […], dass die Feststellung, ob eine bestimmte Präferenz möglicher Gegenstand einer selbstbestimmten Entscheidung ist, keinen Rückgriff auf die übrigen Präferenzen einer Person voraussetzt – dies würde aus nahe liegenden Gründen sofort in einen Regress führen, da sich ja für die übrigen Präferenzen das gleiche Problem stellt. Tatsächlich steht hier jedoch nur zur Diskussion, ob die Person die fragliche Präferenz korrigieren könnte, gesetzt den Fall, sie hätte Präferenzen, die eine solche Korrektur nahe legen würden.“ (Pauen 2004: 92)

Wurde die Präferenz tatsächlich auch nicht aufgegeben, hätte sie doch aufgegeben werden können. Immer wieder wählen Sie die Schokotorte. Sie beschließen, das zu ändern. Gleichwohl tritt keine Verhaltensänderung ein. Sollte in ihrem Fall also keine krankhafte Veranlagung vorliegen, dann dürfte man hier mit Pauen von einer „Art stillschweigende[m] Einverständni[s]“ ausgehen können (Pauen 2004: 83). D.h., um festzustellen, ob es sich um eine Präferenz handelt, muss der liberalen Variante zufolge kein exaktes Wissen über weitere Präferenzen vorliegen bzw. dieses zunächst ermittelt werden. Vielmehr genügt die hypothetische Annahme, dass es eben weitere Präferenzen gibt, „die gegen das fragliche Merkmal sprechen.“ (Pauen 2004: 85) Die Beweisführung verläuft hier also sowohl „indirekt“ wie über ein „hypothetisches Szenario.“ (Pauen 2004: 91 u. 85) Durch die liberale Variante wird also keine umfassende Kenntnis der Person vorausgesetzt. Relevant ist lediglich, ob jemand in einer bestimmten Situation über die entsprechenden „dispositionale[n] Fähigkeit[en]“ verfügte, um die fragliche Präferenz auch loszulassen (ebd., 85). Hätte der Mörder in der besagten Situation von der für ihn charakteristischen Lust an Gewalt abschwören können?

Gefragt wird hier also nicht nach dem faktischen Willkürakt. Das führt, wie sich an Moore zeigt, zu mitunter unplausiblen Schlüssen. Auch der Suchtkranke „hätte anders handeln können, wenn er es gewollt hätte“. Von Interesse ist hier stattdessen nur, ob die Gewaltneigung eine Art Persönlichkeitsmerkmal bildet. Um herauszufinden, ob die Gewaltneigung des Mörders eine personelle Präferenz darstellt, muss man also weder dessen tatsächliche Entscheidung noch seine übrigen Präferenzen heranziehen. Es genügt zu wissen, ob er sich von der fraglichen Neigung hätte lösen können. Frei nach Pauen, ist dessen Gewaltneigung meiner Neigung vergleichbar, ausgeliehene Bücher verspätet abzugeben? (vgl. ebd., 135) Wenn nicht, dann gilt für dessen

Gewalt im Grunde, was für mein ungeduldiges und unbeherrschtes Verhalten in Warteschlangen gilt – es entzieht sich seiner Kontrolle (vgl. ebd., 82).

Weshalb mehr an Freiheit weder notwendig noch möglich ist, kann jedoch auch von einer anderen Seite gezeigt werden. Vorrangige Aufgabe der Philosophie ist es, die Unterscheidung zwischen den äußeren und inneren Bedingungen von Entscheidungen und Handlungen, die im Kontext lebensweltlicher Bezüge still getroffen wird, nachzuzeichnen. D.h., klar zwischen der Teilnehmer- wie der Beobachterperspektive zu unterscheiden. Erreicht werden soll darüber eine Verständigung über die (notorische) Selbsttäuschung, der wir als Handelnde unterliegen. Aus der Teilnehmerperspektive, so zeigt sich dann, wird das subjektive Erleben im Gegensatz zu den äußeren Einflussfaktoren erfahren; gleichsam als ungebundener Ermöglichungsgrund der Handlung.

Sie stehen vor der Kuchenauslage. Rechterhand liegen ein Pfirsich- und ein Karottenkuchen aus. Linkerhand eine Schoko- und eine Erdbeertorte. Als Sie an der Reihe sind, entscheiden Sie sich für ein Stück von der Schokoladentorte. Am nächsten Tag stellen Sie sich auf die Waage und bedauern: „Hätte ich mich doch lieber für ein Stück Karottenkuchen entschieden".

Soweit die Teilnehmerperspektive. Wir, die Ihnen dabei gewissermaßen zugeschaut haben, wissen allerdings, dass sowohl der Pfirsich wie auch der Karottenkuchen vorbestellt waren. Tatsächlich konnten Sie also nur zwischen den beiden Torten wählen. Gegen Erdbeeren sind Sie jedoch allergisch. Wie Ihre Entscheidung ausfallen würde, war für uns also vorhersehbar. Gesetzt nun den Fall, Sie wüssten um die Vorbestellung. Dann würden Sie am nächsten Morgen denken „Hätte ich nur den Karottenkuchen wählen können". Mit anderen Worten, die Vorgeschichte ihrer Geschmacksausbildung, die dafür sorgt, dass Sie Gefallen an Schokotorte und Karottenkuchen, nicht aber an Pfirsichkuchen und Erdbeertorte finden, wird von Ihnen nicht als Einschränkung wahrgenommen. Im Gegenteil, die Verwirklichung Ihrer Geschmacksvorlieben empfinden Sie als Ausdruck ihrer Freiheit (Pauen 2004: 109).

Gegenüber Dritten sollten wir uns also differenziert äußern. Wenn sowohl die äußeren Umstände, wie auch Ihre persönliche Geschmacksvorlieben dagegen sprechen, sollten wir sagen, er *kann* bzw. konnte den Karottenkuchen nicht wählen. Er *will* keinen Karottenkuchen sollten wir hingegen sagen, wenn die Wahl nur aufgrund Ihrer individuellen Vorliebe ausgeschlossen ist. Ihr morgendliches Bedauern wäre also nur zutreffend, insofern die äußeren Umstände wie Ihr Geschmack, die Wahl zuließen (Karottenkuchen vs. Schokotorte). D.h., nur dann hätten Sie anders entscheiden können, dies aber offensichtlich nicht *gewollt*. Hinzufügen sollte man an der Stelle allerdings, dass das nur für die Momentaufnahme der Entscheidung gilt. Langfristig gesehen, sollte Ihnen wohl durchaus an der Erweiterung ihrer Freiheitsspielräume gelegen sein. Im vorliegenden Fall also der Ausweitung Ihrer kulinarischen Vorlieben. Zum Beispiel dadurch, dass Sie anfangen, mit Pfirsichrezepten zu experimentieren. Ganz konkret würde auf diesem Weg gewissermaßen die Empfehlung des Kybernetikers Heinz von Foersters: „Handle stets so, dass die Anzahl der Möglichkeiten größer wird". Das gleiche gilt jedoch auch für die im Zusammenhang mit Freud ausgesprochene Empfehlung, sich mit den eigenen Idiosynkrasien anzufreunden. Indem Sie stückweise lernen, die Konsequenzen ihres Tuns besser abzuschätzen, dürfte das morgendliche Badezimmerpurgatorium sukzessiv aufhören. Ihr zögerliches Wählen also im Lichte Ihrer langfristigen z. B. gesundheitlichen oder ästhetischen Zielsetzungen überwunden werden können (vgl. Pauen 2004: 101). Vorausgesetzt natürlich, dass ihre ursprüngliche Wahl nicht Ausdruck eines suchthaften Verhaltens ist. Pathologisches Essverhalten, wie andere Formen psychischer oder physischer Abhängigkeit scheiden strikt als Kandidaten für Präferenzen aus. Denn Willensstärke und Entschlusskraft reichen in diesen Fällen normalerweise nicht aus, um sich ihrer Umklammerung wirkungsvoll zu entziehen (vgl. ebd., 85). So erscheint das Problem der menschlichen Freiheit also als ein Problem unter anderen. Erschwert wird die Rede über Freiheitsspielräume danach immer wieder dadurch, dass wir uns a) entlang der aus der Teilnehmerperspektive gezogenen Demarkationslinie über die Bedingtheit unserer Wünsche, Überzeugungen, Einstellungen hinwegtäuschen und b) im Ausgang davon, die für diese charakteristische Annahme fehlender äußerer Handlungseinschränkungen bzw. die Idee der offenen Zukunft, unbemerkt in den Rang objektiver Freiheitskriterien erheben. Wollen wir diesen „Übertragungsfehler" vermeiden, sollten auf „theoretischer Ebene“ beide Perspektive also streng geschieden werden.[9]

9 Neben dem subjektiven Erleben stützt sich Pauen jedoch auch auf sprachanalytische Einsichten. Für die alltägliche Verwendungsweise von Können gilt, dass sie durch einen differenzierten Kontext- und Situationsbezug gekennzeichnet ist. Nehmen wir Herrn Meier. „Das kann schiefgehen“. Der Satz bleibt auch im Nachhinein richtig. D.h., auch dann, wenn er im Nachhinein durch die Ereignisse widerlegt wird. Im vorliegenden Fall also durch einen erfolgreichen Banküberfall. An der jetzigen Bemerkung, „das hätte schiefgehen können“, ist also nichts auszusetzen, insofern sich diese auf die damit ursprünglich ins Auge gefassten Risikofaktoren und -erwägungen bezieht. Dass etwas „hätte passieren können“, schließt umgangssprachlich also keineswegs aus, dass es weitere Bedingungen gibt, die das Eintreten des Ereignisses verhindern könnten oder auch tatsächlich verhindert haben. „Er kann jetzt wieder Autofahren.“ Bezieht sich die Aussage auf den wiedererlangten Führerschein, der gemäß der Straßenverkehrsordnung eine „notwendige Bedingungen für das Autofahren erfüllt“, so Pauen, wird daraus kaum eine Falschaussage, wenn sich im Nachhinein herausstellt, dass „das Auto zur fraglichen Zeit defekt“ in der Garage stand. Das gleiche gilt für die Blumen, die „erfrieren hätten können“, weil sie nicht rechtzeitig abgedeckt wurden und nur aufgrund eines Wetterumschwungs nicht erfroren sind. Im Hinblick auf menschliche Handlungen fällt dabei zudem auf, wie schlafwandlerisch sicher zwischen den äußeren und inneren Handlungsbedingungen unterschieden wird. Wir sagen, „er *kann* nicht Autofahren, wenn wir uns auf die äußeren Merkmale beziehen. Zum Beispiel das defekte Auto. Dagegen sagen wir, „er *will* nicht Autofahren“, wenn wir uns auf die inneren Merkmale (Absichten/ Gründe) beziehen. Womöglich sollte von „Können“ jedoch nur dann Gebrauch gemacht werden, wenn keinerlei Hindernisse vorliegen? Wenn also, was geschehen kann (im Sinne des Deterministen) auch geschehen wird. Eine solche Forderung weicht allerdings nicht nur allzu sehr von den Sprachgewohnheiten ab, sondern läuft vielmehr auf eine Nivellierung des Unterschieds zwischen „können“ und „werden“ hinaus. Verschafft also auch den radikalen Freiheitsverfechtern keinen Vorsprung. Warum? Weil mit der Forderung strenggenommen ja auch „zufällig eintretende Hindernisse“ ausgeschlossen sind. Lassen sich Handlungen als Ereignisse begreifen, liefert der differenzierte Sprachgebrauch somit nach Pauen erste Anhaltspunkte dafür, wie der Satz „er hätte anders handeln können“ verstanden werden sollte. Danach kann der Satz unmöglich bedeuten, dass jemand sich unter absolut identischen Bedingungen auch für die von ihm faktisch nicht ergriffene Handlungsalternative entscheiden hätte können. Mit der Behauptung wird also keineswegs an den Ausgangspunkt der Handlung zurückgekehrt. D.h., wovon die Pessimisten an der Stelle nach Ansicht Pauens nicht zuletzt profitieren, ist die suggestive Kraft, die von der Vorstellung ausgeht, die faktisch vollzogene Handlung müsste, gleich einem Film, der zurückgespult und dann neu abgespielt wird, „spontan“ einen völlig anderen Verlauf nehmen können. Dagegen sind dem Sprachgebrauch also erste Hinweise darauf zu entlehnen, dass der Satz „er hätte anders können“ auf den Unterschied zwischen äußeren und inneren Merkmalen abstellt. Eine Grenzkontur, dessen Verlauf, wie er wiederholt

2.1.1 Anderskönnen unter gleichen Bedingungen

Pauen verteidigt das „Prinzip der alternativen Möglichkeiten". Hinter diesem steht eine ebenso einfache wie evidente Überzeugung. Wer gezwungen wird (Erpressung, Hypnose, Sucht etc.), dem fehlen die Alternativen, der kann folglich auch nicht für sein Handeln belangt werden. Umgekehrt kann derjenige zweifelsfrei für sein Handeln belangt werden, der anders hätte handeln können. Der Alltagserfahrung nach ist es also ausgeschlossen, dass jemand nicht hätte anders handeln können und doch für sein Handeln moralisch verantwortlich sein soll. Genau das aber behauptet Frankfurt. Nach Frankfurt kann ein Drogensüchtiger angesichts seiner evaluativen Einstellung gegenüber seiner Sucht durchaus für sein Handeln verantwortlich sein. Der willentlich Abhängige deutet für ihn auf Praxisfälle, die von der scheinbar evidenten Gewissheit abweichen. Wäre der Wunsch, die Bank zu überfallen, der Wunsch, von dem Herr Meier wünscht bewegt zu werden, dann wäre es nebensächlich, ob er dabei unter Zwang handelt. Er hätte ja so oder so die Bank überfallen. Der bloße Verweis auf Zwangsverhältnisse reicht nach Frankfurt als Entschuldigungsgrund also nicht aus. Herr Meier müsste schon erklären können, dass er die Tat nur deshalb ausführte, *weil* er dazu gezwungen wurde. Erklärt er Dritten gegenüber „Ich konnte nicht anders", sollten diese also genau hinhören. Kann hinter den Worten denn ebenso eine gefestigte Überzeugung, wie eine entschuldbare Notlage stehen. Wird durch diese Beispiele jedoch wirklich das Prinzip widerlegt? Herr Meier könnte ja auch dem Zwang widerstehen. Wenngleich das wahrscheinlich eine heroische Großtat von ihm verlangte? Mit etwas Phantasie lassen sich jedoch noch ganz andere Fälle konstruieren. D.h., Szenarien, in denen Zwang und Manipulation auf so subtile und verborgene Weise wirken, dass jede Form des bewussten Widerstands ausgeschlossen ist. Denkbar wäre etwa, dass eine sinistere Gestalt, nennen wir sie mit Frankfurt Black, Herrn Meier einen Chip einpflanzt. Mittels dieses Chips überwacht und kontrolliert sie Herrn Meiers Handlungsimpulse. Solange nun Herr Meier im Sinne Blacks handelt, bleibt dieser untätig im Hin-

---

hinzufügt, zwar systematisch abgesichert werden kann und soll, dabei jedoch prinzipiell umstritten bleibt (vgl. Pauen2004: 118 ff.).

tergrund. Wann immer er jedoch Gehirnaktivitäten (Bereitschaftspotenziale) erkennen lässt, die Blacks eigene Handlungspläne durchkreuzen, löst dieser einen entsprechenden Gegenimpuls aus. Unter diesen Voraussetzungen wäre der Überfall folglich alternativlos. Gleichwohl, so soll *science-fiction* dieser Art beweisen, machen wir Herrn Meier gegebenenfalls doch verantwortlich. Nämlich dann, wenn es eben nicht Black, sondern sein persönlicher Entschluss ist, der zur Tat führte. Nur dann, wenn Black interveniert, sollte die Aussage „Ich konnte nicht anders" also als Entschuldigung akzeptiert werden (vgl. Frankfurt 1969: 829 f.).

Über Moore heißt es, dass er das „Anderskönnen unter gleichen Bedingungen" nicht wirklich aufzeigen kann (vgl. Keil 2009: 64). Auf ähnliche Weise verfehlt nun nach Pauen auch Frankfurt sein Beweisziel. Bereits dessen Versuchsaufbau wirft Fragen auf. Anders als von Frankfurt postuliert, sehen dessen Gedankenexperimente im faktischen wie kontrafaktischen Szenario keineswegs identische Hintergrundbedingungen vor. Nur aufgrund dessen kann überhaupt der Eindruck entstehen, als gäbe es in diesen Fällen keine Handlungsalternative. Das muss auch so sein. Denn lägen wirklich identische Bedingungen vor, würde sich rasch zeigen, inwiefern der im Bedarfsfall, also im Falle unerwünschter Entscheidungen des Probanden korrektiv wirkende Mechanismus, mit den zuvor behaupteten starken Freiheitsprämissen bricht. D.h., je nachdem wie das faktische Szenario konstruiert ist, dürfte bzw. müsste den Vorgaben nach im kontrafaktischen Szenario entweder genauso wenig oder im gleichen Maße eingegriffen werden. So stützt sich die ganze suggestive Kraft der Beispiele auf die weitverbreitete, nichtsdestotrotz verfehlte Annahme, wonach das Prinzip der alternativen Möglichkeit fordere, sich unter den gleichen äußeren wie inneren Bedingungen auch anders entscheiden zu können. Eine Forderung, die in der Form offensichtlich gegen das Urheberprinzip verstößt. Die Gedankenexperimente verletzen demnach nicht nur das Autonomie-, sondern auch das Urheberprinzip.[10]

10 Als nur wenig zielführend betrachtet Pauen in diesem Zusammenhang Einwände, die auf den Impuls abstellen, der Black überhaupt erst signalisiere, dass er eingreifen muss. Dieses aufleuchtende Freiheitsmoment („Flicker of Freedom"), so Pauen, gestattet allenfalls „minimale Abweichungen", die am Ende zum „gleichen Ergebnis" führen(Pauen 2004: 98).

Wenngleich Frankfurts Verdienste um die Diskussion personaler Präferenzen unbestritten sind, sollte anhand der Einwände also deutlich werden, weshalb genauer zwischen den äußeren wie inneren Handlungsbedingungen unterschieden werden muss. Unter dieser Voraussetzung zeigt sich dann, inwiefern berechtigte Reaktionspraktiken nur deckungsgleiche äußere Bedingungen verlangen. Inwiefern der Sinn des Anderskönnens sich also über die mögliche kritische Stellungnahme hinsichtlich der individuell angeeigneten Einstellungen und Überzeugungen aufklärt (vgl. Pauen 2004: 96 f.). Als fehlgeleitet sollten wir also weniger das Prinzip der alternativen Möglichkeiten erachten, denn diese exemplarisch an Frankfurt verdeutlichte starke Lesart.

Was aber folgt daraus, Liebe *light*? Moore und Strawson markieren gleichsam die äußeren Enden einer Freiheitsdiskussion, die mit der Vereinbarkeit von Freiheit und Determinismus gleichzeitig auch die überlieferten Sanktionspraktiken als gerechtfertigt ausweisen will. Entlang der hypothetischen Wendung „Was wäre wenn der Determinismus wahr wäre...“, sollten sich die „Optimisten“ gegen die „Pessimisten“ durchsetzen. Dieser Versuch muss nach Pothast als gescheitert gelten. Mit Strawson, so derselbe, wird der utilitaristische Grundkonsens augenfällig, welcher der Diskussion stillschweigend vorauseilt. Zugleich wird mit den gegen dessen quasi-transzendentale Perspektive erhobenen Einwänden jedoch auch der für die Diskussion insgesamt charakteristische „quietistische“ Grundton unüberhörbar (vgl. Pothast 1987: 172). Über Frankfurt könnte man so im Anschluss an Pothast vielleicht sagen, dass er die von Strawson gegenüber reinen Nützlichkeitserwägungen betonte interpersonelle Forderung der Anteil- und Rücksichtnahme in Richtung der eigenen Unverfügbarkeit weiterverfolgt. Im Verlauf des Lebens kommt es danach fast unweigerlich zu Situationen, in denen substanzielle Entscheidungen anstehen. D.h., zu Entscheidungssituationen, die auf einen erweiterten Begriff praktischer Rationalität drängen. Auf den zweiten Blick hin soll sich in diesem Sinn auch schon die gewöhnliche Verantwortungspraxis stärker über die Aspekte der Sorge und Pflege, denn das Prinzip der Alternativen Möglichkeiten austauschen. Dieser Beweisschritt Frankfurts muss nach Pauen zurückgenommen werden. Gleichwohl kann der moralische Standpunkt die Intention dieses Beweisschrittes auch nicht einfach übergehen. Welche Antworten lassen sich also aus Perspektive der personalen Präferenzen (liberale Variante) gegenüber dem Deterministen formulieren? Dessen kritische Anfrage wird nicht von außen an das System der sozialen Reaktionen herangetragen, sondern vielmehr selbst aus dem System heraus gestellt. Das zeigte sich im Zusammenhang mit Strawson. Insofern die Anfrage also selbst moralischen Gehalt hat, sollte sie nicht, wie Pothast schreibt, zu einem Bezugsrahmen für interpersonelle Beziehungen „nobilitiert" werden (ebd., 167). Der Determinist deutet stellvertretend für andere auf die Gefahr unfairer Urteile bzw. verletzender Gefühle. Erfüllt damit also Strawsons eigene Vorgaben für moralische Ausdrücke. Dessen Ansatz zeigte sich so anfällig für eine Strafpraxis, die den Täter zwar aufgrund seiner Vorgeschichte eindeutig identifiziert und dann doch ganz unpersönliche Urteile fällt. Aus Sicht des Täters konnte diese Praxis somit nicht nur verlogen erscheinen, sondern zudem den Eindruck erwecken, als sollte hier eine doppelte Strafe verhängt werden. Als würde im Zuge der Urteilsfindung mit dem verletzten Kollektivwillen auch gleich über dessen im Rahmen der Lebenslotterie gezogenes Los beraten. Gegen den Hintergrund dieser Widerspruchslage wurde der Begriff der personalen Präferenz eingeführt. Derselbe gewährleistet demnach ebenso individuelle Verantwortungszuschreibungen wie er den argumentativen Rückzug auf die Vorgeschichteunterbindet. Diese findet sich aus der unmittelbaren Entscheidungssituation ausgeschlossen und dabei doch zugleich aus Perspektive des Aneignungsprozesses mit in die reaktiven Verhaltensweisen aufgenommen.

Sequenzieren wir die Vorbedingungen irgendeiner x-beliebigen Handlung, lässt sich nach Pauen gleichermaßen zeigen, dass die von ihm vorgeschlagene Minimalkonzeption alles ist, was wir haben und brauchen. Warum, weil die Unterbrechung der Kette der Bedingtheiten sich in einigen Fällen schlicht als irrelevant und in anderen sogar als schädlich erweist. Die Beweislast somit folglich denjenigen zufällt, die darin einen Zugewinn an Freiheit ausmachen wollen. Nehmen wir eine Zeitschiene an, „die von einem Zeitpunkt t1 vor der Geburt einer Person *p* bis zu einem Zeitpunkt t5 führt, an dem *p* in der Situation *s* die Handlung *x* statt der Handlung *y* vollzieht." (Pauen 2004: 105) Sollte es nun zu einer Unterbrechung unmittelbar vor oder nach der Geburt t2 kommen, nimmt dies auf unsere Einschätzung der viel später vollzogenen Handlung keinen Einfluss, insofern der heranwachsende Säugling, die hier entstehende Lücke keinesfalls als „rationaler Agent" ausfüllt. Nimmt die in diesem Sinn verstandene Vorgeschichte keinerlei Einfluss auf den entscheidenden Akt der Aneignung personeller Präferenzen, würde eine Unterbrechung unmittelbar vor dem Wahlentscheid t3 nach Pauen vielmehr noch die dargelegten Bedingungen personeller Integrität verletzen. D.h., die um Willensfreiheit und Verantwortung gelegte Klammer im Sinne „einer Unberechenbarkeit der eigenen Präferenzen" auflösen (Pauen 2004: 105). Nicht viel anders sieht es allerdings aus, wenn die Unterbrechung der Kette in den Entscheidungsprozess selbst hineinverlegt wird. In dem Fall, so Pauen, wird nicht nur das Urheberprinzip verletzt, insofern hier in allerletzter Konsequenz die erworbenen Vorlieben der Akteure keine Rolle spielen, sondern vielmehr noch die Gründe unterminiert, die „in der ersten Phase des Entscheidungsprozesses, also vor t4", eindeutig für eine der Wahlmöglichkeiten optieren (Pauen 2004: 108). So lassen sich moralische Verantwortung und Vorgeschichte also auch im Lichte dieser Faustregel nicht länger gegeneinander ausspielen:

> „Die Folgen einer Unterbrechung der Kausalkette scheinen im Großen und Ganzen umso einschneidender, aber auch umso problematischer zu sein, je später die Unterbrechung stattfindet [...]. Wird die Kausalkette unmittelbar nach der Entscheidung, aber vor der Handlung durchbrochen, sind die Auswirkungen am gravierendsten, weil nunmehr nicht nur die personalen Präferenzen, sondern auch die Entscheidung selbst ihren Einfluss verliert." (Pauen 2004: 174)

Wovon richterliche Milde demnach in der Regel handelt, sind (unzulässig) eingeschränkte Spielräume der *Selbstverfügung*. Als Fluchtpunkt der Präferenzen erscheint so das autonom geführte Leben. Inwiefern werden von Pauen also nicht nur Haftungsfragendiskutiert? Von dem zitierten „Versicherungsfall" grenzt Volker Gerhardt die moralische Verantwortlichkeit ab, indem er ihren Anlass in der „Gegenwärtigkeit des Anderen" hervorhebt. Dem fügt er allerdings gleich hinzu, dass Anlass und Ursprung der Verantwortung unterschieden sind.[11] Letzterer könne nur in der eigenen Einsicht liegen. Diese, so wurde bisher

11 Wobei er im gleichen Atemzug auch die darin anklingenden Geltungsansprüche einer Sozialphänomenologie des Gesichts (Levinas) zurückweist(vgl. Gerhardt 1999: 106).

angenommen, gründet in einer elementaren Forderung wechselseitiger Rücksichtnahme. Kann das Theoriestück der personalen Präferenzen also insoweit zur hinreichenden Bedingung für Reaktionspraktiken ergänzt werden, als das System der sozialen Sanktionen durch dieses weder in Nützlichkeitserwägungen noch willkürlichen Setzungen, sondern allein dem moralischen Standpunkt verankert wird? Ließe sich dies zeigen, dann wären Einmischungen in das Entscheiden und Handeln anderer also erlaubt, weil sich hinter die durch den moralischen Standpunkt bezeichnete Forderung nicht weiter zurückfragen ließe. Die Frage der Fairness auf den moralischen Standpunkt selbst anwenden würde damit folglich unmöglich erscheinen. Der Vorwurf näher betrachtet, somit ins Leere zielen. Kokettiert er doch genau mit einer solchen Position. Überobjektiv faire oder unfaire Bedingungen, so würde also deutlich werden, könnten nur Wesen beraten, die sich auch noch gegenüber dem moralischen Standpunkt selbst distanzieren könnten. Soweit, so gut. Was aber würde das aus Sicht der Vernunft bedeuten? Wohl doch nur, dass sich auch hier gegenüber Häretikern oder radikalen Moralverächtern wieder nur klarstellen ließe, dass deren Absichten und Verhalten ganz am Ende auch auf ganz andere als argumentative Mittel treffen werden.

2.2 Wünsche, Überzeugungen und Moral

Wir alle haben Leidenschaften. Offene und Verdeckte. Darauf kann sich die Praxis des Verantwortlichmachens verlassen: sage mir welche Leidenschaft du hast und ich sage Dir, wer du bist. So weit, so gut. Wirklich? Herr Meier bestiehlt die Bank. Bisher galt er allerdings als moralische integre Persönlichkeit. Wie passt das zusammen? Wie kann jemand, zu dessen Grundüberzeugungen es bisher gehörte, Diebstahl für verwerflich zu halten, diese derart abrupt preisgeben? Gleichsam eine Wende um hundertachtzig Grad vollziehen? Im Nachhinein stellt sich denn auch heraus, dass Herr Meier nicht aus „freien Stücken" handelte. Dessen Wandel um hundertachtzig Grad entpuppt sich vielmehr als das Ergebnis eines manipulativen Eingriffs. Einer Intervention, die noch Blakes Absichten in den Schatten stellt. Dessen Eingriffe konzentrierten sich auf den Entscheidungsprozess. Die Psychologen, von denen jetzt die Rede ist, setzen noch tiefer an. Ihnen geht es gleichsam um die interpersonelle DNA der Individuen. Herr Meier wurde gewissermaßen umprogrammiert. Wie ist das zu verstehen? Zu den Mindestanforderungen für personale Präferenzen gehört, dass sie mindestens einen Tag überdauern und dabei mindestens einmal handlungswirksam werden. Kriterien, die Herr Meier, insofern er nicht unmittelbar zur Tat schreitet, durchaus erfüllt. Handelt er also vielleicht doch aus freien Stücken? Auf alle Fälle scheint die ansonsten in Ausnahmefällen bewährte und oben zitierte Ausrede, „Er war nicht er selbst“, in seinem Fall nicht zu greifen. Schließlich schreitet er ja gerade nicht unter Ausnahmebedingungen zur Tat. Auch in Pauens Entwurf finden demnach sinistere Gestalten Eingang. An den von ihnen geschaffenen Situationen will er illustrieren, worin der Aneignungsprozess sich grundlegend von instrumentell-manipulativen Ein- bzw. Übergriffen unterscheidet. Ein erstes Indiz dafür, dass Herr Meier nicht freiwillig handelt, wäre danach in dem Umstand zu sehen, dass die Aneignung des eigenen Willens auf einen Prozess abstellt, dessen Wirkung nicht unmittelbar erfahren wird. Nur wenig genüge also, um zu erkennen, dass die individuelle Vorgeschichte der Akteure unter normalen Voraussetzungen ganz anders in ihr Leben hineinragt, als dies bei manipulierten Vorlieben der Fall wäre. Während der Begriff der Aneignung also auf die lebensgeschichtlich relevanten Ereignisse vor der Ausbildung von Präferenzen reflektiert, verweisen Manipulationsvorgänge auf gezielte Veränderungen bereits bestehender Präferenzen. Unmittelbar damit zusammen hängt ein weiteres Indiz. Eines, das ungleich wichtiger scheint. Im Normalfall erweisen sich die angeeigneten Leidenschaften als zustimmungsfähig. Wenngleich, darauf deutet ja die Rede von verdeckten Leidenschaften, dies nicht so verstanden werden sollte, als würde dieser Selbstformungsprozess, der natürlich auch Wandlungen mit einschließt, von den „Subjekten“ vollständig durch- und überschaut. Worauf der Normalfall zielt, ist also ihre prinzipielle Zustimmungsfähigkeit. Noch schneller und wahrscheinlich auch gründlicher lässt sich die Verwirrung, die von diesen Psychologen ausgeht, demzufolge beseitigen, indem man ihre Eingriffe aus Perspektive der angestrebten Selbstzufriedenheit kommentiert. Dieser Leitbegriff duldet ja keine länger andauernde Aufspaltung des Selbst. Genau das aber wäre der Fall, würden die Psychologen es im Rahmen ihrer Tätigkeit bei der gezielten Veränderung nur eines Persönlichkeitsmerkmals belassen. Über kurz oder lang, so Pauen, würde unter diesen Umständen ihr manipulativer Eingriff durch den Probanden entweder selbst entdeckt werden, oder aber von außen als solcher sichtbar. Auf die Schliche käme man ihnen also entweder aufgrund des ihrem Probandenentstehenden Leidensdrucks oder aber, weil er jeder Form der Selbstdistanz erfolgreich beraubt erschiene. Nur mittels einer radikalen Persönlichkeitsveränderung, die dessen gesamte moralische Landkarte erfasst, dürften die Psychologen also an ihr Ziel gelangen. Unter dieser Voraussetzung erschiene Herr Meier zugleich verantwortlich wie nicht verantwortlich für seine Tat. Denn gedanklich unterschieden werden müsste in diesem Fall zwischen dem Herrn Meier *vor* und dem Herrn Meier *nach* dem Eingriff. So sollten unter dieser Voraussetzung also die Handlungen und Entscheidungen, die letzterem durchaus als frei und selbstbestimmt zugeschrieben werden könnten, nicht auf jenen projiziert werden. „Ich" wäre buchstäblich „ein anderer". Ihr Ziel dürften die Psychologen also nur erreichen können, insofern sie ihr Scheitern quasi von vornherein mit einkalkulierten. D.h., ihren Eingriff so anlegten, dass die daraus hervorgehende Person als eine Art Emergenzeffekt fassbar wäre. Dass die Person ohne den Eingriff ganz anders handeln würde, könnte unter diesen Umständen dann tatsächlich nicht mehr als Entschuldigungsgrund angeführt werden. Es sei denn man wollte zukünftig auch darauf verzichten, Personen für solche Handlungen haftbar zu machen, bei denen davon auszugehen ist, dass sie diese unter anderen Rahmenbedingungen höchstwahrscheinlich nicht vollzogen hätten. Mit anderen Worten, insofern man nicht gewillt ist, die Versicherungsbranche von Grund auf umzukrempeln. Der Unfallverursacher, so Pauen, der sich darauf herausredet, dass der Unfall nicht passiert wäre, wenn sein Unfallgegner heute die Bahn genommen hätte, erscheint in etwa so glaubwürdig, wie der Betrüger, der seine Tat entschuldigt, indem er seinem Opfer vorwirft, Bargeld bei sich getragen zu haben. Aus Sicht Strawsons hat verantwortliches Handeln jedoch vor allem mit Rücksichtnahme zu tun.

Können wir die akademische Frage der Willensfreiheit also auf sich beruhen lassen? Unter dem Titel *Das Handwerk der Freiheit* (Bieri 2006) geht Peter Bieri der Frage nach. Eine Monographie, die immer wieder Dostojewskis Roman Schuld und Sühne heranzieht, um dem

Leser entlang Raskolnikovs Ermordung der alten Pfandleiherin einen Überblick über den Debattenverlauf zu verschaffen. Auch für Bieri resultieren radikale Freiheitsauffassungen vor allem aus Verhältnissen ungeklärter Wortverwendung. Wogegen über die Begriffsanalyse eben Freiheitsperspektiven eröffnet werden, die mit bescheideneren Mitteln auskommen. Die uns also lehren, dass wir aus dem Perspektivpunkt „universeller Bedingtheit" etwas verlieren, was wir nie besessen haben und etwas gewinnen, was wir je schon besitzen: bedingte Freiheit (Bieri 2006: 244). Weshalb jedoch holt uns der Phantomschmerz immer wieder ein? Diese Frage führt nach Bieri in das Dickicht der semantischen Fallstricke, welche durch das Begriffspaar bedingt und unbedingt ausgelegt werden. Lässt uns also das sprachliche Glatteis prüfen, das wir immer dann betreten, wenn wir in den deskriptiv angesetzten Ausdruck bedingt (das, was der Fall sein muss) gewissermaßen intersubjektive Verhältnisse verzerrter Kommunikation hineinschmuggeln(vgl. ebd., 252). Ausgelöst wird der Phantomschmerz also dadurch, dass die analytische Verwendungsweise von bedingt im Hinblick auf die innerweltlichen Voraussetzungen der Freiheit bzw. die miteinander verknüpften Aspekte personaler Identität hinter die Bezugnahme auf reale Verhältnisse der Unfreiheit zurückgedrängt wird. Rutschgefahr besteht demnach dann, wenn Wendungen wie „an Bedingungen geknüpft", „das eine Bedingung das Bedingte notwendig macht", „diesem Bedingungsgeschehen unterworfen" etc. einem die Sinne vernebeln (ebd., 250). Erproben ließe sich diese These etwa auch an den Fallen, welche die Schicksalssuggestion aufstellt. So illustriert Bieri entlang fiktiver Gespräche zwischen Raskolnikov wie einem äußerst gewissenhaften Richter „die Sprache der Ohnmacht", die sich hinter dem taktischen Einsatz der Vorgeschichte verbirgt. Im Rahmen dieses Dialogs ignoriert Raskolnikov immer wieder bewusst die feine Trennlinie, die zwischen unseren physikalischen und psychologischen Selbstbeschreibungen verläuft. Und zwar, um dadurch den Eindruck zu erwecken, als würden Willensäußerungen und Entscheidungsprozesse gleich äußerlicher, blind-wütender Naturereignisse über den Einzelnen hereinbrechen. Mittels der von ihm strategisch eingesetzten Verweise auf die Unvermeidlichkeit, Unabänderlichkeit, Unabwendbarkeit und Unausweichlichkeit der Geschehnisse versucht derselbe also, von der ihm zu keinem Zeitpunkt benommenen psychologischen

Selbstthematisierung abzulenken (vgl. ebd., 258). Davon also, dass die von ihm angeführten Ohnmachtskriterien haltlos sind. Spätestens auf den zweiten Blick zeigt sich nämlich, dass die von ihm als Entschuldigungsgrund angeführte Hilflosigkeit, die ihn danach erstens aufgrund der klaren Verschiedenheit des Geschehnisses, zweitens seiner Unbeeinflussbarkeit, drittens seines Ungewolltseins überfällt, keinesfalls den Tatsachen entspricht (vgl. ebd., 257). Raskolnikov redet sich entlang der von ihm erzeugten Bildgewalt deterministischer Verlaufsgesetze auf eine Form der Selbstdistanzierung heraus, die sich in keinster Weise mit unserer alltäglichen Erfahrung des Wünschens und Wollens deckt. Darüber belehren auch nach Bieri insbesondere Fälle suchtkranker bzw. dissoziierter Persönlichkeiten. Hier wie dort handelt es sich um reale Ohnmachtserfahrungen. Nicht weniger als jene, empfindet sich auch das gespaltene Selbst als das Opfer eines ihm fremd gegenüberstehenden Innenlebens. Nur unschwer lassen sich beiden Ausnahmefällen somit die konkreten Bedingungsverhältnisse entlehnen, welche freie Handlungen ermöglichen. Danach hat derselbe also weniger ein Problem mit dem Sachverhalt der Fremdbestimmung, denn mit der scharfen Demarkationslinie, die immer wieder zwischen den Extremen der Selbst- und Fremdbestimmung gezogen wird. Nicht so die grammatikalische Aufklärung à la Frankfurt. Ihr Ziel ist es darzulegen, dass die „Idee der Bedingtheit […] gegenüber den Ideen der Freiheit und Unfreiheit vorgeordnet [ist, S.S.].“ (ebd., 243)

Am Ende wirbt so auch Bieri für das autonom geführte Leben. Von der Gemengelage bloßen Wünschens unterscheidet sich der Wille danach 1) durch seine Wirksamkeit. Als frei gilt er 2), insofern das Wünschen, Wollen und Wunscherfüllung immer wieder neu aufeinander abgestimmt werden müssen. Anerkennt der Wille zusätzlich noch die Interessen von seinesgleichen als Handlungsgrund für sich, ist er 3) als autonom zu bezeichnen. In der Summe folgt daraus 4) ein durch die Fähigkeit zur Kontrolle umschriebener Begriff der Selbstbestimmung.

> „Ein Selbst, wie es sich aus dem inneren Abstand zu uns selbst entwickelt, ist ein vorübergehendes Gebilde auf schwankendem Grund, und es gehört zu den Voraussetzungen für Willensfreiheit, diese einfache und eigentlich offensichtliche Tatsache anzuerkennen. Genauso wie die Tatsache, daß es Zeiten gibt, in denen wir weder autonom sind noch das Gegenteil.“ (ebd., 423)

Am Anfang steht hingen auch für Bieri die Frage, was eine freie Handlung ist. Sprechen wir von Handlungen, dann meinen wir damit zunächst ein Tun, das seine Leibbezogenheit in Form der empfundenen Nähe innerer Führung verrät. Eine „innere Nähe", die mit dem Erleben der den Willen exekutierenden Urheberschaft einhergeht. Wobei der Wille seine Konturen danach über die innengeleitete und gerichtete Sinnperspektive der jeweiligen Handlungsfolgen gewinnt, welche den verstehenden Nachvollzug von außen ermöglichen. Einerseits. Andererseits jedoch auch aus der horizontalen Begrenzung heraus, über welche sich die *„Bewegungsspielräume"* des Handelns eröffnen. Nach Bieri sind wünschen und wollen also keine Vorkommnisse in unserem psychischen Haushalt, die erst nachträglich aufeinander bezogen werden müssen. Vielmehr bezeichnet der Wille den handlungswirksamen Abschluss einer zuvor durchgeführten und auf unsere miteinander konkurrierenden Präferenzen gerichteten Selbsterkundung. D.h., das Resultat innerer Probehandlungen, deren Wirklichkeitsgehalt sich zum einen an den realen soziokulturellen Gegebenheiten, zum anderen an den jeweiligen individuellen „Fähigkeiten" der einzelnen Akteure bemisst. Im Willen verdichtet sich so gleichsam das „Zusammenspiel von Wunsch, Überzeugung, Überlegung und Bereitschaft", aus dessen „innere[r] Struktur" heraus wir jemanden „für sein Tun verantwortlich" machen. Affekt und Intellekt umreißen demzufolge keine völlig getrennten Bezirke. Aus Sicht des geführten Lebens verfolgen wir vielmehr die Spielräume, die den Individuen gegeben und von ihnen auszugestalten sind. Ein erkenntnisleitendes Interesse, das zugleich auch den Allgemeinplatz, wonach jemand dann frei ist, wenn er tun und lassen kann, was er will, antastet: Der Wille ist kein Ding, das irgendwo hinter unseren Handlungen sitzt. Zudem wird laut Bieri über den erläuterten Zusammenhang von Wille und Handlung deutlich, dass damit keineswegs gleich die Frage der Freiheit mit beantwortet ist. Dass diese sich vielmehr erst dann stellt, wenn der Wille aus der faktischen Rolle, die er im Rahmen unserer Daseinsfürsorge einnimmt, erläutert wird. Worauf kommt es also an? Auf den Unterschied in der Fragerichtung.

> „Man kann mit einem gegebenen Verhalten beginnen und fragen: Steht dahinter ein Wille oder nicht? Damit stellt man die Frage: Ist es eine Handlung oder nicht? Von Freiheit ist in dieser Frage noch nicht die Rede.

> Man kann aber auch, umgekehrt, mit einem gegebenen Willen beginnen und fragen: Kann er in einem Tun verwirklicht werden? Damit wirft man die Frage nach der Freiheit des Handelnden auf. Das Ausmaß, in dem er frei ist, ist das Ausmaß, in dem er das, was er will, in die Tat umsetzen kann." (ebd., 44)

Woran Bieri also gelegen ist, ist eine (kritische) Freiheitslektüre, die sich zugleich an den faktischen Wahlmöglichkeiten und Entscheidungsspielräumen der Akteure bemisst, wie den ihnen konkret gegebenen individuellen Fähigkeiten. Sich insofern also auf die unterschiedlichen Arten von Spielräumen einlässt, die das eigene Leben ermöglichen, indem sie es begrenzen (vgl. ebd., 45). Nach Bieri steigert sich die Chance, dass das eigene Leben gelingt, so entlang einer Verständigung über die Räume, die sich, angefangen von den Gelegenheiten der Welt, über die dem jeweiligen Individuum bereitstehenden Mittel, wie die ihm gegebenen Fähigkeiten, bis hinein in den Innenraum der Selbsterkundung, auftun. Sich selbst bestimmen, bedeutet demnach nicht zuletzt auch, die „bestimmte Welt", in die man geworfen ist, in sich aufzunehmen. Nämlich als Voraussetzung für den eigenen „bestimmte[n] Willen" (ebd., 51). Die „Gelegenheiten der Welt", so Bieri, sind es, über deren Schließung, sich die Chance der Freiheit aller erst eröffnet. Über die also die Spielräume geschaffen werden, die die Individuen nach Maßgabe ihrer sich verändernden Befindlichkeiten und Gestimmtheiten immer wieder neu ausmessen und sich dabei gegebenenfalls mittels neuer Narrative aneignen (vgl. ebd., 52).[12]

---

12 An der Stelle ein kurzer Querverweis. Im Rahmen antiker Sittlichkeitskonzepte wurde Selbstbestimmung über den Umgang mit den eigenen Leidenschaften, dem Erlangen von Selbstgenügsamkeit definiert. Unter spätmodernen Bedingungen erntet dieser Interpretationshorizont erneut. So verstehen sich zahlreiche Programme im Wesentlichen über die Stichwörter der Offenheit, Heiterkeit, Gelassenheit und vielleicht als pars pro toto, die Sorge. Zu erkennen gibt sich das der*art* geübte Leben nicht zuletzt durch seinen Ausstieg aus der Jagd nach den lustvollen Momenten *episodischen Glücks*. Das „Gehen ohne Grund" gelingt danach vielmehr denjenigen, die im Zeichen *epochalen Glücks* der Ruhe der erprobten und eingeübten Dauer den Vorzug geben. Warum also nicht einmal versuchen, Autonomie als Navigationshilfe zu begreifen, die uns durch die Klippen des tobenden Meers aus Information, Kommunikation und Banknoten hindurch manövriert? Die erste Forderung lautet, so gewissermaßen eine Haltung gegenüber den Netzwerken zu gewinnen, innerhalb derer das bloße dahingelebte Leben gleichsam verstreicht. Die Chancen für das geführte Leben werden demnach gesteigert, insofern sich eine Zeitökonomie ausmachen lässt, in der das Wirkliche das Mögliche nicht verschüt-

Allem Anschein nach lädt auch Bieri zu einer Selbstthematisierung ein, die um die inzwischen von uns ausgebildeten selbstevaluativen Schlüsselqualifikationen kreist. Um dann allerdings gegen (hedonistische) Fehlinterpretationen, die hier teilweise die Runde machen, deren normativen Stoßrichtung herauszuarbeiten. Dazu gehört sicherlich auch dessen Klarstellung, dass Verantwortung nichts ist, das irgendwo in der Welt im Sinne einer analysierbaren Eigenschaft vorkommt. Der Begriff bezeichnet vielmehr etwas, das von uns im und durch den Vollzug unserer Praxis stets aufs Neue hergestellt wird. Von Bieri wird also unterstrichen, dass sich die Praxis des Verantwortlichmachens in die Reihe performativer Sprechakte (Versprechen/Taufe) einreiht, durch die wir uns als Adressaten moralischer Forderungen und Verpflichtungen gleichsam hervorbringen (vgl. Bieri 2006: 343). Den Unterschied zwischen beiden Weltzugängen illustriert er mitunter anhand der Intelligenzforschung. Hinsichtlich der Achtungsgewinne, welche die Intelligenzforschung verbucht, wird immer wieder ihr selbstreferenzieller Charakter hervorgehoben. Verweise, die nach Ansicht Bieri wohl auf den Unterschied zwischen erklären und verstehen bzw. Tatsachen- und Wertaussagen anspielen. Richtig ist, „[w]ir *stellen fest*", dass jemand intelligent ist oder nicht. Im gleichen Sinne konstatieren wir jedoch nicht, „daß jemand verantwortlich ist, sondern wir *erklären* ihn für verantwortlich." (ebd., 333) Anders als im Fall der Intelligenz gibt es hinter dieser Erklärung also nicht „noch einen Sachverhalt des Verantwortlichseins, dem wir mit der Erklärung Rechnung tragen müßten." (ebd., 333) D.h., ob wir jemanden verantwortlich machen oder nicht, hängt nicht zuletzt von dem weithin akzeptieren Gedanken der Fairness ab. Bieri zufolge lassen sich unsere Reaktionspraktiken und moralischen Empfindungen also daran bemessen, inwiefern der Einzelne seinen Willensbildungs- und Entscheidungsprozess im Lichte dieses sozioevolutionär gewachsenen Instituts ausformt; inwiefern er die kulturübergreifenden Forderungen der wechselseitigen Rücksichtnahme wie des Respekts gegenüber den Interessen der anderen als triftigen Handlungsgrund für sich selbst akzeptiert (vgl. ebd., 352). Ein moral point of view, der anscheinend einräumt, dass er denjenigen gegenüber,

tet. Beinahe alles, so Martin Seel, hängt davon ab, „ob innerhalb des Kreises unserer Handlungen eine offene Zukunft absehbar bleibt." (Seel 2006: 40) Mit Seel ließe sich also noch einmal prononcieren, dass es sich um Freiheits-Spielräume handelt.

die sich der Reziprozitätsforderung strikt verweigern, allein die innerhalb der Gemeinschaft bewährten Inklusionsbedingungen vorrechnen kann. Im Spiegel ihres Betragens gleichsam nur mehr Nabelschau betreibt.

> „Wenn einer durch sein Denken, Wollen und Tun den moralischen Standpunkt mißachtet, erleben wir ihn als jemanden, der unsere gesamte äußere und innere Ordnung angreift, die wir uns in unserer Eigenschaft als Personen geschaffen haben. Das ist der radikalste Angriff, den wir kennen, und er bewirkt in uns einen tiefen Aufruhr und eine erbitterte Feindschaft. [...] Der moralische Grandseigneur [...], der auch das schlimmste Verbrechen noch entschuldigt – [...] müßte uns als jemand erscheinen, dem es letztlich mit dem moralischen Standpunkt nicht wirklich ernst ist, denn dieser Standpunkt verlangt, um seine Substanz behalten zu können, die Feindschaft seinen Feinden gegenüber." (ebd., 357)

Kaum verwunderlich also, dass auch er dem geborenen Bösewicht eine gewisse explinatorische Kraft einräumt. Präziser, der ihm geltenden Sozialromantik. Behielte die auf die biographische Vorgeschichte des Delinquenten sich stützende Verantwortungsentlastung Recht, verlöre „die Idee des Sollens insgesamt" (ebd., 210) ihren Halt. Dann würde Dostojewskis Schuld und Sühne – Raskolnikovs kaltblütige Ermordung der alten Pfandleiherin – zu einem Roman, durch den eine Art „Schicksal von unten" (Theunissen 2004) vernehmbar wäre. Würden Erziehungs- und Therapieangebote folglich mit Recht das Schuldprinzip ablösen.

> „Wir könnten, was die Leute tun, immer noch aus einer normativen Perspektive betrachten und im Lichte von Regeln des Sollens als richtig oder falsch beschreiben. Raskolnikovs Mord etwa könnten wir immer noch als Gesetzesbruch und moralisch verwerflich einstufen. Wir brauchten die Sprache des Rechts und der Moral nicht zu *vergessen*, und wir würden nicht die Fähigkeit verlieren, sie zu *verstehen*. Auch könnten wir weiterhin versuchen, sie als *Mittel* einzusetzen, um andere und uns selbst zu *beeinflussen*. Dasjenige aber, was wir nun *nicht* mehr können, wäre dieses: die anderen zu *bestrafen*, weil sie nicht tun, was sie sollten. Die Praxis des Sanktionierens verlöre ihren Sinn." (ebd., 210)

Sätze im Konjunktiv, die vielleicht dem philosophischen Seminar imponieren. Keinesfalls jedoch dem Alltagsleben. Weshalb wir so gereizt auf Raskolnikov reagieren, liegt nicht an irgendwelchen durch ihn verletzten vertragstheoretischen Fairnessbedingungen. Was uns empört, ist vielmehr die ultima ratio von Gewehrsalven und Bajonetten, die er uns im Zuge seiner Verteidigungsrede (schmerzlich) vor Augen führt (vgl. ebd., 360).

2.2.1 Exkurs: Warum moralisch sein?

Ist es also wie Bieri sagt? Zum Schluss „dulden" wir Raskolnikov schlicht und einfach nicht in unseren Reihen? Bisher wollten Sie in den Augen der anderen vor allem als hilfsbereit wahrgenommen werden. Seit einiger Zeit bekommt dieses Selbstbild allerdings Risse. Mehr und mehr verspüren Sie in sich den Wunsch, aufzusteigen, sich künstlerisch auszudrücken. Ihrer, wie Sie nun fest überzeugt sind, wahren Bestimmung nachzugehen. Mag das auch auf Kosten des Umfelds gehen, für das sie sich so lange bereitwillig aufgeopfert haben. Nach einiger Zeit bietet sich Ihnen denn auch die Gelegenheit, sich in diesem Sinne neu zu erfinden. Wie das mit Selbst- und Rollenbildern bzw. den mit ihnen verknüpften Erwartungshaltungen so ist, fallen Sie allerdings im entscheidenden Moment in die von Ihnen innerlich nur noch als Klischee empfundenen Verhaltensmuster zurück. Enttäuscht über sich selbst schlafen sie am besagten Abend ein. Als Sie am nächsten Morgen aufwachen, ist ihre innere Zerrissenheit wie weggeblasen. Was ist passiert? Zwei Szenarien sind hier nach Bieri denkbar. A, es erscheint ihnen mit einem Mal selbst völlig schleierhaft, wie Sie ihren kreativen Drang jemals auch nur für eine Sekunde zugunsten anderer vernachlässigen konnten. B, ihre altruistische Ader hat jeden avantgardistischen Gedanken über Nacht ausradiert. Für welche Variante Sie auch immer votieren wollten, beide haben nach Bieri nur wenig mit unserer Erfahrungswelt gemein. Das Gedankenspiel erinnert angesichts der plötzlichen und abrupten Neuerfindung über Nacht eher an die synthetischen Erfahrungen, welche die manipulativen Eingriffe böswilliger Psychologen zeitigen. Statt eines solchen unmotivierten Wechsels wollen wir vielmehr *einsehen* und *verstehen*, was uns zu einer solchen Neuerfindung bewegt. Entgegen der Szenarien steigern wir die „Anzahl der Möglichkeiten", indem wir Malen, Schreiben, Lesen oder das Gespräch mit guten Freunden suchen. Wie also könnte die Arbeit an der eigenen Selbstzufriedenheit im vorliegenden Fall aussehen? Nach Bieri könnten sie womöglich zu der Einsicht gelangen, dass ihre bisherige Selbstlosigkeit auf eine kompromisslos-autoritäre Moralerziehung zurückgeht. In erster Linie ist ihnen also keineswegs an kreativer Emanzipation gelegen. Woran ihnen vielmehr gelegen ist, ist der Mut zur Artikulation eigener Wünsche. Die Kunst, so erkennen sie jetzt, dient ihnen nur als Vehikel, um diesen Primärwunsch nach Selbstbehauptung Ausdruck zu verleihen und zwar auf möglichst unverfängliche Weise. Ein Vehikel, das, wie Sie sich bei der Gelegenheit auch gleich eingestehen, von Ihnen zudem nur leidlich beherrscht wird (vgl. ebd., 406).

Nach Ansicht Bieris wird die Ambivalenz moralischer Selbstbestimmung demnach durch die Ambivalenz zwischen den Wünschen, die am Selbstbild *bemessen* werden, wie den Wünschen, welche das Selbstbild *ausmachen*, abgelöst. Verflüchtigt sich das Grundproblem der Selbstbeobachtung also sobald man die brüchige Trennlinie, die diese beiden Wunschformationen trennt, mit in Rechnung stellt. Mit dieser Überlegung steht er keinesfalls allein dar. Wer in unserer sowohl in faktischer (Simulakren) wie auch normativer Hinsicht (das Verschwinden des signifikanten Anderen) entsinnlichten Welt an der Sinnlosigkeit zu verzweifeln droht, dem bleibt quasi noch die Möglichkeit des synthetischen Glücks auf Rezept. Wer es jedoch erst gar nicht so weit kommen lassen will, der hält sich durch Leibesübungen fit. „Du musst dein Leben ändern" steht gleichsam über den hierzu erhältlichen Regalmetern an Ratgeberliteratur.[13]Mit Bieri wird der Determinist als Amoralist identifizierbar. Als Amoralist wohlgemerkt, nicht als Immoralist. Was trennt die beiden Gestalten? Worauf Raskolnikov noch nicht wettet, ist Gottes Rückzug aus der Welt. Davon, warum dann alles erlaubt ist, erzählt vielleicht eher Dostojewskis Roman „Der Jüngling.":

> „Ein überaus kluger Mensch hat einmal unter anderem gesagt, daß nichts schwerer sei, als auf die Frage zu antworten: ‚Warum soll ich unbedingt edel sein?' Sehen Sie, es gibt drei Arten Schufte in der Welt: erstens die naiven Schufte – das sind die, die überzeugt sind, daß ihre Schuftigkeit der höchste Edelmut sei; zweitens die verschämten Schufte – das sind die, die sich der eigenen Schuftigkeit zwar schämen, dabei aber doch bei ihrer

13 Begegnen sollte man den (bedauerlichen) Wechselfällen des Lebens mit heiterer Gelassenheit: Oder, wie Wilhelm Schmid sagt: „Luck is where Opportunity meets preparation." (Schmid2007: 14)

> Schuftigkeit unbedingt beharren. Und schließlich einfach Schufte, sagen wir: echte Schufte oder Vollblutschufte. Erlauben Sie: ich hatte einen Schulkameraden, einen gewissen Lambert, der sagte mir mal, als er erst sechzehnjährig war, daß er, sobald er mit seiner Mündigkeit sein Erbe erhalte, als größtes Vergnügen sich die Wonne leisten werde, Hunde mit Brot und Fleisch zu füttern, wenn die Kinder der Armen Hungers sterben; und wenn sie nichts hätten, womit sie ihre Öfen heizen könnten, werde er einen ganzen Holzhof kaufen, das Holz auf freiem Felde aufstapeln und das Feld heizen, den Armen aber werde er auch nicht einen Scheit geben. Das waren seine Gefühle! Nun sagen Sie mir, bitte, was ich einem solchen echten Schuft auf die Frage, warum er denn unbedingt edel sein solle, antworten könnte.“ (Dostojewski zit. n. Bayertz 2006: 14)

Anders als der Immoralist, dessen Lebensentwurf demnach in einer strikten Opposition zur Welt der Moral gründet, bewegt sich der Amoralist also durchaus noch am Rand der Gründe. Durch ihn werden unsere Argumente laut Bernhard Williams gleichsam einem Härtetest unterzogen (vgl. ebd., 14). Aus Sicht Williams verrät diese heuristische Figur somit nicht anders als wir gewisse Vorlieben. So ist dessen Rolle für ihn also durch die Distanz gekennzeichnet, die er gegenüber den inhaltlichen Moralbestimmungen (Fairness, Wahrhaftigkeit, etc.) wahrt. Nicht weniger jedoch durch die skeptische Haltung, die er dabei gegenüber dem formalen Aspekt der Moral (Reziprozität) einnimmt (vgl. Williams 2006: 214). Nichtsdestotrotz bleibt er der Moral als „Parasit des Moralsystems“ verhaftet (ebd., 215). Von Anfang an wird der Amoralist so enormen Zentripetalkräften ausgesetzt. Würde er, konfrontiert mit einem ähnlich instrumentell agierenden Gegenüber, Zuflucht zur Sprache moralischer Empfindungen (des „Zulässigen“, des Übelnehmens, der Missbilligung) nehmen, würde er schon sein eigenes Terrain verlassen. Sowenig er hier streng genommen mehr tun darf als darüber „Mißvergnügen […] zu empfinden und sich entsprechend zur Wehr zu setzen“, kann er um rechtlichen Beistand ersuchen. Warum, weil die von ihm bewohnte exklusive Welt „seiner Neigungen und Wünsche“, wie Williams sagt, keine „selbstgefällige[n] Vergleiche“ duldet (ebd., 214). Seinem parasitären Selbstverständnis nach hätte er also alle Gemütsäußerungen wie Urteilssprüche zu unterdrücken, die im Begriff stehen, die eigene Selbstimmunisierung gegen Appelle „einer bloß vorgestellten Verallgemeinerung“ zu verletzen (ebd., 216). Als Karikatur der eigennützigen Wesensbestimmungen, die kontraktualistische Ansätze diskutieren, lässt der Amoralist demnach sehen, inwiefern die dort vermeintlich identifizierte „wirkliche Beschaffenheit der Menschen [...] von ihrer tatsächlichen Beschaffenheit gar nicht so sehr verschieden ist."[14] (ebd., 218) Was die tatsächliche Beschaffenheit angeht, soll hingegen gelten, „dass wir Geschöpfe sind, in deren Leben moralische Erwägungen durchaus eine gewichtige, prägende wenn auch häufig ungesicherte Rolle spielen." (ebd., 218) Folgen wir Williams, dann ist es also nicht zuletzt der Amoralist, der den elementaren Stellenwert des Einfühlungsvermögens erhellt. Anders als sein immoralischer Zwilling empfindet derselbe durchaus Mitleid. Wenngleich strikt nach Maßgabe seiner eigennützigen Maximen und egoistischen Wahrnehmungsmuster. Doch bereits dadurch gibt er seine Fundamentalopposition auf. Leistet er auch nur gelegentlich Hilfe, etwa weil ihm nahestehende Personen in Not geraten sind, oder weil es sich für ihn eben gerade anbietet, ist darüber also nicht „die mitfühlende Fürsorge für andere" außer Acht zulassen, die sich dabei insgeheim Bahn bricht (ebd., 221). „[D]ieses Ihm-Passen und, daß es immer nach seinen Launen gehen muß", so Williams, gehört nicht selbst zum Inhalt dieser Vorstellung." (ebd., 219) Folglich steht der Amoralist „dem formalen Aspekt der Moral" (Williams 2006: 215) näher, als ihm selbst wohl lieb sein dürfte.

2.3 Überzeugungen und Wünsche

Raskolnikovs Vorwurf der Unfairness wurde zurückgewiesen, indem ihm der Spiegel über das eigene Verhalten vorgehalten wurde. Ange-

---

14 Vom Standpunkt des Amoralisten, so ließe sich mit Bayertz ergänzen, zeigt sich, inwiefern vertragstheoretische Entwürfe einen Akteur voraussetzen, der insgeheim längst das Lustprinzip zugunsten des Realitätsprinzips suspendiert hat. Inwieweit derselbe also zwischen Welten wählt, die von seinem vorgeblich antagonistischen Drehbuch abweichen. Die „Bezugnahme auf das Gemeinwohl liefert zwar einen exzellenten Grund, warum man moralisch sein soll [...]. Sie setzt damit aber voraus, daß jeder Handelnde ein Interesse daran hat, daß es allen gut geht; daß also jeder handelnde bereits moralisch motiviert ist." Aus Sicht des Amoralisten ergibt sich dagegen folgende „klare Präferenzordnung: (1) Am schlechtesten ist für ihn der ‚Naturzustand' [...]; (2) besser ist für ihn eine Welt, in der alle – er selbst eingeschlossen – moralisch sind; (3) und am besten ist für ihn eine Welt, in der alle anderen moralisch sind, er selbst aber (als einziger) die Möglichkeit zu unmoralischem Handeln hat."Kurt Bayertz, Warum moralisch sein? (Bayertz 2006: 23 ff.)

sichts seines willentlichen Vertragsbruchs konnte er allenfalls auf Fairness *hoffen*. Jeder darüber hinausgehende *Anspruch* seinerseits führte in Selbstwidersprüche. Offen blieb dabei zunächst, inwiefern diese Replik selbst den Kriterien der Fairness genügt. Bieris Klimax vorwegnehmend, wurde so bereits im Zusammenhang mit Pauen festgestellt, dass das dem moralischen Standpunkt inhärente Gebot der Fairness nicht auf diesen selbst noch einmal angewendet werden kann. Doch auch dieser Schachzug verschaffte einem gegenüber Raskolnikov nur eine kurze Atempause. Womöglich deshalb, weil beide Antworten am Ende Leitvorstellungen wie Lust, Nutzen bzw. Eigennutz, Glück, Optimierung, Effizienz und Konsequenz promovieren. Davon zumindest zeigt sich Julian Nida-Rümelin überzeugt.

Sie haben Hunger. Ein Teller Spaghetti, so denken Sie, wäre jetzt genau das Richtige. Schon sitzen Sie beim nächsten Italiener. Sie denken also nur darüber nach, welche Richtung Sie ihrem basalen Wunsch geben wollen. Vernünftig handeln bedeutet demnach, im Ausgang von gegebenen Empfindungsdata über zunächst noch ungerichtete Wünsche zu disponieren, und zwar entlang abrufbarer Wissensbestände. Analog zur theoretischen Überzeugungsarbeit, wonach bereits das bessere Argumente zu einer Einstellungsänderung führt, ließe sich ihr Restaurantbesuch also nicht erklären. Dazu bedürfte es vielmehr noch der Bezugnahme auf prinzipiell ihrer Kontrolle entzogene Antriebe. Im Unterschied zu theoretischen wären praktische Gründe also nicht als „selbstgenügsam" zu klassifizieren. Formal ausgedrückt:

a) Ich wünsche *p*.
b) Ich weiß, dass *p* nur zu erreichen ist, wenn *q*.
c) Ich wünsche *q*.

Dieses Bild von nur hinzutretenden deskriptiven Überzeugungen widerspricht laut Nida-Rümelin der lebensweltlichen Praxis. „Ich wünsche, dass Herr Meier bestraft wird." Auf die Gegenfrage warum, könnte die Antworten etwa lauten, „weil dies aus präventiven Gründen notwendig ist", „weil er die Eigentumsrechte anderer verletzt" oder „weil dies die Gerechtigkeit gebietet". In jedem Fall würde der Ausdruck Wunsch hier metaphorisch verwendet. Nämlich für eine normative Überzeugung eingesetzt.

a) Personen, die Diebstähle begehen gehören bestraft.
b) Herr Meier hat einen Diebstahl begangen.
c) Herr Meier muss bestraft werden.

Würde man auf diese metaphorische Verwendungsweise verzichten und den Wunsch im Sinne der konativen Einstellungen (Absichten, Wünsche Hoffnungen etc.) unter sich befassenden Präferenz interpretieren, ergäbe sich nach Nida-Rümelin ungefähr folgende (verzerrte) Motivationsstruktur:

a) Ich wünsche, dass alle Personen, die Diebstähle begehen, bestraft werden.
b) Herr Meier hat einen Diebstahl begangen.
c) Nur wenn Herr Meier bestraft wird, kann mein Wunsch a erfüllt werden.
d) Ich wünsche, dass Herr Meier bestraft wird.

Wünsche sollten also nicht zu naturwüchsig interpretiert werden. Das gilt nicht nur für Wünsche im technischen, sondern auch für Wünsche im umgangssprachlichen Sinn. D.h., selbst dann, wenn die Bestrafung mir tatsächlich emotionale Befriedigung verschaffte, läge dem, anders als die Proponenten der hedonistischen Anthropologie supponieren, immer noch meine normative Überzeugung zu Grunde (vgl. Nida-Rümelin 2016: 27 f.). Inwiefern es Gründe und nicht Wünsche sind, welche sich die Individuen aneignen, lässt sich auch noch von einer anderen Seite her beleuchten.

Tief in den lebensweltlichen Sprach- und Interaktionsverhältnissen verankert ist das kantische Instrumentalisierungsverbot. Vor allem die Selbstzweckhaftigkeit des Menschen ist es, welche gegen die nutzenethischen Leitvorstellungen spricht (Nida-Rümelin 2012: 63). Wir nehmen nicht nur Rücksicht auf die Interessen der anderen, sondern respektieren sie. Bringen ihnen die Achtung entgegen, die wir an uns selbst erfahrenen. Nach Nida-Rümelin ist es dieser die interpersonelle Beziehungen strukturierende Austausch über Gründe, der gleichermaßen der zwischen Denken und Handeln wie zwischen pragmatischen und moralischen Handlungen gezogenen Trennlinie vorausliegt (Nida-

Rümelin 2016: 83). Wer bestimmte Gründe für sich akzeptiert, legt sich ungeachtet seines Weltbezugs fest. Nimmt Stellung. Bettet sein Handeln, wie Nida-Rümelin sagt, in von ihm als vernünftig durchschaute Strukturen und Verweisungszusammenhänge ein. Mit der akzeptierenden Stellungnahme geht so *instantan* eine entsprechende Handlungsbindung einher. Langfristige Zielsetzungen verlangen bisweilen den Verzicht auf Augenblicksgenüsse. Bereits aus dem Horizont prozeduraler Glücksvorstellung heraus legen sich die Individuen demnach Selbstverpflichtungen auf.

Der neue Roman ihres Lieblingsautors fesselt Sie. Trotzdem legen Sie ihn zur Seite und machen sich im Wissen um das Hungergefühl, das früher oder später bei Ihnen einsetzen wird, auf den Weg zum nächsten Supermarkt. Offensichtlich haben Sie jetzt schon einen guten Grund, entsprechende Vorkehrungen zu treffen. Ihr Wunsch, später nicht hungrig zu sein, folgt also der Einsicht und nicht umgekehrt. Hier zu sagen, Ihr Wunsch einkaufen zu gehen, beruhe eben auf dem später erwartbaren Wunsch, nicht hungern zu müssen, wäre also zwar durchaus möglich, doch der Sache nicht dienlich (vgl. ebd., 34).

Handlungsbindungen erwachsen den Individuen jedoch nicht nur aus dem Horizont ihrer individuellen Selbst-, sondern auch aus dem Horizont ihrer gemeinsamen Lebensgestaltung. Für den Amoralisten ist es am besten, wenn sich alle anderen an den Vertrag halten. Wohl ganz in dessen Sinn dürfte aus Sicht der hedonistischen Anthropologie die individuelle Bereitschaft zur Kooperation als eine Aneinanderreihung verpasster Chancen und Gelegenheiten erscheinen. Insofern die jeweiligen individuellen Beiträge sich oftmals weder positiv noch negativ auswirken, bedarf es danach mitunter der externen Motivation. Für Nida-Rümelin wird hingegen gerade anhand der Kooperation der Unterschied zwischen einem an Augenblicksneigungen orientierten Leben und einem vernünftig geführten Leben deutlich. Gibt es auf kollektiver Ebene gute Gründe zu kooperieren, schlagen diese gleichsam ungefiltert auf individueller Ebene durch. Vorausgesetzt natürlich, es lässt sich eine entsprechende reziproke Kooperationsbereitschaft aller beteiligten Akteure erwarten. Ist davon auszugehen, dann bedarf das Individuum keiner zusätzlichen Motivation. Moralische „Trittbrettfahrer“ sind zwar nie ganz auszuschließen, bleiben danach jedoch die

Ausnahme. Die Regel bilden hingegen vielmehr Individuen, die sich selbst das Gesetz geben.

In der Praxis des Gründegebens- und -nehmens ist nach Nida-Rümelin demzufolge eine Perspektive praktischer Vernunft angelegt, die den Menschen in seinen Gefühlslagen(Neigungen) ebenso mitnimmt, wie ihn daraus befreit. Den Alltag zu bewältigen setzt ein gewisses Maß an Willensstärke voraus. Nur willensschwache Individuen müssen ihre Entschlüsse über Wünsche zweiter Ordnung absichern. Ihren sprunghaften und unbeständigen Charakterüber diesen Umweg quasi vor sich selbst und anderen verbergen (Nida-Rümelin 2016: 59). Nichtsdestotrotz sind auch diese für ihr Handeln verantwortlich. Verweist ihre Schwäche doch nicht auf Augenblicksneigungen, sondern auf Gründe, wenngleich folgenorientierter Art(vgl. ebd., 136 f.). Hier also der augenblicksfaselnde Verstand; dort das Tier, das gelernt hat, Versprechen zu geben? Das Tier, das, wie Nietzsche sagt, über einen(schmerzlichen) Verinnerlichungsprozess für sich und andere ebenso sicht- wie berechenbar wird? Die Versprechen eingeschriebene normative Verbindlichkeit, so Nida-Rümelin, muss jedenfalls weder dem Sprecher noch dem Hörer extra erläutert werden. Die Antwort „Weil ich mein Wort gegeben habe“ zieht in der Regel keine weiteren Rückfragen nach sich. Wenngleich es aus Sicht einer Ethik ohne „aprioristisch[e] Übertreibungen“ sicherlich gelegentlich auch gute Gründe für den Wortbruch geben mag (ebd., 56 f.).

> „Der Unterschied zwischen dem Hume´schen und dem kantischen Ansatz besteht nur für moralisch motivierte Handlungen, während nichtmoralische motivierte Handlungen in beiden Theorien als Erfüllung punktueller […] Neigungen verstanden werden. Die kantische Kritik am Hume´schen Ansatz bezüglich moralischer Handlungen ist jedoch für Handlungen jedes Typs einschlägig. Handlungsbindungen erwachsen u.a. daraus, dass ich mir bewusst werde, dass die Erfüllung meiner gegenwärtigen Neigungen die Erfüllung von Neigungen, von denen ich annehme, dass ich sie später haben werde, vereiteln würde; Handlungsbindungen ergeben sich aus Verpflichtungen, die ich gegenüber anderen Personen empfinde, Handlungsbindungen ergeben sich aus Regeln, die ich mir zu eigen gemacht habe, ohne dass dieses ‚sich zu eigen machen‘ die Freiheit meines punktuellen Handelns […] einschränken würde.“ (ebd., 56)

Wofür werben also die von Bieri geführten Gespräche mit Raskolnikov? Laut Nida-Rümelin dafür, den gemeinsamen Raum der Gründe (neu) zu erkunden. Warum er diesen Schritt für notwendig erachtet, erklärt er mitunter über den Unterschied zwischen der Teilnehmer- und der Beobachterperspektive. Danach ist es die naturalistische „Unterbestimmtheit unserer Handlungs- und Urteilsgründe", welche der Vernunft gegenüber der Liebe einen gewissen Vorsprung sichert (Nida-Rümelin 2012: 35). Ins Vernehmen sollten wir uns über die Außen- und Innenseite von Handlungen damit entlang der „epistemischen Unauffälligkeit" setzen, die mit den Gründen die Stelle einer (mechanistischen) „Impetus-Theorie" des Handelns besetzen. Irrelevant, so Nida-Rümelin, ist nicht die Frage, ob der Determinismus wahr wäre. Ließen sich in diesem Sinne tatsächlich deterministische Verlaufsgesetze beweisen, wäre freies Handeln tatsächlich obsolet. Als frei können wir uns in unserem Handeln und Entscheiden vielmehr im Hinblick auf diese mit (natur-)wissenschaftlichen Erklärungsmodellen vereinbare Unauffälligkeit erachten. Verfolgen sollten wir also eine epistemisch/ontologische Doppelstrategie, die nur hartgesottene Behavioristen brüskieren dürfte.

> „Stellen sie sich vor, Sie sind zu Hause als Heimwerker tätig. Ein Physiker beobachtet Sie und registriert alle Vorgänge auf das genaueste [...]. Er wird jede beschleunigte Bewegung auf Grund einwirkender Kräfte erklären können [...]. Dass bei Ihrer Heimwerkerei ein biologischer Körper, nämlich der Ihre, und die mit den Möglichkeiten der klassischen Physik nicht zu berücksichtigenden biologischen Gesetzmäßigkeiten eine nicht unwesentliche Rolle spielen, fällt in der physikalischen Beschreibung des Prozesses gar nicht auf [...]. Diese ‚höheren' Ebenen der biologischen, neurophysiologischen oder intentionalen Erklärungen bleiben auf der physikalischen Beschreibungsebene unauffällig." (ebd., 76)

Im Zeichen zeitgenössischer Subjektivierungstechniken werben längst nicht mehr nur Baumarktketten mit dem Slogan Do-it-Yourself (vgl. Bauman 1995). Womöglich ist Nida-Rümelins Beispielwahl also nicht bloß dem Zufall geschuldet. Wie dem auch sei, nur insofern man der experimentellen Forschergemeinde (Wissenschaftstheorie) einen allzu simplen und unumstrittenen Begriff von Kausalität unterschiebt, kann dessen Ansicht nach überhaupt der Eindruck entstehen, als müsste zwischen Determinismus und Indeterminismus entschieden werden. Verstehen sollte man die Kontroverse also vielmehr als Beitrag zur Begriffsklärung (Nida-Rümelin 2012: 72). Im Endeffekt wäre es der öffentliche Charakter unserer Entschlüsse, über den die miteinander verflochtenen Begriffe Freiheit, Rationalität und Verantwortung in ihrem Zusammenhang hervortreten (vgl. ebd., 38).

Versäumt es heute kaum eine Gegenwartsanalyse, wenigstens am Rande auf die getrennten Eigenlogiken von Theorie und Praxis einzugehen, sollte die Begriffsanalyse davon also keine Ausnahme machen. Wenigstens dann nicht, wenn sie dem technisch-grundierten Bewusstsein etwas entgegensetzen will. Respektive der Annahme, dass über tiefreichende Einsichtsgewinne in die äußere Natur wie das innere Betriebsgeheimnis des Menschen zugleich auch dessen pragmatisch-praktische Weltorientierung umgewälzt wird. Dafür, dass letztere sich dem technischen Optimismus entgegen als „gegenüber epistemischen Revolutionen […] resistent" erweist[15], genügt laut Nida-Rümelin ein Blick auf die Grundlagenkrise der physikalischen Weltbeschreibung (vgl. ebd., 39). Mag sich im Rahmen derselben inzwischen auch die „vierdimensionale Raumzeit der Relativitätstheorie" durchgesetzt haben, zeigt sich unsere Praxis doch unverändert als durch den dreidimensionalen (euklidischen) Raum strukturiert und organisiert (vgl. ebd., 38). Gleichen lebensweltliche Interaktions- und Kommunikationszusammenhänge auch nicht starren Gebilden, sind sie doch durch eine merklich unterschiedene Halbwertszeit gekennzeichnet: die Dinge bewähren sich länger. Mehr noch, lassen jegliche Bewährungsproben überhaupt nur vor dem Hintergrund dabei mitlaufender und damit aktuell nicht in Frage zu stellender lebensweltlicher Hintergrundannahmen zu. Aus Sicht Nida-Rümelins weisen Praxisverhältnisse somit eine innere Stabilität auf, die eher für reformerische Eingriffe optiert.[16] Das gilt für den Einzelnen ebenso wie für die Gemeinschaft. Für den

15 Nämlich im Sinne Ludwig Wittgensteins Flussbettmetapher: „Mein Weltbild", so Wittgenstein, „habe ich nicht, weil ich mich von seiner Richtigkeit überzeugt habe, auch nicht, weil ich von seiner Richtigkeit überzeugt bin. Sondern es ist der überkommene Hintergrund, auf welchem ich zwischen wahr und falsch unterscheide." Und dann, an den von den amerikanischen Pragmatisten aufgezeigten Regelkreis von Normen und Werten erinnernd: „Man könnte sich vorstellen, daß gewisse Sätze von der Form der Erfahrungssätze erstarrt wären und als Leitung für die nicht erstarrten, flüssigen Erfahrungssätze funktionieren; und daß sich dies Verhältnis mit der Zeit änderte, indem flüssige Sätze erstarrten und feste flüssig würden. Die Mythologie kann wieder in Fluß geraten, das Flußbett der Gedanken sich verschieben." (Wittgenstein 1984: 139 f.)

16 Das gilt auch für die Programme normativer Kritik (vgl. Nida-Rümelin 2016: 59 u. 124).

Einzelnen, weil die These naturalistischer Unterbestimmtheit radikale Selbst(er)findungen (existenzialistischer Provenienz) ausschließt (vgl. ebd., 158). Für die Gemeinschaft, weil die normative Verfasstheit der lebensweltlichen Interaktionsverhältnisse, frei nach Walzer, eindeutig für das Interpretieren wirbt.[17] Wobei die leitenden Moralgesichtspunkte vor allem dann bewusst werden, wenn die Dinge ins Stocken geraten. Wenn bestimmte normative Regeln miteinander in Konflikt geraten. Dann, so Nida-Rümelin, vermag sich eine lokale Skepsis auszubreiten, die zwischen den Regeln oder Gütern abwägt. So etwa die Integration der sich widerstreitenden Forderungen in eine weiter gefasste Moralvorschrift als Problemlösung vorschlägt. Für Nida-Rümelin führt der Weg demnach über das zwischen der Teilnehmer- und Beobachterperspektive vermittelnde Gefälle. Über dieses Gefälle wird für ihn nicht nur verständlich, wie „Freiheit bei all dem Zwang" möglich ist (theoretischer Humanismus), sondern gleichzeitig auch das Handeln gegenüber dem Wissen ausgezeichnet (normativer Humanismus).

Hinter diesem Humanismus steht im Wesentlichen die von ihm vorgenommene „Neu-Akzentuierung" der von Strawson geleisteten Aufwertung der Lebenswelt (Nida-Rümelin 2012: 30). Verschiebt man dessen Leitdifferenz von subjektiven und objektiven Sprach- und Interaktionsformen in Richtung des Gegensatzes der „Verhaltenskontrolle durch Gründe und Verhaltenskontrolle durch anderes als Gründe", wird in der gleichen Bewegung jedoch auch Frankfurt vom Kopf „auf die Füße gestellt." (ebd., 33 u. 85) Für Frankfurt bedeutet Autonomie im Kern, dass a) ein innerer Abgleich zwischen den Wünschen erster und zweiter Ordnung stattfindet und b) dann entsprechend der bewogenen Wünsche erster Ordnung gehandelt wird. Damit einher geht nach Nida-Rümelin eine nur verkürzte Darstellung dessen, dass im Konfliktfall immer die Lebenswelt den Sieg über die Theorie davon trägt (vgl. ebd., 40 u. 95). Ungehört bleibt für ihn damit jedoch auch die Pointe Frankfurts. Nämlich, dass nur diejenigen, die von Haus aus nicht die entsprechende Willensstärke mitbringen, Wünsche gegenüber Gründen privilegieren. Wogegen diejenigen, die diese Stärke mitbringen, wissen oder spüren, dass Wünsche per se niemals einfach nur

---

17 Nach Walzer gibt es drei Wege der Moralbegründung: Entdecken, Erfinden und Interpretieren.

gegeben sind. Dass diese im Gegensatz zu bloßen Launen, Neigungen oder Phantastereien also auf keine mittels Introspektion zu erfassenden einsamen Abwägungsprozesse deuten (vgl. ebd., 88). Hinter dem Wanton verbirgt sich so in erster Linie also der willensschwache Charakter. Mit ihm hätte es Blake vornehmlich zu tun. Blakes ganze Reputation beruht gleichsam darauf, dass er geschickt die Grenze zwischen unserer Verantwortung für unsere Entscheidungen (Primärverantwortung) wie für die eintretenden Handlungsfolgen (Sekundärverantwortung) unterminiert. Täuscht sich jemand über seine objektive Lage, die ihm faktisch das Helfen verwehrt, machen wir, die als Zuschauer um diese Handlungsbeschränkung wissen, ihn zwar nicht direkt dafür verantwortlich, dass er nicht geholfen hat, aber doch dafür, dass er es nicht wenigstens versucht hat. Im Rahmen der Experimentalanordnungen, so Nida-Rümelin, schrumpft diese Unterscheidung auf die Alternative zusammen, „unterschiedliche Bereitschaftspotenziale im Gehirn auszubilden." (ebd., 101). Würde Blake seine Probanden unverhohlen zu Marionetten degradieren, wäre die Frage der Handlungsfreiheit gleich beantwortet. Um seiner eigenen Beweisführung willen muss Blake für das kontrafaktische Szenario also eine gewisse Steuerungslücke einräumen. Damit stellt sich ihm jedoch die Frage, an welchem Punkt er intervenieren soll. Greift er ein, *nachdem* der Proband sich entschieden hat, gab es für diesen offensichtlich eine Handlungsoption. Interveniert er hingegen, *bevor* dieser seine Entscheidung trifft, dann greift er in das Abwägen selbst ein. In diesem Fall kann kaum von verantwortlichem Handeln die Rede sein. Interveniert Blake, nachdem die Entscheidung fiel, kann sein Proband also nur nicht tun, was er tun will. Vermag er hingegen sogar den Entscheidungsfindungsprozess vorauszusehen, dann kann sein Proband also nicht einmal im Sinne Frankfurts sein Wollen wollen. Das aufleuchtende Freiheitsmoment (Indikation) von dem im Zusammenhang mit Pauen die Rede war, wäre demnach durchaus aussagekräftig (vgl. ebd., 102 f.). „Ich habe es Dir doch versprochen". Das ist es, was Ihnen Ihr Nachbar demnach im Krankenhaus hätte antworten sollen.

3. Willens-Lektüren: Historische und systematische Überlegungen zur Kantischen Ethik der Autonomie

Zurück im Krankenhaus. Anlass und Ursprung der Verantwortung sind geschieden. Während ihr Anlass in der Gegenwärtigkeit des Anderen liegt, erfolgt ihre Übernahme auf einen Akt der Selbstverpflichtung hin. Dieser Akt wurde bisher aus Perspektive der wechselseitigen Rücksichtnahme beschrieben. Beglaubigt werden könnte diese Blickstellung auch aus evolutionärer Richtung. Einstellungen der Rücksichtnahme lassen sich anscheinend auch bei Tieren nachweisen. Stärkeren Eingang in die Debatte über die Verbindlichkeit des Sollens sollten von daher womöglich die Achtungsgewinne der sogenannten angewandten Ethiken finden. Einerseits. Anderseits mitleidsethische Überlegungen (Verletzlichkeit, Sterblichkeit und Endlichkeit). Folgen wir Ursula Wolf, wird der moralische Standpunkt in diesem Sinne durch „Normen der Nicht-Verletzung der grundlegenden Hinsichten des guten Lebens anderer“ vorgezeichnet (Wolf 2000: 60). So ähnelt nach Wolf etwa die Rechtfertigung von Versprechen „der für die allgemeine Rücksicht gegebenen“ (ebd., 64). Jetzt allerdings mit dem Zusatz versehen, dass sie sich nicht mehr nur auf leidensfähige, sondern reziprozitätsfähige Wesen bezieht. D.h., auf „die speziellere Hinsicht der Achtung“ (ebd., 64). Angesichts dieses Zusatzes wird die Rechtfertigungsbasis also um eine entscheidende Nuance verschoben. Diese kann fortan „nur in der reflektierten Vorstellung liegen, dass alle Menschen ein Leben leben und dabei in manchen Hinsichten für das Gelingen des Lebens vom Verhalten anderer abhängig sind, folglich nur Pläne unter Einbeziehung anderer machen können, wenn es einige verlässliche Abmachungen gibt.“ (ebd., 64) Auch von Wolf werden sonach Anschlussversuche an lebensweltliche Ethiken als besonders aussichtsreich erachtet. Hier im Umkreis lebensweltlicher Nahverhältnisse sollen wechselseitige Erwartungshaltungen ausgebildet werden, die im Falle von Enttäuschungserfahrungen zu keiner Spaltung im Moralsubjekt führen. „Das Schuldgefühl wäre dann nicht etwas Eigenes, was als Sanktion mit der Norm eingeführt wird, sondern es wäre die Kehrseite einer positiven Einstellung, deren Durchbrechung eine negative Selbstbewertung auslöst." (ebd., 63) Von der auch bei Tieren nachweisbaren Rücksichtnahme wäre die Idee der gleichen Achtung demnach nur graduell unterschieden. Erfüllte letztere sich gleichsam schon durch die gleiche (tugendhafte) Rücksicht gegenüber jedem anderen. Diese Annahme wurde jedoch durch einen Achtungsbegriff provoziert, für den die Fähigkeit „sich von Gründen affizieren zu lassen" und entsprechende Handlungsbindungen einzugehen, wesentlich ist (Nida-Rümelin 2012: 156).

Was also hätte ihr Nachbar antworten sollen? Angesichts der falschen und gefährlichen Selbstgewissheit der Befürworter des rationalistischen Selbstbilds etwa: *„Sie brauchen mir nicht zu danken, Sie sind mir einfach wichtig. Die Frage warum, kann ich Ihnen allerdings nicht beantworten. Seine Lieben sucht man sich nicht aus. Nur so viel. Da ich weiß, dass Ihnen die Leitwerte der Offenheit und Vielheit ebenso wie mir am Herzen liegen, fiel mir das richtigliegen wollen in Ihrem Fall leicht"*. Im Streitfall bliebe somit nur die Aussicht auf Duldung. Dann also vielleicht doch lieber: *„Ich habe Ihnen doch mein Wort gegeben. Ich selbst verstehe mich als jemand, der seine Selbstachtung aus der Fähigkeit zieht, sich selbst Handlungsregeln auferlegen und seine Affekte entsprechend kontrollieren zu können. Versprechen werden von mir also nur in absoluten Ausnahmefällen gebrochen. In der Regel korrespondiert meine Selbstachtung hingegen der Achtung gegenüber anderen."*

Wie auch immer Sie sich entscheiden, an der Moral wäre demnach nichts unbegreiflich. Dass alles Leben (frei nach Karl Popper) Problemlösen ist, scheint unter den Autoren vielmehr gleichsam ausgemacht. Gleichwohl dürfte sich das sittliche Bewusstsein in keiner der Antworten vollumfänglich wiedererkennen. Für dieses dürfte die Antwort viel eher im Widerstreit der Positionen liegen. In diese Richtung scheint die „ethische Gesetzgebung" zu deuten, die Kant in *der Metaphysik der Sitten* (1797) zwischen dem Selbstzwang und dem Zwangsrecht (das auch ein Volk von Teufeln akzeptieren müsste) platziert. Innerem wie äußerem Zwang gemeinsam ist danach der Begriff praktischer Notwendigkeit; beide Zwangsverhältnisse teilen die Idee der

Pflicht. Zu unterscheiden wären Moral und Recht also nicht über die Gesetzesform. Was beide vielmehr trennt, ist der Verpflichtungscharakter, den sie jeweils mit der Idee verbinden. So wird das Gebiet der Ethik also durch beide Sphären zusammen umrissen. Die Beziehung der ethischen zur juridischen Gesetzgebung scheint nun im Wesentlichen dadurch geregelt zu sein, dass diese neben den engen auch die weiteren moralischen Pflichten wie Wohlwollen, Zuneigung oder Hilfsbereitschaft umfasst. Stellen diese auch äußerliche Pflichten dar, lassen sie sich doch nicht erzwingen. Mittelbar werden durch die ethische Gesetzgebung demnach auch alle anderen Pflichten dem moralischen Standpunkt unterstellt. Bezeichnet werden könnte durch diese sich gleichsam zwischen den Tugend- wie Rechtspflichten verortende Gesetzgebung eine Art sozio-ethische Differenz. Das könnte Kant in diesem Zusammenhang anhand des Versprechens veranschaulichen wollen. Jede vertragliche Einigungsperspektive setzt stillschweigend das Versprechen voraus. Als Voraussetzung bleibt dieses jedoch auch an den Vertrag gebunden. Durch das Versprechen wird der Vertrag also nicht nur ergänzt, sondern ihm gleichzeitig auch etwas hinzugefügt. Die gesuchte Einigungsperspektive dadurch stets verschoben bzw. offengehalten (vgl. Kant MdS: 55). Auf ähnliche Weise scheinen die verschwisterten Begriffe Respekt und Achtung der Rücksicht vermittelt.

I

Ohne Sittengesetz keine Metaphysik der Sitten. So Kant gleich in der Vorrede zur *Grundlegung der Metaphysik der Sitten* (1785). Die Grundlegung erfährt der Leser vorweg, verfolgt „die Aufsuchung und Festsetzung des obersten Prinzips der Moralität.“ (Kant GMS: 16) Am Ende derselben sieht sich Kant zu einem Verweis auf die theoretische Vernunftkritik genötigt. Nur auf diese Weise lässt sich der sich aufdrängende Verdacht eines Zirkelschlusses ausräumen. Zunächst, so Kant, ist dem Einwand zuzustimmen. Die bisherige Betrachtung legt durchaus die Vermutung nahe, die angegebene Idee der Freiheit als Grund des Sittengesetzes beruhe eben gerade auf diesem unausgewiesenen Gesetz, das sich selbst doch erst der Idee verdanken soll, so dass sich, diese Perspektive einmal vorausgesetzt, die Bindung an das Sittengesetz als fragwürdig herausstellt (vgl. ebd., 84). Aus dem eingenommenen Blickwinkel muss es eingestandenermaßen also unplausibel klingen, sich als der Natur enthoben zu denken, um sich nolens volens dem Sittengesetz zu unterwerfen, und diese selbstgewählte Knechtschaft dann auch noch als Produkt der Freiheit auszugeben (vgl. ebd., 85). Dass hier kein Zirkel vorliegt, wird dagegen einsichtig, wenn man die sinnlich-übersinnliche Doppelperspektive der praktischen Vernunft berücksichtigt. Am Sittengesetz, so Kant, muss ich nicht zwingend ein Interesse haben. Insofern mir jedoch an einer vernünftigen Selbstthematisierung gelegen ist, werde ich daran ein Interesse nehmen. Mich selbst also eingedenk meiner Zugehörigkeit zur intelligiblen Welt bestimmen (vgl. ebd., 84). Mich selbst gleichsam über die Differenz zwischen reinem Vernunfthaben und menschlicher Vernunftbegabung gewahren (vgl. ebd., 92). Während das Befolgen hypothetischer Imperative an Objekte, an sinnliche Affektion geknüpft ist (durch diese angeregt wird), kommt also nur die Einsicht, Glied einer höheren Ordnung und damit im Besitz von Freiheit zu sein, als Motivation für das sittliche Handeln in Frage. *„Pflicht ist die Notwendigkeit einer Handlung aus Achtung fürs Gesetze.“* (ebd., 26) Nach Kant kann der gute Wille also nicht mehr inhaltlich (Material), sondern nur noch formal bestimmt werden. Zum Kriterium vernünftigen Handelns wird der widerspruchsfrei verallgemeinerbare Wille. Für Kant hängt die Frage der moralischen Verantwortung also unmittelbar mit der Frage der philosophischen Selbstverständigung zusammen.

Wer wie Platon über Ideen nachdenkt, will sich der Kritik der reinen Vernunft zufolge weder zur wahrheitsrichterlichen Instanz aufschwingen, noch sich als autokratischer Herrscher einer Erziehungsdiktatur inthronisieren lassen. Vielmehr will er das praktische Weltverhältnis auszeichnen. „Plato fand seine Ideen vorzüglich in allem was praktisch ist, d.i. auf Freiheit beruht.“ (Kant KrV: 350) Indes lebt und wirkt Plato vor der Zeit augustinisch-lutherischer Innerlichkeit. Ansonsten wäre er womöglich selbst schon bis zur wahren Quelle „moralische[r] Vollkommenheit“ durchgedrungen (ebd., 351).[18] Sobald diese Quellen einmal freigelegt sind, bedarf es nach Kant jedenfalls nur noch

18 Von Augustinus ‚dubito‘ an, so Charles Taylor, ergibt die Rede von Innerlichkeit überhaupt erst Sinn. Durch ihn erschließt sich uns ein Begriff radikaler Reflexivität, der nicht zuletzt von so manchem Proponenten der Selbstsorge erst noch rezi-

eines geringen Perspektivenwechsels, um dessen (teleologisch-kontemplative) Naturbetrachtung gegen anthropologische Stellungnahmen einzutauschen. Seinen eigenen Tugendbegriff lebensweltlich missverstehen muss Platon Kant zufolge also, insofern ihm der eine Gott noch nicht erschienen ist. Erst aus dessen Horizont heraus wird laut Kant verständlich, was es mit dem „Urbild" auf sich hat, das wir in unserer Seele tragen (ebd. 353). Vom moralischen Standpunkt aus betrachtet bezeichnet der Ausdruck der Heiligkeit demzufolge das Problembewusstsein praktischer Vernunft. Von Platon hätten wir folglich hinsichtlich der unbestimmten (Bestimmtheit) zu lernen, welche die Idee bestimmt. D.h., deren Negativität unsere Bestimmungen gleichsam zugleich trägt, wie permanent provoziert. „Denn welches der höchste Grad sein mag, bei welchem die Menschheit stehenbleiben müsse, und wie groß also die Kluft, die zwischen der Idee und ihrer Ausführung notwendig übrigbleibt, sein möge, das kann und soll niemand bestimmen, eben darum, weil es Freiheit ist, welche jede angegebene Grenze übersteigen kann." (ebd., 352) Damit wäre eine erste Annäherung an den Wortsinn von „etwas in praktischer Absicht postulieren" erreicht. Vor die für Kant zentrale Frage, wie Verantwortung auf Höhe komplexer und undurchsichtiger Handlungsketten möglich ist, führt hingegen das Postulat der „Unsterblichkeit der Seele". Kants Antwort, indem wir die personelle Identität der Akteure in der Verbindlichkeit des moralischen Sollens hinterlegen. Nach Kant nimmt die Heiligkeit als charakterliche Auszeichnung des guten Willens damit also ebenso Bezug auf unsere individuelle wie unsere kollektive Identitätsvorstellung (d.h.,

---

piert werden müsste. D.h., im Vergleich mit dem von Augustinus beschriebenen Weg nach innen, der schließlich in einer dezentrierenden Gotteserfahrung aufgipfelt („from the exterior to the interior and from the interior to the superior"), dürfte sich womöglich abzeichnen, was jene mit dem „neuen Geist des Kapitalismus" verbindet. Wovon sie sich folglich stärker abzugrenzen hätten (vgl. Taylor 1989: 130 u. 136). Zugleich weist Taylor im Rekurs auf Augustinus jedoch auch auf die unterschwellige Nähe hin, die der Diskurs der protestantisch-verinnerlichten Seele womöglich zur Daseinsfürsorge unterhält. Gegen den zu seiner Zeit hegemonialen zyklisch-kosmologischen Diskurs, so Taylor im Kontext seiner Überlegungen zur säkularen Zeitauffassung, stoßen Augustinus introspektive Selbsterkundungen eine Konzeptualisierung von Ewigkeit als *gesammelte Zeit* an. Wer sich auf diese einlässt, den dürfte danach gleichsam die Einsicht heimsuchen, dass sich Autonomie und Authentizität angemessen nur als lebendiger Widerstreit fassen lassen (vgl. Taylor 1998: 183).

den politisch-geschichtsphilosophischen Aspekt richtiger Handlungen). Vor allem aber verfolgt der „ins Unendliche gehende Progressus" der Seele jedoch die Lücke, die das Ich als verschwindender Vermittler und als moralscher Agent trennt (Kant KpV: 252).

Im Kontext der Vernunftkritik erhofft sich Kant demnach von der Klärung des spekulativen Gebrauchs der Ideen einen Übergang von den Natur- zu den praktischen Begriffen. Dienen die transzendentalen Ideen hier solchermaßen „unbemerkt dem Verstand als Kanon seines ausgebreiteten und einhelligen Gebrauchs", wird durch diese „den moralischen Ideen" doch auf solche Weise gleichwohl auch schon „Haltung und Zusammenhang mit den spekulativen Erkenntnissen der Vernunft" verschafft (Kant KrV: 360). Praktische Vernunft revanchiert sich nun gewissermaßen, indem sie das spekulative Vernunftinteresse erweitert. D.h., dem theoretischen Gebrauch der Ideen seinerseits den realen Gegenhalt sichert, den dieser aus seinen eigenen Vollzugsformen heraus nicht nachweisen kann. Erst aus ihrem Horizont heraus lassen sich die nur problematischen Auskünfte hinsichtlich der Gegenstände Gott, Seele und Welt in Richtung assertorischer Aussagekraft vertiefen. Was unter theoretischen Gesichtspunkten defensiver (d.h. nicht denkunmöglicher) „transzendente[r] Gedanke" bleibt, erlangt also insbesondere durch den Begriff des höchsten Guts Realität und Gewicht (Kant KpV: 266 f.). Anders gewendet, unterrichtet die spekulative Psychologie über den Unterschied zwischen dem *aussagenden Subjekt* wie dem *Subjekt der Aussage*, ist es am Unsterblichkeitspostulat, um über den moralischen Sinn von Identität aufzuklären. D.h., musste jene Paralogismen formulieren, „weil es ihr am Merkmal der Beharrlichkeit fehlte, um den psychologischen Begriff eines letzten Subjekts, welcher der Seele im Selbstbewußtsein notwendig beigelegt wird, zur realen Vorstellung einer Substanz zu ergänzen", wird aus Perspektive des Moralgesetzes die fehlende Kontinuität nachgereicht. Danach versteht sich das „unaufhörliche Streben", das uns durch das Unsterblichkeitspostulat auferlegt wird, also als Antwort auf die Verantwortungsexpansion. (ebd., 253 f.).

Für den kantischen Moralentwurf nicht unwesentlich scheint dabei Hiobs Schicksal. Für endliche Vernunftwesen, so Kant, kommt es einem schier unmöglichen Gedankenexperiment gleich, sich vorzustellen, sowohl der Glückseligkeit bedürftig als auch ihrer würdig zu sein, zudem alle Mittel, die zu ihrer Erreichung benötigt werden in den Händen zu halten, und dennoch nicht derselben teilhaftig zu werden. Zumindest in „einer möglichen Welt“ müssen die Geltungsansprüche distributiver Gerechtigkeit - „Glückseligkeit, ganz genau in Proportion der Sittlichkeit [...] ausgeteilt“ – und personale Gerechtigkeit – der „Besitz des höchsten Guts in einer Person“ –folglich zusammen kommen (ebd., 239). Beständig auf beide Elemente in ihrer Ungleichartigkeit reflektieren soll nun, wer sein Leben selbstzufrieden führt. D.h., wer den Kausalzusammenhang zwischen Tugend und Glück, den die empirische Psychologie (vergeblich) herzustellen sucht, transzendental wendet. Im Rahmen seines Lebensgangs also an der wenigstens mittelbaren Wirkung moralischer Handlungen auch in der „Sinnenwelt“ festhält. Sein Leben demzufolge an einer Lust ausrichtet, die sich weniger ästhetisch denn praktisch speist (ebd., 243).

Im Zeichen dieses „Wohlgefallen[s] an sich selbst“ hätte die formale Ethik also aus den Schwierigkeiten der Moralmotivation zu lernen, welche materiale Ethiken nicht zuletzt aufgrund ihrer anthropologischen Grundaussagen stets einholen. Selbstzufriedenheit, so Kant, bietet sich für eine Existenz als Leitvorstellung an, die nicht nur um den Abstand zwischen Glück und Tugend weiß, sondern sich durch die entsprechende Würdigkeit in Anspruch nehmen lässt. Das negative Wohlgefallen löst durch sein Nein aus den letztlich immer unbefriedigenden leidenschaftlichen innerweltlichen Verhaftungen. Es lässt nach einer Zufriedenheit mit sich selbst auslangen, welche „die Menschheit in der eigenen Person“ wachruft, ohne dabei die Anbindungen an die jeweils konkrete innerweltliche Situation zu vernachlässigen. „Hat man aber ein Wort, welches nicht einen Genuß, wie das der Glückseligkeit, bezeichnete, aber doch ein Wohlgefallen an seiner Existenz, ein Analogon der Glückseligkeit, welche das Bewußtsein der Tugend notwendig begleiten muß, anzeigete? Ja! Dieses Wort ist Selbstzufriedenheit, welches in seiner eigentlichen Bedeutung jederzeit ein nur negatives Wohlgefallen an seiner Existenz andeutet, in welchem man nichts zu bedürfen sich bewußt ist.“ (ebd., 247)

Für Kant ist es also gerade der (unendliche) Aufschub, der über die Lücke zwischen Grund und Motiv hinweghilft. Denn so sehr sich uns Freiheit als Voraussetzung der vernünftigen Willensbestimmung nur indirekt, das ist, entlang des sittlichen Bewusstseins mit seinen Urteilssprüchen mitteilt, dürfte es uns jemals gelingen, so Kant, das Geheimnis der subjektiven Bindung an das objektive Gesetz, anders als um den Preis des Selbstwiderspruchs zu lüften. Wer hinsichtlich der Moral mehr will, droht, sich entweder in den Weiten einer schwärmerischen Metaphysik zu verlieren oder den Eigensinn der Moral empirisch zu unterbieten. Der Realität des selbstgewirkten Gefühls der Achtung gegenüber angemessen, erscheint so allein „ein bloßer Gedanke“. Ein Gedanke, wie Kant fortfährt, von dem zwar eben nicht eingesehen kann, wie er uns motiviert, von dem aber doch gleichzeitig gezeigt werden kann, dass er „für uns Menschen gilt“ (ebd., 97 f.). Im Ausgang von diesem „es gilt“ kann man das Feld des ethisch Sagbaren anhand von Unterscheidungen wie allgemeiner und angewandter Ethik, metaethischen Realismus und Antirealismus vollständig aufteilen. Man kann dieses „es gilt“ vielleicht aber auch zum Anlass für eine Lektüre nehmen, die dessen Realität als etwas jeder ethischen Urteilbildung vorausgesetztes und doch der rationalen Konstruktion entziehendes betrachtet. Sowohl unter historischen wie systematischen Gesichtspunkten könnte sich so zeigen, inwiefern eine Ethik der Regelbefolgung in Widersprüche führt. Das Moralgesetz scheint nicht nur immer wieder seine eigene Übertretung zu provozieren, sondern vielmehr auch in Spannung zu der Freiheit zu geraten, die es garantieren soll.

3.1 Autonomie statt Autognosie

Über das *principium executionis* praktischer Vernunft erfahren wir bei Dieter Henrich: „Kant hat die Problematik, die damit aufgebracht ist, nach dem Zeugnis von Nachschriften aus seinen Vorlesungen für eine der schwierigsten in der gesamten Philosophie gehalten. ‚Man soll das Gute durch den Verstand erkennen, und doch davon ein Gefühl haben. Das ist etwas, was man nicht recht verstehen kann‘. ‚Urteilen kann der Verstand wohl, aber diesem Verstandesurteil eine Kraft zu geben, den Willen zu bewegen, das ist der Stein des Weisen.‘“ (Henrich 2007: 110). Kants Einsicht in die Grundstruktur der Willensbestimmung (*principium diiudicationis*) soll hingegen bereits in dessen sogenannte vorkritische Phase fallen. „Lange bevor er auf den Gedanken kam, die Gegenstände der Erkenntnis könnten sich auch nach den Gesetzen unserer

Anschauung richten, hatte er bemerkt, daß es mit der Erklärung der Sittlichkeit aus bestimmten Gegenständen des Willens ‚nicht gut fort wollte'; und er fand, daß es ‚besser gelinge', wenn er annahm, daß die Gegenstände dem Willen selbst entspringen." (Henrich 2001: 16) Damit scheint für Henrich eine der (Haupt-)Bahnen vorgezeichnet, auf der sich die Diskussion des nachkantischen Idealismus bewegen sollte. Theoretische und praktische Vernunftkritik sind gegenläufig konzipiert. Gilt es dort, die überzogenen Ansprüche unbefleckter Erkenntnis zurückzuweisen, gilt es hier, das unbefleckte Vernunftinteresse gegen die Hegemonialstellung technisch-praktischer Vernunft zur Geltung zu bringen. Inwiefern hier kein Analogieverhältnis vorliegt, davon zeugt der unterschiedliche Beweisgang der beiden Vermögen. Platz für die besonderen Gegenstände der Metaphysik schafft Kant, indem er das Erkennen auf Erfahrung restringiert. Wollte er einen ähnlichen Beweis nun für das reine praktische Vernunftvermögen erbringen, müsste er also analog zur theoretischen Inventur unseres Geistes „die Möglichkeit einer reinen praktischen Vernunft demonstrieren." (ebd., 13) Diese Möglichkeit scheidet für ihn angesichts dessen, dass ihm der Grund des Sittlichen als unergründlich gilt, jedoch von vornherein aus. So kann der Beweis dafür, dass reine praktische Vernunft wirklich ist, also nur über eine „Analyse des sittlichen Bewußtseins" erbracht werden (ebd., 13). Das Prädikat gut, so Henrich, verwenden wir sowohl für den Handlungsvollzug wie auch für den handelnden Akteur. Wobei für unsere Wortverwendung entscheidend ist, dass nur die Handlungen, bei denen wir eine Übereinstimmung von Wissen und Handeln vermuten, von uns umfänglich als gut bezeichnet werden. „Wir nennen das gut, was getan wird. Ebenso aber nennen wir den gut, der das Gute tut. Tun und Getanes, Wille und Gewolltes werden gut genannt, und zwar so, daß wir sittliche Hochachtung nur für den Willen haben, der das will, was ihm als das Gute erscheint, und der es nicht nur um seines Vorteils willen erstrebt. Akt und Inhalt des Aktes werden mit dem gleichen Wort bezeichnet, das dennoch nicht homonymisch ist. Denn was wir meinen, ist gerade die Einheit der beiden, die aufgelöst vorzustellen den Sinn von ‚gut' verfehlen heißt." (ebd., 15) Dieser Doppelsinn im Sprachgebrauch von gut lässt sich Henrich zufolge nur über die im Willensbegriff intendierte Einheit von Wissen und Handeln aufklären. D.h., gelänge es, das Erkennen des Guten nicht zugleich als Grund der verpflichtenden Einsicht auszuweisen, folgte daraus statt einer Autonomie nur eine „Auto*gnosie* der Vernunft" (Henrich 2001: 14). So ist es also der Doppelsinn des Guten, der Kant zu einer streng formalen und am sittlichen Bewusstsein ausgerichteten Moralauffassung veranlasst. Das Gute, das ich bewirken soll, soll in ein und derselben Bewegung mein Handeln bewirken. „Geht man vom Inhalt der Handlung aus, so läßt sich nicht begreifen, warum das Gutsein des Willens unbedingt geschätzt wird. Wohl aber lohnt der Versuch, zu einer den Phänomenen angemessenen Ethik zu gelangen, indem man die Form der Güte des Willens auch als Regel seiner möglichen Inhalte nimmt." (ebd., 15) Von der jüngeren Generation wird nicht zuletzt der Formalismus des Moralgesetzes angemahnt werden. Danach läuft das Formulieren von Willensmaximen auf das bloße Produzieren von Tautologien hinaus. Das ist nach Henrich nun insofern bemerkenswert, als Kants Ethik selbst der Kritik am Formalismus entspringt. Kant reagiert auf die Krise substanzieller Sittlichkeit. Deren Konturen sollen sich allerdings schon am Beispiel von Christian Wolf und William Wollaston nachzeichnen lassen. Beide Autoren erkennen Henrichs Rekonstruktion zufolge noch vor Kant, dass der Weg zurück zu Verhältnissen lebensweltlicher Ethiken unwiederbringlich versperrt ist. Stellt Wolf in Reaktion darauf als formales Kriterium die „Übereinstimmung aller Tätigkeiten im größtmöglichen Ausmaß" zur Diskussion, entdeckt Wollaston dessen Maßstab im Urteilssatz (ebd., 18). Während das Böse sich anhand des Verstoßes gegen evident wahre Sätze zu erkennen gibt, soll sich das Gute einer Handlung danach über deren entsprechende „inner[e] Wahrheit" ermitteln lassen. Vor dem Hintergrund dieser beiden Alternativen wird Kants Ansatz demnach als Einwand gegen das epistemologische Selbstmissverständnis lesbar, dem beide je auf ihre Art aufsitzen. Beide Positionen, so Henrich, gewinnen allein aus Perspektive einer positiven Anthropologie an Plausibilität, die schlussendlich nicht-egalitäre Verhältnisse promoviert. „Wer die Übereinstimmung seiner Tätigkeiten beurteilen will, muß die Natur des Menschen kennen. Wer Verstöße gegen Wahrheiten erfassen will, dem müssen sie bekannt sein. Dann hat aber der ein klareres sittliches Urteil, der die menschliche Natur besser und der mehr Wahrheiten über die Dinge kennt." (ebd., 18) Mehr noch setzen sich beide Positionen jedoch der (immanenten) Kritik aus, dass ihre Theoriemodelle nicht leisten, was sie versprechen. Weder Wolfs Übereinstimmung noch Wollastons Evidenztheorie gelingt es, darüber aufzuklären, was gut ist. So lässt sie ihr formelles Theoriedesign zum Schluss also wieder hinter das sittliche Bewusstsein zurückfallen. „Sie verfehlen ihr Ziel, weil mit ihrer Hilfe keine Entscheidung zwischen einander entgegengesetzten Handlungen möglich ist, von denen eine im sittlichen Bewusstsein in aller Klarheit verworfen wird. Sie sind also nicht mit der Regel identisch, die das sittliche Bewusstsein wirklich anwendet, und im Übrigen tautologisch: Sie setzen die Erkenntnis des Guten schon voraus.“[19] Von diesen Einwänden verschont bleibt hingegen der als freies Selbstverhältnis begriffene Wille. Das illustriert Henrich anhand eines Beispiels aus Kants Nachlass. In ihm diskutiert Kant die Frage, ob der „Gutwillige einen Getreidediebstahl wollen kann oder nicht“ (ebd., 20). Welche Antworten hierauf ließen also sowohl Wolf wie auch Wollaston im Unterschied zu Kant erwarten. Wolff, so Henrich, müsste, um auf die Frage eine Antwort zu geben, sich der Mittel der Psychologie bedienen. Von dessen Standpunkt aus wäre also die Frage aufzuwerfen, ob die Motivation nach fremdem Eigentum mit dem größtmöglichen Zustand innerer Harmonie vereinbar ist. Anders wiederum Wollaston. Von dessen Standpunkt aus müsste in erster Linie überprüft werden, ob die in Frage stehende Handlungsmotivation allgemeinhin akzeptierte Wahrheiten über das Getreide anerkennt oder verletzt. Während Wolff und Wollaston insgeheim eine Ethik für Gelehrte verfassen, ist es also Kant, der für den Durchschnittsbürger schreibt. Quer zu diesen beiden Ansätzen verlangt der Wille nicht mehr als die Übereinstimmung mit sich selbst. Dass eine Verallgemeinerung des Diebstahls nicht einmal im Eigeninteresse des Diebs liegen kann, begreift auch der gemeine Verstand. Weder lässt sich der Diebstahl schlüssig denken, noch kann er gewollt werden (vgl. ebd., 20). Der kategorische Imperativ vermag also durchaus Handlungsorientierung zu geben. Wenngleich auch nicht in allen Fällen. In Konflikt mit den Intentionen des sittlichen Bewusstseins gerät derselbe immer dann,

19 „Der Verbrecher, der nur äußerst konsequent das Böse verfolgt, bringt es zu einer Übereinstimmung in seinem Wesen, die es formal mit der des Guten aufnehmen kann; der Dieb verletzt zwar das Eigentumsrecht, wer jedoch nicht stiehlt, verletzt den gleichfalls evidenten Satz, dass vieles was andere besitzen, einem selbst nützlicher wäre als ihnen.“ (Henrich 2001: 18)

wenn es sich um Willensmaximen aus der Klasse der Pflichten gegen sich selbst handelt. So ist etwa der verschwenderische Umgang mit den eigenen Talenten bzw. Fähigkeiten ebenso widerspruchslos verallgemeinerbar wie eine Lebensführung, die sich dem besonnenen Maßhalten widersetzt. Solange wenigstens, als der (hedonistische) Wille weder auf die Zerstörung der eigenen Selbstkontrolle noch auf eine elementare Verletzung der Rechte der anderen hinausläuft (vgl. ebd., 24 f.).

Ist aus kantischer Perspektive der Forderung der Moral bereits Genüge getan, wenn im Zuge der Selbstthematisierung die Achtung nicht hinter hypothetischen Befehlsformen verschwindet, gerät dieses jedoch auch noch auf ganz andere Weise in Konflikt mit dem sittlichen Bewusstsein. Nehmen wir die Hilfe in Not. Anders als im Falle des Diebstahls, lässt sich eine völlige Ablehnung der Hilfsbereitschaft durchaus widerspruchsfrei denken. Das allerdings nur, solange man die Frage der Motivation ausklammert. Denn wer sich kategorisch rücksichtslos gegenüber seinem Nächsten verhält, dürfte angesichts der Wechselfälle des Lebens (Glück und Zufall) aller Voraussicht nach auch das eigene Glück gefährden. Wenigstens auf lange Sicht. Ein gewisses Maß an Weltkenntnis ist demnach auch mit dem egalitären Kern der Maximenprüfung vereinbar. „Er will nur sein eigenes Glück befördern. An dieser Stelle ist nun auch in der kantischen Deduktion Weltkenntnis von Bedeutung, wenn auch eine solche elementare Art, die dem Wissenschaftler keinen Vorrang im sittlichen Leben einräumt: Jeder Mensch weiß, daß es Fälle gibt, in denen sein Glück von der Hilfe anderer abhängen kann. Weigert er sich nun, selbst jemals zu helfen, so strebt er für sich einen Zweck nach, der dann, wenn er der Zweck aller wäre, seine eigentliche Verwirklichung vereiteln würde.“ (ebd., 21) Gerade in Rücksicht auf das individuelle Glück, verweigert sich das moralische Gesetz wohlverstanden also der Forderungen des aufgeklärten Selbstinteresses. Diesem zufolge müsste mir am Glück meines Nachbarn ja schon allein deshalb gelegen sein, weil ich nicht wissen kann, was der nächste Tag so mit sich bringt. Was die imperativische Ethik diskutiert, hat mit anderen Worten also nichts mit der ihr bisweilen unterstellten Auswahl „unter schon gegeben Maximen“ zu tun (ebd., 22). Versteht man den Imperativ derart als Orientierungshilfe im Falle von möglicherweise miteinander konkurrierenden Gütern (bzw. Präferenzen), dann lassen sich kaum überzeugende Einwände gegen das aufgeklärte Selbstinteresse vorbringen. Wenigstens *prima facie.* Auf den zweiten zeigt sich allerdings auch hier, dass dessen Begründung fehlschlägt. Denn habe ich nur dann Hilfe vom Nächsten zu erwarten, wenn sich dessen Hilfeleistung mit seinem eigenen Glück verträgt, widerstreitet das dem sittlichen Charakter der Hilfe. Widerspruchslos verallgemeinerbar ist also nur die uninteressierte Hilfe. Das zeigt sich auch im Lichte der vermeintlich möglichen Überwindung des Gegensatzes von Neigung und Pflicht. Schlecht ist eine Handlung nach Kant nicht schon deshalb, weil sie einer Neigung entspringt. Gut ist diese somit umgekehrt auch nicht schon deshalb, weil sie den Neigungen abgerungen wird. Worauf es vielmehr ankommt, ist, dass bei einer solchen (zufälligen) Koinzidenz von natürlichem Wollen und Willen nicht stehengeblieben wird. Habitualisierungen des Guten sind also durchaus im Sinne der kantischen Ethik. D.h., solange die grundsätzliche Asymmetrie von Neigung und Pflicht gewahrt bleibt. Ausgeschlossen sind für Kant folglich Fälle der vollständigen Symmetrie von Wollen und Willen. Mit anderen Worten, die Herausbildung affektiver Dispositionen, die für sich selbst schon das Gute wollen. Eine Neigung zur Pflicht, wie Schiller sagen wird. So scheidet hinsichtlich der Hilfe in Not also auch die entgegengesetzte Annahme aus. Auch eine scheinbar ganz dem Geist der Kritik nachempfundene, natürlich gegebene oder herangebildete Neigung zur Selbstlosigkeit verfehlt das Gesollte, insofern diese auf die Preisgabe des Gefälles zwischen Neigung und Pflicht hinausläuft. Den Nächsten ausschließlich als Zweck an sich selbst zu behandeln (das also an die Adresse Schillers), bleibt auch noch der edelsten Neigung verwehrt. Für Kant kann sich der Ausdruck gut also nur an einen Formbegriff orientieren, der die Mannigfaltigkeit der Materie auf ihre Gesetzesfähigkeit hin überprüft. Der im vorliegenden Fall eben unmissverständlich zeigt, dass sich aus Perspektive des natürlichen Glücksverlangens kein vernünftiges Allgemeines angeben lässt (ebd., 23). Indes, nicht zuletzt in Bezug auf Kants ‚Stein des Weisen', klingt der am konkreten Anderen gegenüber uninteressierte Satz: „Ich tue nur meine Pflicht", dennoch irritierend in den Ohren des sittlichen Bewusstseins.

3.2 Techniken der Selbstüberredung

Von den Absolventen des Tübinger Stifts (Hegel und Schelling) ist überliefert, dass sie die Ereignisse in Frankreich regelmäßig durch einen Freiheitsbaum ehrten (vgl. Rosenkranz 1998: 29). Mitunter dürfte hierauf die „unsichtbare Kirche" errichtet worden sein, in die sie sich während ihrer Studentenjahre zurückziehen. D.h., vor der Enge und Strenge der Tübinger Orthodoxie ausweichen. Der ortsansässigen Pastoral-Macht also, die den progressiven Alarm ausnahmslos kulturpessimistisch kommentiert. Diese versteigt sich vor dem Hintergrund der beiden Großereignisse zu einer moraltheologischen Debatte, die, wie sich im Nachhinein zeigen wird, durch ihre konservative Agenda nicht unerheblich zur Herausbildung der idealistischen Systementwürfe beiträgt. Für beide Stiftsabsolventen könnte sich dieses Surplus so bereits in Form einer kleinen List der Vernunft angekündigt haben. Allein die Geschütze, die die Orthodoxie im Zeichen des Erbsündenmotivs gegen die „sicherste Vorübung" auffährt, wie Schelling schreibt, scheint ihnen die tief sitzende Furcht des theologischen Wächteramts vor dem erwachten Freiheitsinteresse zu verraten (Schelling ÜdU: 47).

> „Eine Philosophie nun, die als erstes Prinzip die Behauptung aufstellt, daß das Wesen des Menschen nur in absoluter Freiheit bestehe, daß der Mensch kein Ding, keine Sache, und seinem eigentlichen Seyn nach überhaupt kein Objekt sei, sollte man freilich in einem erschlafften Zeitalter wenig Fortgang versprechen, das vor jeder aufgeregten, dem Menschen eigentümlichen Kraft zurückbebt, und bereits das erste große Produkt jener Philosophie, das den Geist des Zeitalters für jetzt noch schonen zu wollen schien, zur hergebrachten Unterwürfigkeit unter die Herrschaft der Wahrheit, oder wenigstens zu dem vernünftigen Bekenntnis, dass die Grenzen derselben nicht Wirkung absoluter Freiheit, sondern bloße Folgen der anerkannten Schwäche des menschlichen Geistes und der Eingeschränktheit seines Erkenntnisvermögens seien, herabzustimmen versucht hat." (ebd., 48)

Umstritten ist unter den Teilnehmern der klerikalen Debatte, inwiefern der Freiheitssinn der Vernunftkritik(en) mit den kirchlichen Dogmen vereinbar ist. Dabei kommt Fichte eine nicht ganz glückliche Rolle zu. Dessen ganz im Geiste Kants verfasste Religionskritik liefert den restaurativen Kräften ungewollt argumentative Schützenhilfe. Durch Fichtes Begriffsform, so Hegel brieflich gegenüber Schelling, lässt sich ein Ton vernehmen, der „die alte Manier in der Dogmatik zu beweisen, wieder einführt." (Hegel zit. n. Rosenkranz 1998: 68) Und unmittelbar davor:

> „Aber ich glaube es wäre interessant, die Theologen, die kritisches Bauzeug zur Befestigung ihres Gothischen Tempels herbeiführen, in ihrem Ameiseneifer möglichst zu stören, ihnen Alles zu erschweren, sie aus jedem Ausfluchtswinkel herauszupeitschen, bis sie keinen mehr fänden und sie ihre Blöße dem Tageslicht ganz zeigen müßten. Unter dem Bauzeug, das sie dem Kantischen Scheiterhaufen entführen, um die Feuersbrunst der Dogmatik zu verhindern, tragen sie aber auch wohl immer brennende Kohlen mit herein, und erleichtern die allgemeine Verbreitung philosophischer Ideen." (ebd., 67)

Hegels in der Schweiz aufgesetztem Brief ist also eine gewisse dialektische Zuversicht zu entlehnen. Unerwähnt scheint derselbe hingegen Kants eigenes Schwanken zu lassen. Folgen wir Dieter Henrich, dann eröffnet nicht erst Fichte durch seine *Kritik der Offenbarung* (1792) der Orthodoxie „Thür und Angel" (ebd., 68), sondern provoziert Kants selbst bereits konservative Anschlussversuche.

Kant, so wird die junge Generation behaupten, weicht am Ende den Fragen der philosophischen Selbstbegründung aus. Mit initiiert werden deren Umschriften Henrichs Rekonstruktion zufolge sonach nicht zuletzt durch den geschilderten Verlauf der theologischen Debatte. Unterhalb des Eindrucks eines einheitlichen Theorieentwurfs gibt sich so eine zweiphasige Entwicklung praktischer Vernunft zu erkennen. Erst auf Höhe seiner reifen Theorie soll der Autonomiegedanke danach seine innere Kohärenz erlangen. Das allerdings um den Preis des ‚halbierten Menschen'. Eine Konsequenz, die dessen frühe, maßgeblich durch Rousseau beeinflusste Konzeption demnach noch nicht zeitigen soll. An Rousseau beeindruckt Kant nach Henrich insbesondere das Begründungsverhältnis, das dieser im Rahmen seiner erziehungsphilosophischen Überlegungen zwischen philosophischer Theologie und Ethik etabliert." (Henrich 2010: 46) Gleichwohl soll er dabei von Anfang an die Zielsetzung verfolgen, Rousseaus durch anthropologische Prämissen getragene Gegenwarts- und Moralkritik (Welterfahrung/utilitaristisch-instrumentelle Vernunft) durch Vernunftgründe auszutauschen. Für Kant ist klar, dass der Zusammenhang zwischen Tugend und Glück, den Rousseau noch in der Selbstevidenz des Gewissens verbürgt sieht, sich ebenso wie die Gottesgewissheit, die dieser aus der Selbsterfahrung von Schuld und Scham ableitet, durch eine Konzeption einholen lassen muss, die auf „eine allgemeine Regel der Vernunft" rekurriert (ebd., 48). Im Rahmen von Kants früher Autonomieauffassung wird der Gegensatz von Affekt und Intellekt so gleichsam noch durch eine Unterscheidung zwischen nur vordergründigem wie wahrem Glück abgemildert; vernünftige Willensbestimmung und individuelle Lebensführung (problemlos) aufeinander bezogen. In dieser Phase seiner Entwicklung, so Henrich, formuliert Kant in Rücksicht auf die Problemlagen der Moralmotivation damit eine Fluchtpunktperspektive, die durchaus auch konservative Lesarten motiviert. D.h., eine Theorie, die das „charakteristische Pathos einer reinen Autonomie [...] abhängig von der Hoffnung des Menschen auf eigenes Glück" macht (ebd., 48). Müssen wir die in Gott hinterlegte Hoffnung fahren lassen, dass sich Glück und Tugend ganz am Ende doch aufeinander reimen, scheitert jede vernunftbasierte Selbstthematisierung. In dieser Phase, da er die Pflicht als Ordnungsprinzip unserer heterogenen Glücksbestrebungen auffasst und dabei die handlungsanbindende Kraft an eine Hoffnung knüpft, die sich nicht überzeugend aus der von ihm getroffenen Leitunterscheidung ableiten lässt, muss Kant so ganz am Ende so einen durch „Techniken der Selbstüberredung kompromittiert[en]" Autonomiebegriff eingestehen (ebd., 49).

Folgen wir Henrich, dann formuliert Kant also erst auf Höhe seiner zweiten Kritik eine zufriedenstellende Lösung für das Problem der Moralmotivation. Im Zuge dessen wird zugleich jedoch auch dessen eigenes Schwanken zwischen einer quietistischen wie einer radikalen Lesart von Freiheit unübersehbar. „Während dort das Sittengesetz die Form jeder möglichen Glückseligkeit war, ist diese jetzt nur noch, sofern sie mit Sittlichkeit übereinstimmt, ein Element in dem letzten Zweck, auf den wir bei allem sittlichen Handeln aus sind. Warum wir überhaupt eines solchen letzten Zwecks bedürfen, warum es unmöglich sein soll, Gutes zu tun, ohne dessen jeweiligen Zweck in einen Inbegriff von einem Zweck zusammenzufassen, hat Kant zunächst nicht ausführlich untersucht. 1793 hat er zugegeben, daß zwischen beidem kein durchaus notwendiger Zusammenhang besteht." (ebd., 50)

Mit anderen Worten, im Rahmen der moraltheologischen Debatte stehen sich vier Grundpositionen gegenüber: Verfechter einer historisch-kritischen Bibelmethode, die a) durch ihre hermeneutisch-exegetisch verfahrende Institutionskritik die junge Generation nachhaltig für das ursprüngliche Christentum interessieren, etwas stärker vernunftorientierten Befürwortern einer aufgeklärten Religion, die b) im Gegensatz zu den radikalen Vernunftapologeten c) für die Kompatibilität von Bibel und Logos eintreten und schließlich Kräften, die d) die Philosophie als Magd der Theologie restituieren wollen (vgl. ebd., 52). Nach Henrich sind es also vor allem diese reaktionären Kräfte, die das konservative Anschlusspotenzial der kantischen Theorie ausloten. D.h., im Rekurs auf den frühen Kant ihre orthodoxe Gegenoffensive starten und Gott als movens (re-)implementieren: Wenn der Autonomiegedanke ohne Gott leer bleibt, ist es dann nicht so, dass der dogmatische Glaube samt seiner ihn institutionalisierenden Rituale und Feste geradezu von der Vernunft selbst eingefordert wird und zwar als „*erste* Pflicht?" (ebd., 59). Restaurative Interpretationsansätze, die laut Henrich also nur solange verfangen, als Glück und Tugend noch nicht in ihrer gänzlichen Polarität begriffen sind. Von diesem Zeitpunkt an sorgen dann stattdessen vielmehr Fragen, die neben der Freiheit *zum* Moralgesetz (Vernunftglaube) auch die Freiheit *vom* Moralgesetz (intelligible Tat) thematisieren, für gehörige Irritationen.

3.3 Imitatio Dei

Mit dem Stichwort der Verantwortungsexpansion verbinden heute nicht wenige eine gewisse normative Aufbruchsstimmung. Angesichts ganz konkreter moralischer Dilemmata soll feststellbar sein, wie sich das Anerkennungsmotiv quasi über seinen Erfolg verbraucht hat. So ließe sich etwa am Beispiel der erreichten Eingriffstiefe der Medizin illustrieren, wie über das Motiv die Frage, „ob der Wert des Schutzes von werdendem Leben oder die Würde der Frau vorrangig sei", eher verschärft denn beantwortbar wird. Schließlich genügt nur wenig, um zu sehen, dass beide Werte mit dem Motiv vereinbar sind (Horster 2005: 13). Als aussichtsreich erachten so immer mehr Autoren Anleihen bei analytischen Theorievorgaben.

Anders Susan Neiman. Für sie scheint Kant gerade gegen den Hintergrund der beschriebenen Kontingenzerfahrungen lesenswert. So jedenfalls das Resümee ihrer luziden Studie über das (verdrängte) Böse innerhalb der westlichen Vernunfttradition. Wobei vorneweg anzumerken wäre, dass ihr Interesse nicht so sehr dem Begriff des (radikal) Bösen gilt, denn einer Überprüfung der Gesamtstatik des Vernunftbaus. D.h., den darüber verteilten sowohl offenen wie verdeckten entsprechenden thematischen Bezugnahmen. Folgen wir Neiman, wäre mündig im (nach-)metaphysischen Sinn, wer die elementare Zerrissenheit der menschlichen Existenz aushielte. Wer erkannt hätte, dass die von Kant etablierten arbeitsteiligen Rationalitätsformen nicht bloß bis in den bürgerlichen Salon vordringen. Mag es prima facie auch so scheinen, als nehme die Auseinandersetzung mit dem Bösen nur wenig Platz ein, soll der Eindruck einer weiteren Überprüfung nicht standhalten. Im Rahmen derselben soll sich vielmehr zeigen, wie das Böse sich fast unbemerkt an entscheidenden Stellen der Vernunftarchitektur einnistet. „In der ‚Metaphysischen Deduktion' – ohne Zweifel ein Schwergewicht in der Kritischen Philosophie – führt er ein Beispiel für das Verhältnis von Grund und Folge an, das unmittelbar aus den klassischen Diskussionen über das Problem des Bösen stammt. Wenn eine vollkommene Gerechtigkeit da ist, so wird der beharrlich Böse bestraft. Mit Hilfe dieses Beispiels veranschaulicht er das Prinzip, das in seinem System zum Prinzip des zureichenden Grundes wurde." (Neiman 2006: 108)

Gleichwohl sind es für Neiman gerade die kantischen Vernunftdualismen, die am überzeugendsten die unzähligen Vermittlungsversuche von Tugend und Glück widerlegen.[20] Ihren Ausgang nimmt Neimans Rekonstruktion von der (intellektuellen) Krisenerfahrung, die das Erdbeben von Lissabon (1755) auslöst. Die mit dieser verheerenden Naturkatastrophe verbundenen Erfahrungsgehalte werden von ihr aufgenommen und gleichsam bis in die von Kant formulierte Kluft von Sollen und Sein hinein verfolgt. Zentral für diese ist danach Kants Einsicht in unsere praktische Vernunftnatur. In den, wie Neiman insistiert, für uns unverzichtbaren Glauben daran, dass Tugend und Glück sich (insgeheim) doch aufeinander reimen. Aus der Perspektive dieses Glaubens zeigt sich nach Neiman also, wie das von der Naturkatastro-

20 Wie schwer es generell fällt, erwachsen zu sein, belegt nach Neiman insbesondere Kants dritte Kritik. So wird der Rundgang durch das Schöne hinterrücks immer wieder von dem kindischen Gedanken überrascht, dass das Glück des Menschen insgeheim doch im Plan der Schöpfung enthalten ist (vgl. Neiman 2006: 134 f.).

phe her sich entfaltende sittliche Bewusstsein Gott sukzessiv praktisch interpretiert. Wie dieses gegen den Hintergrund der Kontingenz der Welt quasi einen Lernprozess durchläuft, an dessen Ende es von dessen Idee eben nur mehr (ästhetico-)ethischen Gebrauch macht. Von Neiman aufgenommen wird Kant also durch ein historisches Weitwinkelobjektiv. Was sich ihr dadurch zu erkennen gibt, ist die unserer endlichen Vernunftsituation angemessene normative Selbstverständigung, zu der Kant uns einlädt. Derselbe hat dem Moralgesetz verschiedene Fassungen gegeben. In den Fokus von Neimans Betrachtung rückt nun insbesondere jene Variante, wonach unsere Willensmaxime gleichsam zum Naturgesetz taugen muss. Vor allem ihr wäre die Phantasie zu entlehnen, die uns Kant abverlangt. Wozu derselbe uns aus existenzieller Perspektive betrachtet aufruft, ist eine Imitation Gottes. Immer dann, wenn es heikel wird, sollten wir uns in einer „*imitatio Dei*" üben (ebd., 130). Für diese bezeichnend scheint ihre explizite Reflexion auf die jeweiligen Handlungsfolgen. Nach Ansicht Neimans sollte die Kant immer wieder nachgesagte gesinnungsethische Strenge also allenfalls für Karikaturen herangezogen werden. Nicht von ungefähr greift sie im Rahmen ihrer Interpretation so auch auf eines der wohl umstrittensten experimenta crusis der kantischen Moralphilosophie zurück. Kants Aufsatz *Über ein vermeintes Recht aus Menschenliebe zu lügen* (1797).

Es klingelt. Vor Ihrer Haustür steht ein guter Freund und bittet Sie panisch um Einlass. Auf Ihre Nachfrage hin, was ihn so in Panik versetzt, gibt er Ihnen zu verstehen, dass jemand nach seinem Leben trachtet. Wer würde seinem Freund in dieser Situation nicht Einlass gewähren? Gegebenenfalls den nur einige Minuten später an der Türe klingelten potenziellen Mörder über dessen Aufenthalt täuschen? Gilt nicht für die Lüge, was oben über das Versprechen gesagt wurde? Nämlich, dass es durchaus auch mal gute Gründe für den Wortbruch gibt? Will man mehr als „die Freiheit eines Bratenwenders" von dem sich ja zweifellos sagen lässt, dass er sich, einmal in Bewegung gesetzt, wie von selbst dreht, dann zeigt sich nach Kant gerade in solch heiklen Ausnahmesituationen, inwiefern man sich als Glied der noumenalen Welt begreift. Lassen wir die für dieses Beispiel nach Kant relevante Trennlinie zwischen Moral und Recht einmal beiseite, müssten Sie also auch in diesem Fall wahrheitsgemäß Auskunft geben.

> „Wahrhaftigkeit in Aussagen, die man nicht umgehen kann, ist ihm formale Pflicht des Menschen gegen jeden, es mag ihm oder einem anderen daraus auch noch so großer Nachteil erwachsen; und, ob ich zwar dem, welcher mich ungerechterweise zur Aussage nötigt, nicht Unrecht tue, wenn ich sie verfälsche, so tue ich doch durch eine solche Verfälschung, die darum auch (obzwar nicht im Sinne des Juristen) Lüge genannt werden kann, im wesentlichsten Stücke der Pflicht überhaupt Unrecht: d.i. ich mache, so viel an mir ist, daß Aussagen (Deklarationen) überhaupt keinen Glauben finden, mithin auch alle Rechte, die auf Verträgen gegründet werden, wegfallen und ihre Kraft einbüßen; welches ein Unrecht ist, das der Menschheit überhaupt zugefügt wird" (Kant VRLM: 637 f.)

Wie anders als mit einem gewissen Humor soll man auf die hier geforderte Wahrhaftigkeit reagieren können? Ein Lachen, auf das hin sich für Neiman jedoch ein gewisser Ernst einstellen sollte. Wenigstens dann, wenn der belachenswerte Anblick vermieden werden soll, den wir jedes Mal dann bieten, wenn wir meinen, uns gottgleich über die Wechselfälle des Lebens erheben zu können. Wenn Kant hier also darauf beharrt, den Mörder, der an unserer Tür klingelt, nicht über den Aufenthalt des Freundes zu täuschen, der Schutz sucht, dann geht es ihm in erster Linie also nicht um den moralischen Stellenwert der Lüge, sondern um die notorisch unsere Handlungspläne durchkreuzende empirische Macht des Zufalls. Im gleichen Atemzug weist er jedoch auch die Flucht in die innere Zitadelle der reinen Gesinnung zurück. Direktiven, die ohne jeden Gedanken an die mit ihnen verbundenen Folgen ergehen würden, hinterließen ihren Adressaten orientierungslos. Wie aber lassen sich unter diesen Voraussetzungen Absicht und Folge aufeinander abbilden? Neimans Antwort, indem wir Gottes Allmacht und Gerechtigkeit heuristisch interpretieren. D.h., immer dann imitieren, wenn prinzipiell unentscheidbare Fragen anstehen. So ist es nach Neiman also gerade die von Kant behauptete Analogie zwischen Natur- und Sittengesetz, welche dem Ernst der moralischen Ausnahmesituation angemessen sein soll. Die von Kant in diesem Sinn zur Diskussion gestellten allgemeinen (Natur-)Gesetzgeber müssen sich ebenso gegenüber der Allmacht, die sie innehaben, wie der damit gleichzeitig aufgerufenen (unstillbaren) Forderung der Gerechtigkeit verantworten. Wirken an der Physik orientierte verallgemeinerte Gesetze in Richtung einer radikalen Gleichheit, vereitelt die dabei von ihnen bezogene Position des Souveräns gleichzeitig ihre Flucht aus der Verantwortung qua Stellvertreter. Wobei für den Zeitpunkt ihrer Beratungen Gefühl und Verstand scheinbar ebenso zueinanderfinden wie Natur und Geist.

> „Durch diese Formel gibt Kant uns die Möglichkeit, so zu tun, als wären wir Gott. Wann immer wir vor einem moralischen Dilemma stehen, sollen wir uns als Weltschöpfer imaginieren. Welche Entscheidungen würden wir treffen, wenn wir die Chance hätten, die beste aller möglichen Welten zu schaffen." (Neiman 2006: 128)

Vom Erfolg des Anerkennungsmotivs zeigt sich demnach auch Neiman überzeugt. Auch ihr scheint es darum zu gehen, unsere moralischen Einstellungen und Urteile gegenüber dem Verdacht bloß starker, letztendlich regionaler Wertungen in Schutz zu nehmen. Für den eingangs erwähnten Horster sollte die Philosophie heute jedoch vor allem Begriffsklärung leisten. Mit dieser Aufgabenbeschreibung distanziere sie sich davon, mit der philosophischen Frage der Moralbegründung auch gleich noch die psychologische Frage der Moralmotivation mit zu beantworten (vgl. Horster 2005: 72). Indes wird für ihn über den Konnex der Gründe und Motive eine Feinunterscheidung möglich. Über diesen lassen sich für ihn noch einmal die beiden Großgruppen nonkognitivistischer und kognitivistischer Ansätze unterteilen, die sich heute gegenüberstehen. Nach Horster untergliedert sich die Gemengelage aktueller moralphilosophischer Beiträge so auf der einen Seite in Positionen, für die mit dem Offenlegen unserer historisch gewachsenen Überzeugungen und Wünsche bzw. Präferenzen und Interessen, bereits alles nötige über das Wollen gesagt wäre (internalistische Nonkognitivisten) bzw. für die damit der Zusammenhang von Regelkenntnis, -akzeptanz- und -befolgung, noch nicht umfassend erhellt wäre (externalistische Nonkognitivisten). Wie auf der anderen Seite in solche, für die auf die wohlbegründete Einsicht in das Gesollte das Wollen quasi unmittelbar nachfolgt bzw., für die dies in der Form nicht zutrifft (ebd., 64 f.). Inwiefern unsere Urteile und Reaktionspraktiken nicht vollends auf gemeinschaftliche Übereinkünfte und Einigungsprozesse zurückzuführen sind, wird für ihn so nicht zuletzt über einen Kulturvergleich deutlich. Die Zentralbotschaften des mosaischen ‚Du sollst', so Horster, lassen sich noch in den entlegensten Erdwinkeln nachweisen. Durch diese Vergleichsoptik wird für ihn zugleich jedoch auch der Stellenwert der praktischen Klugheit erhellt. Worauf wir also stärker achten sollten, ist der Evidenzcharakter, durch welchen moralische Regeln für das sittliche Bewusstsein auszeichnet sind. Was wir damit hinsichtlich der angesprochenen Konfliktsituationen gewinnen, wäre Klarheit. Deutlich werden sollte so also, was dabei jeweils konkret auf dem Spiel steht. Wenngleich auch dieser Klärungsprozess selbstverständlich noch keine allseits akzeptierte Lösung garantiert. „Die Moralphilosophen" können zwar „keine Ratschläge im konkreten Einzelfall geben [...]. Sie sind jedoch in der Lage, mit Hilfe des Katalogs der *prima facie Pflichten* die Konfliktlinien in der Entscheidungssituation scharf herauszuarbeiten." (ebd., 92)

Für Horster erschließt sich die „Kategorizität der Regeln" gleichsam von unten. Durch die (funktionale) Brille sozio-kultureller Evolutionsprozesse (ebd., 92). Dem entsprechend wird Kants Mörderbeispiel von ihm auch stärker sozialphilosophisch gewichtet. Worauf Kants vermeintlicher Rigorismus demnach drängt, sind die für soziale Ordnungen nachteiligen Konsequenzen, die jene vordergründig gebotene Ausnahme (generalitas) von der Regel (universalitas) schlussendlich zeitigt. „Auf den ersten Blick könnte man meinen, dass die Entscheidung eindeutig ist, denn jeder unschuldig Verfolgte, muss geschützt werden. So ist jedenfalls die Argumentation des französischen Philosophen Benjamin Constant, mit dem Kant sich auseinander setzte. Constant vertrat einen konsequenzialistischen oder verantwortungsethischen Standpunkt, meinte er doch, dass es pflichtgemäß sei, den Freund durch eine Lüge zu schützen. Dem setzte Kant sein sozialphilosophisches Argument entgegen, dass man nämlich mit dem Bruch eines Versprechens oder mit dem Lügen das Vertrauen in das Funktionieren von wert- und wirkungsvollen Sozialtechniken erschüttert und damit den zwischenmenschlichen Kontakt belastet." (ebd., 85)

Für Neiman scheint das Beispiel – auf der Folie Hiobs gelesen – hingegen vor allem aus Richtung der (aporetischen) Grunderfahrung menschlicher Vernunft bedeutsam. Die Empörung, die schuldloses Leid in uns hervorruft, so dieselbe, entdeckt uns gleichsam auf phänomenaler Ebene das Unstillbare der Gerechtigkeitsforderung, für welche die Vernunftkritik mit der Idee des Unbedingten eine angemessene Theoriesprache bereitstellt. Nicht zuletzt von solchen Lektionen des Leids her könnte es also gelingen, sich der am Ende unerklärlichen Übersetzung vernünftiger Handlungsgründe in Handlungsmotivation anzunähern. Mit anderen Worten, der Leerstelle, die eine unter theoretischen Gesichtspunkten problematische und unter praktischen zwar apodiktisch gebietende, damit jedoch keinesfalls bewiesene Freiheit hinterlässt.

> „Die Annahme, daß Glück und Tugend systematisch miteinander verbunden sein sollten, geht so tief, daß sie selten formuliert wird, doch sie liegt, wie Kant meint, jeder moralischen Kritik zugrunde. Kein Augenblick der Verzweiflung angesichts des Leidens anderer, kein Ausdruck der Empörung über die Grausamkeit anderer, der nicht auf der Überzeugung basiert, daß die Welt nach dieser Annahme funktionieren sollte. Die Verwendung des Adjektivs schuldlos zur Charakterisierung des Substantivs Leiden belegt, wie sehr der Grundsatz unwillkürlich akzeptiert wird." (Neiman 2006: 113)

3.4 Intelligible Tat

Was heißt, sich im Denken orientieren? Der Frage geht Kant 1786 in einer kleineren Abhandlung nach. Anlass für diese gleichnamige Abhandlung ist die zwischen Friedrich Heinrich Jakobi wie Moses Mendelsohn um Gotthold Ephraim Lessing entbrannte Kontroverse. Während Jakobi in Lessing quasi den schlagenden Beweis dafür ausmacht, dass der konsequente Gebrauch der Vernunft den personalisierten Gottesbezug gefährdet und schließlich in Unfreiheit mündet, will Moses Mendelsohn seinen Freund (post mortem) rehabilitieren. Mendelsohn verortet Lessing im Umkreis skeptischer Gedanken. Lessing vertritt eine am gemeinen Menschenverstand ausgerichtete Vernunftkonzeption. Bezeichnend für diese ist ihre Orientierung am Gemeinsinn. Nimmt man diese Perspektive ein, erscheint das rationalistische Bedrohungspotenzial, das Jacobi für sein Glaubensvotum nutzt, somit von vornherein entschärft. Von einem alternativlosen Sprung in den Glauben kann also gar keine Rede sein. Vom moralischen Standpunkt gibt Kant nun zu verstehen, dass beide Positionen „auf ein und dasselbe hinaus[laufen, S.S.]." (Kühn 2007: 353) Weder Mendelsohn noch Jacobi werden am Ende dem kritischen Impuls der Vernunft gerecht. Das jedoch zeitigt insbesondere für Mendelsohn unangenehme Folgen. Fällt derselbe damit doch hinter die Vernunftperspektive zurück, für die er ansonsten wirbt (resp. im Umgang mit den Gegenständen der Theologie). Nichtsdestotrotz setzt er auf eine Konzeption subjektiver

Vernunft. Von daher sind dessen Einlassungen weiterhin gegenüber Jacobis Invektiven vorzuziehen. Allerdings nur, insofern diese kritisch gewendet werden. Auf diesem Weg sollte es gelingen, Mendelsohn gleichsam „vor sich selbst zu retten." (ebd., 353)

Einsetzen kann ein solcher Rettungsversuch nach Kant nun bei der Wendung „des Sichorientirens" (Kant WDO: 192). Untersucht man diese Wendung auf ihre Bedeutungsgehalte, führt das von außen nach innen auf die Titel Selbstbewusstsein und Selbstbestimmung. Im Zusammenhang der „geographischen" Alltagsorientierung verweist das Reflexivpronomen „sich" auf den Abgleich zwischen der jeweiligen äußerlichen Referenz wie dem innerem irreduziblen „subjectiven Unterscheidungsgrund." (ebd., 192) Derselbe innere Kompass, so Kant, kommt jedoch auch unter abstrakteren raumzeitlichen Bedingungen zum Einsatz. Auch hier ist es „das bloße Gefühl eines Unterschiedes meiner zwei Seiten, der rechten und der linken", über den sich mir die objektive Lage der Dinge erschließt. Anders nun „im Denken" (ebd., 193). Hier sieht sich die Vernunft gleichsam auf sich selbst zurückgeworfen. Wird sie in ihrer Selbstbezüglichkeit auf das ihr ureigene Bedürfnis gestoßen, das sich ihr durch den Begriff des Unbedingten mitteilt. Aus Sicht Kants ist es also das Unbedingte, das der (radikalen) Vernunftskepsis zusetzt. Aus dessen Blickstellung erkennen wir, dass fallibilistische Grundaussagen vielleicht unseren Erkenntnishunger befriedigen; nicht jedoch unser normatives Problembewusstsein. Der alleinige Verweis auf die Irrtumsanfälligkeit unseres Wissens unterschlägt, dass wir zum Handeln aufgerufen sind. Dass sich uns Gott, Welt und Seele in erster Linie über ihre praktischen Sinnhorizonte erschließen. In ihnen begegnen wir Gegenständen, über die wir nicht nur „urtheilen wollen", wie Kant schreibt, sondern „urtheilen müssen" (ebd., 197).

Worin aber findet dieser praktische Urteilsdruck seinen primären Ausdruck? Nach Kant in einem praktisch motivierten Fürwahrhalten. D.h., in einem Glauben, der in seinen Ansprüchen dem Wissen in nichts nachsteht. Durch ihn wird die Idee des höchsten Guts gleichsam von bloßen Idealen unterscheidbar. In der gleichen Bewegung jedoch auch die Positionen der radikalen Vernunftskepsis eindrucksvoll widerlegt. So unterscheidet Kant in diesem Zusammenhang terminologisch zwischen dem Vernunftglauben wie dem Vernunftunglauben (ebd., 198).[21] Während der von ihm vertretene Vernunftglaube für die republikanischen Fluchtlinien diskursiven Denkens einsteht, zielt der ihm polemisch entgegengesetzte „Vernunftunglaube“ auf die Verlaufsrichtung intuitionistischer Vernunftauffassungen. In Summe: der Vernunftunglaube bezeichnet einen „mißliche[n] Zustand des menschlichen Gemüths, der den moralischen Gesetzen zuerst alle Kraft der Triebfeder auf das Herz, mit der Zeit sogar ihnen selbst alle Autorität benimmt und die Denkungsart veranlaßt, die man Freigeisterei nennt, d. i. den Grundsatz, gar keine Pflicht mehr zu erkennen.“ (ebd., 206)

Mit dem Vernunftglauben diskutiert Kant ein Bedürfnis, das dem Intellekt entspringt; das sich gleichsam erst im Nachhinein einstellt. In ihm dürfte sich so auch der gesuchte ‚Stein des Weisen‘ spiegeln. „Die Vernunft fühlt nicht; sie sieht ihren Mangel ein und wirkt durch den *Erkenntnistrieb* das Gefühl des Bedürfnisses. Es ist hiermit, wie mit dem moralischen Gefühl bewandt, welches kein moralisches Gesetz verursacht, denn dieses entspringt gänzlich aus der Vernunft; sondern durch moralische Gesetze, mithin durch die Vernunft verursacht oder gewirkt wird, indem der rege und doch freie Wille bestimmter Gründe bedarf.“ (ebd., 198)

Eine dem Vernunftglauben vergleichbare Leistung erbringt der Begriff der „intelligiblen Tat“. Durch diesen wird die Ambivalenz der moralischen Selbstbestimmung jedoch noch von einer ganz anderen Seite her beleuchtet. Für Kant besitzen wir die Freiheit *zum* Moralgesetz. Wie aber ist es um Lob und Tadel bestellt, wenn wir umgekehrt nicht auch die Freiheit *vom* Moralgesetz besitzen? Für Gerhard Schönrich ist Kants Mörderbeispiel vor allem gegen den Hintergrund dieser Fragestellung zu lesen. Nicht anders als für Neiman erschöpft sich auch für Schönrich dessen Lehre nicht im Verweis auf das soziale Institut des Versprechens. Anders als Neiman geht Schönrich im Zuge seiner Argumentation jedoch auch dezidiert auf Kants Auseinandersetzung mit dem Bösen ein. Im Rahmen dieser moraltheologisch grundierten Re-

21 „Der religiöse Glaube (fides, faith)“, so Herbert Schnädelbach über die Vorzüge der englischen Sprache, „ist etwas anderes als eine Summe von Überzeugungen (belief), ja er ist eine Lebensform im Modus des Sich-auf-etwas-Verlassens, die freilich auch Überzeugungen einschließt; umgekehrt ist niemand, der von etwas überzeugt ist und es in diesem Sinn glaubt, deswegen ein religiöser Mensch“ (Schnädelbach 2009: 39). Daneben ließe sich also noch eine dritte Bedeutung ausmachen.

flexionen soll sich besonders eindrücklich zeigen, wie Kant seine anfängliche Position preisgibt. Wie er unter der Hand Abstand davon nimmt, das Böse allein als bloßes Devianzproblem zu behandeln. D.h., als latent drohende Abweichung vom Gesollten. Folgen wir Schönrich, dann verdichten sich im Begriff der intelligiblen Tat also beide Seiten der kantischen Freiheitsethik. Die Konturen dieses Begriffs werden von ihm also zunächst gegen den Hintergrund von Kants Mörderbeispiel umrissen.

Für Benjamin Constant, dem Kant mit seinem Aufsatz antwortet, gilt die Ausnahmesituation bereits durch den Begriff der Willkürfreiheit gerechtfertigt. Gegenüber dem Mörder wäre es möglich, die Pflicht der Wahrhaftigkeit auszusetzen, insofern derselbe sich durch sein obszönes Gesuch quasi selbst aus dem ungeschriebenen Gesellschaftsvertrag ausgeschlossen hat (vgl. Schönrich 1994: 11). Wie gezeigt, kann dagegen schon ein gewisses moralisches Recht vorgebracht werden. Vordergründig oszilliert dieses Recht zwischen seinem moralischen Anspruch wie seiner sozialen Ordnungsfunktion. Auf den zweiten Blick zeigt sich allerdings, dass die angenommene Konfliktsituation erst erzeugt wird. Der Eindruck eines „Adressatenkonflikts" entsteht nur, insoweit sich die normative Forderung der Glückswürdigkeit auf der einen, wie das je individuelle Glücksstreben auf der anderen Seite, in der Betrachtung überlagern (ebd., 12). Um zu Constants Auffassung zu gelangen, muss die Situation also erst neu beschrieben werden. Weniger als Standard- denn als Notsituation. Unter dieser Voraussetzung erscheint der Fall dann allerdings im Lichte eines Widerstreits zwischen dem „Gebot der Hilfe" wie der „Pflicht zur Wahrhaftigkeit." Weshalb also diese Neubeschreibung? Weil wir durch diese einer Problemlösung näher kommen. Wird die Situation in der genannten Weise beschrieben, bleibt das Lügenverbot grundsätzlich in Kraft. Grundsätzlich bedeutet jedoch auch, dass Ausnahmen nunmehr durchaus denkbar sind. In Reichweite rückt über diese Neubeschreibung also eine Lösung des Dilemmas qua Güterabwägung. Die entsprechende Klugheit vorausgesetzt, wird durch diese Neubeschreibung also ein Interpretationsrahmen geschaffen, innerhalb dessen eine (zweistufige) Konfliktlösung möglich ist. Innerhalb dieses Rahmens ist es gewissermaßen Pflicht, die Forderung der Wahrhaftigkeit für den Augenblick auszusetzen (vgl. ebd., 12).

Wovon Constant nach Schönrich zehrt, ist eine Interpretation der Situation als Notsituation. Inwiefern ist diese Deutung jedoch überhaupt zulässig? Begünstigt werden Constants Einwände durch die enge Verknüpfung von Willensmaxime und allgemeiner Situationsbeschreibung, die Kant vorsieht. Constant könne sich also durchaus auf das Sittengesetz selbst berufen. Die Wirkung dieses Verweises dürfte allerdings begrenzt sein. Von Interesse ist das Gedankenexperiment vor allem hinsichtlich der Frage der (nichtintendierten) Handlungsfolgen. Gemessen an dieser Frage verspricht jedoch auch die neue Situationsdeutung keine wesentlich neuen Erträge. Worum also geht es? Mit Neiman wurde das Gewissen aus Perspektive der menschlichen Phantasie behandelt. Das Gewissen jedoch hat so seine Tücken. Zumal unter (spät-)modernen Lebensbedingungen. Wer sich aus allem ein Gewissen macht, muss sich am Ende aus nichts mehr ein Gewissen machen. Die entscheidende Frage lautet heute also ungefähr wie folgt: wo und wie gelingt es der Freiheitssignatur des Anfangen-könnens, sich in die hochkomplexen Handlungsketten einzuschreiben? Einhergehen mit der „prognostische[n] Unverfügbarkeit der Folgen", also insbesondere Schwierigkeiten der moralischen Verantwortungszuschreibung (vgl. ebd., 14 f.). So ist es nach Schönrich die intelligible Tat, wodurch sich Absicht, Maxime und Gesinnung von Versicherungsexpertisen abheben. Lauern auf Höhe hochgradig vermittelter Handlungszusammenhänge quasi hinter jeder Straßenecke Paradoxien der Verantwortung, soll Kant diesen also mittels dieses Begriffs begegnen. Für die intelligible Tat sind weniger die Eigenschaften von Handlungen, denn die Handlungsart ausschlaggebend. Quer zur gebräuchlichen Aufteilung der Verantwortungslasten nach dem Schema primärer und sekundärer Verantwortungen verfolgt dieser Begriff die Zuschreibungen bis in eine Art unbedingten Entschluss hinein. Die intelligible Tat fragt nicht nach dem Zeit-, sondern dem Vernunftursprung der Handlungen. Folgen wir Schönrich, dann brechen sich in diesem Begriff nicht nur die Gefährdungslagen einer die Akteure kognitiv überfordernden, sondern Moral letztlich untergrabenden Allzuständigkeit. In Kants Beispiel muss sich der Protagonist auch für die indirekten Folgen verantworten, die daher rühren, dass der Freund unbemerkt aus dem Haus geschlichen ist, während in seinem Namen gelogen wurde. Am Ende wird der Freund so doch noch seinem Verfolger über den Weg laufen. Ähnlich also die Situation der sozialen Akteure. Auch ihr Verantwortungsradius bestimmt sich über die subjektiven Handlungsmaximen, die sie sich als vernunftbegabte Wesen aus dem Horizont ihrer individuell gefärbten Lebenssituation heraus auferlegen. Verantworten müssen sich diese also für den kontrafaktischen Entschluss, durch den nicht nur ihre einzelnen Maximen zu einem einheitlichen Leitfaden gebündelt werden, sondern diese mehr noch über die Einstimmungsprüfung als objektiv vernünftig und damit mit anderen vernünftigen Willensbestimmungen verträglich ausgewiesen werden. Derjenige, der an der Tür lügt, trägt noch die Last der Verantwortung für die von ihm unvorhersehbare Handlungskette. Wer willentlich den Bruch mit dem „Recht der Menschheit“ in Kauf nimmt, wie Kant in besagtem Aufsatz schreibt, der hat auch noch das zu verantworten, was ihm nur mittelbar zugerechnet werden kann. Johann Gottlieb Fichte wird erklären, dass die Wahl eines philosophischen Systems nicht unabhängig von der Lebensführung betrachtet werden kann. Dieses nicht mit totem Hausrat vergleichbar ist. Vorgezeichnet könnte dessen Überzeugung demnach in der intelligiblen Tat sein. „Wer sich in einer freien Tat eine böse Gesinnung aneignet, ist für alles verantwortlich, was in einen motivationalen Zusammenhang mit dieser Gesinnung gebracht werden kann.“ (ebd., 16) So wie das subjektive Prinzip der Willensbestimmung nicht auf einzelne Handlungen zielt, sondern auf orientierende Leitlinien, zielt diese „Tat“ also weder auf einzelne Handlungen noch auf einen empirischen Summenschluss. Durch den Begriff wird vielmehr ein Freiheitssinn erkundet, der anscheinend nicht schon durch die freie Willkür abgedeckt ist. Soweit aus Sicht Schönrichs Kants Mörderbeispiel.

Vom moralischen Standpunkt aus betrachtet scheinen Moralgesetz und Freiheit fest miteinander verknotet: nur durch das Sittengesetz entdecken sich die Individuen in ihrer Freiheit. Im Umkehrschluss impliziert jeder Selbst- einen Freiheitsverlust. Entsprechend harsch äußert sich Kant auch gegenüber Positionen, die im mangelnden Gebrauch der Freiheit mehr ausmachen; diesen gleichsam zu Erklärungszwecken heranziehen. „Die Freiheit in Beziehung auf die innere Gesetzgebung der Vernunft ist eigentlich allein ein Vermögen; die Möglichkeit, von dieser abzuweichen, ein Unvermögen. Wie kann nun jenes aus diesem erklärt werden? Es ist eine Definition, die über den praktischen Begriff noch die Ausübung desselben, wie sie die Erfahrung lehrt, hinzutut, eine Bastarderklärung (*definitio hybrida*), welche den Begriff im falschen Lichte darstellt." (Kant MdS: 62 f.) Insgeheim soll Kant entgegen dieser zoologischen Etikettierung das behauptete Implikationsverhältnis selbst in Richtung der idealistischen Systementwürfe aufheben. Schönrichs zweiter Schritt besteht also darin, gegen den Hintergrund dieser Bastarderklärung Kants Schwanken zwischen einer quietischen wie einer radikalen Lesart der Freiheit nachzuzeichnen.

Gilt nur der gute Wille als freier Wille, zeitigt das paradoxe Folgen. Dann nämlich verflüchtigt sich die Urheberschaft für böse Handlungen gleichsam in das Dickicht undurchsichtiger Bedingungsverhältnisse. Umgekehrt können sich gute Handlungen unter dieser Voraussetzung kaum mehr wirklich auszeichnen. Worin soll „das Verdienst eines Handelns bestehen, das qua Freiheit schon moralisches Handeln ist, wenn diese Freiheit nicht auch die Freiheit wäre, anders, eben auch unmoralisch zu handeln?" (ebd., 119)

Unmittelbar stimmt dem auch Kant zu. „Was der Mensch im moralischen Sinne ist, oder werden soll, gut oder böse, dazu muß er sich selbst machen, oder gemacht haben. Beides muß eine Wirkung der freien Willkür sein; denn sonst könnte es ihm nicht zugerechnet werden, folglich er weder moralisch gut noch böse sein." (Kant RGV: 55) Lässt man das Zitat jedoch etwas länger auf sich wirken, dann wird durch dieses hindurch der Abgrund der Freiheit vernehmbar, dem der nachkantische Idealismus nachspüren wird. Vor diesem Abgrund soll Kant also in letzter Konsequenz zurückschrecken. Kants Diskurs schwankt zwischen einer Lesart, wonach Moralgesetz und Freiheit fest miteinander verknotet sind, wie einer Lesart, in der es durchaus denkbar ist, dass unmoralische Handlungen zwar auf einen Selbstverlust jedoch nicht auf einen Freiheitsverlust hinauslaufen.

Damit sind wir bei Kants religionsphilosophischen Schriften angelangt. Namentlich, dessen zunächst unter dem Titel *Über das radikale Böse in der menschlichen Natur* in der Berlinischen Monatsschrift publizierten und dann ein Jahr später (1793) unter dem Titel *Von der Einwohnung des bösen Prinzips neben dem guten: oder über das radikale Böse in der menschlichen Natur* als erstes Stück in *Die Religion innerhalb der Grenzen der bloßen Vernunft* aufgenommen Aufsatz. Insbesondere im Kontext dieser Diskussion zeigt sich, wie Kant das zwischen dem Moralgesetz wie der Freiheit geknüpfte Band lockern muss. Inwiefern er dazu nur insgeheim bereit ist, wird gleich eingangs deutlich. Bereits hier stellt Kant die Weichen für seine zentrale These. Denkbar ist das Böse nur als Abweichung vom Gesollten. So lesen wir gleich eingangs des ersten Stücks: „[D]ie Freiheit der Willkür ist von der ganz eigentümlichen Beschaffenheit, daß sie durch keine Triebfeder zu einer Handlung bestimmt werden kann, als nur sofern der Mensch sie in seine Maxime aufgenommen hat […], so allein kann eine Triebfeder, welche sie auch sei, mit der absoluten Spontaneität der Willkür (der Freiheit) zusammen bestehen. Allein das moralische Gesetz ist für sich selbst im Urteil der Vernunft, Triebfeder, und, wer es zu seiner Maxime macht, ist moralisch gut. Wenn nun das Gesetz jemandes Willkür, in Ansehung einer auf dasselbe sich beziehenden Handlung, doch nicht bestimmt; so muß eine ihm entgegengesetzte Triebfeder auf die Willkür desselben Einfluß haben; und, da dieses vermöge der Voraussetzung nur dadurch geschehen kann, daß der Mensch diese (mithin auch die Abweichung vom moralischen Gesetze) in seine Maxime aufnimmt (in welchem Falle er ein böser Mensch ist); so ist seine Gesinnung in Ansehung des moralischen Gesetzes niemals indifferent." (Kant RGV: 26 f.) Diskutiert Neiman den inneren subjektiven Grund der Freiheit, erhellt Schönrich deren Gebrauch. Für diesen ist bezeichnend, dass der Grund des Entschlusses für uns, wie Kant sagt, „unerforschlich sei" (ebd., 23). Das spiegelt sich auch in unseren Reaktionspraktiken. Was jemand tut oder gerade getan hat, ist nicht entscheidend. Entscheidend ist vielmehr der Charakter(bildungsprozess), den wir mit guten Gründen dahinter vermuten. Aus kantischer Sicht sind unsere reaktiven Einstellungen und Praktiken also auf eine grundsätzliche Asymmetrie zwischen dem Guten wie dem Schlechten zurückführen. Gegen den Hintergrund dieser Asymmetrie kann der Mensch auch nicht als Hybridwesen betrachtet werden. Wird er als weder gut noch böse oder als beides zugleich beschrieben, zeitigt das begriffliche Unschärfen. Mit der ersten Annahme wird ihm, konsequent zu Ende gedacht, die Freiheit bestritten. Mit der zweiten Selbstwidersprüche in Kauf genommen. Zu umschiffen sind nach Kant also zwingend „moralische Mitteldinge" (ebd., 24). In diesem Sinn darf sich in diesem Zusammenhang auch Friedrich Schiller angesprochen fühlen. Vindiziert man wie er schon der Neigung Vernunftanteile, wird der Verpflichtungscharakter des moralischen Sollens nahezu unverständlich. Das spricht indessen jedoch nicht grundsätzlich gegen dessen ästhetisches Erziehungsprogramm. Im Gegenteil. Solange die Ordnung der Dinge eingehalten wird, verspricht die Interpretation der Freiheit aus Perspektive von Aneignungsprozessen durchaus Einsichtsgewinne. Um seinen Standpunkt zu verdeutlichen, übt sich Kant an der Stelle gewissermaßen auch in Schillers Diktion. „Nur nach bezwungenen Ungeheuern wird Herkules Musaget, vor welcher Arbeit jene guten Schwestern zurückbeben. Diese Begleiterinnen der Venus Urania sind Buhlschwestern im Gefolge der Venus Dione, sobald sie sich ins Geschäft der Pflichtbestimmung einmischen." (ebd., 26) Interpretiert werden sollte Schiller also im Sinne einer Habitualisierung des Guten. Jede Lesart, die darüber hinauszielt, droht sich hingegen in den begrifflichen Unschärfen zu verlieren. Beide anthropologischen Grundannahmen lassen in ihrer spiegelbildlichen Verkehrung nach Kant also die nötige Trennschärfe missen. Anerkannt werden sollte gleichwohl die jeweils dahinter stehende Grundmotivation. Beide Positionen wollen vermitteln. Den endlosen Streit zwischen Kulturpessimisten und -optimisten beenden. Wie also lassen sich Verfalls- und Fortschrittsdiagnosen aufeinander beziehen? Kants Antwort, indem man die beiden Positionen transzendental wendet. Auf humanistischer Seite sind fraglos die menschlichen Abgründe einzuräumen. Konkret: die Rede von einem „natürlichen Hang zum Bösen" mit in den Sprachgebrauch aufzunehmen. Entsprechende Zugeständnisse müssen jedoch auch die Verfechter des Erbsündenmotivs machen. In ihren Sprachgebrauch muss im Gegenzug die Rede von (unerschütterlichen) „Anlagen zum Guten" Eingang finden. Durch den Begriff der intelligiblen Tat werden also beide Positionen in Bewegung versetzt. Aus dessen Perspektive wird der Vernunftglaube gewissermaßen gattungsethisch ausgedrückt. Nämlich durch die (unverrückbare) „Hoffnung einer Wiederkehr zu dem Guten" (ebd., 55). Diese Korrekturanstrengungen laufen gleichsam in Kants Diagnose eines radikal Bösen zusammen. Angekündigt wird diese Diagnose ja bereits durch den Titel der Abhandlung. Noch nicht durch den Titel vorweggenommen wird hingegen die Verunsicherung der moralischen Urteilspraxis, welche die Diagnose bestimmt. Angesichts dieser latent gegebenen Irritation der moralischen Verantwortungszuschreibungen lässt sich das radikal Böse auch als „faule[r] Fleck“ der Gattung bezeichnen. Überwiegen am Ende also doch die Verfallsdiagnosen? Spricht dafür nicht zuletzt auch die Metapher eines faulen Flecks? Deutet diese also nicht darauf, dass Kant im Verlauf der Diskussion seine anfängliche These der grundsätzlichen Asymmetrie zwischen Gut und Böse preisgeben wird? Wie man diese Fragen beantwortet, hängt wohl davon ab, wie man die Dispositionsausdrücke „Anlage“ und „Hang“ versteht. Ob als abhängig oder unabhängig von der intelligiblen Tat.

Für diese gilt, dass sie den Taten der Individuen gleichsam vorausliegt. Wie aber können wir von diesem „formale[n] Grund“, der die „materialen“ Verantwortungszuschreibungen trägt, wissen? Nach Kant nur durch Vernunft (ebd., 37). Demgemäß bezeichnen „Anlage“ und „Hang“ für ihn denn auch Vernunftbestimmungen. Auf beiden Seiten sollte das Adjektiv „natürlich“ also nur metaphorisch verwendet werden. Also nicht auf biologische Merkmale bezogen werden. Als einschlägig haben gleichwohl die Beweise menschlicher Destruktivität zu gelten. Diese Dokumente der Grausamkeit kann auch die Vernunft nicht einfach übergehen. Wie also lässt sich im Spiegel der menschlichen Abgründe noch an der Vernunft festhalten? An der Stelle bietet die Rede vom Hang nach Kant einen Ausweg. Durch diese wird ebenso den Erfahrungsgehalten Rechnung getragen, wie der vernünftige Glaube promoviert. Unter den Individuen gebräuchlich ist die Rede von einem „Hang zum Guten“ bzw. Bösen. Der Sprachgewohnheit nach bezieht sich diese auf natürliche Anlagen. Dem nun widersetzt sich die transzendentale Wortverwendung. Aus Perspektive der intelligiblen Tat wird über Tugend und Laster gleichsam im Lichte eines „erworbenen“ oder „zugezogenen“ Hangs geurteilt. Wann also ist die Rede von einem erworbenen Hang gerechtfertigt? Dann, wenn sich das Urteil auf Bildungsprozessen im Sinne der Habitualisierung des Guten bezieht. Über einen zugezogenen Hang wird folglich immer dann gerichtet, wenn das Urteil gegenläufiger Persönlichkeitsentwicklungen gilt. Gegen den Hintergrund der beiden Dispositionsausdrücke muss also kein Leben jemals verlorengegeben werden. Diese Hoffnung sollte sich nicht zuletzt auch in der Moralerziehung niederschlagen. Movens der Habitualisierung des Guten können ja bereits lebensweltliche Forderungen oder Erwartungshaltungen sein. Diese bereits durch das soziologische Begriffsinventar beschreibbaren Anpassungs- und Wandlungsprozesse entsprechen nach Kant dem, was wir unter Reformen verstehen. Davon unterscheidbar sind jedoch von außen nicht einsehbare Momente der echten Umkehr. Diesem Gesinnungswandel in seiner voraussetzungslosen Radikalität wird dagegen der Begriff der Revolution gerecht. Üben sollte sich die Erziehung also in der Leitunterscheidung zwischen Reform und Revolution (vgl. ebd., 60).

Gegenstand des Hangs ist die latente Gefahr der Abweichung vom Moralgesetz. Von dieser ist offensichtlich das Individuum ebenso wie das Kollektiv betroffen. Mit der Rede „vom radikalen Bösen der menschlichen Natur" (ebd., 47) verbindet sich also durchaus auch eine gewisse motivierende Wirkung aus. Weder der Einzelne noch die Gruppe kann sich je sicher sein, in Übereinstimmung mit dem Moralgesetz gehandelt zu haben. Das radikal Böse, das „den faulen Fleck unserer Gattung ausmacht", sollte also keinesfalls nur von Endzeitdiagnostikern zitiert werden. Der Metapher gegenüber stehen gleichwohl die schier unerschütterlichen Anlagen zum Guten. Auch diese sind unter anthropologischen Gesichtspunkten vorzustellen. Was den Menschen auszeichnet, ist das Selbstverhältnis, das ihm qua Vernunft zukommt. In dieses Selbstverhältnis werden von Kant nun unterschiedliche Stufen eingezogen. Maßgeblich für deren Unterscheidung ist die Art der Begegnung mit seinesgleichen. Moderiert werden die jeweiligen Stufenübergänge also über den Begegnungsmodus, der auf ihnen zum Ausdruck kommt. Entlang dieses Maßstabs lassen sich dem asymmetrischen Gefälle von gut und schlecht also unterschiedliche Facetten abgewinnen. Die Formen der Devianz in aufsteigender Reihe anordnen. Hinsichtlich der Begegnung mit dem anderen sollte also unterschieden werden. Und zwar je nachdem, ob er allein aus dem Horizont der eigenen biologischen Leibausstattung thematisch wird, oder bereits aus dem Horizont des Begehrens. Ob er also schlicht als unerlässlicher Kooperationspartner gilt oder ob er vielmehr als movens der erbrachten Kulturleistungen erscheint. Oder davon noch einmal unterschieden, ob er gleichsam horizontlos begegnet. D.h., als Adresse der eigenen (durch keine Stellvertreter ersetzbaren) Verantwortung jene eingeschliffenen Wahrnehmungsmuster der „mechanischen" bzw. „vergleichenden Selbstliebe", welche die ersten beiden Stufen charakterisieren, durchbricht (vgl. ebd., 29 f.). Vom anthropologischen Standpunkt aus betrachtet, erscheint der Mensch somit als zusammengesetzt aus den Schichten seiner Tierheit, Menschheit und Persönlichkeit. In diesem Zusammenhang finden prozedurale Glückskonzepte ausdrücklich Aufnahme. Wenigstens, solange die von ihnen avisierte „psychophysische Zufriedenheit" der „moralischen Zufriedenheit" unterstellt bleibt (vgl. ebd., 57).[22] Gemäß der anthropologischen Schichtungen lassen sich denn auch die Gemütslagen voneinander abheben, die zu Abweichungen vom Gesollten führen. Voneinander unterschieden werden die unterschiedlichen Formen der Devianz also über den Grad ihrer reflexiven Brechung. So reicht die Reihe der Verfehlungen von dem für die animalische Natur charakteristischen Verfehlen des rechten Maßes (Völlerei, Wollust etc.), das auf eine gewisse „Gebrechlichkeit" schließen lässt, über die vernunftgeleiteten Täuschungen von seinesgleichen, die auf *unlautere* Herzensregungen (Lüge, Neid, Eifersucht etc.) verweisen, bis hin zu jener über das Blendwerk der bloß pflichtmäßigen Handlung hinauszielenden bewussten und von daher *bösartig* zu nennenden Umkehr der Denk- und Handlungsart. Was sich im Widerschein dieser aufsteigenden Reihe der Verfehlungen somit zum Schluss abzeichnet, ist eine Vorrangliste, die gewissermaßen das Wichtige kompromisslos vor dem Richtigen führt.

Entscheidend für das untersuchte Verantwortlichkeitsbewusstsein ist, dass auch der „faule Fleck, der die Zuschreibungspraxis verunsichert, letztendlich unerklärlich bleibt. Für das Moralgesetz gilt, dass wir dessen Unbegreiflichkeit gerade noch begreifen können. Analog verhält es sich anscheinend mit diesem Gattungsmerkmal. Auch dessen Unbegreiflichkeit ist gerade noch begreiflich. Für Kant lässt sich das moralische Gesetz kaum bruchlos aus den überlieferten Ansätzen der Tauschgerechtigkeit ableiten. Nichtsdestotrotz kann die intelligible Tat im gewissen Sinne als postchristlich apostrophiert werden. Wann immer wir hochkomplexen Zuschreibungssituationen gegenüber stehen, so Kant, weist virtuell die mythologische Erzählung über den Sündenfall an. Über sie wird verständlich, weshalb wir im Rahmen

22 Letztere hat also nur wenig mit jener trügerischen „Gewissenruhe" zu tun, die sich laut Kant gerne dann einstellt, wenn allein aufgrund günstiger Umstände tendenziell pflichtvergessene Handlungen nicht tadelnswerten Folgen nach sich ziehen (Kant RGV: 46).

Praxis den Täter auch noch für die nur mittelbar durch ihn verursachten Schäden haftbar machen. Wofür uns die biblische Narrative sensibilisiert, ist der Unterschied zwischen dem Vernunft- wie dem Zeitursprung des Bösen. Diese Demarkationslinie ist hinsichtlich der Begriffe von Moral und Recht also keinesfalls nebensächlich. Die Erzählung fragt gleichsam noch hinter die Dispositionsausdrücke zurück. Handelt die Erzählung vom geheimnisvollen Grund der menschlichen Freiheit, dann kann das Böse darin nicht aus einem ursprünglichen Hang hervorgehen. Stattdessen muss diese dem Drehbuch von Unschuld, Verbot und Sünde gemäß vielmehr dessen Ereignischarakter einbekennen. Nach Kant reflektiert der biblische Text so auf jenes Vernunftfaktum, das erlaubt, die unter kulturgeschichtlichen Gesichtspunkten weit zurückreichende Spur des Bösen nachzuverfolgen. Einerseits. Andererseits aber auch auf jene moralische Epoche, welche die anfängliche Unschuld wachhält. Durch die Erzählung wird, mit anderen Worten, der Sinn für die Unbegreiflichkeit des Bösen geschärft. In der Erzählung wird dessen Ursprung externalisiert, in dem er in eine rein geistige Entität verlegt wird. Durch diesen Schachzug, so Kant, bekräftigt sie dessen bloße Zufälligkeit und Entzogenheit. In der gleichen Bewegung werden wir durch diese Erzählung damit jedoch auch zu einer Verständigung über unsere Doppelnatur in pragmatisch-praktischer Absicht angeregt (vgl. Kant RGV: 51 ff.). Hinsichtlich der beiden Facetten der intelligiblen Tat könnte sich so folgende Bemerkung Kants als Schlüsselstelle erweisen. „Anders als uns endlich vernunftbegabten Wesen“, so Kant, „kann dem Geist, die Versuchung des Fleisches nicht zur Milderung seiner Schuld angerechnet werden.“ (ebd., 54) Die Pointe von Frankfurts Modell ist nach Nida-Rümelin darin auszumachen, dass es nur willensschwache Personen sind, die den Umweg über Wünsche zweiter Ordnung nehmen müssen. Willensstarke Personen hingegen folgen ihren Gründen. Ähnlich scheint die Pointe Schönrichs gelagert. Kant will das Böse im Lichte von Versuchungen erklären. Dadurch wird er über sich selbst hinausgeführt. Denn die Form der Schwäche, die er dabei in Anschlag bringt, ist in seinem regelgeleiteten Moralentwurf überhaupt nicht vorgesehen.

Umrissen wird das Wirkungsfeld der intelligiblen Tat durch verantwortungsentlastende Praxen. Einerseits. Andererseits durch naturalistische Urteilssprüche. Noch der engagierteste Sozialpädagoge, Kriminologe, Psychologe oder Soziologe, der abweichendes Verhalten im Gegensatz zu Soziobiologen, Intelligenz und Hirnforschern über solche Kriterien wie Milieu, Herkunft, exzessive Gewalterfahrungen, Drogen usw. erklärt, so in etwa Kant, sollte zur Kenntnis nehmen, dass auch seine permissiven Absichten im Begriff stehen, den Respekt zu untergraben, den wir uns wechselseitig entgegenbringen. Durch Kant könnte damit also eine Gewissensperspektive vorgezeichnet werden, die womöglich die Moralkritik des 19. Jahrhunderts (Nietzsche, Freud) kaum fürchten braucht. In der Kritik der praktischen Vernunft heißt es: „Es gibt Fälle, wo Menschen von Kindheit auf, selbst unter einer Erziehung, die, mit der ihrigen zugleich, andern ersprießlich war, dennoch so frühe Bosheit zeigen, und so bis in ihre Mannesjahre zu steigen fortfahren, daß man sie für geborene Bösewichter, und gänzlich, was die Denkungsart betrifft, für unverbesserlich hält, gleichwohl aber sie wegen ihres Tuns und Lassens eben so richtet, ihnen ihre Verbrechen eben so als Schuld verweiset, ja sie (die Kinder) selbst diese Verweise so ganz gegründet finden, als ob sie, ungeachtet der ihnen beigemessenen hoffnungslosen Naturbeschaffenheit ihres Gemüts, eben so verantwortlich blieben, als jeder andere Mensch. Dies würde nicht geschehen können, wenn wir nicht voraussetzen, daß alles, was aus seiner Willkür entspringt […] eine freie Kausalität zum Grunde habe, welche von der frühen Jugend an ihren Charakter in ihren Erscheinungen (den Handlungen) ausdrückt, die wegen der Gleichförmigkeit des Verhaltens einen Naturzusammenhang kenntlich machen, der aber nicht die arge Beschaffenheit des Willens notwendig macht, sondern vielmehr die Folge der freiwillig angenommenen bösen und unwandelbaren Grundsätze ist, welche ihn nur noch um desto verwerflicher und strafwürdiger machen.“ (Kant KpV: 225 f.) Im Sinne der Freiheit „*zum* Moralgesetz“ erscheint das Böse hier durch den Begriff der intelligiblen Tat also einem asymmetrischen Begriffsverhältnis eingeschrieben (Schönrich 1994: 121). Gemäß dieser Freiheitsthese lassen sich Moralverstöße als Abweichungen der Gebrechlichkeit, Unlauterkeit und Bösartigkeit gruppieren. Gleich eingangs der Diskussion des radikal Bösen gibt Kant denn auch zu verstehen, dass auch die Auseinandersetzung mit dieser Realität den von ihm aufgezeigten kausalkategorialen Denkvorgaben genügen muss. D.h. einer Regelhaftigkeit, ohne die der Begriff der Freiheit ansonsten entweder dem Chaos (Indeterminismus) oder unendlichen Bedingungsverhältnissen (Determinismus) anheimfällt. Sobald die durch das moralische Sollen moderierte überempirische Realität der Freiheit preisgegeben wird, was heißt, dass der Begriff nicht mehr auf die Erfahrung wechselseitiger Selbstzweckhaftigkeit zielt, sondern nur mehr die grundlegende und einsame Wahl zwischen Gut und Böse bezeichnet, wird es nicht nur schier unmöglich, das Gesollte als das Gewollte auszuweisen, sondern mehr noch der Bedingtheitscharakter der menschlichen Freiheit unwiderlegbar. So Kants wesentliche Befürchtung (vgl. ebd., 130). Nach Schönrich muss er im Verlauf der Diskussion seine anfängliche Position jedoch aufgeben. Im Rahmen der Religionsschrift sieht sich Kant mit einer Gedankenwelt konfrontiert, durch die nachdrücklich auch die Freiheit „*vom Moralgesetz*" eingefordert wird (ebd., 121). Das lässt sich nach Schönrich für alle drei Stufen zeigen. Zunächst für die Stufe der Tierheit. Ihr entsprechen Verfehlungen der Schwäche oder Gebrechlichkeit. Die Selbstverhältnisse, die Kant in diesem Kontext anführt, haben jedoch nur wenig mit der anfänglich von ihm suggerierten mehr oder minder ausgeprägten bloßen Willensschwäche zu tun. Kant erweckt hier den Eindruck, als gehe die Devianz auf naturwüchsige Umstände zurück. Damit verletzt er die von ihm selbst für Willensmaximen formulierte Bedingung der reflexiven Selbstdistanz. Mit „der Aufnahme in eine Maxime", so Schönrich, „verliert eine Begierde oder eine empirische Triebfeder gerade ihre Eigenschaft als naturwüchsiger blindwirkender Faktor." (ebd., 125) Ähnlich die Stufe der Menschheit, d.h. die ihr entsprechenden Verfehlungen der Unlauterkeit, z. B. bloß pflichtmäßigen Handlungen. Auch hier lässt sich zeigen, dass Kant die von ihm selbst mit der Sentenz über die (gelegentlichen) Abweichung von der Willensmaxime formulierte reflexive Selbstdistanz im Rahmen der Phänomenerklärung unterschlägt. Derjenige, der bloß pflichtmäßig handelt, ist also nicht dadurch entschuldbar, als dass man ihm eine von ihm selbst nicht genügend durchschaute verzerrte Selbstwahrnehmung zu Gute hält. „Unlauterkeit als Selbsttäuschung ist nicht möglich, wohl aber Unlauterkeit als Rationalisierungsstrategie." (ebd., 126) Bereits für die ersten beiden Stufen muss also konstatiert werden, dass für sie „gar kein Raum in" Kants eigenem Modell „vorgesehen" ist (ebd., 124). Umso mehr gilt das für die dritte Stufe. Für Lebensentscheidungen also, an denen vor allem A- und Immoralisten wohl ihre Freude haben dürften. D.h., insofern man an der Stelle einmal davon absieht, dass „das Böse als Böses" wollen für Kant den Tatbestand der Bosheit erfüllt und aufgrund des teuflischen Charakters, der dahinter vermutet werden müsste, für ihn schier undenkbar ist (vgl. Kant RGV: 45). Ungeachtet dieser Feinunterscheidung zwischen der „Bösartigkeit" wie der „Bosheit" wird Kant im Zuge der Diskussion nach Schönrich also durch die „moralischen Mitteldinge" eingeholt. Fordert die intelligible Tat zu einer ursprünglichen Stellungnahme gegenüber dem Moralgesetz auf, die ein unbedingtes Ja oder Nein verlangt, schleichen sich in Kants Text quasi unablässig Jains ein. Also gelegentlich sich vorbehaltene Abweichungen vom Moralgesetz, wie Schönrich sagt. Durch diese wird Kants Schwanken zwischen zwei Lesarten der menschlichen Freiheit eindrücklich bezeugt (vgl. Schönrich 1994: 129). Im Spiegel der Persönlichkeit kann Kant nach Schönrich dann unmöglich länger an der quietistischen Lesart festhalten. Hinsichtlich der beiden zuvor angeführten Stufen wurde festgestellt, dass sie auf eine bewusste Umkehr des moralisch Gesollten hinauslaufen. Gegen den Hintergrund der Bösartigkeit rückt diese Umkehr nun in den Vordergrund. Damit die radikale Freiheitsinterpretation. Im Hinblick auf seine eigenen Erklärungsansprüche muss Kant am Ende also das ursprünglich angenommene Implikationsverhältnis von Selbst- und Freiheitsverlusten bestreiten. Mit der intelligiblen Tat einher geht das Bewusstsein der sittlichen Ordnung. Einher geht damit keineswegs jedoch schon deren Anerkenntnis. „Das Moralgesetz in seine Maxime aufzunehmen und es gleichzeitig anderen Bestimmungsgründen nachzusetzen kann, wie gezeigt, weder als Schwäche noch als Selbsttäuschung interpretiert werden. Die Aberration vom Moralgesetz muß selbst in die Maxime aufgenommen werden […]. Damit kann die Aberration als solche nicht die Rolle eines Erklärungsgrundes für das Böse übernehmen. Sie setzt das Böse voraus." (ebd., 127)

3.4.1 Exkurs: „Dieses unbegreifliche Wesen"

Schiller wollte „natürliches Dasein bewahrend formen." (Adorno 1979: 95) Welcher Sinn lässt sich dieser Programmformel der Überwindung der kantischen Gegensätze heute noch abgewinnen? Unter normativen Vorzeichen scheint der bestimmungsphilosophischen Denktradition diesbezüglich eine stärkere Anbindung an Konzepte individueller Selbstverwirklichung anempfohlen. Eine Akzentverschiebung der „zivilisatorischen Zentralkategorie" (Gerhardt) der Selbstbestimmung, welche wohl dem erfolgten „Austausch der Brüderlichkeit durch […] Solidarität" (Schnädelbach 2009: 24) korrespondiert. Um politisch wirksam zu werden, so Gerhardt, bedarf die Würde der „konstitutionellen Bindung an das Menschenrecht." (Gerhardt 2006: 3) Eine Bindung, die auf Höhe gemäßigter Vernunftansprüche anscheinend durch Solidarität aussichtsreich mediiert wird. Insbesondere ihr scheint die „Bürde" (Schwinger 2001: 77) einer virulenten Fernstenethik auferlegt. „Zum einen lastet das Gewicht auf ihr, als Bestandteil eines Weltethos den interkulturellen Dialog zur Begründung und zugunsten der Bewahrung der Menschenrechte zu ermöglichen, zum anderen soll sie als Zeichen praktisch gewordener internationaler Verantwortlichkeit friedenssichernde Qualität erlangen." (ebd., 76) Analytisch qualifiziert sich Solidarität danach aufgrund der sich in ihr brechenden *riskanten Freiheiten* reflexiv-gewordener Lebensformen und -stile (etwa nun mehr optionaler Elternschaft), als normative Schlüsselkategorie. An ihr lässt sich laut Elke Schwinger gut studieren, dass die vordergründig spontanen affektiven Bindungsenergien, welche die bürgerliche Geschlechternorm (hegemonial) voraussetzte, unter *gleich*freien Lebenspartnern erst hergestellt und damit auch gegen ihren fragilen Charakter aktiv verantwortet werden müssen (vgl. ebd., 78 ff.).

Während also im Schatten bioethischer Fragestellungen eine transdisziplinäre Zusammenarbeit zwischen Moralphilosophen, Rechtswissenschaftlern, Theologen und Medizinern anbricht, sorgt ungefähr zeitgleich eine Neuausrichtung politischer Moral für ein Kurshoch lebensweltlicher Ansätze. Aus sozialphilosophischer Blickrichtung werden Einblicke in die Bewegungsgesetze (spät-)moderner (narrativer) Identitätskonstruktionen gewonnen, die nachdrücklich für eine Neufassung von Selbstbestimmung werben; die sich für einen Deutungsrahmen aussprechen, innerhalb dessen vor allem gruppenspezifische Missachtungs- und Demütigungserfahrungen berücksichtigt werden. „Es gibt nichts Gutes: außer man tut es", bemerkt schon Erich Kästner. Fragen, die die Anfangs- und Endstadien menschlichen Lebens betreffen, sollten mit anderen Worten nicht über definitorische Merkmalsfindungen bzw. Moralstatusanalysen beantwortet werden. Ähnliches gilt für die unter gewandelten geo-politischen Bedingungen zunehmenden Anfragen hinsichtlich einer in begründeten Ausnahmefällen zulässigen Aufweichung des Folterverbots (vgl. Bahar 2009: 243). Hier sollte vom bloßen Hererzählen des rechtsstaatlichen Dreischritts: „Menschenwürde-Menschenrechte-Grundrechte" Abstand genommen werden (Menke/Pollmann 2008: 150).

Was die Tragfähigkeit solcher deduktiver Beweisführungen unter säkularem Himmel anbelangt, notiert Herbert Schnädelbach lapidar: „[W]enn der Gott, an den geglaubt wird, ein deus malignus oder gar ein Spieler ist, der sich über seine Geschöpfe amüsiert", dann „kann es mit der Menschenwürde nicht weit her sein." (Schnädelbach 2009: 31) Gerade diejenigen, so Dieter Birnbacher nicht weniger ironisch, die meinen, die Gottesnähe gegen die technischen Großangriffe auf unsere biologische Leibausstattung in Stellung bringen zu können, könnten durch das „allzu anthropomorph[e] und insofern unglaubwürdige Gottesbild" (Birnbacher 2006: 100), das sie damit vertreten, die „Unantastbarkeit" beflecken. Denn die von kulturkonservativen Kräften „zur Verteidigung der Sakrosanktheit der leiblichen Kontingenz angeführte ‚Gottesebenbildlichkeit' kann eine solche Sakrosanktheit jedenfalls nicht begründen." Die von ihnen angeführte Ebenbildlichkeit kann sich „allenfalls auf die geistige Seite des Menschen" (ebd., 100) beziehen.

Ganz im Sinne der Einwände könnte so Bernhard H.F. Taureck unsere oberste Verfassungsnorm redigieren wollen. Über den zugleich emanzipatorischen wie für Zugehörigkeiten empfänglichen Wortlaut „[k]eines Menschen Würde darf angetastet werden" (Taureck 2009: 127), gilt es, die „raffinierte Begrenzung der Würdepraxis" offenzulegen, die ihrem Geist widerspricht. „Die Würde *des* Menschen ist unantastbar, *der* eine Arbeitserlaubnis besitzt, *der* so und so lange hier lebt, *der* keine Straftat begangen hat, *der* hinreichende Deutschkenntnisse besitzt, *der* die Leitkultur verinnerlichte." (ebd., 127) Bemängelt wird von Taureck eine intellektuelle Höhenlagendiskussion, welche, verstrickt in Begründungsfragen, die realen Gleichheitsforderungen überhört, die sich dem Begriff spätestens von den sozialen Bewegungen des 19. Jahrhunderts nachhaltig einprägen. Die soll aus gattungsethischer

Perspektive betrachtet somit dazu aufrufen, eine auch noch zukünftig gewährte Offenheit und Vielheit als Bewertungsmaßstab hinsichtlich der heraufziehenden hochzivilisatorischen Gefahrenhorizonte zu akzeptieren (vgl. ebd., 129 ff.). Gerade das Fehlschlagen sowohl aller religiös-traditionellen wie auch normativen Begründungsstrategien liefert gute (skeptische) Gründe, „die generische Einheit aller Menschen" (ebd., 126), als jeder Letztbegründung entratende und gerade darum verbindlichen Grund der Würdepraxis anzuerkennen. Unveräußerliche Rechtsansprüche sollten also den geforderten menschenwürdigen Lebensbedingungen vorangestellt werden.

Gegen den skizzierten Zeitgeist erinnert Bielefeldt an den Unbedingtheitscharakter *individueller* Selbstbestimmung. D.h. daran, dass „die Würde des Menschen nicht von seiner Fähigkeit zur Selbstachtung abhängig" (Bielefeldt 2004: 149) ist, sondern in einer Art letztlich unergründlichen Selbstevidenz gründet. Zu merkmalsbezogenen Fehldeutungen dieser „*Ur-Evidenz*" (ebd., 148) kommt es, wenn man die rechtsstaatliche Devise der Vermeidung von Grausamkeit empirisch deutet.[23] Denn nur im Sinne der vernunftgeleiteten Selbstverpflichtung ist die Würde unantastbar. Kann sie selbst im Rahmen von Unrechtserfahrungen, wie sie Folter und Sklaverei exemplarisch darstellen, allenfalls „massiv *missachtet* und im Grenzfall völlig negiert" (ebd., 150) werden. Keinesfalls jedoch im Sinne einer Art psychophysischen Eigenschaft, wie dies umgangssprachliche Redewendungen über ihre *Verletzung* bisweilen suggerieren, beschädigt oder gar eingebüßt werden. Die Unverfügbarkeit des Selbst im Sinne seiner Unausdeutbarkeit könnte schon Georg Christoph Lichtenberg ins Auge fassen. In einem seiner Aphorismen heißt es:

> „Dieses unbegreifliche Wesen, das wir selbst sind, und das uns noch weit unbegreiflicher vorkommen würde, wenn wir ihm noch näher kommen könnten, als wir selbst sind, muss man nicht auf einer Stirn finden wollen." (Lichtenberg 1962: 26)

23 Wobei sein Einwand sich sicherlich auch auf jene weiteren, je nach philosophischen Temperament bevorzugten *Festschreibungen* durch „Intelligenz, Reflexivität, intentionale Kompetenz, aufgeklärtes Selbstinteresse, Rationalität, Natalität, Angewiesensein auf andere, Leidens- und Empfindungsfähigkeit" (Gamm 2004: 51) erstrecken dürfte.

2) „In den meisten (allen?) Gesellschaften", so lehrt die Soziologie, „besteht [...] eine Tendenz dazu, den sprachlichen Ausdruck ‚Gesicht' nicht nur auf ein Phänomen der Physiognomie, sondern ebenso sehr auf das der Erhaltung der Selbstachtung zu beziehen." (Giddens 1997: 119) Gesagt ist dies gegen den Hintergrund leibphänomenologischer Befunde: die Differenz von „Leib sein" und „Körper haben"; den Abstand zwischen raumhafter Selbstgegebenheit und räumlicher Selbstverortung. Auch aus handlungstheoretischer Perspektive könnte demnach bestätigt werden, worüber sich so unterschiedliche Ansätze wie der positionale Wesensbefund (Plessner), eine Politik der Würde (Margalit) oder etwa eine Ethik des „Antlitzes" (Levinas) nicht mehr zu verständigen brauchen. „Beim Menschen ist das Gesicht nicht nur der unmittelbare physische Ursprungsort der Sprache, sondern der beherrschende Teil des Körpers, dem die Feinheiten von Erlebnissen, Gefühlen und Absichten eingeschrieben sind. In einer banalen, jedoch bezeichnenden Weise beeinflußt das Gesicht in den menschlichen Sozialbeziehungen die räumliche Verteilung von Individuen unter den Bedingungen von Kopräsenz. Die Positionierung zwischen menschlichen Akteuren unterscheidet sich signifikant von den Formen der Positionierung, wie man sie in der Mehrzahl tierischer Gesellschaften findet: die Positionierung zwischen menschlichen Akteuren wird vermittelt über das ‚wechselseitige Anschauen' (ebd., 119). Handelt es sich hierbei nicht um eine Beobachtung, die spätestens von dem Moment an eine gewisse Kommentarbedürftigkeit erkennen lässt, da die „Gleichheit alles dessen, was Menschenantlitz trägt, vor Gott" (Plessner 1953: 249) äußerst fraglich wird? Lässt sich durch all dieses „wechselseitige Anschauen" nicht unschwer „der ursprüngliche Name" für das Gesicht, das „Prosopon" (Kobusch 2010: 6) vernehmen? D.h., eine auditive Wahrnehmungsleistung, die darauf deutet, dass unser theoretisches Verhalten, das, wie Heidegger sagt, „unumsichtiges Nur-hinsehen" ist (Heidegger 2001: 69), in praktischen An(er)kennungsverhältnissen gründet? „Der Mensch", schreibt Gerhard Gamm, „erhält sein Gesicht in der unveräußerlichen Würde, die ihm als Einzelnem in seiner Einzigkeit (Einzigartigkeit) zukommt." (Gamm 2004: 49)

Vor dem Hintergrund der Gräuel des zwanzigsten Jahrhunderts zeichnet sich demnach eine gewisse Akzentverschiebung ab. Zunehmend werden die beiden begrifflichen Enden der Selbstbestimmung

(Freiheit/Würde) von Erfahrungen des Gesichtsverlusts bzw. der Gesichtslosigkeit her miteinander verbunden. Statt über die *Würde des Menschen* über ein menschenwürdiges Leben nachgedacht. Zu den Autoren, die diese Bedeutungsverschiebung begrüßen, zählt Avishai Margalit. Durch Margalit werden die beschriebenen evaluativen Einstellungen gleichsam von den Nicht-Orten gesellschaftlicher Anerkennung her ins Arbeiten gebracht. Das verrät bereits der Titel dessen Monographie. An der Zeit wäre eine „Politik der Würde."

Kaum verwunderlich also, dass auch Margalit dem numinosen Verleihensakt der Würde misstraut. Die Denkfigur göttlichen Abglanzes, die bis in den humanistischen Übertrag herausragender individueller Einzelleistungen „auf den Rest der Menschheit oder schließlich d[er] Menschen auf ‚anthropoide' Tiere'" (Margalit 1997: 83) hineinragt, ist für ihn gänzlich ungeschickt, das achtungswürdige am Menschen auszudrücken. Von metaphysischen Hypotheken befreit ermittelt sich der moralische Standpunkt dagegen über vier Kriterien. Dasjenige, was die Achtungswürdigkeit begründet, darf erstens nicht abstufbar sein. Zweitens, darf es nicht missbrauchsfähig sein und muss drittens, als moralisch relevante Eigenschaft, viertens, einer streng innerweltlichen Rechtfertigung genügen (vgl. ebd., 83). Dieser Katalog zielt mitunter gegen Anschlussversuche an kantische Theorievorgaben. (vgl. ebd., 91) Wenn Kant den unvergleichlichen Wert des Menschen fernab metaphysischer Begründungsinstanzen in einer zugleich als vernünftig wie erhaben gedachten Willensbestimmung hinterlegt, wird er dabei stillschweigend durch die bürgerliche Geschlechternorm angeleitet. Ein Umstand, der etwa darin zum Ausdruck kommt, dass das Sittengesetz allein die letzten beiden kriterialen Punkte ausnahmslos erfüllt. Aus Sicht Margalits ist so zu Punkt eins zu sagen, dass der unbedingte Geltungsanspruch der Willenshypothese zwar nicht ausdrücklich Selbstversorgungsunfähige ausklammert, insofern diese ja, wie Kant im Konjunktiv versichert, auch dann hell erstrahlen soll, wenn dessen innerweltlichem Abglanz durch beachtliche dispositionelle Einschränkungen („kärgliche Ausstattung einer stiefmütterlichen Natur") von vorneherein enge Grenzen gesetzt sind (vgl. Kant GMS: 19). Doch verfehlt auch dieses „Juwel" (ebd., 19) die gesellschaftlichen Ränder, die sich der Vernunftdiskussion von den beispiellosen Unrechtserfahrungen des 20. Jahrhunderts her aufdrängen.

Warum also nicht einmal diese Erfahrungen des „Gesichtsverlusts" zum Anlass nehmen, um stattdessen negativistische Fluchtpunktbestimmungen aufzusuchen? Bevor wir über eine faire Gesellschaft nachdenken, sollten wir nach Margalit über anständige gesellschaftliche Verhältnisse nachdenken. Wann aber kann eine Gesellschaft als anständig bezeichnet werden? Beziehungsweise wodurch zeichnet sich eine Gesellschaft aus, die darüber hinaus das Prädikat zivilisiert verdient? „Eine Gesellschaft ist dann anständig", so Margalit, „wenn ihre Institutionen die Menschen nicht demütigen. [...] In einer zivilisierten Gesellschaft demütigen die Menschen einander nicht, während es in einer anständigen Gesellschaft die Institutionen sind, die den Menschen nicht demütigen." (Margalit 1997: 15) Sowohl moralische wie auch logische und kognitive Gründe sprechen demnach für eine an Fragen der körperlichen Integrität wie der soziokulturellen Zugehörigkeit ausgerichtete Überprüfung der gesellschaftlichen Institutionen. Für Margalit verbindet sich das Dringlichkeitsgebot, dass es wichtiger ist „Demütigungen zu vermeiden" (ebd., 19), denn „Achtung zu zollen" (ebd., 19), so umstandslos mit der Einsicht, dass „es Ziele gibt, die direkt und intelligent erreicht werden können, und solch[e], die im wesentlichen Nebenprodukte sind." (ebd., 19) Die begründete Annahme, dass „[d]ie Achtung anderer Personen im Kern [...] ein Nebenprodukt unseres allgemeinen Verhaltens sein [kann, S.S.], während das bei der Nichtdemütigung nicht der Fall ist" (ebd., 19), mündet so letztlich in das Wissen ein, dass „demütigendes Verhalten leichter zu identifizieren ist, als respektvolles Verhalten." (ebd., 20)

Durch identitätspolitische Überlegungen dieser Art lassen sich nicht zuletzt gewisse Versäumnisse fairer Gesellschaftsordnungen benennen. Unter Fairnessbedingungen definiert sich Selbstbestimmung im Wesentlichen über das „Grundgut" der „Selbstachtung." (vgl. ebd., 312) Als Vertragspartner werden dabei Akteure vorgestellt, die sowohl über ein vergleichsweise gesundes „Selbstwertgefühl", wie ein gehörig Maß an Selbstvertrauen verfügen (vgl. ebd., 312). Selbstversorgungsunfähige finden kaum Einlass in diesen Vertragsabschluss.

Großgeschriebene Würdekonzeptionen kämpfen aus Sicht Margalits somit mit der Schwierigkeit eines (unzulässig) enggeführten Adressatenkreises und/oder einer gewissen Missbrauchsanfälligkeit. Ganz anders die Freiheitsthese, die auf die lebensgeschichtlich offene Zukunft Bezug nimmt. An wen der (sanfte) Imperativ ergeht „Du muss dein Leben ändern!", muss sich weder vorwerfen lassen, Selbstversorgungsunfähige nur unzureichend mit zu berücksichtigen, noch die Auswüchse des Bösen fürchten, die im Schatten der Großschreibungen lauern. Laut Margalit verträgt sich mit dem Prädikat radikal so durchaus die Ansicht, dass „[d]ie Fähigkeit, sich ein Ziel zu setzen [...] kein Wert an und für sich [ist, S.S.], sondern nur dann Achtung verdient, „wenn die Ziele wertvoll sind." (ebd., 85) Mit anderen Worten, gesucht wird die achtunggebietende Eigenschaft. Genügen muss diese den Kriterien, erstens nicht abstufbar, zweitens nicht missbrauchsfähig, drittens moralisch relevant zu sein und viertens eine streng „menschliche Rechtfertigung von Achtung" anzubieten (ebd., 83). Erfüllt wird dieses Anforderungsprofil nach Margalit noch am ehesten durch die von ihm als radikal apostrophierte Fähigkeit. Nämlich die „Fähigkeit, dem eigenen Leben zu jedem beliebigen Zeitpunkt eine völlig neue Deutung zu geben und es dadurch radikal zu ändern." (ebd., 92)

Über das moralische Sollen wird dagegen auch für ihn letzten Endes der Sinn von Verantwortung verstellt; moralische Stellvertretung ermöglicht. „In den Engeln, der ‚reinsten' Verkörperung von Vernunft, löst sich jede Individualität auf. Es kommt nicht weiter darauf an, ob Erzengel Gabriel durch Michael ersetzt wird." (ebd., 91) Pflichtbasierte gesellschaftliche Ordnungen sind so durch eine Art Paradox gekennzeichnet. „[I]n einer Gesellschaft, die auf Pflichten beruht", so Margalit, können „Menschen zwar auf demütigende Art und Weise handeln, aber niemand" kann „gedemütigt werden." (Margalit 1997: 47) Warum, weil der Verstoß gegen ein etwaiges Demütigungsverbot unter diesen Voraussetzungen keine „Verletzung der Rechte eines bestimmten Menschen" (ebd., 47) darstellt, sondern nur eine anonymisierbare gesellschaftliche Normverletzung. Liegt es da nicht nahe, den Individuen subjektive Rechte zu vindizieren? Gegenüber der Pflicht genießen subjektive Rechte den Vorteil, nicht in Differenz-Blindheit zu erstarren. Stattdessen individuieren diese ihre Träger erkennbar. Wenn also die Einzelnen innerhalb rechtlicher Anerkennungsverhältnisse erscheinen, liegt es da nicht nahe, subjektive Rechte als „notwendige Bedingung für die Begriffe von Achtung und Demütigung" anzusehen? Mehr noch, als „hinreichende Bedingung dafür, daß man eine Gesellschaft anständig nennen kann." (ebd., 45) Für Margalit bietet das Verleihen von Rechten jedoch nur vordergründig einen Ausweg. In den Hintergrund würde darüber wieder die Frage der Zugehörigkeit gerückt. Diese einer „scheinbare[n] Evidenz" aufgeopfert (ebd. 45). Auch durch eine in rechtliche Termini aufgehobene Selbstzweckhaftigkeit der Person wird „die Suche nach achtungsbegründenden Eigenschaften allzu stark eingrenz[t]." (ebd., 91) Das wird mitunter im Spiegel pflichtbasierter Gesellschaften anschaulich. Demütigungsverbote lassen sich auch anders herleiten. So etwa aus der Begründungsoptik des neuzeitlich-republikanischen Ideals politischer Selbstbestimmung heraus. Wahlweise aber auch aus dem Erwartungshorizont geometrischer Gerechtigkeitsannahmen heraus. Die Pflicht, nicht zu demütigen, kann auch „auf der Vorstellung gründen, daß die Abwesenheit von Demütigung ein Gut an sich ist, während die Erfüllung des Interesses des Opfers nur ein Mittel darstellt, diesen Zweck zu erlangen." (ebd., 51) Nicht weniger könnte jedoch auch das Ideal der kontemplativen Lebensführung herangezogen werden. „[I]n einer Gesellschaft, der dieses Ethikmodell zugrunde liegt", so Margalit, wirft man „Menschen, die andere erniedrigen, nicht etwa" vor, „daß sie die Rechte ihres Opfers verletzt oder eine Pflicht nicht erfüllt hätten. Vielmehr beschuldigt man sie, nicht im Sinne eines vorbildlichen Menschen gehandelt zu haben." (ebd., 52)

Perspektiven der autonomen Lebensführung sollten nach Margalit also in erster Linie gegen den Hintergrund der Frage der Zugehörigkeit erörtert werden. Wer gedemütigt wird, fühlt sich nicht zuletzt in seiner personalen Integrität verletzt; am „aufrechten Gang" gehindert. Erwartet mitunter also Beistand von einer Metapher, die darauf reflektiert, dass „Selbstachtung auf Merkmalen der Zugehörigkeit statt auf erworbenen Eigenschaften beruh[t]." (Margalit 1997: 68) Wobei Integrität hier im außermoralischen Sinn verstanden wird. Charaktertugenden wie Wahrhaftigkeit, Aufrichtigkeit oder Loyalität stellen nicht per se auf ein harmonisches Gleichgewicht der verschiedenen Seelenteile ab. Die Wahl moralischer Leitprinzipien ist also nicht umstandlos mit der Wahl einer moralischen Lebensführung gleichzusetzen. Schließlich hält etwa ein „Gangster […] seinen Freunden wohl kaum aufgrund einer moralischen Reflexion die Treue" (ebd., 71). Andererseits unterscheiden wir diesbezüglich von institutioneller Seite zwischen erpressten wie rechtsstaatlich unbedenklichen Verratspraxen.

Individuellen Rechten vergleichbar, setzt uns moralische Integrität demnach auf eine falsche Fährte. Als mithin „hinreichende[r]“ (ebd., 72) Anhaltspunkt für kränkende Institutionsverhältnisse sollte sie somit nicht zur „notwendigen Bedingung“ (ebd., 72) erklärt werden. Wenigstens dann nicht, wenn der aus gelingenstheoretischer Blickrichtung aufgetane Zusammenhang von Selbstachtung und Würde nicht wieder verspielt werden soll, wonach die Würdezuschreibung gleichsam das äußere Abbild der in Rechtsverhältnissen abgesicherten psychologischen Selbstbeziehung darstellt. Nicht von ungefähr sprechen wir von würdigem Verhalten oder einem würdevollem Gang. Durch solche positiven Zuschreibungen, an deren entgegengesetzten Enden eben „[d]emütigende Gesten“ (ebd., 73) anzutreffen sind, wird ersichtlich, dass ein menschenwürdiges Leben sich nur bedingt juridischen Termini beugt. Nach Ansicht Margalits tendiert der rechtliche Blick also dazu, den inneren Zusammenhang zwischen der (rechtebezogenen) Selbstachtung wie der Würde als ihrer „nach außen sichtbare Gestalt“ (ebd., 73) auseinanderzureißen. Vergleichbares gilt jedoch auch für starke Lesarten der Sorge. Was durch diese nur unzureichend verzeichnet wird, ist der dem moralischen Standpunkt innewohnende fernstenethische Impuls. Die Einsicht, „daß respektvolles Verhalten ein zentraler Bestandteil unserer Lebensform ist“ (ebd., 106), muss demnach nicht zwingend dem Eingeständnis eines Triumphs des Vielen über dem Einen gleichkommen. Speist sich der Respekt für einander nicht aus einer Art anthropologischen Minimalkonsens? Der übergreifenden Ablehnung des „schlimmsten Übels?“ (ebd., 109) Wenn ja, dann wird darüber die Zugehörigkeitsfrage wohl vor schismatischen Letztauskünften gerettet. Das Buch der anständigen Gesellschaft aufgeschlagen. „Demütigung muß als Ausschluß aus der menschlichen Gemeinschaft verstanden werden. Ein solcher Ausschluß gründet nicht auf der Annahme, daß die ausgeschlossene Person bloß ein Tier oder Gegenstand ist. Der Akt des Ausschließens beruht vielmehr darauf, daß man sich so verhält, als ob die betreffende Person ein Tier oder Gegenstand wäre. Meistens werden Menschen dadurch ausgeschlossen, daß man sie als Untermenschen behandelt.“ (ebd., 140 f.)

Mit Margalit ließe sich also die Liebe rechtfertigen. D.h., ein an expressiver Selbstachtung ausgerichteter Würdeschutz. Mit Margalit lassen sich die beiden Enden der Selbstbestimmung jedoch auch für die

Vernunft gewinnen. Für die elementare Bedeutung der Fähigkeit zur Selbstachtung. Nur zur Selbstachtung fähige Individuen sollten demnach den Würdeschutz genießen. Wer dieses Kriterium nicht erfüllt, wäre folglich nicht durch das Instrumentalisierungsverbot geschützt. Mit gutem Grund, wie Nida-Rümelin meint. Ist das doch der Preis, den wir wohl entrichten müssen, insofern wir auf Höhe der strittig werdenden Reichweite der Ethik noch an einem gehaltvollen Würdebegriff interessiert sind. Statt die Würde also zur inhaltlosen Leerformel verkommen zu lassen, sollten wir uns hinsichtlich des menschlichen Lebens, das dieses Kriterium nicht erfüllt, darauf besinnen, dass es damit keinesfalls der schonungslosen Vernutzung anheimgestellt ist. Im Gegenteil, mit der begrifflichen Trennung zwischen dem Würde- wie dem davon unabhängig zu begründenden Lebensschutz dürfte umso deutlicher hervortreten, worin utilitaristische Überlegungen fehlen. Nur unzureichend wird durch diese der unverhandelbare moralische Status berücksichtigt, der auch diese Grenzfälle des Lebens vor der geplanten Verrechnung schützt (vgl. Nida-Rümelin 20012: 151). Nach Nida-Rümelin hilft Margalit also, diese Trennlinie zu ziehen. Dafür notwendig wäre allerdings eine kritische Auseinandersetzung mit dessen Ausgangsthese. Bereits im Alltag lässt sich beobachten, dass sich der ein oder andere gedemütigt fühlt, ohne das er deshalb mit der entsprechenden Anteilnahme Dritter rechnen sollte. Umgekehrt gibt es Fälle, da jemand offensichtlich gedemütigt wird, die betroffene Person dies jedoch selbst nicht so empfindet. Allein, sich gedemütigt zu fühlen, reicht demnach nicht aus, um daraus gleich Schlussfolgerungen für den Würdebegriff abzuleiten. Klar unterschieden werden muss vielmehr zwischen unbegründeten wie begründeten Gefühlen der Demütigung. Im Zuge dessen sollte jedoch auch der Animismus ausgeräumt werden, der sich bei Margalit stellenweise einschleicht. Institutionen oder Lebenslagen können, solange dahinter keine Absichten und Pläne einzelner auszumachen sind, genauso wenig demütigen, wie das Wetter unfreundlich oder gemein sein kann (ebd., 132). Für das Gefühl der Demütigung muss es also gute Gründe geben. Sind mit diesen jedoch nicht individuelle Rechtsansprüche verbunden? Wer sich auf fundamentale Weise in seiner Existenz bedroht fühlt, wird, wenn auch von ihm selbst unbemerkt, an individuelle (Abwehr-)Rechte appellieren. Das lehrt nach Nida-Rümelin auch der Blick durch die kulturelle Brille. Etwa anhand der Beispiele der Witwenverbrennung oder der Klitorisbeschneidung. Der Widerstand gegen diese Praxen verweist, wenn auch nur unausgesprochen, auf unveräußerliche Rechte. Vorübergehend etabliert wird dadurch gewissermaßen eine Situation des doppelten Ausschlusses. Einerseits der Widerstand leistenden (jungen) Frauen aus der Gemeinschaft. Andererseits jedoch auch der Gemeinschaft aus der Weltgemeinschaft. Dieser gegenüber sieht sich diese von diesem Zeitpunkt an unter erheblichen Rechtfertigungsdruck gestellt. Durch die Geneitalverstümmelung werden die Frauen objektiv in ihrer Fähigkeit zur Selbstachtung beschnitten.

Mitunter deshalb sollte in Bezug auf Strawson wohl nur von einem „quasi-transzendentalen" Bezugsrahmen die Rede sein. Worauf also legt Nida-Rümelin Wert? Darauf, dass nicht jede Würdeverletzung zwangsläufig eine entsprechende Rechtsverletzung und umgekehrt nicht jede Rechtsverletzung eine entsprechende Würdeverletzung nach sich zieht. Menschenwürde und -recht sollten also nicht umfangslogisch gleich gesetzt werden. Nicht jeder Verstoß gegen das Recht auf Leben oder die körperliche Unversehrtheit verweist auf eine demütigende Praxis. Nicht jede demütigende Praxis gleicht einer Verletzung unveräußerlicher Rechte. Beide Ideen gehen in bestimmten Hinsichten übereinander hinaus, wie sie in anderen hintereinander zurückfallen. Das wird nach Nida-Rümelin am Beispiel kultischer Opferrituale deutlich. In Konflikt gerät das Menschenopfer sicherlich mit den fundamentalen Rechtsnormen. Keinesfalls ausgemacht ist damit allerdings schon, dass sich die im Rahmen des Rituals getötete Person auch gedemütigt fühlt (ebd., 137). Das Beispiel ist bizarr. Gleichwohl verhilft es nach Ansicht Nida-Rümelins zu einem gehaltvollen Würdebegriff, der an den Rändern nicht ausfranzt. Worauf also läuft Margalits Untersuchung hinaus? Für Nida-Rümelin auf eine Ergänzung des Katalogs der Menschenrechte und zwar „um das Recht nicht gedemütigt zu werden" (ebd., 141).

3) Wann gelingt das Leben? Für Margalit sollte die Frage reformuliert werden. Worum es heute geht, ist die performative Stoßrichtung des Würdebegriffs von den gesellschaftlichen Rändern her zu entbinden. Oder wie Taureck sagt, „Menschenwürde ist […] immer auch etwas, das erst erzeugt werden muss und keineswegs etwas, das bereits da ist, wenn es bloß ausgesprochen wird. ‚Es gibt nichts Gutes: außer

man tut es‘, schreibt Erich Kästner, und so verhält es sich auch mit der Menschenwürde.“ (Taureck 2009: 128) Gesagt ist das gegen Artikel 1 des Grundgesetzes. Worauf aber reflektiert die Unantastbarkeit, wenn man den gegenüber den realen sozialen Schieflagen erstarrenden deduktiven Ableitungszusammenhang der ersten drei Grundrechtsartikel einklammert? Sollte angesichts der sozialen Verwerfungen nicht vom „ist“ auf ein „sollen“ umgestellt werden? Also nur gefordert werden, dass die Menschenwürde nicht angetastet werden soll? Dieser Schachzug dürfte allerdings ziemlich schnell die Gegenfrage provozieren, warum sie denn nicht angetastet werden soll. Um das einzusehen, bedarf es Christoph Menke und Arndt Pollmann zufolge nur wenig an Überlegung. Statt des unter Essenzialismusverdacht stehenden Dreischritts wird von diesen so eine differenzphilosophische Lesart der ersten beiden Grundgesetzartikel vorgeschlagen. Worauf die Unantastbarkeit im Wesentlichen zielt, ist die Idee der gleichen Achtung. Diese schaltet sich gleichsam noch unter die schlimmsten Formen der Folter und Erniedrigung. Ähnlich wie für Bielefeldt hält also auch für dieses Autorenpaar der für den Würdebesitz entscheidende Gedanke der gleichen Achtungswürdigkeit auch noch vor den Öfen von Ausschwitz stand. In der gleichen Bewegung gibt das Grundgesetz für diese allerdings auch zu verstehen, dass dieser Gedanke nur insofern überzeugt, als man sich schon der Idee der gleichen Achtung verschrieben hat. Für die Unantastbarkeit gilt demnach, was für die Moral im Allgemeinen gilt. Sie lässt sich von außen nicht andemonstrieren. Quasi im Umkehrschluss daraus folgt der in Artikel zwei garantierte Schutz unveräußerlicher Rechte. Wer den in Artikel eins formulierten Standpunkt des Grundgesetzes einnimmt, für den erlangt der Gedanke in Artikel zwei seine rechtliche Positivierung. Indem ich dem anderen als achtungswürdig begegne, anerkenne ich ihn instantan als Träger unveräußerlicher Rechte. Wird damit auch noch nichts über deren konkreten Ausgestaltung gesagt, steht dessen Status als Träger grundlegender Rechte somit außer Zweifel. Umgekehrt wird die (utilitaristische) Einigungsperspektive von Tausch und Vertrag nur überwunden, insofern diese Rechte als in der Würde hinterlegt gedacht werden.

> „Menschenwürde und Menschenrechte hängen so zusammen – und sind zugleich unterschieden – wie die Tatsache, dass jeder Mensch gleiche

> Achtung verdient, und die weiteren Bestimmungen dessen, was die gleiche Achtung jedes Menschen verlangt." (Menke/Pollmann 2007: 154)

Aus Sicht Menke/Pollmanns sollte Margalit demnach durch eine Gegenlektüre ergänzt werden. Derselbe steht exemplarisch für Ansätze, welche die Menschenwürde als Fluchtpunktbestimmung behandeln. Im Kontext dieser gelingenstheoretischen Ansätze wird besonders deutlich herausgearbeitet, inwiefern die in der psychologischen Selbstbeziehung der Selbstachtung Ausdruck findende gesellschaftliche Erfahrung des Respekts auf Freiheitsräume verwiesen ist, die wiederum die Basis für die entsprechende Würdedarstellungen der Individuen abgeben. Praktiken der Erniedrigung und Entwürdigung führen demnach nicht automatisch zum Würdeverlust. Der von diesen herausgearbeitete Zusammenhang von Würdebesitz und Selbstachtung verweist vielmehr auf bei den Individuen unterschiedlich ausgeprägte Widerstandskräfte. Unterstellt werden müsste den Individuen also ein von außen unzugängliches (minimales) Potenzial der aktiven Selbstbehauptung. Daraus sollte allerdings nicht gefolgert werden, dass derjenige, der seine Würde einbüßt, irgendwie selbst daran mit Schuld trägt. Worauf gelingenstheoretische Ansätze allein verweisen, ist, dass jeder Verlust der Würde mit einem Verlust an Selbstachtung einhergeht. Entlang dieser Ansätze lassen sich also zwei Fragen auseinanderhalten: a) die Frage „ob ein Mensch Würde besitzt" und b) die Frage, „ob ihm ein gleiches Recht auf Schutz der Würde zusteht." (ebd., 154)

Verstanden werden sollte die Würde diesen Ansätzen zufolge als ein auf Realisierungsbedingungen abstellendes Potenzial. Dafür spricht dreierlei. Nehmen wir an, die Würde wäre ohne Abstufung schlicht gegeben. Warum sollten wir sie dann überhaupt verteidigen wollen? Nehmen wir dagegen an, wir sind nicht einfach im Besitz der Würde. Wir müssen uns diese stattdessen erwerben, sie uns durch Leistung verdienen? Augenscheinlich läuft dies darauf hinaus, genau diejenigen, die des Schutzes wohl am meisten bedürfen, aus dem Adressatenkreis auszuschließen. Wer die Würde in diesem Sinn als in Abstufungen erwerbbaren Status fast, wird demnach auch mit kontraintuitiven Konsequenzen konfrontiert. Bliebe also noch die Würde als zwar erwerbbare dabei jedoch nicht abstufbare Eigenschaft aufzufassen. Diese Variante führt offensichtlich in die Irritationen über menschliche Nichtpersonen wie nichtmenschlichen Personen, wie sie hinlänglich durch die bioethische Debatte dokumentiert werden. Was also spricht für die gelingenstheoretischen Ansätze? Diese insistieren darauf, dass es des uneingeschränkten Würdeschutzes genau deshalb bedarf, „weil sie de facto abstufbar ist." (ebd., 146)

So wird durch die kleingeschriebene Würde also hervorgehoben, dass der Mensch diese nicht einfach als fertige Eigenschaft mitbringt und besitzt, sondern vielmehr ein Potenzial benennt, das auf grundlegende Freiheitsspielräume angewiesen ist. Tradierten Würdekonzeptionen sonach durch eine Lesart provoziert, die diese als „gegeben und abstufbar" behandelt. Gelegen ist dieser Lesart nicht zuletzt an „expressiver Selbstachtung" (ebd., 165). Aus Perspektive dieser Forderung zeigt sich nach Menke/Pollmann, worin die unter die Strukturformel „gegeben/nicht-abstufbar" (ebd., 135) rubrizierbaren Großschreibungen fehlen. Einerseits. Andererseits jedoch auch, worin der Formel „erworben/nicht-abstufbar" bzw. „erworben/abstufbar" (ebd., 136 f.) verpflichtete empiristische bzw. ästhetische Interpretationen noch korrekturbedürftig sind (ebd., 135 f.).

Verweisen könnten Menke/Pollmann in diesem Zusammenhang wohl auch auf Autoren aus dem Umkreis der sogenannten post-kolonialen Studien. Diese malen in den unterschiedlichsten Farben aus, inwiefern auch extreme Unterwerfungsregime noch mit Widerstand rechnen müssen. Auch im Anschluss an solche Lektüren dürfte der Unterschied zwischen der Würde als unveräußerlicher „Mitgift" (ebd., 146) wie „im Sinne des Schutzes eines Freiraums der Würdedarstellung" (ebd., 144) herauszuarbeiten sein. Diesen Studien zufolge ist es das herrschaftliche Anrufungen (Interpellation) unterlaufende Moment, das den Unterschied markiert. D.h., das Anerkennungsverhältnis gleichsam über seine Beschädigung zur Geltung bringt. Auch in diesen Studien zur kulturellen Differenz dürfte sich also die nachfolgende Beobachtung des Autorenpaares wiederspiegeln.

> „Der wie auch immer geringe Eigenanteil, den alle Menschen zur Bewahrung der eigenen Würde beizusteuern haben, macht es ihnen unmöglich, sich die Menschenwürde selbst schon wechselseitig zu garantieren. Sie können sich allenfalls deren bestmögliche soziale und rechtliche Absicherung versprechen." (ebd., 144)

Über die Wahrheit heißt es, dass sie nicht als fest ausgeprägte Münze aufgefasst werden sollte. Vergleichbares gilt demnach für die Würde.

Weshalb, so wurde gefragt, sollten wir denn schützen wollen, was wir per definitionem sowieso schon als unverlierbare „Mitgift" erachten? (ebd., 146) Umgekehrt zeigte sich, dass diejenigen, die sich für alternative Strukturformeln der Erwerbbarkeit aussprechen, zwar wahrnehmen, dass der Würdeanspruch von jeher auf prekäre Realisierungsbedingungen verweist, angesichts dessen allerdings, dass sie den Adressatenkreis wahlweise leistungsbezogen oder kognitiv (personale Fähigkeit) festlegen, ihrerseits in Verlegenheit geraten. Gerade diejenigen gesellschaftlichen Protagonisten, die auf das Schutzrecht akut vielleicht am ehesten angewiesen sind, zeigten sich notorisch ausgeschlossen. Zum einen, indem die graduellen Abstufungen der Würde an Leistungskriterien gebunden wurden. Zum anderen, indem zwar Einspruch gegen diese graduelle Zuschreibungspraxis von Würde erhoben wurde (vgl. ebd., 137), dabei jedoch die Würdegarantie über psychologische Leitwerte ermittelt wurde, so dass sich hier wiederum die Frage aufdrängte, weshalb man „noch von Menschenwürde" und nicht lieber von „Personenwürde sprechen" sollte. (ebd., 146)

Gelingt das Leben aus Perspektive der evaluativen Selbstverhältnisse, treten die darin eingeschlossenen präskriptiven Sätze demnach über das schiere Überleben hervor. D.h., über die im Halbschatten der beschleunigten Waren-, Geld- und Informationsströme wachsende Zahl „nutzloser Menschen". Über die „totgeborene, unpassende, ungültige oder nicht realisierbare menschliche Beziehungen, die von Anfang an den Stempel des drohenden Dahinschwindens tragen", wie Zygmund Bauman schreibt (Bauman 2005: 12 f.).

Gleichwohl sollte nach Ansicht des Autorenpaars auch gegenüber diesen Gegenwartsbefunden an das moderne Freiheitsinteresse erinnert werden. Warum, könnte ein von Micha Brumlik zitierter Lagereintrag Primo Levis veranschaulichen. Levis Eintrag ist zu entlehnen, inwiefern die Selbstzweckhaftigkeit des Menschen ein Demütigungsverbot mit einschließt.

> „‚Mensch ist', so notiert Levi für den 26. Januar 1944, einen Tag vor der Befreiung des Lagers ‚wer tötet, wer Unrecht zufügt oder erleidet; kein Mensch ist, wer jede Zurückhaltung verloren hat und sein Bett mit einem Leichnam teilt. Und wer darauf gewartet hat, bis sein Nachbar mit Sterben zu Ende ist, damit er ihm ein Viertel Brot abnehmen kann, der ist, wenngleich ohne Schuld, vom Vorbild des denkenden Menschen weiter entfernt als der roheste Pygmäe und, der grausamste Sadist'. Unter diesen

> Bedingungen schwindet dann auch die natürliche Neigung zur Nächstenliebe. Levi fährt fort: ‚Ein Teil unseres Seins wohnt in den Seelen der uns Nahestehenden: darum ist das Erleben dessen ein nicht-menschliches, der Tage gekannt hat, da der Mensch in den Augen des Menschen ein Ding gewesen ist.“ (Levi zit. n. Brumlik 1992:)

Brumlik rekurriert auf Levis *Ist das ein Mensch* (1986) im Kontext von menschenrechtspädagogischen Reflexionen. Skizzenhaften Überlegungen hinsichtlich der Frage, wie eine „Globalisierung der Erinnerung“ (ebd. 4) auszusehen hätte, die sowohl die Skylla der westlichen Vereinnahmung der Gräuel wie auch die Charybdis einer „Konkurrenz der Opfer“ (ebd.,4) umschifft. D.h., wie unter den Bedingungen der raumzeitlichen Abstandvergrößerungen die nachwachsende Generation an ein vorsprachliches und vorreflexives Wissen über die interpersonelle Grundlage fundamentaler Rechtsansprüche herangeführt werden kann. An ein Gefühl, das anscheinend also zugleich impulsiv wie reflexiv gebrochen gedacht werden muss. „Das Verständnis für die Würde des Menschen“, so Brumlik, wurzelt in einem moralischen Gefühl. Dieses Gefühl ist moralisch, weil es Beurteilungsmaßstäbe für Handlungen und Unterlassungen bereitstellt, es ist indes ein Gefühl, weil es sich bei ihm nicht um ein kalkulatorischen Maßstab, sondern um eine umfassende, spontan wirkende, welterschließende Einstellung handelt“ (ebd.,9). Dieses von Brumlik umrissene Gefühl scheint beide Aspekte der Würde abzubilden. Einerseits in seiner Spontaneität auf die aus gelingenstheoretischer Richtung erhellten institutionellen Realisierungsbedingungen der Lebensführung Bezug zu nehmen. Andererseits von seiner intellektuellen Seite her den nicht-positivierbaren Grund der grundlegenden Rechte aufsuchen. Im Sinne von Menke und Pollmann könnte dieses Gefühl die Würde sowohl als „das sinngebende Ziel einer Realisierung der Menschenrechte“ (Menke/Pollmann 2008: 165) wie als begriffliche, „sinngebende *Voraussetzung* eines richtig verstandenen Begriffs der Menschenrechte“ (ebd., 165) zur Sprache bringen. Nicht weniger als für das Autorenpaar sollte Freiheit nach Brumlik also darüber hinwegsehen, dass sie sich bewähren muss. Im Gegenzug sollte diese empirische Forderung jedoch auch nicht aus ihrem nicht-positivierbaren Anspruchsgrund herausgelöst werden. Wichtig wäre also einzusehen, dass auch anständige Gesellschaften sorgfältig zwischen Willkür und Wille unterscheiden.

Aus rechtsphilosophischer Sicht ist der Unterschied zwischen dem vernünftigen Inhalt des Wollens, der sich im Unterschied zur auf zufällige Gegenstände des Wünschens und Wollens gerichteten Willkür durch kommunikative Verhältnisse institutionell verwirklichter Freiheit bestimmt, demzufolge von Belang (ebd., 148). Durch den freiheitstheoretischen Würdebegriff wird erhellt, wie der gelingenstheoretische Begriff über die von ihm sondierten empirischen Kriterien der Selbstbestimmung den unbestimmten Menschen tendenziell zum Verschwinden bringt. An der Würde müssen dem modernen Selbstverständnis nach zwei Seiten unterschieden werden. Zum einen legt sich die Selbstzweckhaftigkeit des Menschen danach in Richtung eines „konstitutive[n] Moment[s] von Unbestimmtheit" aus (ebd., 151). Zum anderen aber auch in Richtung einer nicht-positivierbaren Seinsgegebenheit, die eben selbst von den bürokratischen Peinigern Levis unangetastet bleibt. Würde der Anspruch auf Selbstbestimmung aus diesem historisch-gewachsenen Freiheitsverständnis gelöst, hätte dies nach Menke/Pollmann also zur Folge, dass Klagen, die sich nicht dezidiert gegen Rechtsansprüche richten, insgeheim depotenziert würden; Rufe nach anständigen Verhältnissen also nur mehr an Vertragspartner ergehen könnten.

> „Zwar folgt ‚aus der Anerkennung der Menschenwürde nicht unmittelbar, welche, aber dass jeder Mensch grundlegende Rechte hat […]. Ebenso kann es, zweitens, keine Anerkennung der Rechte des Menschen geben, ohne zugleich damit seine Würde anzuerkennen. Denn ohne vorauszusetzen, dass alle Menschen Würde haben, bleiben alle menschenrechtlichen Verträge bloße Übereinkünfte zum wechselseitigen Vorteil." (ebd., 154)

Ein Spannungsverhältnis zwischen unbestimmtem und bestimmtem Mensch, das nach Ansicht von Menke und Pollmann also trotz der berechtigten Einwände gegen die abendländische Vernunfttradition fortbesteht. Dem entgegen sollten wir Rorty zufolge lernen, uns als kreative und einfühlsame Geschichtenerzähler zu verstehen.

> „Ich glaube", so derselbe im Rahmen eines Interviews, „daß Solidarität durch ganz banale, alltägliche Dinge gefördert wird, wie etwa durch binationale Ehen, strategische Allianzen, die sich zu dauerhaften Bindungen entwickeln, durch Erzählungen über das Leben in ausgeschlossenen, diskriminierten Gruppen und so weiter. […] Und ich glaube, daß traurige Geschichten über konkretes Leid gewöhnlich der bessere Weg sind, damit

Leute ihr Verhalten ändern, als universale Regeln zu zitieren." (Rorty 1996: 137)

Folgen wir Menke und Pollmann, bleibt der Anerkennungsprozess hier eigentümlich farblos (Menke/Polmann 2008: 64 u. 136). Das zeigt sich nicht zuletzt gegen den Hintergrund individueller Rechte. Namentlich dem Eigentumsrecht „als Urform des subjektiven Rechts." (Menke/ Polmann 2008: 149) Sind diesem nicht Neid und Kampf als konstitutive Aspekte einer bestimmten selbstbestimmten Lebensführung eingeschrieben? D.h., unauflösliche Verflechtung von Selbst- und Eigenliebe? Wenn dem so ist, dann ist es vielleicht irreführend, „wie es Rorty zumindest nahelegt, die grundlegende Einstellung der Anerkennung jedes anderen selbst bereits als ‚menschenrechtlich' zu bezeichnen; und zwar deshalb, weil diese grundlegende Einstellung *jeden* anderen, aber nicht *die gleichen Rechte aller* anerkennt. Der Unterschied liegt darin, dass die Anerkennung jedes anderen diesem als Einzelnem, Besonderem gilt, dass gleiche Rechte jedoch eine Anerkennung *aller zugleich* verlangen." (ebd., 66)

Woran also könnte dem unbegreiflichen Wesen gelegen sein? Womöglich an immer neuen Artikulationsversuchen. Die Theorieform der Anerkennung, so Menke und Pollmann, muss gerade weil sie keiner Letztbegründung fähig ist, immer wieder neu und aus verschiedenen Perspektiven inhaltlich geklärt und artikuliert werden. So „gibt es eine Vielzahl unterschiedlicher, ja miteinander konkurrierender Artikulationsversuche [...]. Sie Reden etwa von der ‚Gottesebenbildlichkeit' jedes Menschen, der ‚Evidenz' des gemeinsamen Menschseins, der ‚Würde' der Person, der Begegnung mit dem ‚Angesicht' des anderen oder der ‚unendlichen Forderung der Gerechtigkeit'." (ebd., 65)

4) Ist Respekt eine Tugend? Unter dieser Fragestellung verfolgt Menke die Dialektik der eigenen wie wechselseitigen Unausdeutbarkeit weiter. Der Begriff der Tugenden bezieht sich auf erlernte und eingeübte Wahrnehmungs- wie Handlungsmuster. In einer ersten Annäherung lassen sich so vier Begriffsmomente abheben. Tugendhaftes Handeln setzt erstens eine entsprechende „Situationserkenntnis" voraus. Diese Fähigkeit der klugen Situationseinschätzung muss zweitens in habitualisierte Verhaltensformen übergehen. Dazu ist es notwendig, drittens, von anderen, genauer von Autoritäten bzw. Vorbildern zu lernen. Dieser Lernprozesse verweist viertens darauf, dass das Erlernen

einer Tugend das Erlernen weiterer Tugenden beinhaltet. Die Rede von der Tugend im Singular angesichts der lebensweltlichen Zusammenhänge demzufolge in die Irre führt (Menke 2004: 44). Wie verhalten sich also die verschwisterten Begriffe der Achtung und des Respekts zu mutigem, tapferem, besonnenem, rücksichtsvollem und hilfsbereitem Handeln? In einer ersten Annäherung könnte man sagen, dass diese auf Höhe des modernen Freiheitsinteresses die Idee der gleichen Achtung durch die verschiedenen Einzeltugenden hindurchtönen lassen. Dass dies eine Antwort ist, die nur zum Teil einer Überprüfung standhält, zeigt sich nach Menke, wenn man den darin implizierten Umkehrschluss laut ausspricht. Sobald ich mich gegenüber meinem Nächsten mutig, hilfereit, besonnen etc. verhalte, wird er automatisch von mir geachtet und respektiert. Achtung, das verdeutlicht die Gegenprobe also, kann gerade bedeuten, sich nicht im Sinne der besonderen Tugenden gegenüber dem anderen zu verhalten (ebd., 47). Wann also wird der andere von mir geachtet? Und worin kommt dies zum Ausdruck? Die Beantwortung dieser beiden Fragen führt für Menke im Anschluss an Phillipa Foot über die dem Begriff der Tugend eingeschriebene Ambivalenz. Wer eine Bank überfällt oder einen Mord begeht, braucht mitunter viel Mut. Bankräuber und Mörder können also durchaus tugendhafte Handlungsweisen verkörpern, ohne dass die ihnen geltenden Reaktionspraktiken ihnen die gewohnte soziale Gratifikation einbringt. Ein erster Ansatz, um diese beunruhigende Ambivalenz der Tugend stillzustellen, könnte nun darin bestehen, gegenüber dem Mörder zu erklären, dass in seinem Fall ein einseitiger Tugendgebrauch vorliegt. Echte Tugendausübung jedoch eine sichere und geübte Kombination mehrerer Tugenden verlangt. Wahrhaft tugendliches Handeln also durch die Balance zwischen individuellen wie sozialen Tugenden, etwa Hilfsbereitschaft und Rücksichtnahme, gekennzeichnet ist. Damit würde man nach Menke allerdings die Pointe Foots missverstehen. Nicht anders als im Fall von Gift, das sowohl Heil- wie auch Suchtmittel sein kann, geht es ihr um die Differenz im Begriff der Tugend selbst. An der Tugend lassen sich dementsprechend die guten Fähigkeiten von der Fähigkeit zum Guten abheben. Der Mörder verfügt in diesem Sinn über die Dispositionen, die tugendhaftes Handeln voraussetzt. Übt die guten Fähigkeiten allerdings auf eine Weise aus, die verrät, dass ihm die Fähigkeit zum Guten mangelt. Warum erkennt und will er das Gute also nicht tun? Eine mögliche Erklärung hierfür wäre nach Foot, dass in seinem Fall Tugend und Laster eine unheilvolle Liaison eingehen. Der Mörder also aufgrund einer fehlenden ganzheitlichen Charakterbildung die Tugend fehlerhaft ausübt. Wie aber, wenn er die entsprechenden habitualisierenden Stadien durchlaufen hat? Dann hat er womöglich keinen Fehler begangen, sondern sich über die Situation getäuscht. Dann könnten ihm also Aspekte der Situation auf eine Weise unzugänglich gewesen sein, die ihn vom Tatvorwurf entlasten. Hinsichtlich seiner Situationsdeutung könnte derselbe also erwidern, dass er unverzüglich handeln musste und nicht erst noch einen weiteren Wissensabgleich durchführen konnte. In gewisser Weise, so nun Menke, ähneln moralische Täuschungen Wahrnehmungstäuschungen. Hier wie dort mache nicht ich den Fehler, sondern werde ich durch die Situation getäuscht. Allerdings mit einem entscheidenden Unterschied. Im Falle der Wahrnehmungstäuschung kann ich mich prinzipiell auf einen konsensfähigen Standpunkt zurückziehen. Mich also über den Unterschied zwischen der Sache wie sie mir erschienen ist, und wie sie in Wirklichkeit ist, äußern: In Wahrheit ist die Decke braun und nicht wie von mir angenommen grün (ebd., 51). Liest man die dem Tugendbegriff eingetragene Differenz auf Folie der Idee der gleichen Achtung, dann zeigt sich nach Menke, inwiefern man vergleichbare Erwartungen nicht an die Moral herantragen sollte. Wenn ich mich nicht mehr auskenne, nicht mehr mit Sicherheit sagen kann, welche Handlungsweisen meinen gegenüber angemessen sind, lösen die verschwisterten Begriffe Respekt und Achtung gleichsam die lebensweltlichen Handlungsleitfäden ab, ohne sich dabei jedoch ganz von diesen abzulösen. Wollte man diese ethische Erfahrung auf ästhetische Wahrnehmungstäuschungen übertragen, führte das vor Gegenstände, die gleichsam unaufhörliche Rätsel aufgeben.[24]

> „Wenn es hier eine Analogie zu einer Situation gibt, in die wir mit unserer Farbwahrnehmung gelegentlich geraten, dann ist dies eine solche, in der uns ein Gegenstand zunächst als rot erschien, wir dann aber nicht feststellten, dass er in Wahrheit nicht rot ist, sondern von einer so merkwür-

24 Im Angesicht des anderen könnte der Gesichtsverlust also ethisch bedeutsam sein. „Einem Menschen begegnen“, schreibt Emanuel Levinas, „heißt von einem Rätsel wachgehalten zu werden.“ (Levinas 1999)

> digen Farbe, die uns mal rot, mal grün erscheint, und von der wir nicht recht wissen, wie wir sie bezeichnen sollen." (ebd., 52)

Folgende Szene: Sie stehen am Ufer eines Flusses. Nach einigen Sekunden nehmen Sie einen Ertrinkenden wahr. Kurzerhand springen Sie in die Fluten und ziehen ihn heraus. Im Nachhinein stellt sich allerdings heraus, dass Sie ihr Leben für einen potenziellen Selbstmörder riskiert haben. Sie die Situation folglich falsch eingeschätzt haben. D.h., indem Sie handelten, haben Sie ihrem Gegenüber nicht nur Ihre Sichtweise, sondern auch noch Ihren Willen aufgezwungen. Ihre gutgemeinte Hilfeleistung erscheint jetzt im Nachhinein also äußerst fragwürdig. Denn für jene dürfte gelten, was auch für Versprechen gilt. Versprochen kann nur demjenigen werden, der will, dass das Versprochene auch eintritt. Andernfalls mutiert der Sprechakt „Ich verspreche dir..." zur Drohung. Doch liefert dessen subjektive Situationsdeutung überhaupt das alleinige Kriterium für unsere Verantwortung? Oder zielt diese nicht immer auch auf objektive Gründe? Hinge ein Unterlassen der Hilfeleistung in diesem speziellen Fall also nicht vielmehr davon ab, dass sein Handeln für sie einwandfrei nachvollziehbar wäre? Und wird diese Perspektivenübernahme nicht noch dadurch verkompliziert, dass hier virtuell auch Dritte (Frau, Kind etc.) mit betroffen sind?

Mit Foot wurde die Differenz im Tugendbegriff aufgezeigt. Auf Folie der Idee der gleichen Achtung wird diese Spannung nun verschärft. Und zwar in Richtung eines Spannungsverhältnisses zwischen der Idee wie der Tugendordnung. Den anderen in seiner Andersheit achten bedeutet, die Grenzen der eigenen Verstehenshorizonte anzuerkennen. In dergleichen Bewegung jedoch auch, die keine Stellvertretung zulassende Verantwortung zu übernehmen.

> „Die einzige Weise, in der wir unsere moralischen Fähigkeiten ausüben können, lässt uns die Situation so wahrnehmen und in der Situation so handeln, dass dies nicht eine Weise ist, unsere moralischen Fähigkeiten auszuüben. Denn die einzige Weise, in der wir unsere moralischen Fähigkeiten ausüben können, führt uns dazu, den anderen in einer Weise zu behandeln, in der wir nicht unsere moralischen Fähigkeiten ausüben, weil wir ihn darin entgegen seiner Selbstdeutung behandeln, obwohl doch der Bezug auf seine Selbstdeutung für diese Art von Handlung konstitutiv ist." (ebd., 54)

Szenen wie die geschilderte illustrieren für Menke moralische Ausnahmesituationen. D.h., Situationen, in denen angesichts der darin erfahrenen Diskrepanz von Selbst- und Fremddeutung die eingeschliffenen Denk- und Handlungsmuster ins Stocken geraten. Worin sich ego und alter ego *gleichen*, ist gerade ihre wechselseitige Unausdeutbarkeit. Solche Szenen appellieren aus Sicht Menkes denn auch an das Einfühlungsvermögen. Von ihnen geht gewissermaßen ein Plädoyer für die Schulung der Einbildungskraft durch Kunst und Literatur aus. Worin besteht das moralische Lernziel dieser ästhetischen Schule? In erster Linie wohl darin, den Schülern klarzumachen, dass jeder Fall ein solcher Ausnahmefall sein kann bzw. hinsichtlich der in den handlungsentlasteten Räumen der Kunst gemachten Alteritätserfahrungen so behandelt werden sollte (ebd., 58). Weshalb das Anerkennungsverhältnis nach immer neuen Artikulationsversuchen verlangt, wird demnach anhand solcher Ausnahmesituationen verständlich. Was für diese bezeichnend ist, dass sich in ihnen der andere in seiner Andersheit den Begriffen Respekt und Achtung förmlich aufdrängt. So werden beide Begriffe in diesen Situationen in ihrer Vermittlung über die (Grenze) der gemeinsam eingeübten Tugendpraxis erfahren.

> „Ich höre vorübergehend auf, den anderen entsprechend meiner moralischen Fähigkeiten zu behandeln und denke über deren Grenzen gegenüber dem Anderen nach. Diese temporäre Aussetzung der Tugend ist Ausdruck meiner Achtung für den Anderen, aber sie ist keine moralische Praxis mit dem anderen [...]. Weil diese Differenz kein Unterschied ist, der sich bestimmen lässt, ohne sie damit zum Verschwinden zu bringen, können Achtung und Respekt nicht Prinzipien einer anderen moralischen Praxis als der Tugend werden; sie können nur auf eine andere Vollzugsweise der moralischen Praxis der Tugend verweisen.“ (ebd., 57)

3.5 Zwischenbetrachtung

Nachbarn, die sagen, „ich tu nur meine Pflicht“, wären also womöglich doch wünschenswert. Ausgenommen vielleicht den Fall, Sie wollten zu diesen Zuflucht nehmen. Angesichts Ihres Verfolgers ließe sich an Ihnen dann wohl die Ambivalenz der moralischen Selbstbestimmung studieren. Womöglich also zeigen, dass sich das Anerkennungsmotiv inzwischen keineswegs schon über seinen Erfolg verbraucht hat. Dessen Gehalt also auch vor dem Hintergrund der sich fast schon notorisch einstellenden Pflichtenkollisionen als Desiderat behandelt werden sollte. Weil die Idee der fairen Berücksichtigung der Bedürfnisse, Interessen, partikularen Situierung aller im Sinn ihrer Anerkennung als gleiche, so Horster im Anschluss an Gerlinde Pauder-Studer, „allen moralischen Regeln inhärent ist, kann man sich die Prüfung, ob eine moralische Regel mit der wechselseitigen Anerkennung vereinbar ist, in Situationen moralischer Entscheidung sparen." (Horster 2005: 13) Worauf Menke und Pollmann angesichts dessen verweisen könnten, ist, dass es mit der gleichwertigen Anerkennung jedes Gegenübers noch nicht getan ist. Für dieses Autorenpaar scheint Kants Instrumentalisierungsverbot vielmehr auf ein radikal dezentriertes Verantwortungssubjekt abzustellen. Die Desiderate des Motivs könnte für sie so Gerhard Gamm im Rekurs auf den nachkantischen Idealismus ausgesprochen haben. In der *Phänomenologie des Geistes* verfolgt Georg Friedrich Wilhelm Hegel das Freiheitsinteresse der modernen Welt, indem er das Ich auf Bildungsreise schickt. Dieses die Erfahrung von Freiheit und Vernunft machen lässt. Beide Begriffe entlang dieses Bildungsprozesses somit entgegen der kantischen Nomenklatur als wirkliche Gegenstände ausweist und nicht nur als Gegenstände des reinen und vernünftigen Interesses. Entlang der von paradigmatischen über individuelle bis welthistorischen Gestalten reichenden Entfremdungsdramaturgien, in deren Rahmen sich das Bewusstsein und sein philosophischer Betrachter aus immer neuen Blickwinkeln über die unauflösliche Verflechtung von epistemologischen, ontologischen und normativen Deutungshorizonten austauschen, wird das Ich quasi dahin gebracht, noch gegenüber dem Abgrund standzuhalten, der durch Johann Gottlieb Fichte aufgetan wird. Folgen wir Gamm, übersetzt die Dialektik Fichtes Forderung in die Aufgabe, die lebendige Beziehung des Anerkennens auch noch in die letzten unserer begrifflichen Oppositionspaare einzuspeisen. Ihren spekulativen Höhepunkt hätte sie so erreicht, wenn allen Beteiligten rundum klar wäre, dass „die Freiheit, die sich ‚ego' und ‚alter ego' im Kampf wechselseitigen Anerkennens eröffnen" […] „so wenig wie die Wahrheit" […] „in Beschlag nehmen" lässt." (Gamm 1997: 147) Inwiefern die Ambivalenz der moralischen Selbstbestimmung wirbt, könnte auch einem Aufsatz aus Hegels Nachlass zu entlehnen sein.

Im gleichen Jahr, da er das Ich auf Bildungsreise (1807) schickt, kehrt derselbe sich an die Frage *wer denkt abstrakt?* Ein nur wenige

Seiten langes Manuskript, das also womöglich erste Anhaltspunkte liefert. Gleich eingangs zerstreut die Satire etwaige Bedenken. Anders als ihr Titel dies vermuten lässt, erwarten den Leser hier keine trockenen Definitionsversuche, noch soll er in metaphysische Hinterwelten entführt werden. Genauso wenig muss er fürchten, hier den Spiegel über sich selbst vorgehalten zu bekommen. D.h., über jene abstrakte Weltanschauung belehrt zu werden, die insgeheim längst sein Handeln bestimmt. Bereits an dieser Stelle wäre allerdings die Ironie mitzuhören, die hier mitschwingt und der Welt der Goethe-Leser bzw. -Leserinnen gilt. Jener Welt von Stil und Geschmack also, die gleichzeitig eine von den sicht- und greifbaren Dingen abgewandte Weltklugheit kultiviert. So kann Hegel sich also seiner Wirkung sicher sein, wenn er gegen den gesunden Menschenverstand behauptet: „Wer denkt abstrakt? Der ungebildete Mensch, nicht der gebildete." (Hegel WK 2: 577). Eine These, die dem Ungebildeten gleichwohl kein Glück bringt. Wenigstens nicht gleich. Wer also denkt abstrakt? Die schöne oder doch die Krämerseele? Wie es scheint, die Proponenten der Unmittelbarkeitshypothese der sinnlichen Gewissheit. Um nur die äußeren Enden der hegelschen Beispielfälle aufzuzählen: Diejenigen, die in einem Mörder nichts als den Mörder sehen, in einem Bediensteten nichts als den Bediensteten. Diesen auf seine soziale Rolle reduzieren, bei jenem nicht zwischen Tat und Person unterscheiden. Ja, darin geradezu permissive Tendenzen wittern. Tendenzen, die allenfalls noch von jener pädagogisch-therapeutischen Absicht übertroffen werden, die Tat mittels sozialisationstheoretischer Mittel restlos aufzuklären. Erkennt man wahren zivilisierten Adel hingegen nicht an flachen Hierarchien und deliberativen Umgangsformen? An den Zügen von Achtung und Respekt? Motiviert zeigt sich die Satire demnach durch die kantische Zweckformel. So scheint allen Beispielen also das Umrunden des Anerkennungsmotivs gemeinsam. Zu erkennen gibt sich der Ungebildete über seine Unfähigkeit zu nicht-instrumentellen Einstellungen. Erstens. Zweitens, durch seine dialektische Unmündigkeit. „Der Mörder ist nicht nur dieses Abstrakte, ein Mörder (Thesis), sondern zugleich als Mensch auch Nicht-Mörder (Antithesis), dem die Sonnengnade Gottes auf das abgeschlagene Haupt ebenso scheint, wie einem gekrönten Haupt. In der wechselseitigen Anerkennung des anderen als Menschen findet das subjektive Erkennen des Objekts seine höchste Vollendung, die zugleich innerste Sache des Subjekts ist (Synthesis).“ (Martens 2006: 190 f.) Im Kontext der Würdediskussion zeichnete sich zum Schluss dagegen eine Lesart der Autonomieethik ab, für die sich der Eigensinn des Ethischen nicht im Sittengesetz erschöpft, sondern sich als Faktum der Vernunft allenfalls an diesem zeigt. So sehr dieser Eigensinn auch jeder moralischen Urteilbildung vorausliegt, versperrt er sich als Vernunftfaktum der rationalen Rekonstruktion.

I

Auf die Rückseite der Kontroverse über die Fähigkeit zur Selbstachtung führten zuvor Überlegungen zur Willkürfreiheit. Mit Pothast wurde hier ein merkliches Ungleichgewicht konstatiert und zwar zwischen der Beschäftigung mit der Freiheits- wie Verantwortungsproblematik. Obwohl beide Themenkreise eng miteinander verknüpft sind, wird von einigen Ausnahmen abgesehen, vornehmlich über bedingte Freiheit gestritten. Für Pothast deutete dies auf ein stillschweigendes Eingeständnis. Zu verstehen geben die Befürworter der Vereinbarkeitsthese damit, dass sie hinsichtlich der Frage nach gerechtfertigten Reaktionspraktiken keine überzeugende Antwort parat haben. Unausgesprochen wurde in diesem Kontext immer wieder auf Hans Friedrich Fulda Bezug genommen. Mit Fulda soll denn jetzt noch einmal die bisherige Diskussion resümiert werden.

II

Weshalb also empört uns Raskolnikovs mörderischer Gleichmut? Missbilligen wir dessen Tat aufs schärfste? Und das, wie wir meinen, berechtigterweise? Für Fulda bewegen sich alle bisher erörterten Antworten innerhalb pragmatischer Register. Raskolnikovs Verbrechen wird in den angeführten Kontexten ausschließlich unter dem Gesichtspunkt seiner Urheberschaft diskutiert. D.h., primär auf die notwendige Bedingung hin befragt, die seine kasuistischen Ausflüchte unterbinden sollen. Der Gedanke, dass dessen Präsenz uns womöglich jenseits „pragmatische[r] Kontexte“ (Fulda 2007: 21) angeht, dort also kaum erwogen. Mitunter dadurch dürfte nach Ansicht Fuldas der Eindruck erweckt werden, als ließe sich die Frage nach der hinreichenden Bedingung für reaktive Einstellungen und Praktiken aus der eingenommenen Perspektive gleich mit beantworten. An der Art und Weise, wie dort mit Raskolnikov umgegangen wird, dürfte also studiert werden können, was passiert, wenn man „gewisse Sonderfälle" (ebd., 20) zur Regel macht. Solange Absender und Adressat des Urteils der Selbstintrospektion eingerückt bleiben, lässt sich die in den beiden Willenssätzen hinterlegte notwendige Bedingung nach Fulda durchaus zugleich als „*hinreichend*" (ebd., 20) explizieren. Anders jedoch, wenn die „aus rationaler Selbstkontrolle hervorgegangenen" Handlungen und Entscheidungen eben nicht mehr bloß „Gegenstände von *Selbstbeurteilung* und Selbstbilligung oder -mißbilligung sind." (ebd., 20) Wann und unter welchen Bedingungen Einmischungen zulässig sind, darüber wird unter dieser Voraussetzung dann vielmehr heftig gestritten. Einmal mehr könnte sich also zeigen, dass das von der kantischen Ethik gezeichnete rigoristische Bild trügt. Was diese von konkurrierenden Ansätzen trennt, ist gerade ihr Gespür für das Machtgefälle. Sozialordnungen, die darauf gründen, dass sich hinter den normativen Urteilssprüchen nur die Vorurteile und Präferenzen der Besserstehenden mehr schlecht als recht verbergen, so Fulda, lassen die gesuchte Einvernehmlichkeit missen. Nicht viel besser als der Gerechtigkeit des Stärkeren ergeht es allerdings auch solchen Ansätzen, die den Menschen mit seiner Lust in den Mittelpunkt stellen. Aus dem individuellen Glücksstreben „*jetzt schon*" (ebd., 21) das Recht auf Einmischung abzuleiten, und zwar im Vertrauen auf das erwartbare finale Glück der großen Zahl, sollte angesichts der dabei stillschweigend gemachten metaphysischen Annahmen als kaum weniger aussichtsreich angesehen werden. Gleiches gilt für Vorschläge, welche die Einmischung an „die Interessenperspektive des jeweils anderen" (ebd., 21) binden bzw. von dessen „wohlverstandenen Interesse" (ebd., 21) abhängig machen. Auch diese lassen sich für ihn nur schwer mit der geforderten Verständigung unter Gleichen in Einklang bringen. Dürfte im ersten Fall vor allem schlechte Beliebigkeit die Folge sein, insofern hier „der größte Teil unerbetener Einmischungen" (ebd., 21) unterbleiben müsste, scheint im zweiten Fall die wahrheitsrichterliche Position fast unumgänglich (ebd., 21). Folgen wir Fulda, dann lassen sich reaktive Einstellungen bzw. Praktiken also weder über soziale Distinktionsmechanismen, noch über anthropologisches Wissen oder psychologische Tiefenschärfe, bzw. Weitblick hinreichend rechtfertigen: Dass meine und deine Freiheit jeweils an der des Anderen endet, entpuppt sich demnach als eine Handlungsregel, die den Gebrauch der Dinge (und Wörter) übersteigt. Solange nur „pragmatische Kontexte" berücksichtigt werden, soll sich also kein verlässlicher Maßstab angeben lassen. Dafür notwendig wäre es vielmehr, Prinzipien aufzusuchen, die in diese Kontexte zugleich eingelassen sind, wie sie übersteigen.[25] Als erfolgversprechend gilt ihm so, sich dem spezifisch Moralischen über die Frage nach dem *„inneren Grund*" dafür, daß gewisse Entscheidungen und Handlungen moralischen Charakters sind" (ebd., 22), anzunähern. Auch für Fulda scheint es also die vorgezogene kopernikanische Wende zu sein, welche die gesuchte Minimalvoraussetzung in Reichweite rückt. D.h., uns einschärft, dass „überhaupt nichts, was sich ausschließlich im objektiven Kontext unserer Handlungen findet" (ebd., 23), dazu berechtigt, seinesgleichen zurechtzuweisen. Jene Praxis vielmehr auf einen *„inneren subjektiven Grund"* (ebd., 23) verweist.

Mit Fulda wird die vernünftige Willensbestimmung als eine Art Perspektivenverschiebung lesbar. D.h., als ein Aufleben zu der Einsicht, dass das Anerkennungsverhältnis auf etwas in dir und mir verweist, über das wir zwar niemals vollständig verfügen können, das wir im Rahmen unserer Begegnungen aber doch ständig mit in Rechnung stellen müssen. „Man darf Kant also nicht den Unsinn in die Schuhe schieben, mit der Unbedingtheit reiner praktischer Vernunft [...] werde unsere Willkürfreiheit [...] als unbegrenzt betrachtet. Daß diese Freiheit eine jeweils [...] von innen und außen begrenzte ist, versteht sich von selbst [...]. Betont zu werden verdient etwas anderes: Soll die Verpflichtung durchs Gesetz und die Befolgung von Pflichten, die sich

25 Wobei an der Stelle wohl noch hinzuzufügen wäre, dass für ihn auch der institutionelle Blick das spezifisch „Moralische" (ebd., 22) verfehlt. D.h., auch derjenige, der sich Aufschluss über diesen gesonderten Bezirk entlang einer Analyse der von den sozialen Akteuren übernommenen Rollen samt der damit verbundenen Erwartungen erhofft, wird laut Fulda enttäuscht. Und zwar deshalb, weil er im Rahmen seiner Betrachtung immer wieder genau das voraussetzen muss, was er sucht. Nämlich das, was die von den sozialen Akteuren blind und mit schlafwandlerischer Sicherheit exekutierten sinnhaften wie normativen Regeln trägt und dabei doch über sie hinausweist (vgl. ebd., 22).

aus ihm ergeben, keinem der Verpflichteten ein Unrecht antun können, so muß das Gesetz dem Vermögen der Willensbestimmung [...] nicht fremd sein, sondern dieser Vernunft von ihr selbst gegeben sein." (ebd., Anm. 25) Denjenigen, die eine kognitive Lesart befürworten, wäre also durchaus zuzustimmen. Gleich im Nachsatz ist allerdings anzufügen, dass „moralisch-praktische Vernunft" [...] ihrem Begriff nach eine durch und durch soziale" (ebd., 26) ist. Die moralischen Verpflichtungen, denen sich die Akteure zum einen selbst, zum anderen wechselseitig unterstellen, weist sie als eine Instanz aus, deren Verwirklichung weniger von einem „einsame[n] Geschäft", denn vom „gemeinschaftliche[n] Vollzug" abhängt (ebd., 26). Jede Selbstverpflichtung kommt einer Anderenverpflichtung gleich. Und zwar gemäß der vollendeten Form des eigenen Wesens, das den Akteuren im anderen gegenübertritt. Diejenigen, die Raskolnikov erwidern, dass die Frage „warum soll ich moralisch sein" falsch gestellt sei, hätten also durchaus Recht. Vorausgesetzt, sie verrechnen am Ende das übersummenhafte ‚Wir' nicht wieder. „Jeder, der es leistet, indem er (für andere wahrnehmbar) eine moralische Forderung erfüllt, fordert damit die anderen auf, es ihm gleichzutun. Alle, die es zustande bringen, kehren aus den faktischen Trennungen und Verschiedenheiten ihrer freien Willkür in einen gemeinsamen Ursprung zurück, der keinen von ihnen vor einem anderen bevorzugt oder hinter ihm zurücksetzt" (ebd., 27). Drängt jedoch nicht auch hier zum Schluss die Frage, nach welchen „Kriterien der Streit" (ebd., 27) entschieden werden soll? D.h., das Problem der Härte, die das Moralgesetz für den einen im Gegensatz zum anderen, etwa aufgrund unterschiedlicher Lebensumstände bedeutet? Prima facie, so Fulda, mag das zutreffen. Auf den zweiten Blick allerdings nicht. Dafür genügt ein Blick auf die eigene „moralisch[e] Entwicklung" (ebd., 27). Darauf also, wie sich die eigene Identität maßgeblich über die Frage ausformt, was die eine Instanz in uns in dieser oder jener konkreten Situation fordert. Vor allem die Moralerziehung sollte also Auskunft darüber geben können, worauf der Begriff der Achtung zielt. „Wer sich zur Idee eines reinen Willens und seiner ‚autonomen', unbedingten Freiheit erhebt oder diese Erhebung bekräftigt, der übersetzt, wenn es berechtigte Reaktionspraktiken seitens anderer gegen ihn gab, diese Praktiken in *selbstbezügliche*, mit denen er – und sei´s dank fremder Hilfe – seine eigene moralische Kultivierung betreibt, während er überdies (durch Bekundung der Bereitschaft, den Forderungen des moralisch-praktischen Gesetzes zu entsprechen) die anderen überdies *auffordert*, desgleichen zu tun." (ebd., 28)

III

Über das Erweckungserlebnis, das ihm die praktische Kritik bedeutet, berichtet Fichte: „Ich lebe in einer neuen Welt, [...] Sätze, von denen ich glaubte, sie seien unumstößlich, sind mir umgestoßen; Dinge, von denen ich glaubte, sie könnten mir nie bewiesen werden, z.B. der Begriff einer absoluten Freiheit, der Pflicht u.s.w., sind mir bewiesen, und ich fühle mich darüber nur um so froher." (Fichte zit. n. Jacobs 2012: 33) Der junge Schelling sekundiert: „Der letzte Punkt, an dem unser ganzes Wissen und die ganze Reihe des Bedingten hängt, muß schlechterdings durch nichts weiter bedingt seyn. Das Ganze unseres Wissens hat keine Haltung, wenn es nicht durch irgend etwas gehalten wird, das sich durch eigene Kraft trägt, und dieß ist nichts, als das durch Freiheit Wirkliche. Der Anfang und das Ende der Philosophie ist – Freiheit!" (Schelling ÜdU: 67) Nur unschwer lassen sich ähnliche Lesererfahrungen auch für die neuhumanistischen Lichtgestalten ermitteln. So beschwört etwa auch Schillers ‚Universalgelehrter' die beiden epochalen Großereignisse der Zeit. Maßgeblich durch Kants dritte Kritik bewegt, lässt derselbe Körner wissen: „Es ist gewiß von keinem sterblichen Menschen kein größeres Wort noch gesprochen worden, als dieses Kantische, was zugleich der Inhalt seiner ganzen Philosophie ist: Bestimme Dich aus Dir selbst." (Schiller zit. n. Safranski 2004: 353) Vor allem bei der jüngeren Generation führt das Interesse allerdings zu immer neuen Begriffsrevisionen. Schreibt der nicht mehr ganz so junge Schulpforta Absolvent, dass es ihm „nicht um Berichtigung und Ergänzung der philosophischen Begriffe, die etwa im Umlaufe sind, mögen sie Anti-Kantisch oder Kantisch heißen" geht, sondern „um ihre gänzliche Ausrottung und die völlige Umkehrung der Denkart über diese Punkte des Nachdenkens" (Fichte Ere: 421), kann er also mit dem Beifall der jungen Tübinger Stiftsgenossen rechnen. Durch Kant wird für diese ein Denkraum aufgestoßen, in dem auch noch die von uns unabhängige Realität, aus dem uns gerade noch begreiflichen unbegreiflichen unseres Selbstseins – ganz so wie das moralische Gesetz – begreiflich wird. „Nur durch dieses Medium des Sittengesetzes", so Fichte konzis, „erblicke ich *mich.*" (Fichte ZwE: 466) ‚*Warum* ich soll' entscheidet sich nicht über meine Fähigkeiten bzw. Möglichkeiten. Im Gegenteil, im Kontext der Selbstthematisierung als moralisch-geistiges Wesen kehrt sich das Verhältnis um: Ich kann, weil ich soll! Danach versieht sich die These vom Bedingtheitscharakter der Freiheit also an dem Umstand, dass das vernünftige Selbstverhältnis des Willens im rätselhaften Grund unseres Selbstseins gründet. Ein Irrtum, für den Kant allerdings mitverantwortlich ist. Denn solange wir über keine Selbstbewusstseinstheorie verfügen, welche die Frage nach unserer Handlungsmotivation über ein uns intrinsisches Identitätsstreben beantwortet, ist kaum einzusehen, wie das Sollen in ein und derselben Bewegung seine Adressaten demütigen und erheben kann. Um also beide Aspekte der Achtung aus ihrer (differenziellen) Mitte fassen zu können, bedarf es konsequenter Umschriften. Warum, das erhellt nach Fulda die kantische Schlusssteinsymbolik.

„Der Begriff der Freiheit, so fern dessen Realität durch ein apodiktisches Gesetz der praktischen Vernunft bewiesen ist, macht nun den *Schlußstein* von dem ganzen Gebäude eines Systems der reinen, selbst der spekulativen, Vernunft aus, und alle anderen Begriffe (die von Gott und Unsterblichkeit), welche, als bloße Ideen, in dieser ohne Haltung bleiben, schließen sich nun an ihn an, und bekommen mit ihm und durch ihn Bestand und objektive Realität." (Kant KpV: 107) Für Hans Friedrich Fulda beantwortet sich die Frage, weshalb die jüngere Generation den Autonomiegedanken bei Kant noch nicht als voll realisiert erachtet, ausdrücklich über diese der praktischen Vernunftkritik vorangestellte Schlusssteinsymbolik. Während Fulda im ersten Teil über den Bedingtheitsdiskurs in den Grundgedanken der kantischen Ethik einführt, wendet er sich im zweiten und dritten Teil seines Aufsatzes *Der Begriff der Freiheit – Schlußstein von dem ganzen Gebäude eines Systems der reinen Vernunft?* den systemimmanenten Gründen für den Übergang zur idealistischen Begriffsform zu. Der Unbedingtheitscharakter des Sollens war es, der über alle in „pragmatische Kontexte" eingelassene Bestimmungsversuche hinauswies. Gleichwohl besteht auch unter kantischen Vorgaben die Möglichkeit von Dissens fort. Jetzt allerdings auf eine Art und Weise, die Raskolnikov wohl kaum noch fürchten muss. „Mit dem hier Vorgebrachten ist natürlich nicht sichergestellt, daß ein moralischer Disput zwischen Beurteilten und einem ihn Beurteilenden allemal zugunsten der Bestätigung moralischer Normen [...] entschieden werden kann. Allenfalls eine systematische *Phänomenologie* der Moralität (im hegelschen Sinne) könnte den Skeptiker in Sachen moralischer Überzeugung [...] aus jedem sophistischen Schlupfwinkel vertreiben [...]. Ohne Frage aber werden die Chancen für eine solche Phänomenologie mit dem Begriff des reinen Willens [...] sehr viel besser als ohne ihn.“ (Fulda 2007: 28)

Damit scheint die gesuchte Minimalvoraussetzung gefunden: Meine dir geltende Reaktionspraktik wird von dir *akzeptiert*, da sie zu deiner moralischen Kultivierung beiträgt. *Respektiert* wird sie von dir hingegen, da die Instanz, auf die sie sich beruft, von uns beiden geteilt wird. „Die Einigung wird dadurch ermöglicht, daß alle verpflichtet sind, selbst an ihrer moralischen Kultivierung zu arbeiten, und jeder den anderen, sollten sie es an der Erfüllung dieser Pflicht fehlen lassen, *nicht* zumutet, sich durch fremde, auf ihrer Besserung ausgehende Hilfe bessern zu lassen, sondern ihnen nur die optimalen Voraussetzungen ihrer moralischen Selbstbildung verschafft. Natürlich mögen wir es mit der Erfüllung unserer Pflichten leichter oder schwerer haben als andere; wir mögen einer dem anderen hier und da in moralischer Selbstbildung ein Stückchen voraus sein. Aber nicht einmal das berechtigt uns moralisch, die anderen mit unseren Reaktionspraktiken bessern zu wollen.“ (ebd., 28) Näher besehen dürfte uns auch diese Einigungsperspektive allerdings nur eine kurze Atempause verschaffen. Nämlich genau solange Raskolnikov nicht das „radikal Böse“ in den Zeugenstand ruft, bzw. theoretische und praktische Vernunft gegeneinander ausspielt. Möglich wäre es, Raskolnikov also noch auf die Baumängel hinzuweisen, welche die Schlusssteinsymbolik betreffen. Spätestens dann wäre es nach Fulda mit der Ruhe vorbei. Der Vernunftkritik zufolge sind für die menschliche Vernunft unauflösliche Fragen undenkbar (vgl. Kant KrV: 481). Darauf insistierte insbesondere Susan Neiman. Rund zehn Jahre später wird die Freiheit von Kant jedoch als „unerforschliche Eigenschaft“ bezeichnet. Davon, dass dem Gebrauch der Willkürfreiheit das moralische Gesetz vorausgeht, so Kant im Kontext seiner moraltheologischen Spekulation, kann sich jeder recht leicht selbst überzeugen. Nämlich, indem er sich die Frage vorlegt, ob es ihm möglich ist, sich gänzlich frei von Gewissenbissen von den eigenen Leidenschaften verführen zu lassen. Nach Kant muss diese Frage aufgrund des tief in uns verankerten Pflichtbewusstseins zwingend verneint werden. Diejenigen, die glauben, mittels physikalischer Weltbeschreibungen („Determinismus") diese unerforschliche Eigenschaft aus der Welt schaffen zu können, sitzen somit einem Irrtum auf. Ganz anders, sieht es hingegen hinsichtlich (substanz-)metaphysischer Einreden („Prädeterminismus") aus. Hier muss wohl konstatiert werden, dass das antinomische Verhältnis von Freiheit und Zwang den Satz rechtfertigt: „Das ists, was man einsehen will, und nie einsehen wird." (Kant RGV: 63) Nach Fulda sind es Zugeständnisse wie diese, die das Gebäude zum Einsturz bringen. „Wenn aber nun eine unbeantwortbare Frage aufkam, mußte dann nicht der Begriff, der uns zu der Frage instand setzte, so revidiert werden, daß die Frage nicht mehr aufkommen konnte." (Fulda 2007: 38) Wovon kritische Anfragen an Kant also im Wesentlichen profitieren, ist, dass sich das sittliche Bewusstsein nur bedingt in dem theoretisch verbrieften Begriff der Kausalität aus Freiheit widerspiegelt.[26] Dieses orientiert sich an drei Elementarbedingungen. Erstens muss die Freiheit von demjenigen, dem sie zukommt [...] gewußt werden." (ebd., 33) Zweitens, über diesen epistemischen Aspekt hinaus entlang der gemeinsamen Zuschreibungspraxis Realität gewinnen und drittens diesbezüglich (metaphysische) Schlupflöcher ausgeschlossen sein (vgl. ebd., 34). Gegen den Hintergrund dieser Lis-

26 Auch aus Sicht von Gerold Prauss passen Sentenzen wie jene, „dass der erste subjektive Grund der Annehmung moralischer Maximen unausforschlich sei" (Kant RGV: 23), nicht so recht zu Kants eigenen Theorievorgaben. Auch für ihn deutet bei einer eingehenden Lektüre der ersten beiden Kritiken – genauer der schon im Kontext der theoretischen verwendeten Ausdrücke der Autonomie und absoluten Spontaneität – alles auf eine vertiefte Analyse der Subjektivität. Wenngleich er auch keine deutlichen Bezüge zu den frühidealistischen Systemkonstruktionen herstellt.„Was also hindert, eben diese als erwiesene Freiheit für die ‚Deduktion' moralischer Verpflichtungen anzusetzen? Denn auch diese ist, was Kant bemerkenswerterweise immer wieder nur von jener sagt, empirisch nicht erkennbar [...], was im Fall von dieser ihn jedoch in keiner Weise daran hindert, sie als ‚deduziertes' Fundament seiner *Kritik der reinen Vernunft* zugrunde zu legen." (Prauss 1996: 271). Kants Insistenz auf den Unterschied zwischen Denken und Erkennen kann nach Pauss also nicht überzeugen. Warum? Weil nur wenig genügt, um den Zirkel aufzudecken, in den er sich damit verstrickt. D.h., Um zu erkennen, dass dessen Theorieanspruch in Richtung einer „für sich selber praktischen Vernunft" vorausdeutet (ebd., 272).

te der Elementarbedingungen entpuppt sich alles, was dem Begriff der Kausalität aus Freiheit vermeintlich an Konkretion zukommt, als Import (vgl. 34). Die theoretische Vernunftperspektive leistet also nicht, was sie verspricht. Stattdessen erscheint sie durch jene (vorrangigen) Aspekte der praktischen Selbstgewissheit ergänzungsbedürftig. In Rücksicht auf das sittliche Bewusstsein hätte also bereits Kant die von ihm der Subjektivität gesetzten Schranken niederreißen müssen. D.h., über das transzendentale Selbstbewusstsein (verschwindende Vermittler) wie das moralische Gesetz (personelle Identität) einen Diskussionsraum eröffnen müssen, innerhalb dessen über eine monistische Vernunftkonzeption gestritten werden kann (vgl. ebd., 34). Quasi noch im gleichen Atemzug konstatiert Fulda jedoch auch bezüglich des Moralgesetzes einen gewissen (phänomenologischen) Nachholbedarf. Auf Folie der angegebenen Elementarbedingungen lässt sich eine Übersetzungslücke zwischen der für unsere reaktiven Einstellungen und Praktiken verbindliche Forderung der Handlungsalternative wie dem Perspektivpunkt der unbedingten Entschließung ausmachen. Die grundsätzliche Regel, die sich die Willkür für ihren Freiheitsgebrauch gibt, zeigt sich durch einen Praxisbezug gekennzeichnet, der nicht bereits durch den ihr zu Grunde gelegten Freiheitsbegriff erschlossen ist. Unsere „Verantwortlichkeitszuschreibungen" (ebd., 35), so Fulda, machen nicht schon „auf der Basis dieses ursprünglichen Freiheitswissens Sinn." (ebd., 35) In diesem Wissen muss vielmehr auch „ein Wissen um bestehende Willkürfreiheit enthalten sein." (ebd., 35)

Gleichwohl rüttelt schon Kant an der Schlusssteinsymbolik. In der Metaphysik der Sitten nähert sich Kant dem Gewissensphänomen über die Metapher der idealischen Person. Obwohl hier zunächst einmal alles nach dem „Purgatorium der Vernunft" klingt, soll durch die idealische Person, die uns im Gewissen gegenübertritt, ein Begriff von Subjektivität vernehmbar werden, der über Kant hinausweist (vgl. ebd., 42).

4. Der Vernunft mit Freuden dienen. Friedrich Schiller als Wegbereiter des deutschen Idealismus

Schiller gilt als Wegbereiter des nachkantischen Idealismus. Dessen Weg führt über Stil und Geschmack. Nicht zuletzt in Reaktion auf die linksrheinischen Ereignisse (Tugendterror).[27] Derselbe verfolgt gleichsam die darstellerischen Mängel praktischer Vernunft, welche im Tugendterror auf drastische Weise offenbar werden. Deutet das Gefühl, das uns beim Blick an das Firmament ebenso wie beim Hören auf die innere Stimme überfällt, nicht darauf, dass „die sinnliche Natur im Sittlichen" nicht „immer nur die unterdrückte Partei", sondern bisweilen auch „die mitwirkende Partei ist?" (Schiller AW: 178) Insbesondere über die Widerspruchsstruktur der Achtung (Einheit differenter) will

27 Während um ihn herum die Preisfrage nach dem ewigen Frieden ausgeschrieben wird (vgl. Ziolkowski 1998: 120), widmet sich Schiller also erst einmal unserer imaginativen Natur. Heute soll (bis auf kleinere Defekte) Entfremdung kein Thema mehr sein. Sich sowohl unter analytischen wie normativen Vorzeichen der „kosmopolitische Blick" (Beck 2004) durchgesetzt haben. Inwiefern der inzwischen ausgerufene „dritte Weg" mit dem „dritten Charakter" (Schiller ÄE: 256), den Schiller avisiert übereinstimmt, könnte also eine Überprüfung unserer Wahrnehmungsfähigkeit ergeben. Schillers (rousseauisch gefärbtes) Sittengemälde, das sowohl die Fortsetzung höfischer Umgangsformen (Heuchelei/ Schmeichelei)) unter kapitalistischen Vorzeichen denunziert, wie auf der anderen Seite revolutionäre Energien unterbindende materielle Not feststellt, legt jedenfalls den Schluss nahe, dass die „Ausbildung des Empfindungsvermögens" (ebd., 272) über den „Blick" entscheidet. Soll heißen, über den angemessen Umgang mit dem Spannungsverhältnis von Authentizität und Autonomie, wie es sich für ihn gegen den Hintergrund der Dialektik der Versachlichung und Vertiefung des Selbst (insbesondere in den Briefen fünf und sechs) abzeichnet.„Und so wird denn allmählich das einzelne konkrete Leben vertilgt, damit das Abstrakt des Ganzen sein dürftiges Dasein friste, und ewig bleibt der Staat seinen Bürgern fremd, weil ihn das Gefühl nirgends findet." (ebd., 265). Sätze, die gegen den Hintergrund der politischen Weichenstellungen durch Reagan und Thatcher gelesen, wohl auch von Amitai Etzionie oder Michael Sandel gegengelesen werden könnten.

derselbe also den Ausgleich zwischen den beiden Ebenen der Moralbegründung herbeiführen. „In der kantischen Moralphilosophie ist die Idee der Pflicht mit einer Härte vorgetragen, die alle Grazien davon zurück schreckt, [...]. Über die Sache selbst kann, nach dem von ihm geführten Beweisen, unter denkenden Köpfen, die überzeugt sein wollen, kein Streit mehr sein, [...]. Aber so rein er bei Untersuchung der Wahrheit zu Werke ging, und so sehr sich hier alles aus bloß objektiven Gründen erklärt, so scheint ihn doch in Darstellung der gefundenen Wahrheit eine mehr subjektive Maxime geleitet zu haben, die, wie ich glaube, aus den Zeitumständen nicht schwer zu erklären ist." (ebd., 176) Schillers Beobachtung nach fliehen die reaktiven Einstellungen also das ihnen durch die kantische Nomenklatur bereitgestellte Prokrustesbett. Inwiefern bewahren sich die sozialen Akteure also auch unter nachsubstanziellen Bedingungen ihren Sinn für das (Kunst-)Schöne; für das Tragische der menschlichen Existenz?

Den diskutierten „Wunschlektüren" zufolge lebt klug, wer die richtige Balance zwischen Spiel und Ernst findet. Wer begriffen hat, dass Gelegenheiten des Spiels dem Ernst der ethischen Verantwortungssituation vorausliegen (vgl. Böhme 1997: 167). Im Kontext der ästhetischen Briefe zur Erziehung begegnet Schiller den kantischen Vernunftdualismen im Lichte der „lebenden Gestalt." (vgl. Schiller ÄE: 58) Den besprochenen Neuakzentuierungen der Autonomieethik dürfte er so womöglich im Lichte der Figur einer ‚leidenden Gestalt' begegnen wollen. Erstens, weil es für ihn nicht zuletzt die Zerrissenheit und die Standhaftigkeit des leidenden Menschen ist, durch welche der Mensch seine Freiheit beweist (vgl. Schiller ÜdP: 205). Zweitens, weil er das kulturanthropologische Begriffspaar (Spiel/Ernst) vor allem rezeptionsästhetisch verwendet. D.h., das darüber explizierte Subjekt aus dem Widerstreit von Sinnlichkeit (ästhetische Schätzung) und Verstand (moralische Schätzung) vermisst, wie er im Medium der Kunst thematisch wird. Dabei sind es für ihn vor allem die klassischen Werke, die mittels ihrer Darstellungen menschlichen Leids Natur und Geist in ihrer Differenz aufzeigen; den Unterschied zwischen bloß möglicher wie wirklicher Freiheit lehren. Insbesondere hier im Umkreis der antiken Produktionen werden die verwickelten Beziehungen zwischen der Moral wie der Einbildungskraft der Anschauung als Material gegeben: „Es ist *Pflicht* für jeden Willen, *so* zu handeln, sobald er ein freier Wille ist; daß es aber überhaupt eine Freiheit des Willens gibt, welche es möglich macht, so zu handeln, dies ist eine *Gunst* der Natur in Rücksicht auf dasjenige Vermögen, welchem Freiheit Bedürfnis ist." (ebd., 217)

Für eifrige Theater- und Museumsbesucher sollen Vernunft und Freude Schillers Programmatik zufolge auf lange Sicht also keine unüberwindlichen Gegensätze bilden. Diese das Spannungsverhältnis von Vernunft*anspruch* (Moralgesetz) und Vernunft*anliegen* (Einbildungskraft) vielmehr sukzessiv harmonisch in ihren Alltag integrieren können. Wenngleich die schöne Seele auch nicht umstandslos mit dem Liebhaber der Weimarer Klassik gleichgesetzt werden sollte. Jene beansprucht eine metaphysische Fluchtpunktperspektive, welche ihre designierte Trägerschicht anscheinend tendenziell über den „Mehrwert" sozialer Distinktion vernachlässigt. Strebt die schöne Seele gleichermaßen nach Anmut und Würde verpflichtet das nach Schiller auf das nur approximativ erreichbare Fernziel der „Charakterschönheit." (Schiller AW: 181). Inwiefern muss das Handeln also auch unter moralischen Gesichtspunkten *gefallen*? Nach Schiller wohl insofern, als unsere Hochachtung nicht zuletzt der „moralisch[en] Kraft" gilt, welche gerade der erniedrigte und gepeinigte Körper auszudrücken vermag (ebd., 187). Mit anderen Worten, nicht zuletzt durch die Physiognomie der leidenden Gestalt dürfte der Zusammenhang zwischen Würdebesitz und Würdedarstellung aufgezeigt werden. „Da aber Züge der Ruhe unter die Züge des Schmerzes gemischt sind, einerlei Ursache aber nicht entgegengesetzte Wirkungen haben kann, so beweist dieser Widerspruch der Züge das Dasein und den Einfluß einer Kraft, die von dem Leiden unabhängig, und den Eindrücken überlegen ist, unter denen wir das Sinnliche erliegen sehen. Und auf diese Art nun wird die Ruhe im Leiden, als worin die Würde eigentlich besteht [...] Ausdruck seiner moralischen Freiheit." (ebd., 187)

4.1 Achtung und Hochachtung

Mittels der feministischen Werte, für welche die schöne Seele steht (Einfühlungsvermögen, Fürsorge, Empfindsamkeit, etc.), wertet also schon Schiller die leibliche Existenz auf. Gleichwohl gilt ihm diese nicht nur als schön. Bezieht sie sich für ihn doch auf die vielschichtigen Korrespondenzbeziehungen, die sich zwischen den ästhetischen Grundbegriffen des Schönen und Erhabenen, wie den lebenspragmatischen Begriffen von Anmut und Würde ausmachen lassen (vgl. Noetzel 2005: 172 f.). Ein „dialektisches Argumentationsgefüge", das den reinen Kunstgenuss so von vornherein verdirbt (ebd., 174). Gleichsam die Komödie freilegt, die sich dahinter verbirgt. D.h., zeigt, inwiefern derselbe ungeschickt ist, um den besitzindividualistischen Hegemonialansprüchen, gegen die er polemisiert, wirklich etwas entgegenzusetzen. (vgl. Schiller AW: 197 f.). Vergleichbares gilt für das Genie. Auch über dessen Verkehrswert sollte das „Argumentationsgefüge" und nicht schon dessen, zugestandenermaßen, imposanten natürlichen Anlagen entscheiden. Was wirklich zählt, so Schiller, ist, was das Genie aus seinem natürlichen Vorteil macht und zwar in praktischer Absicht (vgl. ebd., Anm. 167). Anders gewendet, die ästhetischen Briefe wollen die schönen Künste aus der unrühmlichen Rolle befreien, die sie im Rahmen der menschlichen Zivilisationsgeschichte bisher gespielt haben (gemäß des Drehbuchs von Aufstieg und Fall). Das Schöne als Leitidee soll von seinen empirischen Erscheinungsformen abgehoben werden. Wobei für Schiller diesbezüglich nur zwei Formen in Betracht kommen. Entweder, so derselbe, handelt es sich um kulturelle Ausdrucksformen, in denen ein Ungleichgewicht zwischen Sinnlichkeit und Verstand waltet, oder um solche, die sich insgesamt als unempfänglich für das Verstandesbedürfnis bzw. Vernunftinteresse zeigen. Angesichts dessen dürften jene also vor allem von Werken profitieren, die den verletzten Grenzverlauf thematisieren, wie diese von Werken, die gleichsam die „exzentrische Positionalität" des Menschen (Plessner) in Erinnerung rufen. Gleichwohl soll es dabei wiederum weder der „schmelzenden" noch der „energischen Schönheit" gelingen, durch das von ihnen geschaffene Gegengewicht einen vollständigen Ausgleich herzustellen. Beide sich am Ende als noch allzu sehr in die jeweilige Lebensform verstrickt erweisen, der sie sich entgegenstellen (vgl. Schiller ÄE: 298 ff.). Durch beide somit, je auf ihre Art, die nur approximativ mögliche Annäherung an das Ideal bestätigt werden. Vielleicht mit einer einzigen Ausnahme. Nämlich der Juno Ludovisi. Ihr scheint es vergönnt, die gesuchte Einheit differenter umfänglich auszudrücken. D.h., auf das logische Formular zu verweisen, das für ihn die Liebe bereitstellt. „Es ist weder Anmut noch ist es Würde, was aus dem herrlichen Antlitz einer Juno Ludovisi zu uns spricht; es ist keines von beiden, weil es beides zugleich ist." (ebd., 298)

Gegenüber der energischen Schönheit dürften die Proponenten der „feinen Unterschiede" demnach einen gewissen Nachholbedarf erkennen lassen. Damit wohl auch gegenüber dem individuellen Ausdruck, der Achtung und Hochachtung voneinander scheidet. Hochachtung, so Schiller, empfinden wir für denjenigen, der nicht nur ganz allgemein um die Begründungsfunktion bzw. die Geltungsansprüche des Moralgesetzes weiß, sondern gleichsam naturwüchsig entsprechend handelt. Nicht von ungefähr macht die Liebe so ein „Ingrediens der Hochachtung" aus (ebd., Anm. 193 f.). Anders als auf Ebene der abstrakten Moralbegründung, das also Schillers Beobachtung, zählt für die sozialen Akteure im Rahmen ihrer alltäglichen Urteilspraxis nicht nur der Unterschied zwischen pflichtmäßigen und pflichtgehorsamen Handlungen. In ihrem Rahmen lassen sich vielmehr Nuancen vernehmen, die eine Feinabstimmung erforderlich machen. Feinabstimmungen, in denen sich wiederum Kants vierstufiger Erziehungsplan (Disziplinierung, Kultivierung, Zivilisierung und Moralisierung) brechen könnte (vgl. Kant SzP: 16 f.). D.h., so fraglos sich Würde und Tugend verbinden, wie umgekehrt Neigung und Anmut, hängen Beifall und Tadel nach Schiller nicht zuletzt davon ab, inwiefern die beurteilte Handlung auf eine gewisse charakterliche Unbildung schließen lässt, oder ob durch sie hindurch vielmehr das krumme Holz vernehmbar wird, aus dem wir nach Kant geschnitzt sind: Da, wo es einmal ernst wird, auf spielerische Leichtigkeit zu treffen, so Schiller, verstört uns kaum weniger, als vorgeblicher Ernst, wo bloßes Taktgefühl ausreichen. So erwarten wir also von demjenigen, der gibt, Anmut, wie von demjenigen, dem gegeben wird, Würde; dort den Beleg seiner Größe, indem er sich klein macht; hier den Beweis seiner Freiheit in der Abhängigkeit. (vgl. Schiller AW: 189 f.) Durch die Liebe als lebendigen Widerstreit, da, wie er schreibt, die „höchst[e] Ruhe" und die „höchst[e] Bewegung zueinanderfinden, wird demnach die Achtung um die Hochachtung, die Personenwürde um die Anmut ergänzt. Was zählt, sind also nicht einzelne richtige Handlungen, sondern das Ganze eines sittlichen Lebensgangs. „Indem eine Person spricht, sehen wir zugleich ihre Blicke, ihre Gesichtszüge, ihre Hände, ja oft den ganzen Körper mitsprechen, und der mimische Teil der Unterhaltung wird nicht selten für den beredtsten geachtet." (ebd., 159) Inwiefern nun werden durch Schiller die Weichen für den nachkantischen Idealismus gestellt?

Im Rahmen der kantischen Nomenklatur (Liebespflichten) verschwindet der Andere *als Anderer* hinter dem anonymen Pflichtgehorsam. Ein gegenüber beiden Intentionen der Achtung aufgeschlossenes Formular, scheint Schiller dagegen mit dem Motiv der Liebe bereitzustellen. Durch ihr den Naturprozess (Fortpflanzung) quasi a priori überformendes (und nie restlos in Kultur aufgehendes) Spiel um Ver-, Ent-, und Erfüllung, lässt die Liebe den lebendigen Widerspruch hervortreten, den die Achtung intendiert. So soll also durch die Liebe (wenigstens auf phänomenaler Ebene) der Gegensatz von Sinnlichkeit und Verstand, von Neigung und Pflicht überwunden werden. Wer liebt, erfährt sich zugleich als getrennt wie vereint, zeigt sich durch ein Verlangen ergriffen, welches auf das Selbst in seiner Vermittlung über eine Andersheit vorausdeutet. Verspürt gewissermaßen leibhaftig den innerweltlichen Sitz des Unbedingten und Unendlichen. In der Liebe, so Schiller, ist „das Objekt sinnlich, und das Subjekt die moralische Natur." (Schiller AW: 193 f.) Eine Formel, wonach in der Liebe als „freie Empfindung", „das absolut Große" aufgetan wird. Die Spiegelmetapher scheinbar in ihre Rechte eingesetzt wird. „Liebe ist zugleich das Großmütigste und das Selbstsüchtigste in der Natur; das erste: denn sie empfängt von ihrem Gegenstande nichts, sondern gibt ihm alles, da der reine Geist nur geben, nicht empfangen kann; das zweite; denn es ist immer nur ihr eigenes Selbst, was sie in ihrem Gegenstande sucht und schätzt." (ebd., 194) Nur wenig später könnte allerdings das exzentrische Wesen anklingen, das den moralischen Ernstfall bestimmt. „Der höchste Grad der Anmut ist das *Bezaubernde*; der höchste Grad der Würde die *Majestät*. Bei dem Bezaubernden verlieren wir uns gleichsam selbst, und fließen hinüber in den Gegenstand. Der höchste Genuß der Freiheit grenzt an den völligen Verlust derselben, und die Trunkenheit des Geistes an den Taumel der Sinnenlust. Die Majestät hingegen hält uns ein Gesetz vor, das uns nötigt, in uns selbst zu schauen. Wir schlagen die Augen vor dem gegenwärtigen Gott zu Boden, vergessen alles außer uns, und empfinden nichts als die schwere Bürde unseres eigenen Daseins." (ebd., 196) Für die Freude an der Vernunft, die er durch solche und ähnliche Sentenzen weckt, muss er nach Henrich allerdings den Preis begrifflicher Inkonsistenzen entrichten. Für Henrich wird es gegen den ersten Anschein also erst die jüngere Generation sein, die den Bewegungssinn der Liebe vollumfänglich entfaltet. Wer Schillers wahren Beitrag ermessen möchte, sollte sich so denn auch nicht an dessen eigenen Wortlaut halten. Anders als Schiller selbst glaubt, zielt dessen Rehabilitation des Gefühls in erster Linie nicht auf die Anwendungsschwierigkeiten der Pflicht. Was durch ihn vielmehr erhellt wird, sind die analytischen Problemlagen, welche die idealistischen Systementwürfe motivieren. Schiller zeigt auf, „daß die Fragen, die Kants Ethik unbeantwortet läßt, nicht solche der inneren Konsequenz des Systems sind, daß sie vielmehr über es hinausdrängen. Ihnen allen lag das gleiche Problem zugrunde: Sittliche Phänomene und Grundbegriffe der Kantischen Theorie der Sittlichkeit implizieren eine Einheit von Akten oder Momenten, die Kant nicht erklären kann. So sind Liebespflichten Einheit der Intention auf den Anderen und der Intention auf Pflicht; Achtung ist Einheit von Distanz und Wesensgleichheit; das Sittengesetz ist Einheit von Faktizität und Rationalität.“ (Henrich 2001: 44) Nach Henrich wäre es somit vor allem Schillers (psychologisches) Selbstmissverständnis, das ihn daran hindert, seine eigene Entdeckung in Richtung der idealistischen Ansätze weiterzuverfolgen. Stattdessen sucht er dem positiven Bestimmungsmoment der Achtung auf vermeintlich kantische Art Rechnung zu tragen. Nämlich, indem er die Neigung in die Pflicht hineinträgt. Wer sich mit Schiller freut, soll so zum Schluss also kaum mehr angeben können, wo denn eigentlich die Grenze zwischen Sinnlichkeit und Verstand verläuft. „Die ‚Neigung‘, in der das sittliche Bewußtsein sich mit dem Guten zusammenschließt, kann offenbar nicht in demselben Sinn Neigung genannt werden wie jene, die durch den guten Willen zurückgewiesen wird. Das ist auch Schillers Text selbst zu entnehmen. In ihnen verkehrt sich nämlich die kantische Terminologie schließlich ganz ausdrücklich, wenn Schiller der Vernunft selbst Neigung zuspricht, also Akte, die nach der von ihm anerkannten Lehre Kants nur der Sinnlichkeit zugehören.“ (ebd., 47) Für Henrich kann Schiller also nicht recht überzeugen, insofern er Bestimmungsmomente der Vernunft der Sinnlichkeit vindiziert. Derselbe verkennt die von ihm eigentlich eingeleitete Horizontverschiebung in Richtung der sozio-kulturellen Voraussetzungen, die das moralische Gesetz unausgesprochen macht, und fällt somit zum Schluss wieder hinter Kant zurück. Wäre ihm hingegen selbst deutlicher vor Augen gestanden, dass sein Konzept über Kant hinausdrängt, hätte er für Henrich die geistige Nähe für sich nutzen können, die ihn mit dem jungen Hegel verbindet (vgl. Henrich 2001: 47).

4.1.1 Schönheit in der Bewegung

Eröffnet wird *Anmut und Würde* über die lateinische Fassung der Aphrodite, samt der sie begleitenden „drei Chariten Aglaia (Glanz), Euphrosyne (Frohsinn) und Thaileia (Blüte), die der Idealgöttin Anmut und den Menschen Schönheit und Festesfreude verleihen." (Meyer-Sickendiek 2014: 1) Erscheint die Venus als Sinnbild elitärer göttlicher bzw. natürlicher Gunst (fixe Schönheit), firmieren die Grazien als egalitäre Statthalter der Humanität (bewegliche Schönheit). Den damit eingeschlagenen mythologischen Pfad soll Schiller allerdings bald wieder verlassen. Nämlich dann, wenn „er Mendelssohns Definition der Anmut als ‚Schönheit in der Bewegung' aufgreift." (Thyen 2006: 9) Erwacht Schiller ungefähr zeitgleich mit Fichte aus seinem dogmatischen Schlummer, so ist es für ihn vor allem Kants dritte Kritik, die ihn seine frühere(n) Position(en) überdenken lässt (vgl. Cassirer 1971: 94). Dem zwischen Verstand und Vernunft gelegenen Urteil entlehnt er eine gewisse Annäherung an die Begriffshorizonte von Absicht und Bedeutung. So soll also die Lust bzw. Unlust, die dem sinnlichen Auffassen und Beurteilen anhängt, die Grazien milde stimmen können. Bereits im Vorfeld der dritten Kritik hat Kant sich für den kontrollierten Einsatz teleologischer Prinzipien ausgesprochen. Erklärt, dass ihr Gebrauch der belebten Natur gilt. D.h., insoweit mechanistische Erklärungsansätze in Rücksicht auf die hier beobachtbaren selbstorganisierten Prozesse ergänzungsbedürftig sind; ja, inwiefern wir durch ihren Gebrauch überhaupt erst in eine Position gelangen, aus der sich diese angemessen beschreiben lassen. Hinzu kommt für ihn an der Stelle, dass sich durch ihre regulative Rolle zugleich mystisch-esoterisch Naturkonzepte wirkungsvoll widerlegen lassen. Wenngleich, wie er dabei gleich anfügt, ihre Rolle auch dann noch nur unzureichend begriffen wäre, würde diese allein aus Richtung der unter epistemischen Gesichtspunkten erfolgenden Übertragung der Struktur ziel- bzw. zweckgerichteten Handelns auf organische Naturprodukte interpretiert werden. Was damit unterschlagen würde, wäre, dass sich ihr Einsatz gleichsam dem Letzthorizont praktischer Vernunft verdankt. „Wenn also der Gebrauch des teleologischen Prinzips zur Erklärung der Natur darum, weil es auf empirische Bedingungen eingeschränkt ist, den Urgrund der zweckmäßigen Verbindung niemals vollständig und für alle Zwecke bestimmt genug angeben kann: so muß man dieses dagegen von einer *reinen Zwecklehre* [...] erwarten, deren Prinzip a priori die Beziehung einer Vernunft überhaupt auf das Ganze aller Zwecke enthält und nur praktisch sein kann. Weil aber eine reine praktische Teleologie, d. i. eine Moral, ihre Zwecke in der *Welt* wirklich zu machen bestimmt ist, so wird sie deren *Möglichkeit* in derselben, sowohl was die darin gegebenen *Endursachen* betrifft, als auch die Angemessenheit der obersten *Weltursache* zu einem Ganzen aller Zwecke als Wirkung, mithin sowohl die natürliche *Teleologie*, als auch die Möglichkeit einer Natur überhaupt, d.i. die Transzendentalphilosophie, nicht verabsäumen dürfen, um der praktischen reinen Zwecklehre objektive Realität in Absicht auf die Möglichkeit des Objekts in der Ausübung, nämlich die des Zwecks, den sie als in der Welt zu bewirken vorschreibt, zu sichern." (Kant ÜGTP: 114 f.) Aus Sicht der teleologischen Urteilskraft gibt es also keinen Anlass für übertriebene Skepsis. So sehr die Hoffnung auf eine lückenlose Weltbeschreibung auch trügt (Newton des Grashalms), dürfen wir doch hoffen, dass unser Glück im Plan der Schöpfung enthalten ist. Überlegungen, die Kant zwei Jahre später nun in Beziehung zur ästhetischen Welterschließung setzt. Durch das teleologische Urteil wird jetzt quasi der Ort angegeben, an dem ökologisches und ästhetisches Bewusstsein aufeinandertreffen. Gewissermaßen aufgedeckt, wie der harmonische Aufbau der Natur sich nahtlos an die „Gunst" anfügt, die jene bereits (ungeachtet der Unterscheidung organisch/anorganisch) unter ästhetischen Gesichtspunkten gewährt (Kant KU: 329 f.). Wobei beide Naturverhältnisse wiederum vor dem Hintergrund jener Sinnvermutung verstanden werden müssen, die unausgesprochen die unterschiedlichen Entzauberungssprogramme anleitet. D.h., dem Vorgriff auf das Ganze, der sich für Kant durch Sentenzen wie die „Natur nimmt den kürzesten Weg (lex parsimoniae); sie tut gleichwohl keinen Sprung, weder in der Folge ihrer Veränderungen, noch der Zusammenstellung spezifisch verschiedener Formen (lex continui in natura)" mitteilt (ebd., 91). Kurzum, durch das Hochgefühl, das sich über gelungene Systematisierungsversuche zunächst disparat erscheinender Befunde einstellt; das sich folglich insbesondere der daran anschließenden Motivation entlehnen lässt (vgl. ebd., 97). Durch diese Aspekte wird, verweilt man etwas länger bei ihnen, ein elementares Bedürfnis nach (pragmatischer) Weltorientierung angezeigt; Gott („ein Verstand") gleichsam der Klammer des „als ob" eingetragen (ebd., 89). Gegenüber Forster hat Kant erklärt: „Zwecke haben eine gerade Beziehung auf die Vernunft, sie mag nun fremde, oder unsere eigene sein. Allein um sie auch in fremder Vernunft zu setzen, müssen wir unsere eigene wenigstens als Analogon derselben zu Grunde legen." (Kant ÜGTP: 114) Zwei Jahre später nun bestimmt er das teleologische Urteil näher. Dieses wird gleich dem ästhetischen Urteil als Spielart der für die reflektierende Urteilskraft maßgeblichen Zweckmäßigkeitshypothese ausgewiesen.[28]

Über Geschmack lässt sich für Kant also sehr wohl streiten. Das beweist ihm mitunter der Begriff der „Zweckmäßigkeit ohne Zweck". Diesem Begriff zufolge ist es nicht so sehr die Materialität denn der Formensinn eines Werks, an dem wir Gefallen finden. In der gleichen Bewegung werden für Kant durch den Begriff jedoch auch prominente Positionen widerlegt, die im Lichte der Leitvorstellung der Vollkommenheit über den nach Kant gänzlich leeren Begriff „objektiver Zweckmäßigkeit ohne Zweck" nachdenken. Zwischen dem Schönen und Guten lassen sich danach nur graduelle Unterschiede feststellen. Was von rationalistischer Seite für Kant somit im Wesentlichen verkannt wird, ist, dass ästhetische Urteile auf dem freien Spiel der Erkenntniskräfte beruhen. Was heißt, auf der Lust, die sich mit ihnen

28 Dabei wird „fremde Vernunft" eben auf vergleichbare Weise herangezogen. Wenngleich Kant sich hier auch beeilt, gleich anzufügen: „Nicht, als wenn auf diese Art wirklich ein solcher Verstand angenommen werden müßte." (Kant KU: 89) Noch in der gleichen Untersuchung wird er jedoch auch von einer „Spur" einem „Wink" sprechen, der sich durch die Schönheit der Natur zieht. Auf diese bezogen ihre schonungsbedürftige Seite hervorheben. Noch im gleichen Atemzug, der schönen Seele vor allem eine stille Freude an Waldspaziergängen bescheinigen, die sie in geraden Gegensatz zur ästhetischen Existenz („Virtuosen des Geschmacks") bringt, die den Kunstgenuss bevorzugt (ebd., 231 ff.). Auf diesen vermeintlich verantwortungsentlastenden Aspekt wird zurückzukommen sein.

einstellt. Genau darin ähneln sie dem moralischen Gefühl. Mit dem entscheidenden Unterschied jedoch, dass die Reflexionstätigkeit hier strikt kontemplativ ausgerichtet ist. D.h., ausschließlich darauf aus ist, das unerwartete und erquickende Gleichgewicht der Seelenkräfte aktiv aufrechtzuerhalten. Für keinesfalls inhaltsleer gilt Kant hingegen also die Vorstellung „subjektiver Zweckmäßigkeit". Was durch diese Vorstellung ausgedrückt wird, ist nichts anderes als die Willenshypothese, wie sie im Zusammenhang mit der Verwendung teleologischer Urteile entwickelt wurde. Wobei ihr ästhetischer Gebrauch gerade von der Epoche ihrer regulativen Funktion abhängt. Dem „als ob" eines Sinnganzen, wie Manfred Frank schreibt, das sich doch hartnäckig dem diskursiven Denken entzieht (vgl. Frank 1989: 77). „Die Zweckmäßigkeit kann also ohne Zweck sein, sofern wir die Ursachen dieser Form nicht in einem Willen setzen, aber doch die Erklärung ihrer Möglichkeit, nur indem wir sie von einem Willen ableiten, uns begreiflich machen können. Nun haben wir das, was wir beobachten, nicht immer nötig durch Vernunft [...] einzusehen. Also können wir eine Zweckmäßigkeit der Form nach, auch ohne daß wir einen Zweck [...] zum Grunde legen, wenigstens beobachten, und an Gegenständen, wiewohl nicht anders als durch Reflexion, bemerken." (Kant KU: 135) Die von Kant hier ins Auge gefasste Zweckmäßigkeit verläuft demnach quer zu den interessegeleiteten Ziel- bzw. Zwecksetzungen des niederen und höheren Begehrungsvermögens. Womöglich knüpft Schillers Erziehungsplan genau daran an. Manfred Frank zufolge ist es jedenfalls nicht zuletzt die Zweckmäßigkeit, die der Anmut zu ihrem Begriff verhilft. „Alles Anmutige geschieht mit der Präzision eines wohlangepaßten Werkzeugs, eines Mechanismus also, den keine überflüssige Bewegung von der Hervorbringung seines Effekts abhält; andererseits erscheint dieser Zweck hier als das Werk der Freiheit selbst, nicht des zielblinden Laufs einer Maschine. Er erscheint, so müssen wir sagen, als ob er von einer Freiheit gewollt wäre; denn alles spielt sich in der anmutigen Bewegung so ab, als ob, der Präzision des Ablaufs unerachtet, die vollkommene Unvorhersehbarkeit des folgenden Schritts [...] beachtet wäre [...]." (Frank 1989: 79) Anhand der Anmut wird so wohl auch verständlich, was Kant am Ende der Einleitung der Urteilskraft im Bild der Brücke fasst. Diesem Bild zufolge werden von der reflektierenden Urteilskraft Räume der „Bestimmbarkeit" sondiert, die über den vom Wissen „unbestimmt" gelassenen Bezirken aufgetan werden und in der Moral ihre letztgültigen „Bestimmungen" erfahren. So zum Schluss also doch noch zwischen den Extremen vermittelt (Kant KU: 108). Womöglich gehen diese Konstruktionspläne nicht zuletzt auf den Umgang mit dem anderen Geschlecht zurück. „Aber in der anmutigen Bewegung hört man nicht das Sittengesetz sprechen; und wenn wir der Anmut Freiheit beilegen, so können wir uns nicht auf einen universell gültigen Vernunftbegriff [...] stützen. Unser Gefühl von Freiheit bleibt also unbegründet, d.h. ohne objektive Rechtfertigung [...]. ‚Ohne Zweck' meint: die Zweckmäßigkeit, auf deren Gedanken das Schöne mich bringt, ist als Realität unabweisbar." (Frank 1989: 79) Was also ist falsch an der Rede von Anmut „und" Würde?

Gute Handlungen wollen nicht nur geschätzt werden, sondern auch gefallen. Mitleid, so Wolfgang Welsch, gibt es heute allenfalls noch als telegenes Zitat (vgl. Welsch 2003: 16). Eine Situation, wie sie sich für Schiller offensichtlich noch nicht darstellt. Gleichwohl misstraut auch er dem Mitleid. Wenngleich aus ganz anderen Gründen. Dessen Affektbasiertheit, so erklärt er brieflich gegenüber Körner, überzeugt kaum weniger als nutzenmotivierte Moraleinstellungen. Auf Beifall von Schillers Seite hoffen dürfen einzig und allein Handlungen, die zugleich spontan wie reflektiert sind. Womit ehrenmotivierte oder pflichtbewusste Handlungsweisen für ihn ebenfalls ausscheiden. Wer hilft, muss dies selbstvergessen tun, sich umstandslos für den Nächsten engagieren. Das unterscheidet ihn von altruistischen Akteuren. Wer selbstlos handelt, steht laut Werner Stegmaier im Verdacht, seinesgleichen „unwillkürlich" die „eigenen Vorstellungen von einem guten Leben" (Stegmaier 2000: 81) aufzuzwingen. Nicht so, für Schiller, wer selbstvergessen handelt. Zur Illustration seiner These wählt er eine Abfolge von fünf Szenen. Wobei in allen Szenen ein und dasselbe Verbrechensopfer die Hauptrolle spielt. Dessen Weg wird nun nacheinander von fünf Passanten gekreuzt, die ihm aus den unterschiedlichsten Gründen ihre (barmherzige) Hilfe anbieten. Doch allein die Hilfe des

Letzten gefällt. Nur er handelt zugleich unaufgefordert wie selbstvergessen – nur sein Handeln erscheint frei (vgl. Schiller KB: 407).[29]

Veranschaulicht wird durch diese kurzen Dialogsequenzen, inwiefern der Schritt von der Ästhetik in die Ethik für Schiller kürzer ausfällt, als der von der bloßen physischen Notwendigkeit in den Schein (vgl. ebd., 321). Für Schiller muss auch der ästhetische Weltbezug ganz aus dem Horizont praktischer Vernunft begriffen werden. In Folge dessen die Ähnlichkeitsbeziehung zwischen dem Schönen und Guten, wie Kant sie in der Urteilkraft entworfen hat, überdacht werden. Mit dem Wahren teilt das Schöne die Kategorie (Verstandesbegriff) wie den prädikativen Urteilssatz.[30] Verrät nun aber nicht die Allgemeinheit, Interesselosigkeit, Innerlichkeit und schließlich begriffliche Unausschöpflichkeit, die es mit dem Guten teilt, eine viel stärkere praktische Anbindung? Kein Begriff, so lässt Kant ja selbst wissen, fällt abschüssig genug aus, um unser Freiheitsinteresse befriedigend auszudrücken, so dass die Unbegreiflichkeit des Guten eben nur symbolisch dargestellt werden kann (vgl. Frank 1989: 109 f.). Wie aber ist es in Anbetracht dieser Parallelen um die von Kant dem Schönen zugewiesene Mittelstellung bestellt? Zu seiner über das freie Spiel der Erkenntniskräfte, wie die gesetzmäßige Freiheit hinauszielende Begriffsform gelangt Schiller so nach Frank auf zweifachem Weg. Zum einen, indem er das Naturverhältnis des Menschen reichhaltiger ausgestaltet. Zum anderen über die zusätzlichen Facetten, die er dem Freiheitsbegriff einliest. Folgen wir Frank, dann fügen sich diese allerdings nicht zu einem stimmigen Gesamtbild zusammen. Im Kontext von Schillers Kantre-

29 Dem 26. seiner erzieherischen Briefe zufolge dürfte für Schiller somit nur der letzte Protagonist das Leid sehen. D.h., sich zuvor ausreichend in dem Schein geübt haben, der für ihn über die beiden Fernsinne (Sehen und Hören) aufgetan wird. Deren Ausbildung also maßgeblich mit der Weltdistanzierung einhergeht, die innerhalb der Zivilisationsgeschichte seines Erachtens nach schon früh im Medium des Spiels (Schmuck, Maske und Maskerade) praktiziert wird. So dass also gegenüber denjenigen, die zu Recht die Gefahren einer zunehmend sich ausbreitenden narzisstischen Kultur anmahnen, dennoch die Lust an Formen der Selbstinszenierung verteidigt werden muss (vgl. Schiller ÄE: 334 ff.).

30 Ein Verwandtschaftsverhältnis, das sich nach Frank über den Doppelaspekt von Einbildungskraft und Verstand erläutert. „Im Grund, sagt Kant, handelt sich´s in beiden Fällen [Erkenntnis- und Geschmacksurteil, S.S.] um eine und dieselbe Beziehung, nur einmal betrachtet unterm Gesichtspunkt ihrer Stimmigkeit zum Begriff, das anderemal derjenigen zum Gefühl." (Frank 1989: 91)

zeption ist es vielmehr so, dass aristotelisch grundierte Entelechiemotive ebenso unversehens mit dem Moralgesetz vermengt werden, wie mit einer eher anthropologisch gedeuteten Einbildungskraft. Franks besonderes Augenmerk gilt dabei vor allem der von ihm als „synthetische Freiheit" apostrophierten vierten Facette. Insbesondere diese zielt in Richtung der idealistischen Begriffsformen. Bei Schiller ist da also zunächst „*die der Natur eigene Freiheit* im Sinne der alten Griechen." Dann „*die Freiheit der Einbildungskraft.*" Die „*Freiheit als sittliche Selbstbestimmung*" schließlich mündet in die „*synthetische Freiheit*". „Sie besteht in der freiwilligen Zusammenstimmung, in einem glücklichen Gleichgewichts- oder Indifferenz-Zustand zwischen Sinnlichkeit und Moralität, so, als ob die Natur freiwillig in die Ordnung sich fügte, die die Sittlichkeit verlangen würde. Sie hat nicht den Charakter eines Prinzips, sondern nur einer Synthesis; denn statt die Vereinigung der Opposita von oben zu regeln, muß sie sich damit begnügen, ein stimmiges Verhältnis zwischen beiden zu reflektieren." (Frank 1989: 118) Die Stoßrichtung dieser letzten Facette ist es also, die nach Frank ein wenig überrascht. Die von Schiller avisierte Neigung zur Pflicht gibt vor, strikt aus dem Horizont der kantischen Vorgaben heraus verständlich zu werden. Insbesondere der vierten Facette wäre also zu entlehnen, weshalb die nachkommende Generation über die schöne Seele hinausdrängt. „[E]s mag wohl sein, daß die Freiheit im Sinnlichen ihr eigenes Bild anschaut; nicht aber gilt darum schon, daß die Sinnlichkeit – der Spiegel – selbst mit Haut und Haar die Objektivierung der Freiheit ist. Und das müßte sie, soll mit Recht von einer Selbstvergegenständlichung der Freiheit *im* Sinn und *als* Sinn gesprochen werden können." (ebd., 119) Im Grunde unvereinbar mit Schillers Begriffsform ist also auch für Frank dessen kantische Nomenklatur. Nach Henrich kann Schiller nicht recht überzeugen, weil er Bestimmungsmomente der Vernunft der Sinnlichkeit zuschreibt. Für Frank lässt sich der Sachverhalt demnach auch umgekehrt ausdrücken. Zunächst liest sich die Liebe hinsichtlich der von Schiller intendierten Selbstdarstellung der Vernunft im Sinnlichen als einseitige Angelegenheit. Das wird durch die synthetische Freiheit bezeugt. Gegen den Hintergrund von Henrichs Analyse zeichnet sich zudem ab, inwiefern Schiller im Zuge der von ihm gezogenen Parallele zwischen der Schönheits- wie Liebeserfahrung (Ko-präsenz) Kants asymmetrische Verhältnisbestimmung von Sinnlichkeit und Verstand unterläuft. „Der Vernunft", wie Frank sagt, „eine Neigung, eine Affektion" zuspricht (ebd., 117). Unmittelbar im Anschluss an den zitierten Passus über die synthetische Freiheit lässt derselbe denn auch abschließend wissen: „So bleibt die schöne Seele, die Schiller als Idealzustand von mit Sittlichkeit versöhnter Sinnlichkeit beschwört, beschränkt auf ein quantitatives Gleichgewicht zwischen Vermögen, die an ihnen selbst durch kein inneres Band identifiziert sind." (ebd., 119)

4.1.2 Versöhnung ist mitten im Streit

In den als Frühschriften editierten Veröffentlichungen Hegels lesen wir: „Das Leben sei Verbindung der Verbindung und der Nichtverbindung." (Hegel FS: 422). Um 1800 soll also durch das Leben eingelöst werden, was bei Schiller (und Fichte) nur angelegt ist. Warum aber diese Konzentration auf das Leben? Die Antwort hierauf führt nach Henrich in den Umkreis der „aus platonischen Quellen fließenden Vereinigungsphilosophie." (Henrich 2010: 13) Dessen historischer Rekonstruktion zufolge zeigt sich Hegel aufgrund der erfahrenen disziplinarischen Enge des Stifts von früh an darum bestrebt, im Moralgesetz enthaltene Momente puritanischer Strenge auszusondern. Dabei zählt der Rückgriff auf Rousseaus affektfreundliche Moralauffassung nicht zu den letzten seiner strategischen Mittel (vgl. ebd., 68 f.). Beide Faktoren deuten also auf eine recht liberale Lesart des Moralgesetzes. Diese speist sich nicht zuletzt aus der oben angeführten moraltheologischen Debatte. Genauer, den Konsequenzen, die Hegel aus deren Verlauf zieht. Folgen wir Henrich, dann verfolgt er im Anschluss an die erfolgreiche Gegenoffensive der Orthodoxie (namentlich, Storrs) zwischenzeitlich die Strategie eines Kants ohne Gott. Diese Theorieentscheidung reicht bis in seine Frankfurter Zeit hinein. Folglich bis zu seiner Wiederbegegnung mit Hölderlin. Hier im Umkreis seines ehemaligen Stiftskommilitonen nimmt er nach Henrich an Diskussionen teil, die ihn, zurückgekehrt aus „seiner Berner Einsamkeit" (ebd., 72), an den aktuellen Stand der Kantforschung heranführen. Vermittelt über Hölderlins kritischen Durchgang durch Fichtes Begriffsform gewinnt er in diesem Umkreis Anschluss an subjekttheoretische Überlegungen, die ihn wieder gegenüber der Religion öffnen. D.h., ihm erneut erlauben, Religion im Sinne des republikanischen Sittlichkeitsideals als exponiertes Medium einer höherstufigen Vergesellschaftung aufzufassen (vgl. ebd., 67 u. 70).[31] Durch Henrich wird also ein ganz bestimmter Aspekt der „expressionistischen Wende" (Taylor) in den Vordergrund gerückt. Danach ist es vor allem Johann Gottfried Herder, der sich auf den Wesenscharakter der Liebe versteht. In dessen Denken laufen die vorher einseitig geführten Diskussionen über den zentripetalen und zentrifugalen Richtungssinn der Liebe gewissermaßen zusammen. Derselbe begreift, dass Liebe in ein und derselben Bewegung sowohl Hingabe, Verschmelzung wie auch Selbstsein bedeutet. Mit Herder ließe sich so etwa zeigen, weshalb Schillers frühes Liebestheorem nicht überzeugen kann. In der Theosophie, so Henrich, verkehrt sich der Sinn der Hingabe in die „Ausdehnung des Selbst." (ebd., 15) Wer aber dürfte daran Gefallen finden können? Doch wohl nur, wer sich auch für den hobbs'schen Urzustand erwärmt.

Vor allem jedoch wird über Herder der Zugang zu Friedrich Hölderlin möglich. Mit anderen Worten, Herder benennt für Henrich Problemlagen, die Hölderlin sowohl von seinem eigenen Naturell her wie seiner Lebenslage wohl vertraut sind. Gegen den Hintergrund von Herders „einflußreichen Aufsatz über *Liebe und Selbstheit*" (ebd., 14) wird so einsichtig, weshalb dieser das Leben aus zwei streng einander entgegengesetzten Grundtendenzen heraus begreift; die individuelle Lebensführung auf einer exzentrischen Bahn wähnt. Davon kündet auch Hölderlins Hyperion. Dem Bildungsroman ist also das Problem

31 „Die Religion", so lässt Hegel zu diesem Zeitpunkt wissen, „ist eins mit der Liebe. Der Geliebte ist uns nicht entgegengesetzt, er ist eins mit unserem Wesen; wir sehen nur uns in ihm, und dann ist er doch wieder nicht wir – ein Wunder, das wir nicht zu fassen vermögen." (Hegel FS: 244) Unter dem Einfluss Hölderlins verfasste Zeilen, durch die er demnach wieder zur Volksreligion durchdringt. Sucht er zu diesem Zeitpunkt also noch nicht den personalen Gottesbezug, der sein reifes Denken ausmachen wird, soll sich sein weiterer Reifeprozess laut Henrich gleichwohl von Frankfurt an ohne weitere große Brüche rekonstruieren lassen (vgl. Henrich 2010: 70). Eine Einschätzung, die *Der philosophische Diskurs der Moderne* anscheinend nicht teilt. Im Rahmen seiner Vorlesungsreihe diskutiert Habermas weniger die affirmativen lebensweltlichen Bezüge der Vernunftmoral denn ihr gesellschaftstheoretisches Potenzial. Danach verbraucht sich der anfängliche „Impuls zur Zeitkritik" (Habermas 1988: 33) der hegelschen Begriffsform sukzessiv im Zuge der inneren Kohärenz ihres Systems.

zu entlehnen, wie die „Beziehung auf sich“ so gedacht werden kann, „daß sie zugleich den Gedanken einer Beziehung auf andere einschließt.“ (ebd., 16) Eine Aufgabe, die demnach auf Hölderlins Erfahrungshorizont verweist. Zugleich gibt sich der Roman damit jedoch auch als Frucht dessen Fichte-Begeisterung zu erkennen. Spricht derselbe voller Hochachtung von Fichte als der Seele von Jena, dann insbesondere aufgrund des logischen Formulars, das er dessen Subjektanalyse entlehnt. Hölderlins Begeisterung verdankt sich also weniger der konsequenzlogischen Beweisführung Fichtes, denn den begrifflichen Mitteln, die derselbe für eine angemessene Interpretation der Liebe bereitstellen soll. So spiegelt sich in Hölderlins Fichterezeption gewissermaßen Hegels Umgang mit Kant. Für diesen zählte ja von Beginn an in erster Linie der „Appel zur Freiheit und Spontaneität des Handelns“ (ebd., 68) und nicht etwa die Strenge der „Gesetzesethik.“ (ebd., 68) Was Hegel in Frankfurt über Fichte lernt, sollte nach Henrich, mit anderen Worten, immer vor dem Hintergrund der in an diesem Umkreis maßgeblichen ursprungsphilosophischen Ausgangsüberlegungen bewertet werden. Nur so dürfte sich der Abstand zwischen den beiden Freunden ermessen lassen. D.h., sich im Hinblick auf Hegels weitere Entwicklung zeigen, inwieweit die Begriffe Liebe, Leben und Geist sich bruchlos auseinander ableiten lassen; gleichsam aus beständig sich vertiefenden produktiven Missverständnisse hervorgehen. „So zeigt sich also Hegels Unselbstständigkeit gegen Hölderlin darin, daß er eine seiner wichtigsten Absichten beim Überschritt über Kant und Fichte mißkannte. Eigentümlicherweise war aber gerade diese Verkürzung die Bedingung der Möglichkeit von Hegels Entwicklung zum eigenen. Man kann ganz abstrakt sagen wieso: Hegel mußte auf Dauer alle die Strukturen, die Hölderlin aus dem ursprünglichen Sein verstand, als Weisen des Bezogenseins derer auffassen, die sich vereinigen.“ (ebd., 29) Ungeachtet ihrer Differenzen setzen beide Freunde also auf Fichtes Theorieentscheidung. In dessen praktische Wissenschaftslehre, so Henrich, kulminiert gleichsam die systematische Neuordnung der ethischen Grundbegriffe (Wille, Freiheit und Begehrungsvermögen), die mit Reinhold einsetzt (vgl. Henrich 2001: 42 f.). Für Kant gibt es ein Ich, das handelt. Anders für Fichte. Dessen Willensauffassung orientiert sich weniger an einzelnen sittlichen Handlungen, denn an der spekulativen Identität des Ich. Auf Höhe der Wissenschaftslehre ist das Ich so nur noch in und durch seine Handlungsvollzüge fassbar. Fichte begreift den Widerstreit von Gefühl und Vernunft, der sich durch die Zerrissenheit hinsichtlich der singulären Forderung des Nächsten wie der universalen Moralvorschrift ebenso äußert, wie durch die Dezentrierung des Ich („Distanz und Wesensgleichheit"), welche die Achtung nicht weniger als der Befehl („Faktizität und Rationalität") abverlangt, aus dem praktischen Richtungssinn der irreduziblen Selbstevidenz des Ich bin; dem Leitgedanken steter Identität (vgl. Henrich 2001: 50 f.). Was also lehrt die über Fichtes deduktive Beweisführung einsetzende Kontroverse? Demnach, dass der Streit der Extreme zwar unvermeidbar, jedoch keinesfalls unversöhnlich ist (vgl. ebd., 52). Womöglich hatte also bereits Fichtes im Ausgang der kantischen Vernunftantinomien entwickelter Gegenentwurf das Ende des Hyperion im Sinn? Beide Analysen lassen jedenfalls erahnen, woran es der Liebe als „freier Empfindung" mangelt. Inwiefern also die ästhetische Erziehung zwar mit der Versöhnung mitten im Streit liebäugelt, darüber jedoch buchstäblich die Distinktionsgewinne der Kritiken wieder verspielt.

Zu einer ähnlichen Einschätzung gelangt auch Manfred Frank. Wenngleich auch stärker unter ästhetischen Vorzeichen.

5. Hegels Einwände gegen das moralische Sollen

Einem ersten Vogelflug angemessen sein dürfte die Bilanzierung, die Horstmann im Rahmen seiner Antrittsvorlesung an der Berliner Humboldtuniversität (1996) vorgelegt hat. Auf der Sollseite verbucht der nachkantische Idealismus danach die Erfolgsmeldung noch zu Lebzeiten seiner drei Hauptrepräsentanten, die Weichen für den philosophischen Diskurs der Moderne zu stellen. Zu diesem Erfolg, der sich an illustren Namen ablesen lässt (etwa den Hegelantipoden Feuerbach, Marx, Kierkegaard), gesellen sich noch beachtliche wissenschaftstheoretische und kulturpolitische Langzeitwirkungen. So sollte kaum eine Wissenschaftsentwicklung aus dem neunzehnten Jahrhundert dessen Einfluss verhehlen können (vgl. Horstmann 1996: 2 f.). Und doch finden sich auch auf der Habenseite Einträge. Was hier aufgelistet wird, hört gleichsam auf den „Schlachtruf" „‚Zurück zu Kant'." (ebd., 4) Wer sich in diesem Sinne angesprochen fühlt, soll insgeheim als Rechtsquelle den Tübinger Privatdozenten Otto Liebmann aufrufen. Auf diesen heute weitestgehend in Vergessenheit geratenen Kopf, den wir „zurecht als Initiator des sog. ‚Neukantianismus' ansehen" können (ebd., 4), demnach ein Großteil der schlechten Presse zurückgeht, welche die junge Generation bis heute auf sich zieht. Durch dessen Aufsatz *Kant und die Epigonen* (1865), so Horstmann, wurde ein Diskursraum geschaffen, innerhalb dessen es kaum wirklich zum Dialog kommen kann. Dabei basiert Liebmanns gesamte Argumentation auf einer zunächst harmlos wirkenden These: „die Deutschen Idealisten [haben, S.S.] philosophisch dasselbe gewollt wie Kant." (ebd., 5) Liebmann kehrt also einfach die idealistische Grundannahme um. Nur wenig soll jedoch genügen, um zu sehen, dass dadurch ein wirklicher Austausch vereitelt wird. Denn en passant werden jene damit auf einen Bezugsrahmen verpflichtet, den sie ausdrücklich ablehnen. Liebmann ist also nicht wirklich gewillt, sich auf ein Denken einzulassen, das die festgewordenen Gegensätze verflüssigen will. Was die junge Generation als Desiderat erachtet, erscheint der reifen demzufolge als adoleszente

Grille. Sollte sich also zeigen lassen, dass die von ihnen beigefügten Vordersätze sich wirklich in das kantische Vernunftgebäude einfügen lassen, erscheinen sie als bloße Epigonen. Drohen ihre Denkeinsätze hinwiederum, das von ihm errichtete Gebäude einzureißen, ist die diskurspolizeiliche Diagnose schnell bei der Hand. „Sollte sich herausstellen, daß gerade die Abkehr von oder der Aufstand gegen Rationalitätsstandards à la Kant das Unternehmen ‚Deutscher Idealismus' geradezu definiert, dann liegt es nahe diesem Unternehmen Irrationalismus und Unphilosophie zu unterstellen." (ebd., 6)

Ein echtes Gespräch wäre also Desiderat: „[w]as wollte Kant"; „was wollten die Deutschen Idealisten." (ebd., 6) Um überhaupt in den Umkreis der anspruchsvollen Frage zu gelangen, schlägt Horstmann vorbereitende Schritte vor. D.h., worum es zunächst gehen sollte, ist herauszufinden, „was [...] die Deutschen Idealisten [dachten; S.S.], was Kant wollte, und wie [...] sie ihre eigenen Entwürfe in Beziehung auf das, was sie für das Kantische Projekt gehalten haben [situierten; S.S.]." (ebd., 6) Laut Horstmann gilt ihnen Kant vor allem als „Philosoph der Einheit." (ebd., 6) Darüber hinaus als maßgebliche Adresse für die (entzweite) Moderne. Nähert man sich dem Kritizismus unter dem Gesichtspunkt „einheitliches Weltbild" (ebd., 7), wird danach zweierlei ausgedrückt. Erstens, eine epistemische Grundlegung mit sowohl überindividuellen wie kulturübergreifenden Geltungsansprüchen. Zweitens, die „Einheit des Subjekts" (ebd., 7). Beides dabei aus der Perspektive einer akribischen Ethik des Begriffs vorgetragen. Im Sinne der angedachten Perspektivenübernahme zu rekonstruieren wären die spekulativen Neuentwürfe der Einheit demnach gegen den Hintergrund dessen konziser Beweisführung. „Kants Projekt einer Philosophie der Einheit [ist, S.S.] nicht deshalb gescheitert, weil er die ihm zur Verfügung stehenden konzeptuellen und methodischen Ressourcen nicht optimal ausgenutzt habe, sondern daß er, obwohl er von den ihm zu Gebote stehenden Mitteln den denkbar besten Gebrauch gemacht hat, mit seinem Projekt gescheitert ist." (ebd., 10) Die Freiheit, die er aufzeigt, wird von ihm also auch gleich wieder verstellt. Mit teilweise befremdlichen Effekten. Oder wie anders ist die wahrheitsgetreue Auskunftspflicht noch gegenüber Fremden mit kriminellen Absichten zu erklären? Für einschlägig gelten in diesem Zusammenhang Hegels Einwände gegen das moralische Sollen.

5.1 Zufälliges aber in der Sittlichkeit ist unsittlich

In der kantischen Verfahrensethik gipfelt nicht für wenige Interpreten das aufklärungshumanistische Denken auf. Der Weg dieser Denkform führt demnach „from substance to procedure, from found to constructed orders." (Taylor 1989: 156) Unmittelbar entlehnt könnte diese Formel Hegels Aufsatz *Über die wissenschaftliche Behandlungsart des Naturrechts* (1802) sein. Im Rahmen der Naturrechtsdebatte, so derselbe, werden Tatsachen- und Wertaussagen notorisch miteinander vermengt. Die von den verschiedenen Autoren als Bewegungsgesetze des Sozialen identifizierten anthropologischen Grundbestimmungen (wahlweise Selbsterhaltung/Geselligkeit, Liebe/Hass etc.) in Begriffsform fixiert. Der soziale Zusammenhalt somit jeweils von einer Größe abhängig gemacht und nach Maßgabe naturwissenschaftlicher Leitvorgaben (re-)konstruiert. Dass die damit verbundene Unterordnung konkurrierender Praxisaspekte unter das jeweils dominierende Prinzip (Gesetze, Grundsätze oder Pflichten) eine nicht enden wollende Debatte über die Gültigkeit der Analysen nach sich zieht, sollte so kaum überraschen. Sowenig im Sensualismus die Sinnlichkeit gefeiert wird, wird hier also die Natur geehrt. Inwiefern sich die jeweiligen durchgesiebten Herzenswünsche (frei nach Nietzsche) der einzelnen Autoren als wahre Quelle ihrer Entwürfe erweisen, belegen dabei insbesondere die Übergangsszenarien. Mit anderen Worten, das hier die Verstandestätigkeit dominiert, verrät Hegel nicht erst der Vertragsschluss am Ende. Schon der die Ausgangssituation charakterisierende Gegensatz von Natur und Kultur, lassen für ihn vielmehr einen gesellschaftlichen Umgang im Zeichen des episodischen Glücks (Eigentum, Egoismus und Nutzen) erwarten. Verkehrsformen also, die im Wesentlichen dem physikalischen Modell von akkumulierenden und aggregierenden Zuständen nachempfunden sind. Unter die gesellschaftlichen Verhältnisse, wie Hegel schreibt, „den leeren Namen einer formlosen und äußeren Harmonie" setzen. (Hegel WBN: 447) Erreicht wird hier also eine gesellschaftliche Kohäsion, wie sie nicht zuletzt das besitzindividualistische Interesse anstrebt. Gleichwohl äußert sich auch hier das Absolute. Wenngleich durch ein „trübe[s] Medium." (ebd., 442) Wird im Rahmen ihrer Projektionen das aposteriorische regelmäßig zum aposteriorischen stilisiert, ist es also an praktischer Vernunft beide Register klar auseinanderzuhalten. Indem er die Vernunft halbiert, gelangt Kant aus Sicht Hegels also über die Inkonsequenzen des anthropologisch fundierten Naturrechts hinaus. Nicht ganz frei von Ironie dürfte in Bezug auf das Beispiel von Wolf und Wollaston so die nun an Kant ergehende Kritik sein. Wäre das sittliche Bewusstsein nicht bereits vorher darüber verständigt, was gut und was schlecht ist, erzeugte auch das Moralgesetz laut Hegel kaum nennenswerte Resonanzen. Anders als die Proponenten des Naturrechts soll Kant allerdings bereits wollen, was er will. Hätte derselbe die Logik des Sozialen also nicht mit logischer Pünktlichkeit verwechselt, wäre ihm das Überflüssige seines Prüfverfahrens schon selbst aufgefallen. So aber wird das vernünftige Allgemeine unter abstrakte Verstandesbestimmungen gebracht. D.h., einer monologischen Vernunftkonzeption das Wort geredet, die hinter das tatsächliche sittliche Bewusstsein zurückfällt und das mit kontraintuitiven Konsequenzen. Praktische Vernunft „ist es gerade, durch welche das Wesen der Sittlichkeit unmittelbar aufgehoben wird, indem sie das, was sittlich notwendig ist, dadurch, daß sie es in dem Gegensatz gegen anderes erscheinen läßt, zu einem Zufälligen macht, Zufälliges aber in der Sittlichkeit [...] ist unsittlich.“ (ebd., 467) Besonders deutlich wird dieses Selbstdementi praktischer Vernunft für ihn am Beispiel der Pflichten gegenüber anderen. Nehmen wir die Pflicht, Armen zu helfen. Wird den Armen immer und überall geholfen, widerstreitet das der Pflicht, insofern Armut dadurch de facto abgeschafft wird. Wird um der Pflicht willen die Armut hingegen aufrechterhalten, widerstreitet das der Pflicht kaum weniger. „Der Inhalt der Maxime, welcher das Aufheben einer Bestimmtheit ist, in den Begriff erhoben widerspricht sich selbst; wird die Bestimmtheit als aufgehoben gedacht, so fällt das Aufheben derselben weg; oder aber diese Bestimmtheit soll bleiben, so ist wieder das in der Maxime gesetzte Aufheben nicht gesetzt; und die Bestimmtheit mag also bleiben oder nicht, so ist in keinem Falle ihr Aufheben möglich.“ (ebd., 465) Vergleichbares gilt der Phänomenologie des Geistes zufolge für die Nächstenliebe. Soll das Gebot mehr als nur feiertägliche Sonntagsreden stipulieren, wird schnell einsichtig, dass staatlich-organisierte Wohlfahrt hier mehr ausrichtet als der aufopferungsvolle Einsatz Einzelner. Erstens. Zweitens, dass in solchen Fällen der Hilfe, die sich somit als „Nothilfe“ hervortut, Glück und Zufall viel stärker über den Ausgang des Geschehens entscheiden, denn die dem Geist der Nächstenliebe entsprechende staatliche Effizienz (vgl. Hegel PhG: 314 f.). Beiden Beispielen zufolge intonieren also schon Wolf und Wollaston den dekontextualisierten Maßstab, über den sich die Phänomenologie in nahezu unveränderter Form äußert. D.h., wer das Sollen hinsichtlich der Güte von Eigentum um Rat befragt, wird dem Naturrechtsaufsatz gemäß auch hier darüber zum Wendehals. Sieht sich in die missliche Lage versetzt, sowohl gute Gründe für als auch gegen die Eigentümergesellschaft anführen zu können. Denn solange die Frage nach Eigentum aus allen konkreten Bezügen herausgelöst wird, was heißt, über dessen Wert bzw. Unwert allein der „formal[e] Gedanke" (ebd., 317) entscheidet, erscheinen beide Positionen gleich plausibel. Das Problem mit dem Sollen wäre also, dass es pragmatischen Kontexten entflieht, bzw. nicht zu ihnen zurückfindet. Dieses weicht vielmehr vor der Einzelheit und Zufälligkeit zurück, die echte Handlungen ausmacht. Solchermaßen zum „allgemein Besten" ermäßigt, soll sich das Gute also an die prozedurale Ethik gewöhnen. Was sich hinter diesem Gewöhnungsprozess verbirgt, wird nach Hegel jedoch über den Vollzugscharakter des Handelns offenbar, der gleichsam a priori den Gesetzestext provoziert. Insgeheim weiß das Moralgesetz gewissermaßen um sein eigenes Selbstdementi. „Weil das allgemeine Beste ausgeführt werden soll, wird nichts Gutes getan. In der Tat aber ist die *Nichtigkeit* des wirklichen Handelns, und die *Realität* nur des *ganzen* Zwecks, die jetzt aufgestellt sind, nach allen Seiten auch wieder verstellt. Die moralische Handlung ist nicht etwas Zufälliges und Beschränktes, denn sie hat die reine *Pflicht* zu ihrem Wesen; diese macht den *einzigen ganzen* Zweck aus, und die Handlung also als Verwirklichung desselben ist bei aller sonstigen Beschränkung des Inhalts die Vollbringung des ganzen Zwecks. Oder wenn wieder die Wirklichkeit als Natur, die ihre *eigenen* Gesetze hat und der reinen Pflicht entgegengesetzt ist, genommen wird, so dass also die Pflicht ihr Gesetz nicht in ihr realisieren kann, so ist es, indem die Pflicht als solche das Wesen ist, in der Tat *nicht um die Vollbringung* der reinen Pflicht, welche der ganze Zweck ist, zu tun; denn die Vollbringung hätte vielmehr nicht die reine Pflicht, sondern das ihr Entgegengesetzte, die *Wirklichkeit* zum Zwecke. Aber daß es nicht um die Wirklichkeit zu tun sei, ist wieder verstellt." (ebd., 455)

5.1.1 Selbstbewusste Sinnlichkeit

Auch Kants reife Begriffsform ist demnach nicht ganz frei von Techniken der Selbstüberredung. Die Seelenschönheit der fünften Handlung beruhte darauf, dass in ihr die Sinnlichkeit rehabilitiert erschien. In ihr das Gesollte als gewünscht und gewollt auffiel. Sie im Betrachter somit den Eindruck hinterließ, als wäre in ihr die vertikale Spannung überwunden, die das moralische Sollen erzeugt. Durch ihr Tun also der Unterschied zwischen „erhaben Wollen" und „edel Begehren" ebenso klar aufgezeigt, wie der Sinn von Waldspaziergängen wie Galeriebesuchen benannt (vgl. Schiller KB: 324). Nichtsdestotrotz scheint auch die fünfte Handlung über die fortgesetzten Verstellungen hinwegzusehen, die nach Ansicht der Phänomenologie zum Betriebsgeheimnis des moralischen Sollens gehören. Winkelzüge, die gleichermaßen dessen Gerechtigkeitssinn wie auch dessen anthropologische Fluchtpunktperspektive betreffen (vgl. Hegel PhG: 447). Nach Hegel kommt damit hinter dessen barocken Fassade eine Unruhe zum Vorschein, die gleichsam Wahrnehmungsqualitäten aufweist. Wobei von dieser ebenso heimlichen wie progressiven Rolle des „Auch", anscheinend auch das (episodische) Glück profitiert. Stellt man wie Hegel den Vollzugscharakter allen Handelns in Rechnung, dann zeigt sich, wie durch die kantische Moralbegründung hindurch unaufhörlich Widerspruchslagen prozessiert werden. Bereits die Willensbestimmungen der moralischen Akteure gehen mit einer Folgenorientierung einher, die der reinen Gesinnung widerstreiten. Aus handlungstheoretischer Perspektive zeigt sich nach Ansicht Hegels also, inwiefern auch ihre außergewöhnlichen Handlungsvollzüge, gewöhnlichen ziel- und zweckgerichteten Handlungen vergleichbar, nach entsprechender Resonanz verlangen; inwiefern auch der einsame Willensentschluss auf einen gewissen Selbstgenuss aus ist. Gegen den Hintergrund der Verwirklichungstendenz der Handlung betrachtet, kann auch das moralische Sollen nicht länger abstreiten, dass es ein viel engeres Band zwischen Glück und Tugend knüpft, als es selbst eingesteht. Es sei denn, es wollte die Individuierung, die im Handeln geschieht, gleich mit bestreiten (vgl. ebd., 454). Aus Sicht der Phänomenologie wird die Kluft zwischen Sollen und Sein damit gewissermaßen als Fabel lesbar, die der Handlungsmotivation dient. „Und indem um des Handelns willen die Harmonie postuliert wird – was nämlich durch das Handeln *wirklich* werden soll, muß an sich so sein, sonst wäre die Wirklichkeit nicht *möglich* –, so ist der Zusammenhang des Handelns und des Postulats so beschaffen, daß um des Handelns, d.h. um der *wirklichen* Harmonie des Zwecks und der Wirklichkeit willen diese Harmonie als *nicht wirklich*, als *jenseits* gesetzt wird." (ebd., 454 f.)

Wie gezeigt, soll das Moralgesetz den einzelnen Willen auf Kosten der gegebenen (vernünftigen) lebensweltlichen Strukturen in den Stand der Allgemeinheit erheben. In Folge dessen die lebensweltlichen Bezüge überfliegen, in die es auch weiterhin eingebunden bleibt. Gewissermaßen in Verlängerung dieses Arguments wird anscheinend jedoch auch die Doppelbindung sichtbar, in die es seine Adressaten verstrickt. Aus Perspektive des höchsten Guts wird von diesen quasi in ein und derselben Bewegung verlangt, den Vereinigungspunkt beider Extreme aktiv herbeizuführen, wie ihn gleichzeitig auf den St. Nimmerleinstag aufzuschieben. Angesichts dessen lässt sich dieses Achsenverhältnis für Hegel wie folgt resümieren: „Stellen wir diese Momente, durch die das Bewußtsein sich in seinem moralischen Vorstellen fortwälzte, zusammen, so erhellt, daß es jedes wieder in seinem Gegenteile aufhebt. Es geht davon aus, daß *für es* die Moralität und Wirklichkeit nicht harmoniere, aber es ist ihm damit nicht Ernst, denn in der Handlung ist *für es* die Gegenwart dieser Harmonie. Es ist ihm aber auch mit diesem *Handeln*, da es etwas Einzelnes ist, nicht ernst; denn es hat einen so hohen Zweck, *das höchste Gut*. Dies ist aber wieder nur eine Verstellung der Sache, denn darin fiele alles Handeln und alle Moralität hinweg. Oder es ist ihm eigentlich mit dem *moralischen* Handeln nicht Ernst, sondern das Wünschenswerteste, Absolute ist, daß das höchste Gut ausgeführt und das moralische Handeln überflüssig wäre." (ebd., 456) Dieser Zustand hält allerdings nur so lange an, wie die Trennlinie missachtet wird, die darüber zugleich gezogen wird. Aus Sicht Hegels müsste Stocker nachlegen. Soll heißen, das moralische Sollen klar vom Gewissen abheben. Dessen Rückzug in die pure Innerlichkeit entziffert die Phänomenologie als Antwort auf die Ohnmachtserfahrung des Sollens. Durch das Gewissen werden Erfahrungsgehalte bezeichnet, die sich nicht zuletzt den Liebespflichten bzw. Fällen der Pflichtenkollision verdanken. Situationen also, da das sittliche Bewusstsein die schmerzliche Erfahrung macht, dass seine vielschichtigen und teils sich widerstreitenden Grundintuitionen die prozedurale Ethik einer harten Bewährungsprobe aussetzen; in denen es gleichsam erlebt, dass dessen vertikales Selbstkonzept den Blick auf die real gegeben Verantwortungslasten eher verstellt, denn erhellt. Jeder Fall, so Hegel, „ist die Konkretion vieler moralischer Beziehungen, wie ein Gegenstand der Wahrnehmung überhaupt ein Ding von vielen Eigenschaften ist.“ (ebd., 462) Expliziert wird das „auch“ von Hegel in diesem Kontext jedoch zuvor über die Verendlichung, der Gott durch das Moralgesetz anheimfällt. Was Gott zunächst auszeichnet, ist die Eigenschaft einer gänzlich von Affektlagen befreiten Selbstbezüglichkeit. Diese Eigenschaft widerstreitet näher besehen jedoch der ihm eingeräumten regulativen Funktion. Mehr noch wird durch diese jedoch der dialektische Umschlag in Richtung des Gewissensphänomens vorbereitet. So kommt hinter dem Vernunftglauben gewissermaßen folgende Bewegung zum Vorschein: „In diesem rein moralischen Wesen aber nähern sich die Momente des Widerspruchs, in welchem dies synthetische Vorstellen sich herumtreibt, und die entgegengesetzten *Auchs*, die es, ohne diese seine Gedanken, zusammenzubringen, aufeinanderfolgen und ein Gegenteil immer durch das andere ablösen läßt, so sehr, daß das Bewußtsein hier seine moralische Weltanschauung aufgeben und in sich zurückfliehen muß.“ (ebd., 462) Was für Gott galt, gilt demnach auch für die Seele. Nur dass jetzt der Fokus auf der sozialen Praxis liegt. In Rücksicht auf das Verantwortlichkeitsbewusstsein sich hier also ein gewisser Abstand gegenüber der ihr vorbehaltenen Leitfunktion einstellt. D.h., gegenüber einer aus dem Horizont (schlechter) Unendlichkeit erfolgenden Selbstthematisierung (unvollendetes/vollendetes Bewusstsein), die, je mehr sie in ihrer Widersprüchlichkeit erfahren wird, a) zunehmend als unaufrichtig erlebt wird und b) darüber schließlich für eine erneute Vertiefung des Selbst sorgt. (vgl. ebd., 463)

Krönt Gott demnach die Achse des principiuum executionis, sollte der Beifall, der Schillers Protagonist gebührt, also kein Gefallen an einseitig fixierten Willensbestimmungen finden. Ähnlich den im höchsten Gut aufgipfelnden Begriffen von Tugend und Glück, hängt auch für das Begriffspaar von Pflicht und Neigung nach Hegel alles davon ab, dass es dessen Adressaten nicht allzu ernst mit der ihnen verbrieften doppelten Staatsbürgerschaft nehmen. Denn wäre das Reich der Zwecke wirklich nicht durch das Reich der Mittel erreichbar, bliebe alle handlungsmotivierende Kraft unerklärlich. Der Phänomenologie zufolge bildet somit „das sich verwirklichende Selbstbewußtsein" (ebd., 457) die „Mitte" (ebd., 457), die Pflicht und Neigung zusammenschließt und dabei, weil sich nur so die Ambivalenz der Selbstbestimmung überzeugend im Sinne der Sollensforderung interpretieren lässt, doch im Geheimen operieren muss. Dessen Autorität würde also schwinden, sobald sich die Akteure gegenüber dem Eigensinn ihres Wünschens und Wollens öffnen. Denn unter der Voraussetzung dürften die mit dem Moralgesetz verbundenen Distinktionsgewinne kaum mehr als plausibel durchgehen können. Gelangten beide Narrative also wirklich einmal zur Deckung, zeitigte dies kontraintuitive Konsequenzen. „Denn indem diese ihre eigene feste Bestimmtheit und eigentümlichen Inhalt haben, so wäre vielmehr das Bewußtsein, dem sie gemäß wären, ihnen gemäß." (ebd., 457) Anders formuliert, dass für Kant die darin anklingende Alternative, Pflicht als leibgewordene Geschichte („die gegenwärtige Harmonie des Triebs und der Moralität") aufzufassen, ausgeschlossen ist, verrät mitunter auch dessen Umgang mit dem Bösen. Wer über das Böse nachdenkt, muss auch das Laster (Neid, Missgunst und Ressentiment), das der erhofften Eintracht von Tugend und Glück notorisch im Wege steht, stärker mit einbeziehen. Schließlich speist sich die Fluchtpunktperspektive ja nicht zuletzt aus dem protestantischen Zug der Glückswürdigkeit. Von Gnade zu sprechen macht allerdings nur dann Sinn, wenn dieses Glück auch einigen zu Teil wird. Wenn mit dem unergründlichen Wahlentscheid folglich der Zufall und nicht etwa das Intelligible über den normativen Diskurs wacht. So lässt sich dem Beweisgang der Phänomenologie zufolge also aus der Gewissensperspektive die durch das Moralgesetz in „neblig[e] Ferne" (ebd., 458) gerückte „selbstbewußte Sinnlichkeit" wieder zurückgewinnen.[32]

32 Erkundet Charles Taylor die moderne Identität wiederholt über die Wegmarken „inneres Selbst", „distanziertes Subjekt", „Aufwertung und Bejahung des Alltagslebens" (worunter im Wesentlichen auch die ästhetische Umstellung von *Mimesis* auf *Poesis* zählt) (vgl. Taylor 2002: 218 ff.), schließt das mitunter auch ein Ergründen der Motive der Verfahrensethik mit ein. Und zwar ungefähr auf folgenden Formular: zu den zentralen güterethischen Annahmen zählt, dass wir nicht umhin kommen, „nicht-moralische Güter" anzuerkennen. Dass wir als sinnlich-leibliche Wesen uns also notwendig an Gegenstände klammern, die unsere durch die soziokulturelle Welt vermittelten Bedürfnisse und Wünsche widerspiegeln. Inwiefern diese

Gegenstände soziokulturell vermittelt sind, offenbart sich dem Beobachter nun vor allem anhand der Anstrengungen, die es kostet, diese nach moralischen Gesichtspunkten hierarchisch anzuordnen. Folglich also genau die evaluierende Selbstverständigung aufzunehmen, die prozedurale Ansätze aufgrund ihrer vermeintlichen (epistemischen) Unschärfe zurückweisen. Vor diesem Hintergrund lässt sich der Unterschied zwischen Nutzen- und Pflichtenethik ungefähr wie folgt angeben. Das Glück der großen Zahl hat keinen Sinn für Güterabwägungen. Dieses zieht keine qualitative Grenzlinie zwischen bloßen Nützlichkeitserwägungen wie dem moralischen Standpunkt; vertraut ganz und gar der empirischen Psychologie. Durch dieses wird so zwar eine vorgegebene hierarchische Ordnung der Dinge zurückgewiesen, der Mensch qua Lust jedoch nach wie vor unter die Naturwesen gezählt. Mängel, die Kant abstellt. Erstens, indem der intelligible Charakter der moralischen Handlung mit Nachdruck die Ebene des bloßen Nützlichkeitskalküls übersteigt. Zweitens, weil dessen Fundierung in der Gesetzesform einen stärkeren Freiheitsbegriff in Anspruch nimmt (vgl. Taylor 1986: 118). Aus kommunitaristischer Sicht ist dabei jedoch nun entscheidend, dass Kant selbst damit einen Sinn für die Gesammtheit der Güter beweist. Durch Kant wird also allenfalls der Akzent teleologischer Annahmen verlagert. Das höchste Gut, so Taylor, avisieren wir in der unterstellten Vernünftigkeit des Verfahrens. Denn seine eigene begriffliche Bestimmung erreicht dieses allein unter der Voraussetzung von Konzessionen gegenüber den Ansprüchen des niederen Guts der Glückseligkeit. Das höchste Gut macht somit in seiner Gesamtheit die Hinzunahme von Glückseligkeit in einem angemessen Verhältnis erforderlich (vgl. ebd., 119). Mehr noch, allein schon die Frage weshalb die prozedurale Theorieform im Rahmen unserer sozio-kulturellen Selbstverständigungspraxis so großen Zuspruch erntet, lässt sich laut Taylor nur auf Folie hierarchischer Güter beantworten. Folgen wir Taylor, dann führt diese Analyse zwingend zu der Annahme, dass wir auch mit der prozeduralen Ethik eine „positive Explikation der conditio humana und folglich auch des Guten“ (ebd., 119) vor uns haben. Kein Wunder also, dass Hegel hinter der Pflicht immer wieder auf das Glück stößt.

6. Freiheit und Selbstsein. Aspekte der frühidealistischen Systementwürfe Johann Gottlieb Fichtes

Kant sagt für die Idealisten: ‚ich denke', ist schon zu viel gesagt. Richtiger wäre: ‚es denkt'. Sie selbst beanspruchen also noch, diese substanzlose, flüchtige wie erfahrungskonstitutive logische Bestimmung des Ich zu übertreffen. Nicht vor dem Seinsentzug zurückzuschrecken, den die Vernunftkritik besiegelt, heißt für sie auch noch Abstand von jedem Halt gebenden Prädizieren zu nehmen. „Macht man aber", so Schelling, „von allem Vorstellen sich frei, um seiner ursprünglich bewusst zu werden, so entsteht – nicht der Satz: Ich denke, sondern der Satz: Ich bin, welcher ohne Zweifel ein höherer Satz ist. In dem Satz: Ich denke, liegt schon der Ausdruck einer Bestimmung oder Affektion des Ich; der Satz: Ich bin dagegen ist ein unendlicher Satz, weil es ein Satz ist, der kein wirkliches Prädicat hat, der aber eben deßwegen die Position einer Unendlichkeit möglicher Prädikate ist." (Schelling zit. n. Gamm 2002: 13). An dieser Äußerung Schellings dürfte sich der Stellenwert ablesen lassen, den der nachkantische Idealismus der unbearbeiteten Kluft einräumt, die zwischen den beiden Hälften der Vernunftkritik aufklafft. An alles Wissen ergeht aus ihrer Sicht ein unmissverständlicher Befehl. Was als Wissen gelten will, muss durch Begriff und Gegenstand hindurch das Ich in seinem praktischen Richtungssinn ausdrücken. Als Idealist darf sich bezeichnen, wer sich, wie Fichte in seiner zweiten Darstellung der Wissenschaftslehre schreibt, zutiefst davon überzeugt zeigt, dass die Vernunft nicht theoretisch sein kann, wenn sie nicht praktisch ist (vgl. Fichte GWL: 181). Anders als der umgangssprachlich pejorative Gebrauch des Wortes dies zunächst vermuten lässt, verknüpft der Idealist mit dem Wort also ein anspruchsvolles Programm. „Wir handeln", so Fichte in der Bestimmung des Menschen, „nicht weil wir erkennen, sondern wir erkennen, weil wir zu handeln bestimmt sind; die praktische Vernunft ist die Wurzel aller Vernunft“ (Fichte BM: 124). Als Leser Kants, so sahen wir, empfiehlt uns Lichtenberg ‚es denkt' zu sagen, genau wie wir ja auch einfach sagen ‚es blitzt'. Kants sprachkritische Leistung besteht also gewissermaßen darin, die Verhexungen der Sprache zu durchschauen, denen das cartesianische cogito noch aufsitzt. Descartes leitet ohne Zweifel die Epoche der neuzeitlichen Bewusstseinsphilosophie ein. Gleichwohl ist sich seine Suche nach unumstößlicher Gewissheit, die ihn aus der Welt in die monologische Innerlichkeit führt, von Beginn an des Erfolgs gewiss. Für Descartes Aufbruch stellt es, mit anderen Worten, kein Problem dar, das traditionelle Wahrheitskriterium der Übereinstimmung von Denken und Sache in die Innerlichkeit zu verlegen. Wenn ich mich in mich selbst versenke, so in etwa dessen Zweifel, dann gelange ich doch niemals an den Punkt, da auch noch die unmittelbare Selbstheit, die mir im Denken gegeben ist, ihren Evidenzcharakter einbüßt. Folglich darf ich mich (gleichsam Augustinus in der Selbstintrospektion aufgefundenes dubito vertiefend) als substanziell gegebene „denkende Sache“ begreifen. Als das Vorstellende, das alle meine Vor-stellungen nicht nur begleitet, sondern trägt; als eine grundlegende, sich durchhaltende geistige Selbigkeit, die allem Wandel trotzt. Ein Schluss, der nach Kant von Descartes substantzalistischem Selbstmissverständnis zeugt. Davon also, dass sich dessen Zweifelsgewissheit offenkundig durch die Struktur des einfachen Urteilssatzes in die Irre führen lässt. So dass bei ihm am Ende der Schein der Vernunft, d.h., das (zumindest innerweltlich) unüberbrückbare, vermittlungslose Nebeneinander einer geistigen und körperlichen Realität, fast zwangsläufig über den echten Sachverhalt triumphieren muss. Wäre es ihm hingegen selbst schon gelungen, sich vom Gängelwagen der Prädikation frei zu machen, dann hätte er gesehen, dass er das Ich als erkenntniskonstitutive Spontaneität und das Ich als Gegenstand der empirisch- psychologischen Wahrnehmung unzulässig miteinander vermengt. Wäre er also auf die Vermittlungsbewegung aufmerksam geworden, die sich durch seine Thesen über das Ich als vorstellende, dann geistige und schließlich beharrliche Substanz bereits anmeldet, dann hätte er sich wohl selbst schon für die transzendentalphilosophische Denkungsart ausgesprochen. Gott demzufolge auch eine andere Rolle zugedacht, als die eines wohlwollenden Vermittlers zwischen zwei an sich voneinander unabhängigen Realitäten. Kant sieht demnach also keine Veranlassung, zwischen dem revolutionären Gestus der descartschen Substanzmetaphysik wie der leibniz-wollfschen Schule zu unterscheiden. Der falsche Syllogismus, dem Descartes aufsitzt, bringt für ihn gleichsam nur auf den Punkt, worin die so genannte rationale Psychologie notorisch fehlt. D.h., dessen Konklusion aus den beiden Vordersätzen:

„Was nicht anders als Subjekt gedacht werden kann, existiert auch nicht anders als Subjekt und ist also Substanz.

Nun kann ein denkendes Wesen, bloß als ein solches betrachtet, nicht anders als Subjekt gedacht werden.

Also existiert es auch nur als ein solches, d. h. als Substanz" (Höffe 2000: 141), veranschaulicht für ihn nur auf exemplarische Art die Verdinglichungstendenz, für die sich die metaphysische Seelenlehre von jeher anfällig erweist. Wenn Descartes dem ‚Ich denke' die Substanz unterjubelt, weil ihm entgeht, dass der erste Vordersatz, anders als der zweite, welcher das Selbst der inneren Erfahrung ausdrückt, das transzendentale Selbstbewusstsein avisiert, wonach beide also keinesfalls einen gemeinsamen Mittelbegriff teilen, dann reiht er sich für ihn demnach in eine illustre Ahnenreihe ein. Der Diskurs über die letzten Dinge, der mit Platons Phaidon einsetzt, wird also solange nicht unterbrochen werden können, als dass man glaubt, durch rein formallogische Überlegungen dem Ich auf den Grund kommen zu können. Ein solcher Bruch wird also erst durch die akribische Inventarisierung der erfahrungskonstitutiven Aspekte des menschlichen Geistes in Aussicht gestellt. Von nun an wird es zwar immer noch nicht möglich sein, sich nicht durch den Schein verleiten zu lassen, denn das würde den Abschied vom Unbedingten bedeuten. Wozu wir jedoch fortan in der Lage sein werden, ist, den Schein immer wieder aufs Neue wenigstens als Schein durchschauen zu können (vgl. Kant KrV: 368 ff.).

Dieses Spannungsverhältnis zwischen dem Ich als oberster streng-allgemeiner Funktion wie dem erlebten und erfahrenen unvergleichlichen Ich, welchen das cogito in sich birgt, verbirgt sich so nicht zuletzt hinter dem Wortungetüm der ursprünglich-synthetischen Einheit der Apperzeption. Dabei erhellt jedes einzelne Wortelement gleichsam einen Aspekt der Zerrüttung, der Verrücktheit in sich selbst, über die Hegel das kantische Subjekt fassen wird. Bereits in der Doppeldeutigkeit, die das Personalpronomen erster Person Singular gleichsam in der Schwebe hält, erfahren wir dessen Zerrüttung gewissermaßen tagtäglich. Wer ich sagt, also nicht in den sichtbaren Unterschied eines groß- und kleingeschriebenen I´s flüchten kann, sagt zugleich das Individuellste wie Allgemeinste. Diese Umschlagsbewegung, die sich so schon im Rahmen unserer Alltagskommunikation beobachten lässt, sucht Kants Formel also auf, um sie auf das Vermittelnde aufmerksam zu machen, das in der kategorialen Verfasstheit nicht aufgeht, der die beiden Ausdrücke noch angehören. Das einfache Allgemeine Ich, diese Erfahrung muss die sinnliche Gewissheit in der „Phänomenologie" machen, ist anders als sie selbst von sich glaubt, keine unumstößliche, unmittelbare und selbstevidente Wahrheit. In solcher Allgemeinheit, das wird ihr schmerzhaft vor Augen geführt, bleibt sie vielmehr abstrakt und leer. Nicht so das ‚Nichts', um das der in vier Aspekte zergliederbare kantische Ausdruck kreist. Ihr Nichts ist nicht nichts. „Es ist kein Gegenstand der inneren Erfahrung, keine Substanz, aber auch nicht dessen Gegenteil, ein Akzidens; es hat kein Dasein, freilich auch kein Nichtsein. Denn Substanz-Akzidens und Dasein-Nichtsein sind Kategorien. Als Ursprung aller Kategorien ist das transzendentale ‚Ich denke' selbst nicht kategorial bestimmbar." (Höffe 2000: 140) Und doch soll Kant die Freiheit, auf die er im Rahmen seiner Analyse stößt, nicht aushalten. Wenigstens für die Idealisten liest sich der kantische ‚Einheitssinn' letztendlich als Flucht aus dem prädikatslosen „Ich bin". Fichte, so Schelling in seiner bereits mehrfach erwähnten Philosophiegeschichte, „faßt nicht etwa das Ich als allgemeines oder absolutes, sondern nur als menschliches Ich auf. Das Ich, als das sich ein jeder in seinem Bewußtsein findet, ist das einzige wahrhaft Daseiende. Alles ist für jeden nur mit seinem Ich und in seinem Ich gesetzt. Für jeden Menschen ist mit jenem *transzendentalen*, d.h., mit jenem das empirische Bewußtsein selbst erst bedingenden und ihm daher vorausgehenden Akt, mit diesem Aktus des Selbstbewußtseins ist für jeden Menschen das ganze Universum gesetzt, das eben darum *nur* im Bewußtsein da ist. Mit dieser Selbstsetzung: Ich bin, beginnt für jedes Individuum die Welt, dieser Akt ist in jedem der gleich ewige, zeitlose Anfang seiner selbst sowohl als der Welt." (Schelling GnP: 80) Das „Ich bin" ist es also, das die konkurrierenden Systementwürfe überspannt.

Unter kantischen Vorgaben haben wir es mit einem Ich zu tun, dessen Spontaneität an eine Rezeptivität gefesselt bleibt, die ein Außen kennt. Mit Fichtes Umschrift diskutieren wir hingegen ein Ich, das auch diese noch umfänglich aus jener explizieren will. Durch unsere logischen Denkgesetze äußert sich demnach unser ursprüngliches Geistesleben. Diese werden folglich auf keine Welt angewandt, die uns monolithisch gegenüber steht, sondern auf einen Immanenzzusammenhang, der von unserer Subjektivität überformt ist. „Bestand und Unwandelbarkeit“ (Schelling ÜdU: 68) der Dinge wird durch die reine Identität des Ich verbürgt. Aus dieser seiner „Urform“ (ebd., 68), erklärt sich die Einheit der Welt. Dieses Ich ist es, das „alle Strahlen des Daseyns im Centrum seiner Identität [...] sammel[t], und alles, was gesetzt ist, im Kreise seiner Macht“ (ebd., 68) zusammenhält. Dieses unvordenkliche Selbstverhältnis, das wir demnach sind, soll auf struktureller Ebene auch die Schwierigkeiten des Anderen lösen. Das „Ich bin“, das uns in intellektueller Anschauung gegeben wird, lässt sich für Schelling nicht in eine komplexe Vielheit auflösen bzw. zerlegen. Über dessen schlechthinnige Selbstevidenz eröffnet sich uns vielmehr die logische Denkfigur der Einheit differenter. Nur entlang dieser gelingt es laut Schelling, dessen Unbedingtheitscharakter par excellence nicht zu verletzen. Die Einheit des „Ich bin“, so derselbe, verläuft quer zu den subsumtionslogisch gefertigten Denkschablonen der Gattungs- und numerischen Identität, durch welche wir die Dinge bearbeiten. Neben Unbedingtheit wird diese jedoch noch durch Unendlichkeit signiert. In dieser „ganze[n] Unendlichkeit“ (ebd., 73), die sie in sich fasst, liegt nun das intersubjektive Vermittlungsangebot beschlossen. Nach Schelling lässt sie eine Realität sehen, in der die Verständigungspraxis von ego und alter ego gleichsam abgesichert ist. „Diejenigen, die von keinem Ich als dem empirischen wissen [...], die noch nicht zur intellektuellen Anschauung ihres Selbsts erhoben haben, müssen diesen Satz, daß das Ich nur eines sey, freilich ungereimt finden. [...] Jenen scheint es daher nach ihrer bisherigen Gewohnheit, bloß das empirische Ich zu denken, nothwendig, daß es mehrere Ich gebe, die wechselseitig füreinander Ich und Nicht=Ich seyen, ohne zu bedenken, daß ein reines Ich nur durch Einheit seines Wesens denkbar sey.“ (ebd., 73) Demnach könnte es sich hierbei also um eine Realität handeln, die das kantische Sollen zwar trägt, von diesem selbst jedoch nur unzureichend erfasst wird. Erreicht dieses bereits diese vorbegriffliche Wesensbestimmung des Ich? „Begriff überhaupt ist etwas, das Vielheit in Einheit zusammenfaßt: das Ich kann also kein Begriff seyn, weder ein reiner, noch ein abstrahierter, denn es ist weder zusammenfassende, noch zusammengefaßte, sondern absolute Einheit.“ (ebd., 74)

6.1 Wahre Allgemeinheit und innere Notwendigkeit

Fichte gibt seinem Freiheitsinteresse den kompromisslosen Ausdruck einer zwingenden Entscheidung zwischen Freiheit (Idealismus) und Zwang (Materialismus). In diesem Sinne eröffnet auch dessen *Bestimmung des Menschen*. Eine Schrift, die explizit den GoetheleserInnen gilt. Unter populären Vorgaben genügen danach bereits die Titel Zweifel, Wissen und Glauben, um im Übergang vom Wissen zum Glauben den normativen Richtungssinn der imaginativen Natur des Menschen freizulegen. Dem voraus liegt wiederum die Wahl. In diesem Kontext inszeniert als Weg der Selbstintrospektion, der von der Verachtung zur Achtung führt. Bereits am Ende des ersten Kapitels wird sich demnach das Verantwortlichkeitsbewusstsein durchsetzen. Eingangs ist dagegen erst einmal ein Selbsteingeständnis fällig. Bisher, so das mit sich selbst Zwiesprache haltende Ich, hat es allein die Identitätskoordinaten herangezogen, die ihm durch Usus und Brauch bereitgestellt wurden. Hat es sich allein auf das verlassen, was es über die Außenwelt nach Maßgabe der experimentellen Methode in Erfahrung bringen konnte. Sofern also dieses Ich überhaupt von sich selbst wusste, verblieb dies im engen Auskunftsrahmen von Tradition und Gewohnheit bzw. den Resonanzbestimmungen der empirischen Welt (vgl. Fichte BM: 7 ff.). Durch das Eingeständnis wird somit ein Selbstfindungsprozess angestoßen, der zunächst in den Bahnen eines strengen Aufklärungshumanismus verläuft. Wobei die emotionale Gemengelage aus Empörung, Selbstherabsetzung und -verachtung, die diesen von Anbeginn begleitet, bereits erahnen lässt, dass dieses Ich, die Alternative einer evolutionären Erkenntnistheorie von vornherein ausschließt (vgl. ebd., 33). Zunächst jedoch scheint der Versuch des Menschen, sich im Spiegel der Natur auszulegen, auf nichts anderes als auf eine deterministische Weltauffassung hinauslaufen zu können. Das liest sich aus der Binnenperspektive des Ich ungefähr wie folgt: meine mich plötzlich überfallende Selbstverachtung reißt mich aus dem Schlummer der empirischen Weltbeobachtung. Stößt eine äußere (teleologisch grundierte) Naturforschung an, die insbesondere über die Begriffe der Substanz und Kraft verläuft und deren Resultate mich zu einer graduell angelegten Anthropologie veranlassen. Wobei diese wiederum über die hier stattfindende Unterscheidung zwischen Gattungs- und individuellen Aspekten schließlich an den empörenden Schluss heranführt, dass unsere normativen Selbstvergewisserungsanstrengungen auf nichts weiter basieren als einer funktionalen Illusion: indem ich mich als vernünftiges Tier tituliere, verfertige ich nichts anderes als eine Beschreibung vom Bewusstsein als emergente Eigenschaft (vgl. ebd., 20). Aus dieser Perspektive betrachtet verschwinden also mit einem Mal all die Schwierigkeiten, die mir meine psychophysische Doppelnatur ansonsten bereitet. Ich selbst bin nichts anderes als der Vereinigungspunkt dreier aufgestufter Naturkräfte. D.h., unter phylogenetischen Gesichtspunkten habe ich mich als die organisierte Ganzheit zu betrachten, die aus der Synthese der bildenden und bewegenden Kraft, durch welche sich Pflanze und Tier bestimmen lassen, mit der mir eigentümlichen Denkkraft hervorgeht. Werde ich aus dieser Gattungsperspektive somit gleichsam des Lebens in mir gewahr, erschließt sich mir aus ontogenetischem Blickwinkel das Lebendige. Soll heißen, der Tod in seiner absoluten Negativität ereilt mich nicht als Gattungssubjekt, sondern allein als Einzelwesen. Spreche ich von mir als bestimmter Person, so spreche ich also von nichts anderem als dieser Dialektik zwischen Lebenszyklus und lebendiger Entäußerung. Meine Existenz hier und jetzt, d.h. dieses keinem anderen soziokulturellen Hintergrund geschuldete Leben, ist demnach nicht mehr als Ausdruck jener durch und durch gesetzesförmigen Kontextgebundenheit, die das Leben fest umschlossen hält; jener raum-zeitlichen Achse, die eine absolut identische Wiederholung des Lebendigen verhindert (vgl. ebd., 23). Gelänge es mir also nur einmal von außen, diese uhrwerkartige Harmonie des Weltbaus zu bestaunen und gleichzeitig zu dessen inneren Betriebsgeheimnis durchzudringen, so würde ich mich also nicht länger durch die rechtliche Aura, die den Personenbegriff umgibt, blenden lassen. Stattdessen würde ich mich vielmehr auf dessen forensischen Mehrwert konzentrieren. Kurz, Selbstbewusstsein ist nichts weiter als das Produkt einer von der rohen Materie bis zu meiner psychophysischen Lebensform aufsteigenden, vollständig durchgebildeten Natur. *„Im un-*

mittelbaren Selbstbewußtsein erscheine ich mir als frei; durch *Nachdenken* über die ganze Natur finde ich, daß Freiheit schlechterdings unmöglich ist." (ebd., 25 f.). Ganz am Ende dieses Kapitels teilt uns Fichte denn auch seine Version des (Grund-)Konflikts von Liebe und Vernunft mit: „Unerträglicher Zustand der Ungewißheit, und der Unentschlossenheit! Durch den besten, und den mutigsten Entschluß meines Lebens mußte ich in dich geraten! Welche Macht kann mich von dir, welche Macht kann mich von mir retten?" (ebd., 43)

Für Kant ist es das unstillbare Bedürfnis der Vernunft nach dem Unbedingten, das die von ihr erbrachten sekundären Syntheseleistungen erklärt. D.h., ihre den Verstand übergreifende wie aufrechterhaltende Funktion (vgl. Höffe 2000: 136 u. 2004: 215). Unausweichlich steuern Anschauung und Begriff danach auf Scheingefechte zu. Diese umschiffen zu wollen, hieße jedoch auf Vernunft selbst Verzicht leisten zu wollen. Denn worauf diese verweisen, ist weniger ein unzulässiger Gebrauch von Vernunft, als die aus ihr selbst entspringende Tendenz zur sophistischen Verführung. Können wir die Klippen des Widerstreits sonach nicht umschiffen, können wir uns doch immer wieder neu über die Gründe für dessen Aufkommen ins Vernehmen setzen. Folglich den falschen Schein zwar niemals restlos überwinden, ihn aber dennoch für einen sich vertiefenden Selbstvergewisserungsprozess nutzen. Mit anderen Worten, durch ihre antithetischen Zuspitzungen nötigt uns die Vernunft dazu, uns über die sich einschleichenden fundamentalen Selbstmissverständnisse auseinanderzusetzen, für die wir anfällig sind. Eine Analyse, die nach Ansicht der Idealisten nun radikale und selbstbezügliche Folgen zeitigt. D.h., auch vor Kants eigener Bestimmungs- bzw. Begründungsleistung nicht Halt macht (vgl. Gamm 1994: 55). Nicht zuletzt aus den an dieser Stelle sich abzeichnenden Schwierigkeiten mit dem Anfang, erläutert sich sonach also die idealistische Suchbewegung. Der von ihnen avisierte „Cirkel, aus dem der menschliche Geist nie herausgehen kann" (Fichte BWL: 61), ist es also, der sie den Posten ‚der' Superwissenschaft als vakant wahrnehmen lässt.[33] Ungeachtet ihrer Differenzen sind sich also alle drei Hauptrepräsentanten darin einig, dass die wohldurchdachte und auf

33 Die Diskursivität des Denkens fordert, um an das unbedingte und schlechthinnige Ich heran zu kommen, dass wir die logischen und kategorialen Urteilsformen voraussetzen, welche eigentlich erst durch das Ich in Geltung gesetzt werden. Lösen

festem Fundament errichtete Ordnung des menschlichen Geists als tote Verstandeskonstruktion auszuweisen ist. Dass Kant also auf die Stellen hinzuweisen wäre, da er über bloß systematische Überlegungen den eigenen Systemgedanken aus dem Auge verliert. Exemplarisch Schelling: „Wie ein vorsichtiger Bauherr, eh er sich ein Haus aufführe, seine Mittel wohl überlege, ob sie nämlich auch zur festen Begründung und zur glücklichen Hinausführung des Baus zureichen, so müsse der Philosoph, eh' er daran denke, ein Gebäude der Metaphysik aufzuführen, erst sich der Materialien desselben versichern, ob er sie auch herbeischaffen könne, und da diese Materialien hier aus einer geistigen Quelle geschöpft werden, so müsse diese selbst erst untersucht sein, damit man gewiß sei, ob sie zu dem beabsichtigten Bau auch wirklich zureichenden Stoff enthalte oder darbiete." (Schelling GnP: 71) Und dann, gewissermaßen nach einer kurzen rhetorischen Pause: „Leider ist dies nicht der Fall. Er schickt keine allgemeine Untersuchung über die Natur des Erkennens voraus, sondern geht gleich über zu der Aufzählung der einzelnen Quellen der Erkenntnis oder der einzelnen erkennenden Fakultäten, die er aber nicht etwa wissenschaftlich ableitet, die er vielmehr aus der bloßen Erfahrung aufnimmt, ohne ein Prinzip, das ihn der Vollständigkeit und der Richtigkeit seiner Aufzählung versicherte." (ebd., 71) So wie Kant die Verstandeskategorien ungeprüft aus der aristotelischen Urteilslehre aufsammelt und jene an das cogito heftet, kann für sie also kaum die Rede davon sein, dass er gegen die gängigen metaphysischen Luftschlösser, die experimentelle Methode für die Philosophie erobert[34] - geschweige denn das moderne Freiheitsinteresse kompromisslos verteidigt. Kaum besser fällt das Zeugnis aus, das ihm Hegel ausstellt. „Bekanntlich hat es die Kantische Philosophie sich mit der Auffindung der Kategorien sehr bequem gemacht. Ich, die Einheit des Selbstbewusstseins, ist ganz abstrakt und völlig un-

lässt sich dieser Zirkel nicht. Doch die Frage ist, wie man in ihn hineinkommt (vgl. Schäfer 2006: 24).

34 Die skeptische Methode hat mit der reduktionistischen Verfahrensweise des Chemikers „viel Ähnliches". Die Analysis des Metaphysikers schied die reine Erkenntnis a priori in zwei sehr ungleichartige Elemente, nämlich die der Dinge als Erscheinungen, und dann der Dinge an sich selbst. Die Dialektik verbindet beide wiederum zur Einhelligkeit mit der notwendigen Vernunftidee des Unbedingten und findet, „daß diese Einhelligkeit niemals anders, als durch jene Unterscheidung herauskomme, welche also die wahre ist." (Kant KrV: 23)

bestimmt; wie ist also zu den Bestimmungen des Ich, den Kategorien, zu kommen? Glücklicherweise finden sich in der gewöhnlichen Logik die verschiedenen Arten des Urteils bereits empirisch angegeben vor. Urteilen aber ist Denken eines bestimmten Gegenstandes. Die verschiedenen schon fertig aufgezählten Urteilsweisen liefern also die verschiedenen Bestimmungen des Denkens." (Hegel EPW: 116 f.) Fichte ist es, so Hegel unmittelbar im Anschluss daran, der sich an dieser Problemstelle hervortut. Und zwar dadurch, dass er die „wahre Allgemeinheit" und „inner[e] Notwendigkeit" (Kant KrV: 37), die die Vernunftkritik gegenüber dem englischen Empirismus eingeklagt hat, überzeugend gegenüber derselben einfordert. Fichte belässt es nicht bloß bei einer Auflistung „der einzelnen erkennenden Fakultäten" (Schelling) des menschlichen Geists. Vielmehr ist er es, der als erster dessen drei Quellen Sinnlichkeit, Verstand und Vernunft durchdenkt. Der gleichsam die Bestimmungsmomente unseres kognitiven Apparats beseelt, die dort in Verdoppelung der funktional-differenzierten Gesellschaftsordnung, nur neben- und übereinander gestellt werden (vgl. Hegel EPW: 116 f.).

Denken könnte Hegel hierbei etwa an dessen Einleitung in die Wissenschaftslehre von 1797. Dort erfährt der Leser über dessen Absetzungsbewegung: „Entweder er [der kritische Idealismus, S.S.] leitet jenes System der nothwendigen Handelnsweisen, und mit ihm zugleich die dadurch entstehenden objectiven Vorstellungen wirklich von den Grundgesetzen der Intelligenz ab, und lässt so unter den Augen des Lesers oder Zuhörers den ganzen Umfang unserer Vorstellungen allmählig entstehen: oder er fasst diese Gesetze etwa so, wie sie schon unmittelbar auf die Objecte angewendet werden, also auf ihren tieferen Stufe (man nennt sie auf dieser Stufe Kategorie) irgend woher auf, und behauptet nun: durch diese würden die Objecte bestimmt und geordnet." (Fichte ErE: 442) Dass in der zuletzt genannten Variante der dogmatische Schlummer noch schlummert, dürfte inzwischen unschwer zu erkennen sein. D.h., Kant bleibt letztendlich nur unablässig zu beschwören, dass die von ihm „postulirten Denkgesetze wirklich [...] nichts als immanente Gesetze der Intelligenz sind." (ebd., 442) Mehr noch, seine Deduktion lässt das Außen wieder herein, das er durch sein Freiheitsinteresse verabschiedet. Von ihm selbst unbemerkt, soll Kant so den Verfechtern des Zwangs am Ende eine gelungene Steilvorlage zuspielen. Selbst dann, so Fichte, wenn wir einmal unterstellen, dass es Kant wirklich gelungen ist, unsere immanenten Denkformen aufzuzeigen, hat er damit immer noch nicht gezeigt, „wie denn das Object selbst entstehe." (ebd., 443) Was er damit allein erklärt hätte, wäre die notwendigen *„Beschaffenheiten und Verhältnisse"* (ebd., 443) der Dinge. „Aber woher denn das, welches diese Verhältnisse und Beschaffenheit hat; woher denn der Stoff, der in diese Formen aufgenommen wird" (ebd., 443) kommt, wäre damit immer noch nicht geklärt. So dass sich der Dogmatismus „[i]n diesen Stoff flüchte[n]" (ebd., 443) kann. Mit anderen Worten, „[s]o lange man nicht das ganze Ding vor den Augen des Denkens entstehen lässt, ist der Dogmatismus nicht bis in seinen letzten Schlupfwinkel verfolgt." (ebd., 443) Für Fichte geht es also darum, noch hinter das transzendentale Selbstbewusstsein zurückzusteigen. Darüber wird das Moralgesetz dann als unendliche Aufgabe fassbar. D.h., selbst noch unsere logischen und kategorialen Urteilsformen müssen sich für ihn „als Bestimmung der Freiheit aufzeigen lassen." (Fichte BWL: 67) Selbst diese Bollwerke gegen Unbeständigkeit und den unkontrollierten Wandel der Welt, demzufolge aus dem in sich gebrochenen Vollzugscharakter unserer Subjektivität erschlossen werden (vgl. Fichte ErE: 441).

6.2 Die Epoche der Kantianer

Fichte folgt in Jena auf Reinhold. Reinhold, der im Ruf steht, die Differenz zwischen Geist und Buchstabe der Vernunftkritik nicht nur am lebhaftesten verspürt, sondern auch gleich ausgemerzt zu haben. Kants wirkliche Leistung ließe sich folglich erst dann ermessen, nachdem seine architektonischen Nachlässigkeiten klar benannt und korrigiert wurden (vgl. Fichte AeR: 20). Für Fichte erweist sich die Vorstellung jedoch als ungeschickt, um das Wahre der Vernunftkritik auszudrücken. In der Vorstellung findet für ihn das Freiheitsinteresse, das sie bewegt, noch nicht zu dem ihm angemessenen *Grundsatz*. Reinhold verfügt zwar über einen „systematischen Geist" (Fichte BWL: 31), der seinesgleichen sucht. Der gleiche Geist ist jedoch auch dafür verantwortlich, dass die Vorrangstellung praktischer Vernunft leidet. Unser systematisches Interesse, so Fichte, lässt sich einzig und allein dadurch rechtfertigen, *vor* die Vorstellung kommen zu wollen. D.h., dem noch aufzusuchenden wahren Grundsatz dadurch zu seiner vollen Durchschlagskraft zu verhelfen. Einerseits. Andererseits, um den inneren Zusammenhalt des daraus abgeleiteten Systems zu gewährleisten. Soll die Philosophie also nicht nur in den Rang einer Wissenschaft unter vielen erhoben werden, so darf sie unter keinen Umständen über ihr systematisches Interesse den Grundsatz und das Ganze aus den Augen verlieren. „[D]ie systematische Form [ist, S.S.] nicht Zweck der Wissenschaft, sondern sie ist das zufällige, nur unter der Bedingung, dass die Wissenschaft aus mehreren Sätzen bestehen solle, anwendbare Mittel zur Erreichung ihres Zwecks. Sie ist nicht das Wesen der Wissenschaft, sondern eine zufällige Eigenschaft derselben." (ebd., 42) Das Ganze wird hier also noch nicht als Menetekel des Unwahren empfunden, sondern vielmehr als unauflöslich mit unserem Freiheitsinteresse verquickt wahrgenommen. Wie bereits bekannt, wird Fichte nicht müde, zu wiederholen, „dass er nie etwas wird sagen können, worauf nicht schon Kant unmittelbar oder mittelbar, deutlicher oder dunkler gedeutet habe." (ebd., 30). Worüber wir uns mit dem Grundsatz verständigen, wäre also das, was dem dadurch begründeten voraus liegt und unergründlich bleibt, dessen Unergründlichkeit sich jedoch begründen und nachvollziehen lässt (vgl. ebd., 43). Freiheit als innerer Gehalt des transzendentalen Selbstbewusstseins wäre also die Leitidee, die nur unzureichend in Reinholds Bewusstseinskonzeption Eingang findet. Gleichwohl wird dadurch die Vorstellung nicht vollständig desavouiert. Zur Einführung in die Problemlagen, die das Wissen vom Wissen belasten, ist sie durchaus geeignet. D.h., solange die zwischen der Subjektivität als Prinzip und dem Ich als Gegenstand aufklaffende Kluft nicht einfach leichtfertig übergangen wird, lässt sie sich propädeutisch nutzen. Als Grundbegriff hinsichtlich unserer *tatsächlichen* Selbstvergewisserungsanstrengungen über Ich und Welt führt sie uns also an die Schwelle zur Wissenschaftslehre heran (vgl. ebd., 80).

Zum ersten Mal stellt sich Fichte mit dieser These einem breiteren Publikum zwei Jahre zuvor vor. Reinhold ist es, der dem allgemeinen Vernehmen nach ernst mit der Philosophie als Wissenschaft macht. Wäre also nicht zu zeigen, dass das von ihm diskutierte Fundament nicht trägt? Dass seine Kantinterpretation das Moralgesetz verkennt? So *grosso modo* die Verlaufsrichtung der Rezension des Aenesidemus

(1792). Während Fichte im ersten Teil der Rezension so entlang der skeptischen Einwände, die Gottlob Ernst Schulze unter dem Pseudonym des Aenesidemus gegen Reinhold vorbringt, an seine eigene Begriffsform heranführt, sind es Anmerkungen zu Aenesidemus Auffassung praktischer Vernunft, mit denen der Leser entlassen wird. D.h., nachdem zuvor über eine Auseinandersetzung mit dessen vermeintlichen skeptischen Widerlegung des ‚Ding an sich selbst' das nachkantische Freiheitsinteresse prononciert wurde. Reinhold sucht also *die Vorstellung* als Grundbegriff zu etablieren. Dagegen wird von skeptischer Seite eingewandt, dass auch der Satz des Bewusstseins am Gängelwagen des Widerspruchssatzes hängt (vgl. Fichte AeR: 5).

Für Reinhold zählt an der Stelle hingegen der bloß formal-logische Charakter der Denkgesetze. Stellt man ihn mit in Rechnung zeigt sich, dass die Vorstellung keineswegs durch den Widerspruchssatz bestimmt wird. Wenngleich er ihm auch „nicht widersprechen dürfe" (ebd., 5). Aus Sicht Reinholds ließe sich der skeptische Einwand also leicht widerlegen. Und zwar, indem man Schulze an den Unterschied zwischen der ratio cogniscendi und der ratio essendi erinnere. Hätte derselbe wirklich überzeugen wollen, so Fichte, dann hätte er seinen Angriff also tiefer ansetzen müssen. Hätte er dem „Satz des Widerspruchs ausser seiner *formalen* auch noch eine reale Gültigkeit beimessen" (ebd., 5) müssen. D.h., um die Vorstellung wirklich zu diskreditieren, hätte Schulze seinen Einwand auf ein dem empirischen Selbstbewusstsein vorausliegendes ‚etwas' stützen müssen. Dabei hätte er sich Fichte zufolge an die schwammige Terminologie halten können, in welcher Reinhold seinen Begriff der Vorstellung absichert. Vor diesem Hintergrund hätte er nach Ansicht Fichtes dann wohl selber erkannt, dass das von Reinhold promovierte und vermessene empirische Selbstbewusstsein nicht hinreicht, um das gesuchte einheitliche Weltbild zu garantieren.

Für Reinhold konstituieren sich Subjekt und Objekt danach über „ihr Unterscheiden in der Vorstellung, und durch das Beziehen der Vorstellung auf sie." (ebd., 6) Nach Fichte müsste „also wenigstens dieses Unterscheiden und Beziehen selbst vollständig und also bestimmt seyn." (ebd., 6) Gerade das soll aber nicht der Fall sein. „Wie nun, wenn eben die Unbestimmtheit und Unbestimmbarkeit dieser Begriffe auf einen aufzuforschenden höhern Grundsatz, auf eine reale Gültigkeit des Satzes der Identität und der Gegensetzung hindeute." (ebd., 6). Fichte, so formuliert es Henrich, sieht gegen Reinhold ein, „daß der Grundakt des Bewußtseins nicht ein Beziehen und Unterscheiden sein kann. Dem voraus muß nämlich ein Entgegensetzen geschehen, das die Möglichkeit zum Unterscheiden erbringt." (Henrich 2010: 20)

Gleich zu Beginn seiner Rezension umreißt Fichte also durch diese Fragestellung die Ausgangslage seiner zwei Jahre darauf druckgelegten Wissenschaftslehre. Strenggenommen hätten die skeptischen Einwände also durchaus das Zeug dazu, die Selbstbewusstseinstheorie voranzubringen. Anstatt nun aber auf den „inneren Widerstand" (ebd., 8), den er gegenüber Reinholds Satz des Bewusstseins empfindet, einzugehen, zieht sich Schulze hinter die Annahme einer beobachterunabhängigen Außenwelt zurück. Diese Rückzugstaktik ist es, die ihm nach Fichte den Blick dafür verstellt, dass sein Gegenangriff nicht gegen „die Wahrheit des Satzes des Bewusstseyns *an sich* gerichtet" (ebd., 10) ist, sondern allein gegen dessen Auslegung als Tatsache. Andernfalls wäre ihm also selbst aufgefallen, dass seine Kritik an Reinholds Fundierung des Selbstbewusstseins in einem analytischen Satz ebenso wie der damit einhergehende Hinweis darauf, dass derselbe auf einer fragwürdigen generalisierenden Abstraktionsleistung basiert, an die Schwelle zur Tathandlung führt (vgl. Rohs: 1991: 41).

Insofern die Vorstellung durch drei aufeinander bezogene und unterschiedene Relata definiert ist, beanspruche sie also zu Unrecht die erkenntnistheoretische Führungsrolle. Warum? Weil jenes Relationsgefüge der Relate vom skeptischen Standpunkt aus betrachtet, notwendig etwas voraussetzt, „was schon wahrgenommen sey." (ebd., 9) Andernfalls schlagen die Relate wie die von ihnen gebildete Relation haltlos ineinander um. Wäre Schulze weniger für das ‚Ding' voreingenommen, hätte er also bemerken können, dass hier auf das vorreflexive Selbstverhältnis verwiesen wird, das die „intellektuelle Anschauung" bezeichnet. Reinhold selbst, so Fichte, könnte sich diese transzendentale Richtigstellung „wohl auf die Zukunft vorbehalten haben." (ebd., 10)

Vor allem die Stellung des Gedankens zum Grenzbegriff des ‚Ding an sich' organisiert also Fichtes Rezension. Noch deutlicher wird dies, wenn er sich Schulzes direkt an die Adresse der Vernunftkritik ergehenden Einwänden zuwendet. Fichtes Beobachtung nach sind es drei

Anläufe, die Schulze gegen das ‚Ding an sich selbst' unternimmt. So soll der kantische Vernunftbau zum Einsturz gebracht werden, indem die Grenzziehungen, die er für unser Urteilsvermögen, unsere Rezeptivität wie auch unsere Erfahrung geltend macht, im Lichte fallibilistischer Argumente für ungültig erklärt werden. Alle drei Einwände basieren dabei aus Sicht Fichtes auf einer eigenwilligen Lektüre Humes. Derselbe hätte danach dem Kausalverhältnis tiefer reichende Geltungsansprüche zugestanden, als dies der übliche Tenär (Eindruck, Wahrnehmung und Gewohnheit) vermuten lässt. Schon bei Hume fänden wir also eine Wendung aufs Subjekt wie eine damit einhergehende kritische Wahrheitsauffassung. Diese verstiege sich allerdings nicht zu dem radikalen Seinsentzug des transzendentalen Selbstbewusstseins. Sobald wir einmal erkannt hätten, dass Humes „wahres System" 1) die Vorstellung promoviert 2) als deren skeptisches Wahrheitskriterium die für uns unerreichbare Übereinstimmung mit der Sache angibt, 3) all unser Wissen an die Vorstellung knüpft und 4) uns versichert, dass uns weder die Kategorie der Kausalität noch die logische Autorität des Widerspruchsatzes in die Nähe der Dinge bringt, wie sie „an sich" sind, sollte also klar sein, dass die Kritik nicht wirklich über ihn hinausgelangt. Der ganze Apriorismus bringt es dem Aenesidemus zufolge bestenfalls dahin, dessen Annahmen zu stützen. So lassen sich aus dem Umstand, dass wir uns sinnliche und rationale Formprinzipien als Erklärungsgrund unseres Wissens denken können, keine transzendentalen Geltungsansprüche ableiten. Wer Hume verstanden hat, soll mit anderen Worten sehen, dass sich die ganze nichtessenzialistische Architektur bzw. Lesart unseres kognitiven Apparats auf einen falschen Vernunftschluss stützt. Mehr noch, soll Kant selbst durch seine strikte Trennung von Form und Inhalt stellenweise diese skeptische Hintertür zu einer beobachterunabhängigen Außenwelt andeuten (vgl. ebd., 12 f.). Die Behauptung Schulzes, unsere Anschauungs- und Begriffsformen hätten nur unter der Voraussetzung einer vorweggenommenen stillschweigenden Anerkennung der Kausalkategorie als Realgrund derselben formuliert werden können, durch den Hinweis zu entkräften, dass hier eine Verwechslung von Realgrund und logischem Grund vorliegt, erscheint Fichte nun ebenso müßig, wie der Hinweis darauf, dass dessen diskriminierendes sensualistisches Argument, dass das Wissen von dem ‚Ding an sich' die Voraussetzung für das Wissen um die Grenze unserer Empfänglichkeit für dasselbe sei, keineswegs hinreicht, um die Grenze zu unterminieren, die das ‚an sich' der Subjektivität setzt.

Aus dem Umstand, dass die Dinge an sich uns verschlossen bleiben und nicht direkt auf uns wirken, folgt also nicht die Unmöglichkeit, sich über die Grenzen der Subjektivität zu verständigen (vgl. ebd., 14). Gleichwohl verweist schon Schulze in diesem Zusammenhang auf die theologisch grundierte Hinterwelt des ‚Ding an sich selbst'. Der Unterschied ums Ganze dürfte allerdings darin liegen, dass er eine „Theorie der Autonomie" für möglich hält und verfolgt. Alternativ zu dem Subjekt-Objekt Verhältnis, das uns die kopernikanische Wende einflüstert, wären die begrifflichen Gegensätze danach nach Maßgabe einer „präformierten Harmonie" (ebd., 15) fassbar. Spätestens an der Stelle dürfte sich also Fichtes eigene Begriffsform abzeichnen. Sobald, „der Grundsatz der Identität und des Widerspruchs als Fundament aller Philosophie aufgestellt seyn wird" (ebd., 13), so Fichte, wird dessen Alternativlosigkeit außer Frage stehen (ebd., 16). Durch seine Einlassungen hindurch lässt er den Leser demnach an dem Unbehagen teilhaben, das ihm die Vernunftkritik bereitet. Schulze formuliert gewissermaßen die beiden Hauptsätze: ‚es gibt etwas dahinter; wir kommen nie ganz dahinter'. Darauf erwidert die Vernunftkritik: der Skeptiker denkt nicht. Und doch befestigen beide letztendlich das ‚Selbstdenken' am Gängelwagen der Theologie. Worin sich beide näher besehen also allein unterscheiden ist, „dass dieses die Möglichkeit, noch etwa einmal über jene Begrenzung des menschlichen Geistes hinausgehen zu können übrig lässt; das kritische aber die Unmöglichkeit eines solchen Fortschreitens darthut und zeigt, dass der Gedanke von einem Dinge, das an sich […] Existenz und Beschaffenheit haben soll, […] ein Nicht-Gedanke ist: und in sofern ist jenes System skeptisch, das kritische aber dogmatisch, und zwar negativ dogmatisch." (ebd., 16 f.) Gegen Schulze zeigt Fichte also, dass der Versuch dem Autonomiegedanken objektive Gültigkeit zu verschaffen, der Vorrangstellung praktischer Vernunft widerstreitet. Gegen Kant, dass das ‚an sich' streng aus der Struktur der Subjektivität heraus verstanden und konzeptualisiert werden muss. Die Vernunftkritik, so Fichte, „zeigt uns den Zirkel auf, über den wir nicht hinausschreiten können; innerhalb desselben aber verschafft sie uns den innigsten Zusammenhang in unserer Erkenntnis." (ebd., 15) Unmissverständlich Auskunft müsste der Begriff also sowohl über die Struktur wie den Richtungssinn der Subjektivität geben. Ist „das Gemüth als Ding an sich, oder als Noumenon oder als transscendentale Idee, Grund der Erkenntnis a priori?" (ebd., 16) Folgen wir Fichte, wirft Schulze diese Frage nicht ohne Grund auf. Äußert sich die Vernunftkritik also nicht in aller Klarheit darüber, dass das Ich als unergründlicher Grund der theoretischen Weltbeschreibungen gleichermaßen Noumenen ist wie als unhintergehbare Bezugsgröße transzendentale Idee (vgl. ebd., 16). Dass Schulze auf den Gedanken verfallen konnte, „die absolute Existenz und Autonomie des Ich" (ebd., 16) beweisen zu wollen, liegt für ihn also nicht zuletzt daran, dass die Vernunftkritik den Satz: ‚Ich bin' nicht überall mit der gleichen Überzeugung ausspricht.

6.3 Spekulation und Reflexion

An denjenigen, der sich bei dem Magister in Königsberg einfindet, ergeht noch nicht ausdrücklich der phänomenologische Rat. Die Anweisung, den Anfang der Philosophie bei sich selbst zu suchen. „Merke auf dich selbst: kehre deinen Blick von allem, was dich umgibt, ab, und in dein Inneres – ist die erste Forderung, welche die Philosophie an ihren Lehrling thut. Es ist von nichts, was ausser dir ist, die Rede, sondern lediglich, von dir selbst." (Fichte ErE: 422) Im Rahmen kantischer Seminare soll, mit anderen Worten, der unvergleichliche Existenzialsatz ‚Ich bin' noch eine nebensächliche Rolle spielen (vgl. Schelling ÜdU: 94 f.). Nicht so in Fichtes Lehrveranstaltungen. Dessen zweites Erweckungserlebnis, so Steffens, lockt durch das Versprechen apodiktischer Gewissheit. Einem ‚Wissen von sich' (Henrich), das mit dem Wissen mathematischer Lehrsätze nicht nur konkurrieren kann, sondern dieses sogar noch überbietet. Über den Prolog zur Wissenschaftslehre, der Fichte nach der Lektüre Kants eine zweite Art Erweckungserlebnis beschert, berichtet Heinrich Steffens: „Ich erinnere mich, wie Fichte in einem engen vertrauten Kreise uns die Entstehung seiner Philosophie erzählte, und wie ihn der Urgedanke derselben plötzlich überraschte und ergriff. Lange hatte ihm vorgeschwebt, wie ja die Wahrheit in der Einheit des Gedankens und des Gegenstandes läge; er hatte erkannt, dass diese Einheit innerhalb der Sinnlichkeit niemals gefunden werden konnte, und, wo sie hervortrat, wie in der Mathematik, erzeugte sie nur einen starren unlebendigen Formalismus, dem Leben, der Tat völlig entfremdet. Da überraschte ihn plötzlich der Gedanke, dass die Tat, mit welcher das Selbstbewusstsein sich selbst ergreift und festhält, doch offenbar ein Erkennen sei. Das Ich erkennt sich als erzeugt durch sich selber, das denkende und das gedachte Ich, Erkennen und Gegenstand des Erkennens, sind eins, und von diesem Punkte der Einheit, nicht von einer zerstreuenden Betrachtung, die Zeit und Raum und Kategorien sich geben lässt, geht alles Erkennen aus. Wenn du nun, fragt er sich, diesen ersten Akt des Selbsterkennens, der in allem Denken und Tun der Menschen vorausgesetzt wird, der, in den zersplitterten Meinungen und Handlungen verborgen liegt, rein für sich selbst heraushöbest, und in seiner Konsequenz verfolgtest, müsste nicht in ihm, aber lebendig tätig und erzeugend, dieselbe Gewissheit sich entdecken und darstellen lassen, die wir in der Mathematik besitzen? Dieser Gedanke ergriff ihn mit einer solchen Klarheit, Macht, und Zuversicht, dass er den Versuch, das Ich als Prinzip der Philosophie aufzustellen, wie bezwungen von dem in ihm mächtig gewordenen Geiste nicht aufgeben konnte.“ (Steffens zit. n. Schäfer 2006: 10 f.)

Bezüglich Fichtes Lehrtätigkeit hält sich nun das Gerücht, dass er den Gang in die inwendige Gewissheit des Ich atmosphärisch unterstützte. Etwa, indem er den Raum verdunkeln ließ. In diesem Sinn könnte er bei seinem *Versuch einer neuen Darstellung der Wissenschaftslehre* von 1797/98 seine Leser ermutigen wollen, auf sich selbst aufzumerken. Ohne Umschweife wird deren Aufmerksamkeit auf das Ich gelenkt. Gleich zu Anfang heißt es diskret:

> „Der Leser, mit welchem wir uns in Uebereinstimmung des Denkens zu versetzen haben, erlaube uns, ihn anzureden, und mit dem zutraulichen Du ihn anzureden. Du kannst ohne Zweifel denken: Ich; und indem du dies denkst, findest du innerlich dein Bewusstseyn auf eine gewisse Weise *bestimmt*; du denkst *nur* etwas, ebendasjenige, was du unter dem Begriff des Ich befassest, und bist desselben dir bewusst; und denkst dann etwas anderes, das du sonst wohl auch denken kannst, und schon gedacht haben magst, nicht.“ (Fichte VnD: 521)

So wie ich mich hier als Ich prädiziert habe, hätte ich ohne weiteres auch mir äußerliche Gegenstände prädizieren können. Schon auf Höhe dieser der empirischen Selbstbeobachtung zugänglichen Übergänge im Anheften von Prädikaten, müsste sich mir also eine Art Vorbegriff über die Spontaneität des Denkens ausbilden:

> „Du hättest statt dieses Bestimmten auch etwas anderes denken können, z. B. deinen Tisch, deine Wände, deine Fenster, [...] Du thust es zufolge einer Aufforderung, zufolge eines Begriffs, von dem zu Denkenden; der, deiner Annahme nach, auch ein anderer hätte seyn können [...]. Du bemerkst sonach Thätigkeit und Freiheit in diesem deinem Denken, in diesem Uebergehen vom Denken des Ich zum Denken des Tisches [...]. Dein Denken ist dir *ein Handeln.*" (ebd., 521 f.)

Nachdem solchermaßen der Begriff der Handlung auch als Grundbegriff unserer kognitiven Prozesse ausgewiesen wurde, gilt es jetzt also, das substanzialistische Selbstmissverständnis aufzudecken, dem Selbstbewusstseinstheorien am Leitfaden der optischen Metapher (Spiegel) erliegen. D.h., das Ich in seiner Sonderstellung als Subjekt-Objekt, an dem alle Subjekt- und Objektverhältnisse hängen, das selbst aber an nichts hängt, negativ auszuweisen. Unmittelbar, so Fichte, fällt es dem empirischen Selbstbewusstsein schwer einzusehen, dass das Ich, das allem Vor-stellen vorausliegt, nicht selbst wiederum unter dieses fällt.

> „In einem kleinen Winkel deiner Seele liegt dagegen die Einwendung, - entweder: ich soll denken, aber ehe ich denken kann, muss ich *seyn*: oder die: ich soll *mich* denken, in mich zurückgehen; aber was gedacht werden soll, auf welches zurückgegenagen werden soll, muss seyn, ehe es gedacht oder darauf zurückgegangen wird." (ebd., 524)

Sowohl das cartesianische Personalpronomen erster Ordnung *(„des Denkenden")* als auch seine reflexive (kantische) logische Neufassung (*„des Zu-Denkenden"*), erfassen demnach nur unzureichend den Mangel am Sein der Aussage „für das Ich." (ebd., 524) Die Einheit unseres Bewusstseins, so Fichte in der Bestimmung des Menschen, zeigt sich durch eine Differenz bestimmt. D.h., als Einheit eines unmittelbaren und eines vermittelten Wissens: vorontologische, individuierte Selbstgewissheit dort, erfahrungskonstitutives Wissen hier. Dass sich das Reflexionsmodell des Ich so hartnäckig hält, liegt also daran, dass der dritte unserer fundamentalen logischen Urteilssätze (der Satz vom Grund) bisher noch nicht bis in die Tiefen der (produktiven) Einbildungskraft hinein zurückverfolgt wurde (vgl. Fichte BM: 65 f.). Nicht anders die Propädeutik:

> „In dem Factum, das du uns aufgezeigt hast, liegt sonach, wenn wir es scharf genug ansehen, nichts mehr, als dies: *du musst deinem gegenwärtigen, zum deutlichen Bewusstseyn erhobenen Selbst-Setzen ein anderes solches setzen, als ohne deutliches Bewusstseyn geschehen, voraus denken, worauf das gegenwärtige sich beziehe und dadurch bedingt sey.*" (Fichte VnD: 525)

Unmittelbar hieran schließt eine zweite, vertiefende Selbstintrospektion an. Eine Selbsterkundungsphase, in der der Leser vor das unergründliche ‚Ich bin' zugleich nach seiner existenziellen Dimension wie als Einheitsgrund unserer intersubjektiven Verständigungspraxis geführt wird. Dabei nutzt Fichte den zuvor aufgezeigten unendlichen Regress, in den das Reflexionsmodell des Ichs Theorien des Selbstbewusstsein zwingend stürzt, um davon das vorreflexive ‚Wissen von sich' abzuheben; um den Leser vor die auf nichts gegründete evidente Selbstgegenwärtigkeit zu führen, die die ‚intellektuelle Anschauung' bezeichnet.

> „Nun ist hier von keinem anderen Sein des Ich die Rede, als von dem in der beschriebenen Selbstanschauung; oder, noch strenger ausgedrückt, von dem Sein dieser Anschauung selbst. Ich bin diese Anschauung und schlechthin nichts weiter, und diese Anschauung selbst ist Ich. Es soll durch dieses sich selbst setzen nicht etwa eine Existenz des Ich, als eines unabhängig vom Bewußtsein bestehenden Dinges an sich, hervorgebracht werden […] Ebensowenig wird diese Anschauung eine vom Bewußtsein unabhängige Existenz des Ich, als (anschauenden) Dinges vorausgesetzt; […] Eine solche Existenz ist nicht vorauszusetzen, sage ich; denn, wenn ihr von nichts reden könnt, *dessen ihr euch nicht bewußt seid*, alles aber, dessen ihr euch bewußt seid, *durch das angezeigte Selbstbewußtsein bedingt wird; so könnt ihr nicht hinwiederum ein Bestimmtes*, dessen ihr euch bewußt seid, die von allem Anschauen und Denken sein sollende Existenz des Ich, *jenes Selbstbewußtsein bedingen lassen.*" (ebd., 529)

In diesem Zusammenhang schlägt Fichte den Umgang mit einem Neologismus vor. Durch den Ausdruck der „Ichheit" ließe sich der praktische Richtungssinn der herausgearbeiteten performativen Wesenscharakteristik des Ich prononcieren. D.h., klarstellen, dass keine noch so feinsinnig angelegte empirisch motivierte Semantik der Selbstbestimmung abschüssig genug ausfällt, um ihren im Ich hinterlegten Begriff restlos aufzuschließen (vgl. ebd., 530). Mit anderen Worten, vor dem Hintergrund dieses in phänomenologischer Einstellung nachvollzogenen Vollzugscharakters der Subjektivität, erläutert sich für Fichte das

Schisma von Freiheit und Zwang. Noch das transzendentale Selbstbewusstsein („das anschauende Ding“) verfehlt das Ich als das schlechthin Unbedingte. Nach Henrich lässt sich das idealistische Programm im Ausgang der kantischen ‚Achtung vor dem Gesetz‘ rekonstruieren. Gute Gründe hierfür könnte er also in dieser Propädeutik gefunden haben. Genauer, in deren Abschlussbetrachtung. Wenn wir uns nochmals auf das prädizierende Geschehen konzentrieren, so Fichte, dann merken wir auf die Differenz zwischen Verstand und Vernunft auf, die das Übergehen bezeichnet. Durch dieses artikuliert sich das Ich gleichsam als sich selbst zersetzende Einheit; als mit der Stoßrichtung des moralischen Sollens strukturell verklammerte Einheit differenter.

> „Bemerke nochmals recht innig, was bei dieser Vorstellung der Thätigkeit in dir vorkam. – Thätigkeit ist Agilität, innere Bewegung; der Geist reisst sich selber über absolut engegengesetzte hinweg; - durch welche Beschreibung keinesweges etwa das unbegreifliche begreiflich gemacht [...] werden soll. – Aber diese Agilität lässt sich nicht anders anschauen [...], denn als ein *Losreissen der thätigen Kraft von einer Ruhe*.“ (ebd., 531)

Vernünftig aufgefasst sucht also das durch die begreifbare Unbegreiflichkeit des moralischen Sollens imprägnierte Ich immer wieder, die sich notwendig einstellende ‚Ruhe‘ der Tatsachen aufzustören. Anders gewendet, der „vollständig[e] transzendental[e] Idealismus“ (Fichte ErE: 445) rennt gegen die hypostasierenden Verhexungen des Urteilsatzes an. Wohlgemerkt ohne dabei dem Gedanken zu erliegen, irgendwann doch noch umfänglich hinter den Gegensatz von Ruhe und Bewegung kommen zu können. Das absolute Ich macht nachdrücklich eine unaufhebbare Differenz zwischen dem Begriff, der Ruhe und den zumeist unbemerkten selbstreferenziellen Vollzügen der „Ichheit“ (Fichte VnD: 530) geltend. „[D]ie höchste Handlung der Intelligenz“, so heißt es in Fichtes Begriffsschrift, „sey die, sich selbst zu setzen, so ist gar nicht nothwendig, dass diese Handlung der Zeit nach die erste sey, die zum deutlichen Bewusstseyn komme; dass die Intelligenz je fähig sey, schlechthin zu denken: *Ich bin*, ohne zugleich zu denken, dass *nicht sie selbst* sei.“ (Fichte BWL: 71) Nur vermittelt über den Begriff, der seinen Gegenstand, die Aktuosität des Geistes nie ganz umfasst, teilt sich uns also das diesen speisende Freiheitsinteresse mit. „Ein Akt des Geistes“, so lesen wir in der ‚Bestimmung des Menschen‘, „dessen wir uns als eines solchen bewußt werden, heißt *Freiheit*. Ein Akt, ohne

Bewußtsein des Handelns, bloße *Spontaneität*. Bemerke wohl, daß ich dir ein unmittelbares Bewußtsein des Aktes, als solchen, keineswegs anmute, sondern nur dies, daß, wenn du hinterher darüber nachdenkst, du findest, es müsse ein Akt sein" (Fichte BM: 67). Ähnlich hier:

> „Im gemeinen Bewusstseyn kommen nur Begriffe vor, keineswegs Anschauungen als solche [...]. Zum Bewusstseyn der Anschauung erhebt man sich nur durch Freiheit [...]; und jede Anschauung mit Bewusstseyn bezieht sich auf einen Begriff, der der Freiheit die Richtung andeutet" (Fichte VnD: 533).

Dem Beschluss nach könnte Fichtes Ich also von Anfang an von mehr Leben zeugen, als dies ihm seine beiden Mitstreiter zugestehen.

6.3.1 Aufforderung und Bildsamkeit

„Merke auf dich selbst", so Fichtes *Erste Einleitung in die Wissenschaftslehre* (1797) gleich eingangs (Fichte ErE: 422). Dass es sich hierbei nur bedingt um eine theoretische Übung handelt, erhellt dessen nur ein Jahr früher publizierte Naturrechtslehre. Mit ihr reicht er gleichsam den ‚anderen Menschen' nach, der seiner Selbstbewusstseinstheorie unausgesprochen „vorausliegt" (Gamm 1997: 56). Dessen im gleichen Jahr veröffentlichter *Versuch einer neuen Darstellung der Wissenschaftslehre* dürfte also nicht zufällig über ein „zutrauliche[s] Du" eröffnen (Fichte VnD: 521). Dadurch vielmehr auf die interpersonellen Einsichtsgewinne Bezug nehmen, welche das Lehrstück der *Aufforderung* bereithält. Ein Begriff, der die Schwierigkeiten des epistemischen Selbstbewusstseins über den bzw. die anderen Menschen in Angriff nimmt. Die Willkürfreiheit einer Analyse unterzieht, an deren Ende Selbstbestimmung als „ein Bestimmtseyn zur Selbstbestimmung" (Fichte GNR: 33) begriffen wird.[35] An wen die Aufforderung ergeht, so Fichte, „bekommt den Begriff seiner freien Wirksamkeit, nicht als et-

35 Im Zuge dessen wird der Gegensatz von Freiheit und Zwang gleichsam auf die Zeitachse verschoben. In der Formel dürfen sich demnach die parallel dazu sich abzeichnenden Achtungserfolge der Kategorie des Sozialen brechen. Charakteristisch für moderne Gesellschaften scheint ihr enormes Interesse an Zeitfragen. D.h., für Forschungsperspektiven, die ihnen helfen, die metaphysische Leere auszufüllen,

was, das im gegenwärtigen Momente *ist*, denn das wäre ein wahrer Widerspruch; sondern als etwas, das im künftigen seyn *soll.*" (ebd., 33) Durch den Begriff werden also beide Seiten qua Vernunftschluss einander entgegengesetzt wie aufeinander bezogen. Danach setzt also jede sinnvoll adressierte Handlungsaufforderung auf Seiten ihres Adressaten deren Versteh- bzw. Begreifbarkeit voraus. D.h., nur insofern *alter ego* sein Gegenüber insgeheim je schon als *seinesgleichen* adressiert, kann er damit rechnen, diesen zu einem zukünftigen Entschluss (Handeln/Nichthandeln) zu disponieren (vgl. ebd., 31). Erfährt sich *ego* im Begreifen und Verstehen der Aufforderung als frei, wird dies von einem (impliziten) Wissen um die Freiheit und Selbstständigkeit seines Gegenübers begleitet.[36] Anders gewendet, so gewiss mir über meine ziel- bzw. zweckgerichteten Handlungen eine gegenständliche Welt aufgeht und so gewiss ist, dass die Natur keinen Begriff von sich hat, kann das, was da objektiv Eindruck auf mich macht, darin aufgehen, bloß ein (Körper-)Ding zu sein. Was mich anstößt und vor mich selbst bringt, indem es mir darüber zukünftige Handlungsspielräume eröffnet, muss von mir vielmehr als Adresse meiner normativen Verpflichtung verstanden werden. Als zweckhafte Einwirkung begriffen werden, die ich eben „als solche erkennen soll" (ebd., 38). Nämlich so wie wir im Hinblick auf die Belange unseres technischen Verfügungswissens der Natur zwar nicht unmittelbar Zwecke entlehnen, doch uns eben gegebenenfalls durch sie „belehren" (ebd., 38) lassen.

---

die diese mit sich heraufführen (Herkunft und Identität). Wobei hier eben nicht nur an die Großoptiken der Selbstvergewisserung (Geschichte, Evolution etc.) oder die rigide Zeitdisziplin industrieller Fertigungshallen zu denken wäre, sondern eben auch an die Bearbeitung logischer Probleme (Widersprüche, Paradoxien etc.), die über die Konzentration auf deren zeitlichen Aspekte (Sequenzierungen) möglich wird (vgl. Gamm 2001: 10).

36 In Schellings ‚*System des transzendentalen Idealismus*' wird das Ich nach Walter Schulz auf ähnliche Weise begriffen. In solchen Reziprozitätskontexten, so derselbe, erfahren sich beide Interaktionspartner je auf ihre Weise als frei: Ich, durch den „Begriff des Wollens als eines freien Wollens" (Schulz 1981: 49), der „mir allererst" (ebd., 49) durch dieses „ja oder nein sagen" (ebd., 49) entsteht; Du, indem du dich in dieser Situation als „wollendes Ich" (ebd., 49) „deklarier[s]t." (ebd., 49) Entscheidend für Schelling wäre jedoch, dass das Ich sich je in bestimmte Kontexte eingebettet weiß. D.h., einem Willen gehorcht, der individuell und von daher beschränkt ist. So dass ihm Fälle gelingender Kommunikation also unwahrscheinlich erscheinen. Derselbe unterhalb seiner spekulativ-theologischen Großoptik somit schon auf das Problem doppelter Kontingenz stößt.

Erklärt die Wissenschaftslehre: „Kein Du, kein Ich; kein Ich kein Du" (Fichte GWL: 189), wird der Satz hier also in Richtung unserer normativen Selbstverständigung fortgeschrieben.[37] Wobei der einzelne Wille sich hier allerdings nicht an die überindividuelle Stoßrichtung der Moral hält. Den Willen vielmehr vom entgegengesetzten Ende her auffasst. Noch das skrupelloseste Subjekt, so Fichte in *Die Bestimmung des Menschen* (1800), wird spätestens im Falle ihm widerfahrenden Unrechts, die aufgezeigten Bedingungen des Selbstbewusstseins unterschreiben. Dadurch auf das unaufhörliche Spannungsverhältnis von Recht und Moral deuten (vgl. Fichte BM: 121 f.). Durch seine Empörung also die Sonderrolle anklingen lassen, die der kantischen Zweckformel im Hinblick auf die Desiderate einer „reellen Moral" (Fichte GNR: 54) zukommen. Um den Eigensinn beider Sphären willen sollten wir uns also davor hüten, das Recht bruchlos aus der Moral ableiten zu wollen (vgl. ebd., 10 f.). Mit anderen Worten, den Wandel von persönlichen zu sachlichen Abhängigkeitsverhältnissen mitberücksichtigen, der in dem „jederzeit zugleich" der kantischen Formel (Kant KpV: 61) steckt.

So widmet sich Fichtes Rechtslehre also den systemischen Erfordernissen der sich herausbildenden Eigentümergesellschaften. Dem Nachweis, dass deren Routinen von den gesetzmäßigen Abläufen einfacher Kausalverhältnisse abweichen. Noch den instrumentellsten bzw. strategischsten Handlungsvollzügen bleibt danach unbeirrbar ein kommunikatives Moment eingespielt. Ein Moment, das darauf reflektiert, inwiefern sich die Akteure auf Höhe der Moderne wechselseitig freilassen. Sich also auf „jene Geschehene Anerkennung" (ebd., 48) bezieht, die den Achtungsgewinnen der aufkommenden besitz- bzw. bildungsindividualistischen Anspruchshaltungen vorausliegt. D.h., hinter die rein ordnungspolitische Funktion rechtsstaatlicher Abwehrrechte zurückreicht. Einerseits. Andererseits den Willen in eine doppelsinnige Bewegung hineinzieht, durch welche die dabei jeweils auf ihre Indi-

37 „[A]us der Struktur des Setzens", so Schäfer über die angeführte Passage, „folgt die für die Intersubjektivität wichtige Einsicht, dass das Du der Realgrund des Ich und das Ich der Idealgrund des Du ist." (Schäfer 2006: 149) Danach sollte Subjektivität also weder identisch mit der intersubjektiven Sprachgemeinschaft gesetzt werden, noch erübrigte sich über entsprechende Strukturanalysen die Frage nach dem Einzelsubjekt.

vidualität bedachten Individuen gerade über ihre Differenz vermittelt werden. Durch Fichte werden Recht und Moral also nicht zuletzt vermittelt über das leibliche Individuum, an die *konkrete* Freiheit der intersubjektiven Sprachgemeinschaft rückgebunden. Aus einer Perspektive begriffen, die auf der unleugbaren Präsenz des Anderen im Selbst gründet. Das Rechtsverhältnis demzufolge auf den bereits im Begriff des Rechts angelegten (generalisierten) Anderen zurückgeführt. D.h., über die Konfliktlinien, die dessen Anwesenheit gleichsam a priori eingezeichnet sind, die Gegenstandbereiche des Rechts wie der Moral klar voneinander abgrenzt. Also eine gegenüber dem innerlichen Verpflichtungscharakter des Sollens schwächere vertragliche Einigungsperspektive verfolgt.[38] In Rücksicht auf die nur äußerliche Sanktionsgewalt des Rechts (In- und Exklusion), die subjektphilosophisch hergeleitete und explizit am signifikanten Anderen bemessene moralische Verantwortlichkeit, damit in Richtung eines Korrektivs beschädigter Anerkennungsverhältnisse verschoben (vgl. ebd., 8 ff.).

Mit der Aufforderung soll Fichte „eines seiner besten Theoriestücke gelungen" sein (Jacobs 2007: 84). Er selbst hätte diese Einschätzung wohl auch auf das Licht zurückgeführt, das von hier aus auf die kantische Zweckformel fällt. Danach bleibt deren Grundintuition solange unverstanden, als die Frage nach der Reichweite der Ethik nicht explizit aufgeworfen wird. Was heißt, allein über den „unbestimmten Begrif[f]" von gesetzesfähigen „vernünftigen Wesen" (Fichte GNR 80) begriffen wird. Mit anderen Worten, solange deren anthropologische Voraussetzungen, die insbesondere in der *Bildsamkeit*[39] des Menschen gelegen sind, unberücksichtigt bleiben. Wobei er dabei keineswegs an

38 Für Ritsert wohnt der vordergründig konsequenzlogischen Beweisführung der Aufforderung gleichwohl schon ein symmetrisches Interaktionsideal inne, das über vertragsförmige Interpretationsansätze hinausweist (vgl. Ritsert 1992: 41 ff.).

39 Zu den Besonderheiten der deutschen Aufklärungssituation rechnet sich ein vergleichsweise „lebendiges und undogmatisches Verhältnis zur Religion." (Bollenbeck 1996: 105) Ein Sachverhalt, der sich nicht zuletzt durch „ein ausgeprägtes Interesse an anthropologischen und psychologischen Problemen, besonders an der Frage nach der Bestimmung und Moralität des Menschen" (ebd., 106) verrät. Durch dieses intellektuelle Klima dürfte sich mitunter auch die nachhaltige Resonanz erklären, die Spaldings im Jahr 1748 publizierte aufklärungstheologische Schrift *die Bestimmung des Menschen* erreicht, in der er eine innengeleitete Daseinsvergewisserung entfaltet. Eine Haltung, die das Lesepublikum über die Stationen Sinnlichkeit, Vergnügen des Geistes, Tugend, Religion und Unsterblichkeit an

graduelle Ansätze (Instinktarmut, Mängelwesen) denkt. So sehr der Mensch mit Pflanze und Tier zugestandenermaßen auch das Prinzip der Selbstorganisation teilen mag, sollten wir ihn doch als Solitär behandeln. Über die nur ihm eigentümliche Negativität oder abgründige Offenheit auszeichnen: „Jedes Thier *ist*, was es ist: der Mensch allein ist ursprünglich nichts." (ebd., 80) Was es heißt, dass der Mensch unfertig, das ist, hilf- und schutzlos zur Welt kommt und in Folge dessen auf Erziehung und Geschichte angewiesen ist, wird für Fichte also nicht zuletzt über dessen Leibausstattung deutlich. Dessen Analyse zufolge blieben die über den ‚aufrechten Gang' sich eröffnenden Horizonte der Handlungs- und Willensfreiheit ansonsten wohl ebenso verschlossen, wie der Begriff ohne das ihm vorauseilende handgreifliche Be-greifen unbegriffen. Mehr noch, die Vertiefung des Selbst, die demnach ihren Ausgang von dem in den „Fingerspitzen" (ebd., 82) des Menschen gelegenen Feingefühl nimmt und über die Tendenz zur Verinnerlichung, sowohl dessen ingeniösen Geist hervortreibt, wie dessen Ausdrucks- und Mitteilungscharakter formt, nur schwer nachvollziehbar. Nicht zuletzt anhand dessen, inwiefern in den bestimmten Situationen die Bildsamkeit des Menschen gewahrt bleibt, könnten sich also unsere Reaktionspraktiken bemessen lassen.

Für die jüngere Generation bezeichnet die Person sonach in erster Linie keine forensische Notwendigkeit, sondern den Ort solch sozialer Institutionen wie sie das Verzeihen und Versprechen darstellen. Institutionen, denen zufolge die Akteure also nicht erst nachträglich zueinanderfinden. So überzeugt für Fichte die Rede von isolierten Einzelpersonen nur solange, wie nicht begriffen wird, dass die Verkörperung des Willens von interpersonellen Voraussetzungen abhängt. Auf eine Leib/Körper-Differenz deutet, die für ihn wiederum auf den menschlichen Wahrnehmungsprozess reflektiert. Was heißt, auf den dabei zu berücksichtigenden Unterschied zwischen dessen bloß sensorischer wie dessen geistig-moralischer Seite. Etwa den Unterschied zwischen dem bloß physikalischen Aspekt von Wörtern, Symbolen und Gesten wie deren Funktion als Träger von Sinn und Bedeutung. Zu guter Letzt

---

Rousseaus Einsichten heranführt. Ganz allgemein wird der *Emil* innerhalb der Reihen der verspäteten Nation als Stichwortgeber für das herbeigesehnte Leben im Zeichen von Selbstdenken, Selbstbildung und Selbstbestimmung rezipiert (vgl. Bollenbeck 116 ff. u. Jannidis 2004: 7).

sind es für Fichte also handlungstheoretische Überlegungen, die auf den anthropologischen Grundbegriff der Bildsamkeit führen. Wobei sich für ihn gerade aus dem Horizont der von einzelnen Sprechakten wiederum als Medium unterschiedenen Sprache die mit ihr verbundene Unruhe abzeichnet. Verstehen, so Fichte, geht aufs Ganze. Eine Erwartungshaltung, die durch das „menschliche Antlitz“ jedoch regelmäßig enttäuscht.[40] (vgl. Fichte GNR: 77)

6.4. Tathandlung

Aus dem geschilderten Problembewusstsein heraus bestreitet der nachkantische Idealismus also dem einfachen Urteilssatz die Führungsrolle. Kants Denken, so Rohs, „steht unserem heutigen sprachanalytisch geschulten Denken“ näher. Diesem gelten Identität und Differenz „als höherstufige Prädikate. Die Frage ‚Was ist der Unterschied zwischen a und b? setzt voraus, daß a und b überhaupt Prädikate haben. Man kann nur unterscheiden, wenn man zuvor prädiziert hat.“ (Rohs 1992: 39) Anders die nachkommende Generation. Ihr gelten diese „als die elementaren logischen Formen.“ (ebd., 39) Damit wäre mit anderen Worten die Ausgangslage von § 1 der *Grundlage* von 1794 umrissen. Mit ihm wird sowohl die elementare Denkregel der Identität als auch die unserem kategorischen Urteil korrespondierende Katego-

40 Der Naturrechtslehre zufolge verweisen die beiden Willenssätze („ich kann tun und lassen, was ich will“/„ich hätte auch anders handeln können“) demnach auf einen der Geschmeidigkeit des Wollens angepassten Körper. Einen Körper, der als Leib das Kunststück fertig bringt, über unaufhörliche Veränderungen hinweg fortzudauern (vgl. Ficht GNR: 60). Mehr noch, über die Unterteilung in niedere und höhere (hyperphysische) Organfunktionen, wie den entsprechenden gröberen wie subtileren materiellen Gegenstücken, als „Sinn“ fassbar wird. Erstens. Zweitens, bezogen auf die ästhetische Aufgabe der Einbildungskraft, als „Werkzeug“ erscheint (vgl. ebd., 65 u. 71). Bestimmungen, durch welche die beiden Willensätze scheinbar den Aufforderungsmomenten der *Selbstbeschränkung* und *Selbstzweckhaftigkeit* angeglichen werden. D.h., dort gewissermaßen das Tun, das im Lassen steckt, als Pointe des ersten Satzes hervorheben; hier die Wesensdifferenz zwischen Ding, Wesen und Mensch in das „Anderskönnen“ eintragen. Beides im Ausgriff auf die paradoxe und auf das Gesicht zugeschnittene Formel eines „*Wirkens ohne zu wirken*“ (ebd., 74). Durch diese leibphilosophische Klimax findet sich der Begriff der Aufforderung gleichsam anthropologisch vertieft.

rie der Realität im Ich grundgelegt. Wird dieses danach im Gang durch unsere prädikativen Urteilssätze erreicht, erfolgt jenes über eine die Tathandlung noch nicht wirklich erreichende Vermessung unserer logischen Denkregeln. Hinsichtlich derselben muss zunächst einmal der Formalcharakter, den sie über ihre Abstraktionsleistung gewinnen, als Ausdrucksform der Spontaneität des Ich festgehalten werden. In einem nur analytisch davon trennbaren zweiten Schritt ist diese Abstraktion dann wiederum einzuholen (vgl. Fichte GWL: 91 f.). D.h., achten wir darauf, dass das ‚ist' als Kopula zwischen den beiden logischen Formalausdrücken A keine Seins-, sondern eine Urteilswahrheit ausdrückt, springt uns die dunkle Syntheseleistung in die Augen, die das Band zwischen dem Subjekt- und Prädikatsausdruck stiftet. Als hypothetischer Urteilssatz formuliert: „Mithin wird durch die Behauptung, dass der obige Satz [A=A, S.S.] schlechthin gewiss sey, das festgesetzt, dass zwischen jenem Wenn und diesem So ein nothwendiger Zusammenhang sey; und der nothwendige Zusammenhang zwischen beiden ist es, der schlechthin, und ohne allen Grund gesetzt wird. Ich nenne diesen nothwendigen Zusammenhang vorläufig = X." (ebd., 93) Bereits hier zeichnet sich also ab, dass alle möglichen Gegenstände äußerer und innerer Erfahrung als im Ich hinterlegt gedacht werden müssen, und zwar als deren Realgrund. *„[I]nsofern jener Zusammenhang gesetzt wird"*, ist wenigstens „A *in* dem Ich, und *durch* das Ich gesetzt, so wie x." (ebd., 94) Wir sehen, dass sich die reine Identität, die „Urform des Ichs" (Schelling) für die scheinbare Selbstevidenz unserer logischen Denkbestimmung verbürgt. Das lebendige Selbstverhältnis, das das Ich ausdrückt, trägt, mit anderen Worten, nicht nur die Kopula, sondern auch die beiden Satzaußenglieder. In Form eines Syllogismus gebracht: „Denn nur wenn es die Relata gibt, kann es auch die Relation geben. Nun gibt es mit Gewissheit die notwendige Relation ‚X' im Ich, also muss es auch das A geben." (Schäfer 2006: 26) Hätte Schulze also gegenüber Reinhold das Trennen und Beziehen, das den Gegenstandsbezug des Vor-stellens sicherstellt, hervorgehoben, hätte er gegen diesen, ohne dabei schon den transzendentalen Gesichtspunkt vertreten zu müssen, das Unzulängliche einer empirischen Behandlungsart des Selbstbewusstseins offenlegen können. „Dieser Satz: Ich bin, ist bis jetzt nur auf eine Thatsache gegründet, und hat keine andere Gültigkeit, als die einer Thatsache. Soll der Satz A=A (oder bestimmter, dasjenige was in ihm schlechthin gesetzt ist = x) gewiss seyn, so muss auch der Satz: Ich bin, gewiss seyn. [...] Es ist demnach Erklärungsgrund aller Thatsachen des empirischen Bewusstseyns, dass vor allem Setzen im Ich vorher das Ich selbst gesetzt sey." (Fichte GWL: 95) Für den skeptischen Einwand unerreichbar dürfte hingegen die Aussage bleiben, dass das absolute Ich in seiner radikalen Aktuosität bereits verfehlt wäre, insofern man es als tätiges bezeichnete. Um dieses als schieres Tun, das kein Leiden kennt, kenntlich zu machen, muss die Abstraktion verfeinert, die Reflexion vertieft werden. Und zwar, indem sie eine Stufe höher steigt. D.h., im Sinne des *Versuchs* von 1797 an den prädikativen Urteilssatz wendet. Unsere logischen Denkbestimmungen werden, wie gezeigt, perennierend von einem falschen ‚Impressionismus' begleitet. Verdanken soll sich derselbe unserer Anfälligkeit für verdinglichende Externalisierungen unserer immanent-kognitiven Vollzüge. „Die Voraussetzung wird sonach diese seyn: die Intelligenz handelt, aber sie kann vermöge ihres eigenen Wesens nur auf eine gewisse Weise handeln. Denkt man sich diese nothwendige Weise des Handelns abgesondert vom Handeln, so nennt man sie sehr passend die Gesetze des Handelns; [...] Hierdurch ist denn auch zugleich das Gefühl der Nothwendigkeit, welches die bestimmten Vorstellungen begleitet, begreiflich gemacht: die Intelligenz fühlt dann nicht etwa einen Eindruck von aussen, sondern sie fühlt in jenem Handeln die Schranken ihres eigenen Wesens." (Fichte ErE: 441) Distanz gegenüber diesem trügerischen Gefühl soll der Blick auf die Rückseite des Urteils verschaffen.

Vergleicht man die propädeutisch angelegte ‚Aufmerksamkeitsübung' mit dem Beweisgang der Grundlegung, wäre Fichtes Ich also vielleicht nicht umstandslos, als Wiederholung spinozistischer Substanzmetaphysik auf kantischem Boden zu referieren (vgl. Schnädelbach 2007: 103). Dann wird die in der *Grundlage* aufgenommene Reflexion also womöglich nicht durch die Schwierigkeiten belastet, die die intellektuelle Anschauung, ob ihrer intuitiven Geltungsansprüche einholen. Vielleicht gelangt Fichte hier also vor den Urteilssatz, ohne auf den ein Jahr später durch Schelling prominent gemachten Titel zurückzugreifen. Fällt hier also „[d]ie Berufung auf die intellektuelle Anschauung" aus, die „ein intuitionistisches Postulat an den mitvollziehenden Philosophen bildet" (Schäfer 2006: 33). Für Rainer Schäfer gelangt der Leser hier jedenfalls über eine durchaus intersubjektiv nachvollziehbare, was heißt, das empirische Selbstbewusstsein stets mitnehmende Rekonstruktion der transzendentalen Rückbindung unserer logischen Urteilsformen und Verstandesbegriffe vor das Ich. Verwendet Fichte im ‚Versuch' die Bewegungsmetapher des Übergehens, um auf die Tathandlung aufmerksam zu machen, schenkt er sich in der ‚Grundlage' diesen Umweg. Das „Ich bin" als Ausdruck einer Tathandlung, als unendliches Urteil, das sich durch alle unseren endlichen Urteile mitteilt, begegnet uns danach schon in der Tatsache, das „[a]lles Urtheilen" „ein Handeln des menschlichen Geistes" (ebd., 95) ist. Schon ein wenig Distanz gegenüber dem einfachen Urteilssatz genügt demnach, um des performativen Wesenszugs des Ichs gewahr zu werden. „Handlung und That sind Eins und ebendasselbe; und daher ist das: Ich bin, Ausdruck einer Thathandlung" genauer: „der einzig – möglichen." (ebd., 96) So wie sich aus der Identitätsbeziehung des Ichs das vermeintlich oberste formal-logische Denkgesetz herleiten und bestimmen lässt, schaltet sich dieses auch unter das Urteilen. Erklärt sich jenes aus der Konzentration auf die „blosse Form" (ebd., 98) des Selbstbezugs, erhellt sich die Kategorie der Realität durch eine auf das Urteil gerichtete vergleichbare Denkanstrengung. Aus transzendentaler Perspektive kündet die Kopula des bejahenden Urteils somit von deren dem Identitätssatz korrespondierenden Geltungsanspruch. D.h., Fichte sieht von dem Subjekt-Prädikat Schema ab, und behält nur noch im Blick, „dass es sich um eine Thesis, eine Setzung handelt, also dass überhaupt etwas gesetzt wird." (Schäfer 2006: 41) So verbürgt sich also der aus unserem Wesen abgeleitete Identitätssatz für die Realität der Dinge. Wohlgemerkt eine Realität, die sich nicht mit unserem alltäglichen Verständnis derselben deckt. Realität auf dieser Ebene bezeichnet allein das, was sich Widerspruchsfrei denken lässt. Für das Ich hat auf dieser anfänglichen Stufe der Systementwicklung all das Realität, was „eine Sachhaltigkeit" aufweist, „die es vollziehen kann, ohne die Gegenstandsidentität und ohne die Ichidentität aufzuheben." (Schäfer 2006: 41) Demnach entlehnt Fichte die Kategorien also nicht der Erfahrung. Begreift er diese vielmehr als formale Bestimmung der unvordenklichen Tathandlung. „Kategorien sind nach Fichte nichts anderes als begriffliche Fixierungen von Handlungstypen des Ich, wobei einerseits in einem ersten Abstraktionsschritt vom Ich als Akteur abgesehen wird und andererseits in einem zweiten Abstraktionsschritt vom Akt." (ebd., 43) Anstatt sich also in dieses Selbstverhältnis, das die Tathandlung bezeichnet, entlang der intellektuellen Anschauung einzuleben, soll er das Ich in diesem Kontext allein als narrative und grundsätzlich kritisierbare Begründungsfigur, das ist, „notwendige Hypothese" ausweisen (ebd., 32). Als nachvollziehbare Identitätserzählung, die versucht über deren ursprüngliche Differenz Auskunft zu geben. „Denkt man sich die Erzählung von dieser Thathandlung an die Spitze einer Wissenschaftslehre, so müsste sie etwa folgendermaassen ausgedrückt werden: Das Ich setzt ursprünglich schlechthin sein eigene Seyn." (Fichte GWL: 98)

Am Ort der *Grundlage* macht Fichte demnach, anders als in der Aenesidemus-Rezension, keinen Gebrauch von der intellektuellen Anschauung. Im Rahmen seiner Auseinandersetzung mit Reinhold und Schulze bestimmt er die Tathandlung noch als transzendentale Idee. Eine Idee, die in der intellektuellen Anschauung ihren inwendigen Realisierungsort vorfinden soll. Nach Schäfer verwickelt er sich damit unter transzendentalen Gesichtspunkten in den Widerspruch, eine Vernunftidee für realisierbar anzugeben (vgl. Schäfer 2006: 33). Diesen Widerspruch soll er hier nun umgehen. Und zwar, indem er mit Kant zunächst davon ausgeht, „dass die Kategorien die logischen Urteilsformen voraussetzen" (ebd., 41), diesen Sachverhalt jedoch gegen dessen Form/Inhalt Unterscheidung ausbuchstabiert. D.h., diese als Mitteilungsverhältnis neu fasst. „Dasjenige", so lesen wir in Fichtes Begriffsschrift, „was der Grundsatz selbst haben, und allen übrigen Sätzen, die in der Wissenschaft vorkommen, mittheilen soll, nenne ich den *inneren Gehalt* des Grundsatzes und der Wissenschaft überhaupt; die Art, wie er dasselbe den anderen Sätzen mittheilen soll, nenne ich die *Form* der Wissenschaft." (Fichte BWL: 43) Gleichsam a priori hat Fichte damit das „Vermittlungsproblem in der Dualität von Begriff und Anschauung" (Schäfer 2006: 42) umschifft, das die Vernunftkritik um das Schematismuskapitel anreichert. Aus Fichtes Perspektive folgt das einheitliche Weltbild, wofür sich das Netz der Verstandesbegriffe verbürgt, somit erst aus ihrer ursprünglicher anzusetzenden transzendentalen Bestimmung. Darüber soll insbesondere die Vermittlungsleistung informieren, die die Verstandesschemata erbringen, die in der unbegreiflichen schöpferischen Einbildungskraft hinterlegt sind. „Kants

Verständnis von Kategorien als Ordnungsfunktion in der Erfahrung betrifft in Fichtes Sicht nur die interne Struktur des sinnlich-endlichen Nicht-Ich, kann aber aufgrund des sinnlichen Anschauungsbezugs nicht auf das reine Ich selbst angewendet werden. Das wird noch deutlicher, wenn man Kants Lehre vom Schematismus mitberücksichtigt [...]. Die produktive Einbildungskraft erschafft nach Kant figürliche Synthesen, die einerseits mit den Begriffssynthesen der Kategorien und andererseits mit den Mannigfaltigkeitsstrukturen von Raum und Zeit kompatibel und gleichartig sind. Damit erfahren aus Fichtes Sicht die Kategorien eine weitere Spezifikation auf die Anschauungsformen von Raum und Zeit." (ebd., 42 f.)

6.4.1 Exkurs: „Die Welt ist ihm nur ein Ball, den das Ich geworfen hat"

Ob die intellektuelle Anschauung sich im Halbdunkel intuitionistischer Aussagen verliert, wäre damit vielleicht jedoch noch nicht ausgemacht. Schelling könnte eine Lesart vorlegen, welche den Eindruck widerlegt. Als einschlägig in diesem Zusammenhang gilt folgende Sentenz: „Hierbei beruht alle Schwierigkeit nur darauf, wie ein Subjekt sich selbst innerlich anschauen könne; [...] Das Bewußtsein seiner selbst (Apperzeption) ist die einfache Vorstellung des Ich, und, wenn dadurch allein alles Mannigfaltige im Subjekt selbsttätig gegeben wäre, so würde die innere Anschauung intellektuell sein. Im Menschen erfordert dieses Bewußtsein innere Wahrnehmung von dem Mannigfaltigen, was im Subjekt vorher gegeben wird, und die Art, wie dieses ohne Spontaneität im Gemüte gegeben wird, muß, um dieses Unterschieds willen, Sinnlichkeit heißen." (Kant KrV: 90) Für Kant zeugt die intellektuelle Anschauung also von einer für die Vernunft elementaren Grenzverletzung; bildet sie einen Ausdruck, der von der Position Gottes träumen lässt. Für unsere äußeren Sinneseindrücke gilt, dass das für sie zuständige Raumapriori nur körperbezogene Verhältnisbestimmungen der Dinge erlaubt; das innere Betriebsgeheimnis derselben uns folglich verschlossen bleibt. Nichts anderes gilt für die nach innen gerichteten, zeitbasierten Sinnesempfindungen. Kündigt sich deren Vorrangstellung zwar schon dadurch an, dass sie im Unterschied zu jenen unter den Singular des inneren Sinns fallen, kann auch diese asymmetrische Verhältnisbestimmung der Anschauungsformen nicht über die durch sie bedingte irreduzible Selbstentzogenheit hinwegtäuschen. Um uns selbst im emphatischen Sinne anzuschauen („bloße Selbsttätigkeit“), müssten wir die „Verhältnisse des Nacheinander-, des Zugleichsseins“ (ebd., 90), die das innere Zeitbewusstsein charakterisieren, außer Kraft setzen können. „[D]ie Theorie von der Idealität des äußeren sowohl als inneren Sinnes“ (ebd., 89) widerlegen, läuft nach Kant so auf die (vorkritischen) Alternativen eines träumenden bzw. schwärmenden Idealismus hinaus. D.h., die radikale Verleugnung der Dinge mit solipsistischer Konsequenz hier, die Rehabilitierung der alten Wahrheitsdefinition mit göttlicher Tendenz dort. „Wenn es aber ein in der Tat verwerflicher Idealism ist, wirkliche Sachen, (nicht Erscheinungen) in bloße Vorstellungen zu verwandeln, mit welchem Namen will man denjenigen benennen, der umgekehrt bloße Vorstellungen zu Sachen macht? Ich denke, man könne ihn den träumenden Idealism nennen, zum Unterschied von dem vorigen, der der schwärmende heißen mag.“ (Kant Prol: 54) Indem wir das Ding an sich selbst nicht unter ontologischen, sondern methodologischen Gesichtspunkten einführen, so dagegen die Vernunftkritik, steigen wir aus dem Vernunftintellektualismus aus, der einen nur graduellen Unterschied zwischen der nur verworrenen Erkenntnis unserer Sinne und der klaren unserer Verstandestätigkeit propagiert.[41] D.h., durch den von uns gehobenen radikal unterschiedenen „genetischen […] Ursprun[g] der Erkenntnis selbst“ (ebd., 50), wird einsichtig, warum der Idealismus fast schon notorisch verdächtig ist, „nach Seifenblasen zu haschen.“ (ebd., 53) „Der eigentliche Idealismus hat jederzeit eine schwärmerische Absicht, und kann auch keine andre haben, der meinige aber ist lediglich dazu, um die Möglichkeit unserer Erkenntnis a priori von Gegenständen der Erfahrung zu begreifen, welches ein Problem ist, das bisher noch nicht aufgelöset, ja nicht einmal aufgeworfen worden. Dadurch fällt nun der ganze schwärmerische Idealism, der immer […]

41 „Der Begriff des Dinges an sich“ so Otfried Höffe, „hat mancherlei Mißverständnisse hervorgerufen. Er ist ein methodischer und, anders als häufig angenommen, kein metaphysischer Begriff […]. Dieses subjektunabhängige Moment, ohne das keine Erkenntnis möglich wird, ist als solches vorauszusetzen, ohne daß man es irgendwie näher bestimmen könnte. Für die theoretische Vernunft ist das Ding an sich ‚bloß ein Grenzbegriff.“ (Höffe 2000: 133)

aus unseren Erkenntnissen a priori (selbst der Geometer) auf eine andere, (nämlich intellektuelle) Anschauung als die Sinne schloß, weil man sich gar nicht einfallen ließ, daß Sinne auch a priori anschauen sollten." (ebd., 160) So dürfte Schiller ganz im Sinne Kants urteilen, wenn er Goethe über Fichte wissen lässt: „Die Welt ist ihm nur ein Ball, den das Ich geworfen hat, und den es bey der Reflexion wieder fängt!! Sonach hätte er seine Gottheit wirklich declariert, wie wir neulich erwarteten." (Schiller zit. n. Schäfer 2006: 32) Private Worte, die Schäfer zufolge ihren wahren Adressaten allerdings erst in Schelling erreichen. Erst mit der spinozistischen Substanz soll die „vollständige Erfülltheit mit aller positiven Vollkommenheit" (ebd., 32) in das absolute Subjekt einziehen, die Schiller hier schon Fichte vindiziert.

Für Schelling selbst scheint die vorreflexive Existenzgewissheit des ‚Ich bin' hingegen nicht zwingend an ein intuitionistisches Postulat gebunden. Über das Ich, von dem „noch ein anderes Prädikat als das des Selbstbewußtseyns zu verlangen [widersinnig, S.S.] ist" (Schelling IdW: 158), lässt sich für ihn zumindest ein „apagogischer Beweis" (ebd., 160) erbringen. Im Ich zeigen sich für ihn die Extreme *mitten* im Streit versöhnt. Diese durch die Einheit differenter bestimmte Struktur der Subjektivität erschließt sich Schelling insbesondere über seine naturphilosophisch angelegte Geistkonzeption. Selbst als „ewiges Werden" bestimmt, schaltet sich derselbe danach je unter alle festgewordenen Gegensätze. Im Ich als der erreichten „individuellen Natur", gelangt er, der durch „die todte Materie" nicht weniger als durch die höhere Wissensorganisation der „Idee einer lebendigen Natur" hindurchgreift (ebd., 159), dann vor sich selbst. Ein erster Schritt in Richtung dieser Selbstläuterung wäre also geleistet, sobald wir die für das metaphysische Denken grundbegrifflichen Oppositionen (Endlichkeit/Unendlichkeit, Tun/Leiden) aus der Ver-rückheit des Ich begreifen. Aus dem Ich gedacht, bringt uns das überlieferte Diktum der „ältesten Philosophie": „[v]om Unendlichen zum Endlichen – kein Übergang" (ebd., 159), dem höher gelegenen spekulativen Standpunkt näher, von dem aus dann alle realen Subjekt/Objekt-Verhältnisse auf das präreflexive Selbstbewusstsein (Subjekt-Objekt) zurückgeführt werden können. Aus Sicht Schellings stellt das alte Diktum also darum kein Problem dar, weil es selbst dieses Übergehen ist; gleichsam auf individueller

Ebene die Moderne als Zeit des (permanenten) Übergangs abbildet (vgl. ebd., 160).

Lässt sich die Beschaffenheit der Subjektivität demnach auch nicht direkt einsehen, so doch wenigstens indirekt nachvollziehen. Andernfalls wäre diese unbegreifliche Gleichursprünglichkeit, die sich nicht in den Problemlagen der ‚Verendlichung des Unendlichen' verfängt, wohl auch kaum mitteilbar. Im intentionalen Bewusstsein, so Schelling, sind Tun und Leiden, die dort noch vereinigt sind, auseinandergetreten. Von diesen beiden in der Spontaneität des Denkens hinterlegten Fähigkeiten her geht uns somit das Subjekt-Objekt auf, das das auf Subjekt und Objekt verteilte Tun und Leiden insgeheim signiert. „[A]lles äußere Daseyn [entspringt, S.S.] erst aus der geistigen Natur." (ebd., 161) Leiden entpuppt sich der Analyse nach so weniger als ein Zustand passiven Erleidens, denn als „negative Tätigkeit". D.h., als Rückbezüglichkeit, durch die es uns überhaupt erst möglich wird, uns selbst zu thematisieren; unsere nach außen gerichtete Tätigkeit von unserer nach innen gerichteten abzuheben. Dieses schon geschehene Herausgetretensein aus der spekulativen unmittelbaren Selbstbeziehung, in der „Thätigkeit und Leiden" zusammengefasst sind, ist es also, das hinter den Tücken der Selbstbeobachtung steht. Womit sich der Abstand zu reflexionsphilosophischen Ansätzen für Schelling also nicht zuletzt über den Geist bestimmt, der „indem er sich selbst anschaut" sich nicht „zugleich von sich selbst unterscheiden" kann (ebd., 161).

Was von den Anhängern des Reflexionsmodells demnach nicht recht bedacht wird, ist das dialektische Verhältnis von Reflexion und Abstraktion. „[A]us der Anschauung heraustreten [...] können wir nicht anders, als inwiefern wir vom Produkt unserer Anschauung abstrahieren." (ebd., 162) Und in Parenthese: „Dieß Vermögen zu abstrahieren ist bloß dadurch begreiflich, daß wir ursprünglich frei, d. h. vom Objekt unabhängig sind. Ferner, da dieß Vermögen nur im Gegensatz gegen das Objekt, d. h. praktisch, geübt werden kann, so ist klar, daß in Ansehung der Intensität der Vorstellungen zwischen verschiedenen Subjekten ein Unterschied möglich – auch daß theoretische und praktische Philosophie ursprünglich gar nicht getrennt sind." (ebd., 162) Als das „frei[e] wiederholen", der zumeist unthematisch bleibenden „ursprüngliche[n] Handlungsweise [...] in der Anschauung" (ebd., 162), setzt die Reflexion also voraus, dass wir die ursprüngliche anschauliche Einheit auseinanderreißen können. „Jetzt erst durch unser Abstrahieren wird das Produkt unseres Handelns Objekt. Erst durch mein freies Handeln, insofern ihm ein Objekt entgegengesetzt ist, entsteht in mir Bewußtseyn. Das Objekt ist jetzt da, sein Ursprung liegt für mich in der Vergangenheit, jenseits meines jetzigen Bewußtseyns, es ist da, ohne mein Zutun." (ebd., 162) Behauptet Theodor W. Adorno den Vorrang des Objekts, könnte er dabei also an den jungen Schelling denken. Für ihn sind die beiden „wechselseitig durcheinander bedingt[en]" (Schelling ÜdU: 55) Pole jedenfalls in einem „höheren Bestimmungsgrund" (ebd., 56) hinterlegt.

Vollzieht man diese Reflexion, die zeigt, dass „der Begriff von Subjekt auf das absolute Ich leite[t]" (ebd., 59), hingegen nicht mit, stellt sich nach Schelling fast unweigerlich die sinnliche Auslegung der Anschauung ein (vgl. ebd., 164). Näher besehen soll die Vernunftkritik allerdings nur fordern, dass der Anschauung „eine Affektion unserer Sinnlichkeit" „vorangehen müsse." (ebd., 147) Damit wäre Kant selbst das Verkennen der spekulativen Identität von „Idealität und Realität" (ebd., 164) vielleicht weniger anzulasten, als seinen Interpreten. Indem diese den Seinsentzug, den er mit dem Ding an sich besiegelt, durch ihre rein formale Auffassung unserer Anschauungsformen als Behältern, die wir „schon fertig und bereit liegend mitbrächten" (ebd., 147), wieder rückgängig machen, so Schelling, lassen sie uns über „ein abenteuerliches System" (ebd., 164) nachdenken. Ein System, „das nie erklären" können wird, „wie denn das Ideale real, oder das Reale ideal geworden sey." (ebd., 164) So lässt sich der Parole ‚zurück zu Kant' also noch ein ganz anderer Sinn abgewinnen. Schon der asymmetrischen Verhältnisbestimmung von äußeren Sinnen und innerem Sinn wäre zu entlehnen, dass der Begriff der Anschauung keine bloße Rezeptivität bezeichnet. Noch bevor wir uns über den Formcharakter derselben auslassen, erkennen wir, dass in ihr je „mehr gedacht ist als der bloße Sinneseindruck." (Schelling GnP: 72) Vorausgesetzt, man lässt sich auf das geheimnisvolle Wirken der Einbildungskraft ein. „[D]ie ursprüngliche, transzendentale Synthesis der Einbildungskraft in der Anschauung", wäre „ein Ausdruck, den allein die Kantianer ihrem Meister nicht, wie jeden andern, nachsprechen." (Schelling IdW: 149) Gleichwohl leistet Kant für ihn mittels der Anschauungsformen durchaus essenzialistischen Lesarten des „Ding an sich" Vorschub. Zunächst der Raum. Dessen Apriori, so Schelling, geht mit der Suggestion einher, „dass das Wesen der Gegenstände außer uns an sich unräumlich und unsinnlich sei." (Schelling GnP: 72) Nicht weniger unklar bliebe im Rahmen dessen epistemischen Grenzziehung danach, „wie denn nun der an sich unräumliche Stoff [...] sich [...] zu jener Form des Raums bequeme." (ebd., 72) Kaum besser wäre es um die Zeit bestellt. Zwar räumt Kant ihr in Anbetracht ihrer sukzessiven Wesensart, aus der folgt, „daß eigentlich nicht einmal die sinnlich vorgestellten Dinge selbst, sondern nur die Vorstellungen, sofern wir sie durch den innern Sinn wahrnehmen, in der Zeit sind" (ebd., 73), die Vorrangstellung ein, verspielt diese „Unabhängigkeit von unseren Vorstellungen" allerdings gleich wieder, indem er das innere Zeitbewusstsein nicht unmissverständlich über den „an sich raum- und zeitlosen Grund unserer Anschauungen" (ebd., 73) expliziert. Am Ende wartet die transzendentale Ästhetik für ihn so mit „zwei reinen Unbegreiflichkeiten" (ebd., 73) auf. „Nämlich mit der unbegreiflichen Einrichtung des Vorstellenden in uns, das genötigt ist, das, was an sich außer allem Raum und außer aller Zeit ist, im Raum und in der Zeit vorzustellen, und mit jenem ebenso unbegreiflichen Außer-uns, von dem wir nicht wissen, weder was es ist, noch wie es auf uns wirkt." (ebd., 73)

Aus der von Kant getroffenen Form/Inhalt-Distinktion heraus, so Schelling also im Rückblick auf seine eigenen Theorieentwicklung, ließ sich weder das innere Zeitbewusstsein noch der Außenweltbezug erklären. Dabei hätte schon ein etwas längeres Verweilen bei Kants Schematismuskapitel genügt, um zu bemerken, dass er durch die Frage des ‚woher' der sinnlichen Eindrücke die menschliche Subjektivität keineswegs begrenzt. „Du siehst", so der mit Fichtes literarischem Ich in der *Bestimmung des Menschen* Zwiesprache haltende Geist, „sonach ein, daß alles Wissen lediglich ein Wissen von dir selbst ist, daß dein Bewußtsein nie über dich selbst hinausgeht, und daß dasjenige, was du für ein Bewußtsein des Gegenstandes hältst, nichts ist, als ein Bewußtsein deines Setzens eines Gegenstandes, welches du nach einem innern Gesetze deines Denkens mit der Empfindung zugleich notwendig vollziehst?" (Fichte BM: 72)

In diese Richtung soll also schon der Schematismus, diese „verborgene Kunst in den Tiefen der menschlichen Seele" (Kant KrV: 200), die als eine Dritte „vermittelnde Vorstellung" (ebd., 197) unsere Urteilskraft trägt, einen „Fingerzeig" (Schelling IdW: 147) geben. Beide Anschauungsformen somit bei Kant bereits als dialektisch vermittelte „Handlungsweisen des Gemüths" (ebd., 147) fassbar werden. Jede Rede vom Raum verweist auf dessen Begrenzung durch die Zeit. Von dieser her wird er, der „ursprünglich unendlich ist" (ebd., 148) konturiert. Umgekehrt wird die Zeit, die an sich als Negativfolie räumlicher Ausdehnung einem „mathematischen Punkt" (ebd., 148) gleicht, durch diesen erst in ihrer Eindimensionalität, welche „unter dem Bild einer geraden Linie" (ebd., 148) vorgestellt wird, erfahrbar: „Ohne Zeit ist das Objekt formlos, ohne Raum ausdehnungslos." (ebd., 148) So spiegeln sich in den Anschauungsformen anscheinend die kategorialen Bezüge (Realität/Negation) der beiden ersten Grundsätze der Wissenschaftslehre. „Nun ist Bestimmung, Grenze, Schranke etwas ursprünglich Negatives. Dagegen Sphäre, Ausdehnung u. s. w. ursprünglich positiv. Also, weil Raum und Zeit Bedingungen der Anschauung sind, so folgt, daß Anschauung überhaupt nur durch zwei absolut entgegengesetzte Thätigkeiten möglich ist." (ebd., 148.) Wäre dies begriffen, sollte klar sein, dass der kantische Lehrsatz über die Idealität unserer Anschauungsformen keine bloß formale Lesart erzwingt. Denn um an dessen materialen Gehalt zu gelangen, muss jetzt lediglich die Vorrangstellung des inneren Sinns neugefasst werden. D.h., aus den in der produktiven Einbildungskraft verankerten transzendentalen Zeitbestimmungen heraus (re-)formuliert werden, wonach das Ja des Raumes und das Nein der Zeit auf in der Anschauung vereinigte „entgegengesetzte Thätigkeiten" (ebd., 149) verweisen. „Die eine derselben wird positiver Art, die andere negativer Art sein. Die letztere nun, was wird sie anders seyn, als das, was Kant als die von außen auf uns wirkende Thätigkeit bezeichnet? Die erstere aber offenbar diejenige, die er in der Synthesis der Anschauung als geschäftig annimmt [...]. Und so ist es sonnenklar erwiesen: das Objekt sey nicht Etwas, was uns von außen, als ein solches gegeben ist, sondern nur ein Produkt der ursprünglichen geistigen Selbstthätigkeit, die aus entgegengesetzten Thätigkeiten ein drittes Gemeinschaftliches schafft und hervorbringt." (ebd., 149)

6.4.2 Überstieg in das ganz Andere

Illustrieren lässt sich Schellings Analyse vielleicht anhand von Fichtes Bestimmungsschrift. Gleich zu Beginn des zweiten Kapitels erfahren wir hier hinsichtlich des Übergangs von einem außen- zu einem innengeleiteten Gegenstandsbewusstsein, dass wir nie ‚überhaupt' empfinden oder wahrnehmen. Dass uns die Gegenstände der Sinneswahrnehmungen vielmehr immer als *bestimmte* gegeben sind. Womit sich die Unmittelbarkeitshypothese „es sind Gegenstände außer mir" also „auf die, ich sehe, höre, fühle, u.s.f. [stützt S.S.]." (Fichte BM: 46) Bereits hier erscheint die Annahme purer Rezeptivität also äußerst fragwürdig. Äußert sich das absolute Subjekt demnach schon durch den bestimmten äußeren Sinn in Form des Selbstgefühls. „Du bist dir sonach das Sehende im Sehen, das Fühlende im Fühlen; und indem du das Sehen dir bewußt bist, bist du dir einer Bestimmung, oder Modification *deiner selbst* bewußt." (ebd., 47) Die erste Dialogphase gilt denn auch als abgeschlossen, da Fichtes literarisches alter ego die Vorrangstellung des Inneren Sinns nicht nur in sich selbst *erzeugt* hat, sondern diese innere, nur indirekt mitteilbare Zustandsgewissheit auch spekulativ ausdrückt: „ich bin mir *meines Sehens oder Fühlens der Dinge* bewußt." (ebd., 48) In einem zweiten Schritt wird dieses Selbstbestimmen auf Ebene des Selbstgefühls in Richtung der sukzessiven Wesensbestimmung der Zeit präzisiert. Die Eigenschaftszuschreibungen, die wir hinsichtlich der Dinge vornehmen, so Fichte, lassen sich weder über pragmatisch-praktische oder symbolisch-vermittelte Interaktionsbeziehungen noch über kognitive Fähigkeiten ergründen. Viel eher als durch Erfahrung und Denken wird das, „[w]as Sache der Empfindung ist" (ebd., 49), samt der darin beschlossenen vordiskursiven Unterscheidungsleistung über das Zugleich und Nacheinander der inneren Zeiterfahrung begreiflich. „Gegenstände unterscheide ich erst dadurch, daß ich meine eignen Zustände unterscheide. Daß diese bestimmte Empfindung mit dem völlig willkürlichen Zeichen rot, und jene mit dem Zeichen blau, [...] bezeichnet werde, kann ich lernen; nicht aber, daß, und wie sie als Empfindungen unterschieden seien. Daß sie verschieden sind, weiß ich schlechthin dadurch, daß ich von mir selbst, weiß, daß ich mich fühle, und daß ich in beiden mich anders fühle [...] diese Unterscheidung der Gefühle ist eine unmittelbare, keinesweges eine erlernte und abgeleitete Unterscheidung.“ (ebd., 50) Der sukzessiven Wesensbestimmung der Zeit gemäß, entsteht uns demnach auch der dreidimensionale Raum durch einen im Verborgenen liegenden geistigen Mechanismus. Durch ein Konstruktionsverfahren, das letztendlich als in der Einbildungskraft hinterlegt gedacht werden muss. Wonach also das, was wir in der Mathematik, resp. Geometrie anschauen, wir selbst sind. Sich somit nicht zuletzt aus diesem freien Nachvollzug der ursprünglich notwendigen Handlung ihr hohes Ansehen erklärt. Nachdem der Geist das Ich auf diesem Weg dahin gebracht hat einzugestehen, dass weder eine Art synästhetischer Hypothese noch eine von der unmittelbaren Leiberfahrung ausgehende Analogiehypothese hinter die zweidimensionale Gegenstandserfahrung führt, ruft dieses denn auch verzweifelt aus: „Es ist genug. Ich sehe schon klärlich ein, daß ich die Flächen-Ausdehnung der Eigenschaften an den Körpern weder sehe, noch fühle, noch durch irgend einen andern Sinn fasse: ich sehe ein, daß es mein beständiges Verfahren ist, zu *verbreiten*, was doch eigentlich in der Empfindung nur ein Punkt ist; *nebeneinander* zu stellen, was ich doch eigentlich *nacheinander* setzen sollte, indem in der bloßen Empfindung schlechthin kein Nebeneinander, sondern nur ein Nacheinander stattfindet. Ich entdecke, daß ich in der Tat eben so verfahre, wie der Geometer mich seine Figuren construieren läßt, und den Punkt zur Linie, die Linie zur Fläche ausdehne.“ (ebd., 56) Auf ganz ähnliche Weise wird auch das substanzielle, das wir den Dingen unterschieben, erzeugt. Nämlich, indem wir einem gewissen atomistischen Trugschluss („die Teilung ins Unendliche“) erliegen. D.h., die „Verbreiterung“ auch ins Innere der Dinge hinein vornehmen, und dabei nicht von der Überzeugung ablassen, doch noch zu dessen Wesenskern durchzudringen. Unsere Vorstellung vom Raum mitsamt den Dingen in ihm also aus dieser doppelten Anknüpfung an unsere innere Zustandsgewissheit entspringt (vgl. ebd., 59). Wobei das scheinbar von uns unabhängige ontologische Gewicht der Dinge ihnen durch den Satz des Grundes verliehen wird. Dessen Logik sorgt quasi dafür, dass wir nicht in der Innerlichkeit der Empfindung verharren. D.h., dass, „[i]ch empfinde in mir selbst, nicht im Gegenstande, denn ich bin ich selbst, und nicht der Gegenstand; ich empfinde sonach nur mich selbst, und meinen Zustand, nicht aber den Zustand des Gegenstandes“ (ebd., 51), in Richtung eines vermittelten, insgeheim durch die schöpferische Einbildungskraft getragenen Wissens von den Dingen verlassen. „Nennen wir von nun an dieses zweite, zufolge eines anderen angenommene Wissen ein *vermitteltes*, und das erste das *unmittelbare* Wissen. – Eine gewisse Schule nennt das so eben beschriebene Verfahren, inwiefern wir es nämlich beschrieben haben, eine Synthesis; wobei du dir wenigstens hier nur kein *Verknüpfen* zweier schon vor dem Verknüpfen vorher vorhandenen Glieder, sondern ein *Anknüpfen*, und Hinzutun eines ganz neuen, erst durch das Anknüpfen entstehendes Gliedes, an ein anderes, unabhängig von demselben vorhandenes, zu denken hast." (ebd., 65)

Fichtes „Bestimmung" zufolge sollten die Schwierigkeiten mit dem ‚unbegreiflichen Außer-uns' also verschwinden, sobald wir der Rolle der Einbildungskraft nachgehen. D.h., die stabilisierende und ordnende Funktion mitberücksichtigen, durch die die Verstandesschemata Anschauung und Begriff vermitteln. Folgen wir Höffe, gehört diese Leistung der Verstandesschemata unmittelbar zu den „Folgelasten" der „Neubewertung der Sinnlichkeit" (Höffe 2004: 150), die Kant vornimmt. Seit den Tagen Jacobis, so derselbe, gehört diese Leistung zu den mithin umstrittensten Theorieelementen der Vernunftkritik. Für ein drittes Vermögen, so lautet danach einer der zentralen Einwände, lasse der deduktive Anspruch, der eine „vollständig[e] Korrelativität" der beiden Erkenntnisquellen behauptet, keine theoretische Leerstelle offen. Für andere wiederum soll „der Schematismus seine doch unverzichtbare Aufgabe [...] so gut [lösen, S.S.], daß das vorangehende Lehrstück, die transzendentale Deduktion, überflüssig wird." (ebd., 151) Nach Höffe greifen beide Einwände jedoch nur unter einer „doppelten Voraussetzung" (ebd., 151). Danach müsste Kant die Urteilskraft a) als gleichwertiges Vermögen einführen und b) die transzendentale Deduktion damit für abgeschlossen erachten. Hinsichtlich des zuletzt genannten Punkts genügt laut Höffe bereits der Verweis auf die Aufgabe der Grundsätze, um zu verdeutlichen, dass den „reinen Elementen" an dieser Stelle des Argumentationsganges der Vernunftkritik noch nicht die unterstellte „Objektivität" nachgewiesen wird. In Rücksicht auf die Verstandesschemata zeigt sich zudem, dass der Verstand anders als die reine Anschauung mit zwei synthetischen Apriori zu kämpfen hat. Nämlich, „außer den Kategorien" auch mit der „transzendentale[n] Apperzeption" (ebd., 152). So gibt sich die transzendentale Deduktion aus dieser Perspektive als noch nicht abgeschlossen zu erkennen. „Die ‚Deduktion' zeigt nur, *daß* sich reine Begriffe auf sinnliche Anschauungen beziehen, aber nicht, *wie* die Kategorien, also reine Gedankendinge, trotzdem auf die Sinnlichkeit angewendet werden können." (ebd., 152) Bezogen auf die Annahme, dass es sich bei der Urteilskraft um eine „dritte Grundquelle" handelt, soll wiederum der Hinweis darauf genügen, dass diese „nicht als eine Erkenntnisquelle, sondern nur als ein Erkenntnisvermögen" (ebd., 153) eingeführt wird. Angemessen diskutieren lässt sie sich nach Ansicht Höffes hingegen als „subsidiäre Kraft". Durch die Bezeichnung wird zunächst zum Ausdruck gebracht, dass sie keineswegs einfach die Mitte zwischen Anschauung und Begriff hält. Die Platzierung der Urteilskraft „innerhalb der Theorie des Verstandes zeigt [...], daß sie lediglich zum Verstand nicht auch zur Sinnlichkeit subsidiär ist." (ebd., 153) Während nun für unseren empirischen Selbst- und Weltbezug im weitesten Sinne das Beispiel den unentbehrlichen Gängelwagen der Urteilskraft darstellt, können wir dessen Hilfestellung unter transzendentalen Gesichtspunkten entraten. Die Frage, die uns aus dieser Perspektive vielmehr bedrängt ist die, was wir uns unter reinen „anschauliche[n] Begriffe[n] als auch begriffliche[n] Anschauungen" (ebd., 154) denken sollen. Bezogen auf unsere versinnlichten Begriffe lässt sich deren subsidiäre Funktion gut nachvollziehen. Die Vermittlungsleistung der Verstandesschemata bezieht sich allein auf unsere Verstandesbegriffe. Unsere Rezeptivität bleibt davon ausgenommen. Allein über die von ihr vorausgesetzte Rezeptivität soll die Spontaneität des Denkens Objektivität erlangen können. Die an die Anschauungsformen gebundenen Schemata realisieren und begrenzen zugleich die ohne sie „reine Denkformen" bleibenden Verstandesbegriffe (vgl. ebd., 155). So korrespondiert der innerlichen Unbeflecktheit derselben danach der innere Sinn. Einerseits. Andererseits gewinnt das „bloße Nacheinander und Zugleich" „der transzendentalen Anschauungszeit" (ebd., 155) erst durch diese Rückbindung an den Verstandesbegriff den Charakter einer „begrifflich strukturierte[n] Zeit." (ebd., 155)

Wäre hiermit also auch die zweite Bedingung des transzendentalen Urteils, die „begriffliche Anschauung" erfüllt? Wohl nicht für Schelling. „In der Spekulation, so derselbe, „mag man das Schema vom Begriff trennen, in der Natur (unseres Erkennens) sind sie nie getrennt."

(Schelling IdW: 151) Schelling könnte also einwenden wollen, dass sich die Bestimmung als unterstützende dritte Kraft noch nicht genügend von dem „Hirngespinst, das unsere Philosophen so lange gequält hat – ich meine die Dinge an sich" (ebd., 149) losgemacht hat. Weder scheint für ihn am Leitfaden der ‚Korrelativität' eine überzeugende Verhältnisbestimmung der beiden Erkenntnisquellen zu gelingen, noch scheinen die Systemteile der Deduktion und Urteilskraft für ihn im angegebenen Sinn miteinander zu konkurrieren. Stattdessen muss für ihn das reine Anschauen wohl aus der (theoretischen) Fluchtpunktperspektive der intellektuellen Anschauung begriffen werden. „Begriff ohne Versinnlichung durch die Einbildungskraft ist ein Wort ohne Sinn, ein Schall ohne Bedeutung. Jetzt erst, indem das Gemüth Gegenstand und Umriß, Reales und Formales einander entgegensetzen, eines auf das andere beziehen, vergleichen, zusammenhalten kann, entsteht zuerst Anschauung mit Bewußtseyn, und die feste, unerschütterliche Überzeugung in ihm, daß etwas außer ihm und unabhängig von ihm wirklich sey." (ebd., 151) Dagegen bezeichnet die über die Schemata realisierte begriffliche Anschauung für Höffe einen Übergang. Nämlich den Schritt von der „transzendentalen Anschauungszeit in die transzendentale Erfahrungszeit" (ebd., 155 f.) und zwar als „notwendigen Zwischenschritt" (ebd., 156) zum vulgär-physikalischen Zeitmaß. Hierauf also scheint Schelling zu erwidern, dass die Mitte aus der ursprünglichen Antinomie der menschlichen Subjektivität gedacht werden muss. Folglich auch die Anschauungsformen auf die drei Grundsätze des menschlichen Geistes zurückzuverfolgen sind. Für den inneren Sinn, „darstellbar" durch das Bild einer „immerfort verlängerte[n] Linie", gilt jedenfalls, dass dieser nur im Rückgriff auf eine dahinter liegende metaphysische Zeitauffassung, „gedenkbar" ist (ebd., 93). Für Schelling sind beide Formen der Rezeptivität also nur in Wechselbestimmung zu haben. Deuten die beiden sich widerstreitenden ästhetischen Apriori somit in Richtung des dritten sie limitierenden Grundsatzes. Dass wir auch hier auf kein Außen verwiesen sind, darüber soll uns dabei etwa der Abstand, den die Ewigkeit zur Dauer unterhält, aufklären. Während jene die Unendlichkeitssignatur der Subjektivität wiederholt, zielt diese für Schelling auf die erfahrungskonstitutive Einschränkung, die dieselbe erfährt. „Aeternitas ist Seyn in keiner Zeit" (Schelling ÜdU: 92). In diesem Sinne ist das Ich zeitlos: „die Form […]

intellektueller Anschauung ist Ewigkeit". Folglich hat das Ich „gar keine Dauer. Denn Dauer ist nur in Bezug auf Objekte denkbar"; als durch „die transcendentale Einbildungskraft" getragene Fortbildung des Nicht-Ichs „in bestimmter Zeit" in das „Daseyn zu aller Zeit." (ebd., 92 f.) Aus Schellings Perspektive gestaltet sich der Übergang also als Ich-immanente Ausdifferenzierung. Mit anderen Worten, vom Unendlichen zum Endlichen findet gar kein Übergang statt. „[N]ach dem kritischen System [...] ist das Ich alles; es befaßt eine unendliche Sphäre, in welcher sich endliche Sphären (durchs Nicht=Ich beschränkt) bilden, die gleichwohl nur in der unendlichen Sphäre und durch sie möglich sind, auch alle Realität nur von dieser und in dieser erhalten." (ebd., 105)

Wenn Kant von der Modifikation unserer Sinnlichkeit spricht, muss er demnach nicht zwingend von der idealistischen Grundforderung abrücken, dass das Ich „die Data, die absolute Materie der Bestimmungen alles Seyns, aller möglichen Realität enthalten [soll, S.S.]." (ebd., 77) Für Kant bezeichnet das ‚Ding an sich selbst' einen Grenzbegriff. Das „subjektunabhängige Moment" (Höffe 2000: 133), das alles Erkennen voraussetzen muss, ohne diesen „unbestimmten Grund der Empfindung" (ebd., 133) jemals einholen zu können. Die Grenze markiert demnach weniger Ende denn Anfang der Subjektivität. Dessen Nachfolger scheinen hingegen schon durch den Wortsinn des „Ding an sich selbst" fehlgeleitet. D.h., allzu rasch über das Spannungsverhältnis, das zwischen dem Ding wie dem Reflexivpronomen (Selbst) herrscht, hinwegzufliegen. So wie sie das Ding an sich selbst auslegen, so Schelling, müssten wir uns geradezu an eine selbstwidersprüchliche Letztauskunft über Ich und Welt gewöhnen. „Es ist in der Tat kaum glaublich, daß solch eine widersinnige Zusammenfassung von Dingen, die, aller sinnlichen Bestimmung beraubt, dennoch als sinnliche Dinge wirken sollen, je in eines Menschen Kopf gekommen sey." (Schelling PdN: 271). An der Stelle, da sie also ihre transzendentalen Geltungsansprüche behaupten müssten, herrscht für ihn also nicht von ungefähr „tiefes Stillschweigen." (ebd., 272). Denn aus der Perspektive ihrer konstruktivistischen Behältermodellvorstellung von Stoff und Form lässt sich unmöglich die gesuchte unbestechliche Transformationsregel angeben. So dass die entscheidende Frage „[w]ie es zugehe, daß Dinge überhaupt vorgestellt werden" (ebd., 272), von ihnen zwingend unbeantwortet bleiben muss. Kant hingegen könnte das Ding an sich selbst aus dem Nicht-Ich verstehen, das Fichte, analog zum ersten Grundsatz der Wissenschaftslehre, unter der zweiten logischen Elementarregel hervorzieht. D.h., der ihr gemäßen Kategorie der Negation gleichsetzen und als eine Denkbestimmung behandeln, der als solches kein Jota Realität zukommt. Für Schelling stellt sich jedenfalls die Frage, ob das „Ich denke" als oberste Stiftungsinstanz des gesuchten einheitlichen Weltbilds nicht offen das Ding an sich als sich „widersprechende Idee" denunziere? (Schelling ÜdU: 100) Für Kant selbst erklärt sich die Hartnäckigkeit dieses „Dings", das den erfahrungskonstitutiven Fakultäten unverfügbar vorausliegen soll und sich doch nur durch diese äußert, allein aus der strikten Trennung von Innen und Außen. Dem, wie Schelling schreibt, von ihm „durchgängig beobachteten Herablassungssystem" (ebd., 101). Für uns hingegen, die inzwischen gewillt sind, die Brille der christlichen Metaphysik (wieder) aufzusetzen, zeichnet sich in diesem der philosophische Gehalt des Erbsündenmotivs ab. In Gott als entpersonalisiertem Leitgedanken spricht sich die coincidentia oppositorum aus, die wir durch „[s]elbsterrungenes Anschauen" (ebd., 106) immer nur aufsuchen können. Während die sinnliche Anschauung uns also auf unsere endliche Seite hin thematisiert, erschließt sich uns über diese die unendliche Aufgabe, die unsere Selbstvergewisserungsanstrengungen speist. „Man sagte wohl auch sonst, es sey Schuld der Schwäche der menschlichen Vernunft [...] daß wir die Dinge an sich nicht erkennen, man könnte noch eher sagen, die Schwäche liege darin, daß wir überhaupt Objekte erkennen." (ebd., 101)

Demnach wäre Schelling also zu keinem Zeitpunkt seiner Karriere bloßer Parteigänger der Wissenschaftslehre. Fichte beansprucht, über die Vernunftdualismen hinauszugelangen, indem er alles Bestimmen aus einem „bestimmten Unbestimmten" denkt und entwickelt. Über diese auf die Kategorie der Limitation führende Vermittlung der Extreme wie den damit verbundenen Systemgedanken schreibt Schelling: „Um es [das Nicht-Ich, S.S.] nämlich in sich setzbar zu machen [...] ist das Ich schlechthin genöthigt, ihm seine Form, die Form des Seyns und der Realität, der Unbedingtheit und der Einheit mitzutheilen. Dieser Form aber widerstrebt die Form des ursprünglich entgegengesetzten Nicht=Ichs; mithin ist die Uebertragung der Form des Ichs an das

Nicht=Ich nur durch Synthesis beider möglich, und aus dieser übergetragenen Form des Ichs, der ursprünglichen Form des Nicht=Ichs, und der Synthesis dieser beiden entstehen die Kategorien, durch welche allein das ursprüngliche Nicht=Ich Realität erhält (vorstellbar wird), eben deswegen aber aufhört, absolutes Nicht=Ich zu seyn." (Schelling ÜdU: 79 f.) Und doch ist dessen Lesart der intellektuellen Anschauung, anders als dem ‚Oßmannstedter Ich' (Goethe), der Überstieg in das ganz Andere eingeschrieben. Schellings Ich behandelt Freiheit „wesentlich als spekulativ-theologisches Problem." (Schulz 1981: 41) Ich und Welt werden von ihm auf ein gegensatzloses Absolutes verwiesen, in dessen differenzloser Nacht, wie Hegel sagt, alle Kühe schwarz sind (vgl. Hegel PhG: 22). Der von Schelling scheinbar nur wiederholte Tenär, darauf zielt Hegels Spitze, zeigt sich näher besehen von einem Dualismus durchzogen, der letztlich mit seinem eigenen Theorieanspruch unvereinbar ist. Schellings Ich kämpft mit „zwei Dimensionen, die nicht miteinander vermittelt sind: unsere Welt der Gegensätze und darüber eben das reine Absolute, indem es keine Unterschiede gibt." (Schulz 1981: 42) Durch dieses „Vermittlungsproblem" übt er gleichsam a priori Kritik am Diktum der Unhintergehbarkeit des Ichs. Während also Fichtes Setzungssemantik erklärt, dass das Ich den „Anfang seiner selbst gar nicht mehr einholen" kann, vielmehr „immer schon Ich [war, S.S.]" (Schäfer 2006: 32), zeigt er sich durchaus offen gegenüber dem Gedanken der causa sui.

6.5 Innere und äußere Reflexion

Fichtes Subjektanalyse, so sahen wir, begibt sich hinter die Vorstellung. Wobei der Begriff der Vorstellung solange unvollständig verstanden bleibt, als er nur auf das unmittelbar sinnlich Präsente bezogen wird. Der Begriff umfasst gerade auch das, was „als Erinnerung im Gedächtnis oder als Antizipation der Einbildungskraft" (Asmuth 2012: 13 f.) vorkommt.[42] Über die Diskussion mit Reinhold sollen sowohl dessen

42 „Vorstellungen", so Janke, „das sind die körperhaften Dinge, deren Eigenschaften, logische, mathematische Sachverhalte, aber auch Phantasiegebilde, Stimmungen, Strebungen, Gefühle usw. Und jegliche Vorstellung fällt aus dem Ganzen, der Welt, als Welthaftes in den Blick." (Janke 1970: 7) Dieser zuletzt genannte Zug der Vor-

drei relationalen Strukturmomente (*vor-stellen*, *vor*-stellen, vor-*ge*stellte) wie die damit verknüpften Welthinsichten auseinandergelegt werden. Wie müssen wir den schier übermächtigen ‚Außenweltcharakter', die ‚Faktizität' und ‚Allgemeinheit' (vgl. ebd., 14) verstehen, die wir mit der Vorstellung verbinden? Fichtes Antwort: „Die Vorstellung ist in uns, ist Teil einer in sich differenzierten Innenwelt. Die Außenwelt ist daher eine Außenwelt in uns. [...] Die Realität liegt nicht mehr in der Außenwelt, sondern wir selbst sind es in der höchsten Potenz unserer Subjektivität." (ebd., 14) Erkennen und Handeln, so dessen in nicht-sinnlicher Anschauung hinterlegter Entwurf, speisen und legitimieren sich aus der (unendlichen) praktischen Aufgabe, in die wir unserer Selbstvergewisserung nach als moralisch-geistige Wesen gestellt sind. Fichtes Begriff von Handlung geht auf das „Am-Werke-Sein des Vorstellens" zurück (Janke 1970: 71). Mit dieser Kennzeichnung des transzendentalen Grundbegriffs (und damit auch deren Anschauungsweise) wendet sich Janke nicht zuletzt gegen das wirkmächtige Fichtebild, das dessen Mitstreiter von ihm gezeichnet haben. Folgen wir dessen Analyse, führt Fichte die intellektuelle Anschauung als Problembegriff ein. Während das Anschauen den Unmittelbarkeitscharakter unseres wissenden Selbstvollzugs prononciert, blickt die darin hervortretende Intelligenz auf dessen (moralisch-)praktischen Richtungssinn. Einerseits. Durch den Begriff zurückgewiesen wird damit also auch der im Kontext der Fichte zeitgenössischen Kantdiskussion propagierte Rückschritt im Namen von *Glauben* und *Gefühl*. So reflektiert Fichtes intellektuelle Anschauung nach Janke also auf die Lücke, die zwischen dem Ich als verschwindendem Vermittler und der personalen Identität des moralischen Sollens aufklafft. „Die unmittelbare, nicht sinnliche Anschauung meiner selbst als absoluter Tätigkeit im Medium des Sittengesetzes, das ist die intellektuelle Anschauung." (Janke 1970: 18) Das Problembewusstsein, das in den Begriff Eingang findet, wird demnach insbesondere durch dessen erkenntniskritische Stoßrichtung deutlich. Danach nimmt die Arbeit am Begriff ihren Ausgang von einer gleichsam habituell gemachten Anschauung. Als solche trennt sie dann nur der methodisch kontrollierte Nachvollzug von der *inneren*

stellung, die Dinge Außer- und Nebeneinander zu stellen, wird mitunter die Fichtekritik motivieren.

Reflexion, die das Selbstbewusstsein bestimmt. Begriff und Sache der *äußeren Reflexion* zeigen sich so durch eine Selbstbezüglichkeit gekennzeichnet, die sie (zunächst) an die Theorieoptik der Wahrscheinlichkeitsaussagen delegiert. D.h., insofern „Philosophie Reflexion der Reflexion [ist, S.S.]" (ebd., 14), wiederholt sie auf fundamentaler Ebene die „Reflexionshaltung" (ebd., 2) formallogischer Sachbezüge; insofern sie sich hinsichtlich der Übereinstimmung zwischen Begriff (Darstellung) und Sache (Dargestellten) skeptisch äußert, wendet sie sich zugleich jedoch gegen die Zerstörung des „ursprünglichen Bezug[s] von Denken und Sein" (ebd., 6) und zwar durch „das formelle Denken des Denkens" (ebd., 6). In erster Linie blickt Fichtes intellektuelle Anschauung für Janke somit weniger auf zwei alternative Denkansätze, denn auf die im Zuge der nachkantischen Kontroverse immer deutlicher sich abzeichnende abgründig-haltlose Reflexionsdynamik, die alles Wissen erfasst. Dessen Analyse nach mündet Fichtes Ich also keinesfalls zwingend in jene „wirklichkeitslos[e] und existenzfern[e] Subjektivität" (Janke 1970: X) ein, die zuletzt unter dem von ihr ungelösten praktischen Widerspruch von Sollen und Sein ächzt. Aus problemorientierter Perspektive zeigt sich anscheinend vielmehr die doppelte Verknappung, die diese Gesamteinschätzung trägt. D.h., weder bildet die Grundlegung das Ganze „des Fichteschen Denkens" (ebd., X), noch darf die Sollen/Sein-Differenz praktischer Vernunft als unübersteigbare Letztauskunft ausgegeben werden. In der Retrospektive wäre Fichtes Denken also eine Forschungskontinuität zu vindizieren, die ihm nicht zuletzt durch seine beiden Mitstreiter aberkannt wurde.[43]

Damit lässt sich für ihn dessen Suchbewegung wohl auch kaum als Wiederholung des Spinozismus auf kantischen Boden etikettieren. Unterschlagen wird aus der Perspektive wohl vor allem der dezidierte Endlichkeitscharakter von Fichtes Analysen. D.h., dass Gott als Name für das „unterschiedslos[e] All-Ein[e]" für das Ich (ebd., 75) *unbegreiflich* bleibt. Denn „[d]er Begriff und alles Begreifen, wie hoch sie sich auch über ihre empirische Fassung [...] erheben mögen, behalten, um deutlich zu sein, den Unterschied in sich." (ebd., 75) Von dieser irreduziblen Differenz her gewinnt nach Janke Fichtes praktische Wesens-

43 Zur Ehrenrettung können dessen Mitstreiter allerdings auf ihre mangelhafte Quellenlage verweisen. Der Fichte, den die Idealismusforschung im Nachhinein erschließt, war ihnen unzugänglich (vgl. Janke 1970: XII).

bestimmung der Subjektivität ihren (vorläufigen) Sinn. Durch das Streben als „Grundzug der praktischen Vernunft“ (ebd., 77) setzt sich Fichte dezidiert von der spinozistischen Substanz ab. Erklärt er, dass diese „sich an der Unbedingtheit des Sollens [versieht, S.S.]“ (ebd., 77), durch welche die Tathandlung ihre Wirksamkeit bekundet. Bewegt sich die Grundlegung hier also schon auf Höhe der von ihr erwartbaren Letztauskunft? Ihrer Neufassung des kategorischen Imperativs im Lichte des Strebens, wonach dessen begründungstheoretischer Aspekt in der Idee wie dessen psychologischer Aspekt im Ideal kulminiert? Für wen sich hierin zweifelsfrei die Ohnmacht des bloßen Sollens ankündigt, könnte nur ungenau zwischen absolutem Wissen und dem Absoluten unterscheiden. Folglich übersehen, dass Fichte das Movens praktischer Vernunft in einer tieferen Schicht unserer selbst aufsucht. Welche Bewandtnis es mit dieser auf sich hat, lässt sich laut Janke erst am Ende des Rückgangs in den Grund der Tathandlung angeben; quasi erst post festum ermitteln. D.h., nachdem äußere und innere Reflexion in der absoluten Reflexion gleichsam zu sich selbst gekommen sind. „Sie [die äußere Reflexion des Philosophen, S.S.] kann sich der stetig fortlaufenden Reflexion überlassen; denn sie hat die Ruhe gegen sich empfangen, daß am Ende die Reflexion des philosophischen Wissens über das Wissen und die Selbstreflexion ihres Objekts nichts verschiedenes, sondern das Eine und Selbe sind. Daher wird die Reflexion, sofern sie sich als die Arbeit des Trennens und Zusammenfügens an einem ihr *fremden* Objekt darstellt, verabschiedet.“ (ebd., 22) Verschwinden soll diese falsche Fremdheit, insofern die fortgeschrittene Reflexion auf einen elementaren Fremdheitsbezug trifft. Nur von einer konstitutiven Offenheit gegenüber Fremden lässt sich für Janke der Grundzug praktischer Vernunft (das Streben) begreifen. Danach verweist die praktische Willensbestimmung uns darauf, dass wir uns in einer normativ bedeutsamen Weise selbst fremd sind. Anders als dies die optische Metapher der Reflexion suggeriert, gelangen wir an den Grund menschlicher Subjektivität also erst in dem Augenblick, da wir diese fremde nach außen gerichtete Tätigkeit (d. h. die der zentripetalen Richtung gleichursprüngliche zentrifugale Tätigkeitsrichtung) in uns selbst mitberücksichtigen: wer Ich sagt, meint damit zugleich eine radikale, das ist, unvordenkliche Selbstenzogenheit und -verfehlung. Eine Dezentrierungserfahrung, die für Janke spätestens mit der von

Fichte im Anschluss an die Einsichten der Grundlegung diskutierten „Als-Struktur" (ab 1801) nachvollziehbar wird (vgl. ebd., XII). „Erst die absolute Reflexion beansprucht das Ich als Prinzip von Identität und Differenz. Zur Struktur der Reflexion nämlich gehört die Einfachheit und Geschlossenheit des Selbstbezugs ebenso wie die Unterschiedenheit von Reflektierendem und Reflektiertem. [...] Dem reflektierten Ich [...] kann eine zentrifugale Richtung zugesprochen werden. Es geht vom unbestimmten Selbst des Selbstbewußtseins weg nach außen auf die Bestimmtheit der Realität ins Unendliche hinaus. Diese eingeschlagene Richtung entspringt im Einschlag des Als." (ebd., 82) Anders gewendet, Fichtes Subjektanalyse kommt über die von ihr im Herzen der Subjektivität ausgemachten antinomischen Strukturmomente ins Arbeiten. Dabei wird die durch die Extreme Ich und Nicht-Ich heraufbeschworene Einheitsgefährdung im Lichte der dritten der quantitativen Kategorien gelöst. So erscheinen die Extreme in gegenstandskonstitutiver Rücksicht zum einen limitiert, zum anderen als Träger des dritten logischen Denkgesetzes. Durch den dem Satz vom Grund zugewiesenen Geltungsbereich, wird zugleich jedoch (ex negativo) die Ebenendifferenzierung gekennzeichnet, über welche die einheitsgefährdende Widerspruchslage letztlich in praktischer Absicht gelöst wird. Soll heißen, was in phänomenaler Binnenperspektive als simultanes organisches Geschehen erscheint (vgl. ebd., 106), erschließt sich der begrifflichen Rekonstruktion über voneinander isolierte und abgewogene Momente (ebd., 108). Wobei die teilbar gesetzten Extreme ihre Energie aus dem vorauszudenkenden Einheitsgrund beziehen, auf den sie bezogen sind. Damit vertieft Fichtes Subjektanalyse nach Janke auf ganz entscheidende Weise die Dialektik von Sein und Schein. Der „wahre Vereinigungspunkt" (ebd., 79), den Fichte unterhalb der beiden Vernunftbezirke auffindet und über die Konzepte absolutes Wissen und Reflexion darreicht, entspringt demnach dem erst von ihm durchgeführten radikalen Seinsentzug. Eine „transzendental-kritische Selbstbesinnung", so Janke, kann „die Reflexion weder verleugnen noch abbrechen oder gar zur unendlichen Reflexion eines göttlichen Sich-Begreifens mit dem Anspruche totaler Durchsichtigkeit erhöhen. Aber sie kann die Reflexion durch eine Grenzbesinnung, welche in den Ursprung und die Grenze des absoluten Wissens eingeht, bis zu ihrem Endpunkte und in das ursprüngliche Schweben zwischen reinem Sein und Wissen zurückführen." (ebd., XIII) Kant hatte den Widerspruch von Freiheit und Zwang gelöst, indem er beiden Teilbezirke zugestand. Die gleiche Teillösung findet sich auch bei Fichte. Nur dass bei ihm das kosmologische Antinomienproblem als „ontologische Antinomie" (ebd., 101) behandelt wird. Der Machtspruch der Vernunft, der durch die Bestimmungsmomente des Beschränkens, der Teilbarkeit ebenso erklingt wie durch das gegenstandskonstitutive logische Gesetz, führt so auf drei fundamentalontologische Gewissheiten. „Die Einheit und Freiheit der Vernunft, das Anderssein der Welt und die Endlichkeit." (ebd., 103) Gewissheiten, die für Janke mit der geforderten methodischen Genügsamkeit in Einklang stehen. „Die Vernunft bleibt ihrer selbst mächtig, indem sie in kritischer Besonnenheit ganz auf den Boden der Endlichkeit stellt und entscheidet, die Synthesis von Sein und Nichts brauche die Teilbarkeit der Schranke. Und der Machtspruch schließt das Verbot ein, zu einer unbeschränkten Identität von Sichsetzen (Identität) und Entgegensetzen (Nicht-Identität) sei der Geist nicht ermächtigt." (ebd., 102)

6.6 Zwischenbetrachtung

Aus diesen sich abzeichnenden Schwierigkeiten mit dem Anfang erläutert sich das Verlangen der Idealisten nach dem Ganzen. Das Ich, soviel sollte deutlich geworden sein, gilt ihnen zugleich als das allergewisseste und unergründlichste. Als dasjenige, an dem all unser Verfügungs- und Orientierungswissen gleich „einem einzigen Ringe" festhängt, der doch selber „an nichts befestiget ist, sondern durch seine eigne Kraft sich, und das ganze System hält." (Fichte BWL: 54) Fichtes nachfolgende Baumetapher, die noch von dem Eindruck zeugt, den Reinholds systematischer Geist auf ihn gemacht hat, trägt also näher besehen schon die organischen Metaphern der unsichtbaren Kirche der beiden Stiftler in sich. „Die Wissenschaft sei ein Gebäude; der Hauptzweck dieses Gebäudes sey Festigkeit. Der Grund ist fest, und so wie dieser gelegt ist, wäre der Zweck erreicht. Weil man aber im blossen Grunde nicht wohnen, durch ihn allein sich weder gegen den willkürlichen Anfall des Feindes, noch gegen die unwillkürlichen Anfälle der Witterung schützen kann, so führt man auf denselben Seitenwände, und über diesen ein Dach auf. Alle Theile des Gebäudes werden mit dem Grunde, und unter sich selbst zusammengefügt, und dadurch wird das Ganze fest, aber man baut nicht ein festes Gebäude, damit man zusammenfügen könne, sondern man fügt zusammen, damit das Gebäude fest werde; und es ist fest, in so fern alle Theile desselben auf einem festen Grund ruhen." (ebd., 42)

Das Ganze oder das Absolute wird von ihnen also weniger in feierlicher Andacht herbeigesehnt noch gepredigt, denn als ein Problembegriff behandelt, der sich aus dem Rätselcharakter des Ichs speist; der Idealist versteht sich als Historiograph (in praktisch bzw. pragmatischer Absicht) und nicht als Demiurg des Ichs. Nach Fichte rücken wir ein Stückchen näher an dieses heran, sobald wir den Begriff der Handlung auch als Grundbegriff für unsere kognitive Selbstthematisierung und Weltorientierung akzeptieren. Einsehen, dass es dieser ist, der sich ebenso unter unser Wissen, Tun, Hoffen wie unser ästhetisches Genießen schaltet. Gleichwohl gilt auch für den Grundbegriff der Handlung, was schon für das augustinische dubito galt und noch für Hegels anerkanntes bzw. anerkennendes Ich gelten wird. Der Graben, der zwischen dem ‚Wissen von sich' (Henrich) und der reflexiven Rekonstruktion desselben aufklafft, lässt sich nicht einfach überspringen. Der Zirkel des menschlichen Selbstbewusstseins, den uns die Vernunftkritik aufgezeigt hat, verhindert, dass wir jemals wirklich ganz dahinter kommen. Begriff und Gegenstand gehören zwei unterschiedlichen Ordnungen an. Über unser Selbstbewusstsein, dafür verbürgt sich diese Abgründigkeit des Ichs, lassen sich streng genommen keine Theorien anfertigen. Diesem angemessen scheint viel eher die „philosophirende Urteilskraft" (ebd., 74), die sich an das Ethos des „pragmatische[n] Geschichtsschreiber[s]" (ebd., 77) hält. Selbsterkundungen also, denen es keine Schwierigkeiten bereitet einzugestehen, dass sie sich auf der ungesicherten Straße von Versuch und Irrtum bewegen. Wer dem Ich nachspürt, sollte also kein Problem damit haben, dass sich selbst aus der womöglich erreichten inneren Validität seines Systems allenfalls plausible Wahrscheinlichkeitsannahmen ableiten lassen. Dass ihnen das Absolute als Problembegriff gilt, lässt sich vielleicht also auch so ausdrücken: „Wir können also in dem Beweis hinterher nicht auf die angezeigte fehlerhafte Art im Zirkel schließen; sondern wir schließen aus der *Übereinstimmung* auf die Richtigkeit des Systems.

Diese ist aber nur ein negativer Beweiß, der bloße Wahrscheinlichkeit begründet. [...] nie wird Gewissheit, was bloße Wahrscheinlichkeit war." (ebd., 76) Das Ich, so gleich der erste Satz der ‚Wissenschaftslehre' (1794), lässt sich *aufsuchen*, doch niemals beweisen oder bestimmen (vgl. Fichte GWL: 91).

Entlang des Grundbegriffs der Handlung wird also die Spontaneität des Ichs erkundet. Der Gegenstand also, den die Wissenschaftslehre („das System des menschlichen Wissens") im Unterschied zu den übrigen Wissenschaften, die weniger auf einer „freie[n] Handlung" (ebd., 72) denn auf bestimmten kognitiven Vollzügen („nothwendigen Handlungen") basieren, verfolgt. Das ‚einheitliche Weltbild' wird also als in einer Reflexionshandlung hinterlegt gedacht, die nicht unter unsere einfachen gegenstandsbezogenen Abstraktionsleistungen und Reflexionsakte fällt; zwischen Bewusstseinsleben und Bewusstseinsanalyse gibt es keinen Vereinigungspunkt. Das Ich affiziert und enttäuscht gleichsam, ganz so wie dies seine in eine Denkfigur von Widerstand und Aufhebung eingelassenes praktische „Urbestimmung" (vgl. Schäfer 2006: 16) fordert, in ein und derselben Bewegung den Systemgedanken. „Die Form der Wissenschaft eilt [...] ihrem Stoff beständig vor; und das ist der [...] Grund, warum die Wissenschaft, als solche, nur Wahrscheinlichkeit hat. Das Dargestellte und die Darstellung sind in zwei verschiedenen Reihen." (Fichte WK 1: 80) Vor dem Hintergrund der nachkantisch-idealistischen Suchbewegung sollte sich so eine Einigungsperspektive abzeichnen, die sich zur hinreichenden Bedingung für Reaktionspraktiken ergänzen lässt. Vorsichtiger formuliert, die *„Minimalvoraussetzung"* (Fulda 2007: 21) für eine solche Einigung benennt. Demnach sind Selbstsein und Verantwortung untrennbar miteinander verbunden.

Anhand der idealistischen Einwände und Korrekturen zeigte sich, inwiefern sich eine Ethik der Regelbefolgung in Widersprüche verstrickt. Auf der einen Seite provozieren Regeln, wie wir sagten, immer wieder ihre eigene Übertretung. Auf der anderen Seite scheint die Selbstgesetzgebung in Spannung zu genau der Freiheit zu geraten, die sie eigentlich garantieren soll. Näher unterschieden wurde dabei sowohl zwischen unterschiedlichen Perspektiven wie unterschiedlichen Ansatzpunkten der Kritik. Während mit Fulda der Weg in die nachkantisch idealistischen Suchbewegungen aus Perspektive theoretischer

Problemlagen der Vernunftkonstruktion nachgezeichnet wurde, konzentrierte sich Henrichs Rekonstruktion auf Kants Analyse des sittlichen Bewusstseins. Wesentliche Impulse für die idealistische Begriffsbildung gehen demnach von Kants Theoriestück der Achtung für das Gesetz aus. Im Rahmen der kantischen Vorgaben lässt sich dieses in seinem Verhältnis zum Vernunftfaktum nur unzureichend erschließen. Das wird nicht zuletzt durch Schillers Vermittlungsversuch belegt. Schillers Grenzverletzung von Neigung und Pflicht markiert so gleichsam den Einsatzpunkt für die idealistische Kontroverse. Mit Henrich scheint sich so eine Antwort gegenüber Raskolnikov abzuzeichnen, die sowohl davon Abstand nimmt, Gegenbeweise erbringen zu wollen, wie sie sich mit einer „agnostisch" grundierten Freiheitsthese zufrieden gibt. An der Stelle, da Fulda die Grenze zwischen pragmatischen Handlungskontexten wie dem Moralischen zieht, könnte Henrich von einem „alternativen Kontext" sprechen wollen, für den wesentlich ist, dass „er nicht unter Beweis gestellt werden kann." (Henrich 2007: 290) Lässt sich dieser so wenig wie der behauptetete deterministische Weltzusammenhang (Konsequenzthese) beweisen, steht dieser nichtsdestotrotz für den Unterschied zwischen Denken (Problem) und Nachdenken (Rätsel/Absolute) ein. Entgegen des Streits zwischen Pessimisten und Optimisten findet sich Raskolnikov stattdessen, aus dieser Perspektive betrachtet, dazu aufgefordert, Rechenschaft über sich abzugeben. D.h., auf das Wissen von sich einzulassen, das die zweite Unbegreiflichkeit bezeichnet. Vor diesem Hintergrund dürfte Raskolnikovs Tat zwar nicht als Freiheits- aber doch als Selbstverlust erscheinen. Wer sein Leben *führt*, für den sind Konfliktsituationen zwischen partikularen wie universalen Forderungen nahezu unvermeidlich. Dafür schärft nicht zuletzt Friedrich Hölderlin den Sinn. Angesichts der Schwierigkeiten, die Kant die sogenannten „Liebenspflichten" bereiten, sollte der Verpflichtungscharakter des Sollens womöglich also über einen zweistufig verlaufenden Selbstbildungsprozess ausbuchstabiert werden.[44] Im Rahmen der Debatte über Moralität und Sittlichkeit wurde herausgearbeitet, inwiefern die kantische Ethik nur eine Art Segel-

44 Insofern ließe sich dem Aufriss zu einem vielleicht noch eine dritte Unbegreiflichkeit anfügen. D.h. der Rätselcharakter des Selbstseins im Lichte der ästhetischen Erfahrung vorführen. Mit der Hinwendung der Ästhetik an ihre griechische Wortherkunft aus der sinnlichen Wahrnehmung gelangt die Aporie ins Bewusstsein,

tuch-Allgemeines bereitstellt. Zu fragen wird also sein, wie sich aus der Perspektive einer Begriffsform, die Transzendentalphilosophie und Existenzanalyse miteinander vereinigt, mit diesem Einwand umgehen lässt.

welche eine aus allen religiösen wie höfischen Kontexten befreite Kunst von Anfang an durchquert: die Not des Lebens zu überflügeln und dabei doch nur aus ihr lesbar zu sein (vgl. Gamm 2007: 26).

7. Dieter Henrich: Das eine Problem, sich Problem zu sein

Sagt nicht schon Karl Popper „alles Leben – schon auf den niedrigsten Stufen der Organisation - sei Problemlösen"? (Gerhardt 2007: 4) Probleme machen uns an. Und das gleichermaßen intellektuell wie willentlich. Erschüttern das jeweilige Selbst- und Weltverständnis so tiefgründig, dass sie uns schließlich vor uns selbst bringen. Nämlich das Problem, das wir uns selbst sind (vgl. ebd., 51 f.). So lassen uns Probleme also immer wieder den Überlebensvorteil ermessen, der uns daraus erwächst, dass wir nicht nur fähig sind, sowohl individuell wie kollektiv aus Erfolgen wie Misserfolgen zu lernen, sondern darüber hinaus auch noch, das Lernen selbst zu lernen. Dass wir uns selbst bewusst sind, deutet für Volker Gerhardt somit erstens darauf, dass wir aufgrund unseres kognitiven Apparates dazu in der Lage sind, Erfahrungen festhalten, vergleichen und gegebenenfalls in Erinnerung rufen zu können. Zweitens, dass wir in unserer imaginativen Natur einen Bürgen für mögliche Problemlösungen finden und drittens wiederum über diese „Lerneffekte" (ebd., 234) hinaus (die aus dem uns darüber ermöglichten prospektiven und projektiven Weltzugängen resultieren) uns nicht zuletzt aufgrund von Problemstellungen gegenseitig als kooperationsfähige und mitteilungsbedürftige Wesen entdecken. D.h., diese Beschleunigungsdynamik sozialen Lernens, viertens, für den Aufbau sowohl stabiler individueller wie kollektiver Identitäten nutzen, um die erzielten Lernerfolge schließlich fünftens in der „Elementarleistun[g] des Selbstbewußtseins" (ebd., 235) abzusichern, die in der „gleichermaßen kognitiven wie praktischen *Vergegenwärtigung einer gemeinsamen Welt*" (ebd., 235) besteht. Dieser Lernliste zufolge wird durch den mythologischen Prothesengott vor allem der operative Charakter der von uns gebildeten begrifflichen Oppositionen illustriert. Wovon Prometheus im Wesentlichen erzählt, ist die Weltoffenheit des Menschen, und zwar begriffen als Initial dessen bis in seine kognitiven

Leistungen reichenden Werkzeuggebrauchs.[45] Die Erzählung handelt von einem zu „polykompetente[n]“ und „polymorphen“ Äußerungsformen fähigen Wesen (ebd., 194), das sowohl in seinem Überleben wie in den von ihm angefertigten Selbstinterpretationen von seinem stets wieder korrigierbaren Handeln abhängt; von einem Wesen, das als Macht und offene Frage (frei nach Plessner) gegen den Hintergrund seiner endogenen Voraussetzungen quasi nach allen Seiten hin über sich selbst verfügt. In Folge dessen hat der Mensch nicht nur Probleme, sondern ist sich selbst vor allem selbst ein Problem. Verrät für Gerhardt auch schon die einzelne Pflanze sowohl ein individuelles Sosein wie eine über ihre Existenzweise sich mitteilende Tendenz zur Selbstständigkeit (vgl. ebd., 110), so ist es also die in jenem Zusammenhang sich spiegelnde *„unvordenkliche Nähe eines jeden Individuum zu sich selbst“* (Gerhardt 1999: 84), die er am Grund der Moral ausmacht. Nichtsdestotrotz scheint für ihn das unbegreifliche Wesen an der Stirn ablesbar. Vornehmlich also der Passus aus der Vernunftkritik verbindlich, der keine die menschliche Vernunft betreffende Frage für unauflöslich hält.

Was aber trennt Probleme zunächst von bloßen Schwierigkeiten? Nicht alles, was einem Schwierigkeiten bereitet, bereitet einem ja gleich Probleme. Wer etwa Schwierigkeiten mit dem Kunststück haben mag, die Treppen in seinem Eigenheim auf den Händen hoch zu laufen, wird diesen Umstand sicherlich nicht gleich als Problem bezeichnen. „Auf den Händen die Treppe hinauszugehen, das ist für mich eine Schwierigkeit irgendwo im Wald.“ (Bittner 2001: 22). Wer umgekehrt seine Miete nicht mehr bezahlen kann, oder wessen intime Kommunikation den eigenen Lebenspartner nicht mehr erreicht, oder wer als Politiker in den regelmäßig durchgeführten Meinungsumfragen schlecht abschneidet, der *hat* offensichtlich ganz handfeste Probleme:

45 Vor dem Hintergrund der durch rasanten technologischen Wandel forcierten Entgrenzungs- und Hybridisierungsprozesse sollten wir (nicht zuletzt als Leser John Deweys) also lernen, solche begrifflichen Oppositionen wie Natur/Kultur, Natur/Technik, Materie/Geist, Tier/Mensch sowohl im Hinblick auf unser Verfügungs- wie unser Orientierungswissen eher als „Orientierungsbegriff[e]“ mit „perspektivische[r] Bedeutung“ wahrzunehmen, denn als Gegensatzpaare mit „ontologischer Verlässlichkeit.“ (Gerhardt 2001: 108 f.) Insbesondere über die „großen Theoretiker des Pragmatismus“ (ebd., 117), wäre also eine Annäherung zwischen den Natur- und Geistes-, bzw. Gesellschaftswissenschaften zu bewerkstelligen.

der Politiker ein Image-, der Liebhaber ein Beziehungs- und schließlich der Mieter ein finanzielles Problem. Probleme, das soll Rüdiger Bittners Beispielliste verdeutlichen, hat man. Probleme gehören den unvorhersehbaren Wechselfällen des Lebens an. Ganz anders philosophische Probleme. Philosophische Probleme sind viel eher epistemologischer Natur. Ihr Medium ist die Reflexion. Soll heißen, philosophische Probleme sind keine Probleme, die man einfach hat. Philosophische Probleme sind viel eher Probleme gewollter Distanz und Unterbrechung; Probleme der Dauer, des Verweilens, des Erkennens und Begreifens, die auf einen gehemmten Einsichtsweg deuten (vgl. Bittner 2001: 12). „Philosophische Probleme sind theoretische Probleme. Man möchte etwas begreifen, und irgendwo strandet man und sitzt fest. Problem ist das, wo man, momentan oder auf die Dauer, mit dem Einsehen nicht durchkommt.“ (ebd., 22) Dem griechischen Wortsinn von Vor- bzw. Aufwerfen nach verknüpft Bittner *problema* mit dem Bild von etwas, das uns auf unserem Weg vor die Füße geworfen oder gelegt wird. Durch den Zusatz der *theoria* wird dabei die wahre Stoßrichtung der Metapher angegeben. D.h., dass wir uns hier in erster Linie als intelligente und weniger als lebenspraktische Wesen schmeicheln.

Auf dem Holzweg befinden sich für Bittner von daher all diejenigen, die versuchen, Sinn und Zweck philosophischer Probleme aus unseren lebensweltlichen Bezügen heraus aufzuklären. Nicht weniger irren für ihn allerdings auch all diejenigen umher, die auf der Suche nach einer Antwort die Archive der Disziplin durchforsten. Die Philosophie mag sich vielleicht eine Zeitlang als Magd der Theologie (miss-)verstanden haben, keinesfalls lässt sich ihre Beziehung zur modernen Wissenschaft jedoch nach dem Drehbuch von Herr und Knecht fassen. Damit jene sich aus den Fängen derer angeblichen Dogmatik hätte befreien können, hätte diese erst einmal über die allgemeinverbindlichen und von ihr eifersüchtig gehüteten homogenen Wissens- und Methodenbestände verfügen müssen, die eine solche befreiende Tat zum einen voraussetzt und zum anderen rechtfertigt. Was die Philosophie ist und macht, müsste mit anderen Worten erst einmal dem kanonischen Bild entsprechen, das die Selbstvergewisserungspraxis im Zeichen der Tradition wirkmächtig entworfen hat. Seinem griechischen Wortsinn nach erhellt uns das Problem dem entgegen, dass das Bezeichnen einer gedanklichen Reflexionsbewegung als genuin philosophische selbst problematisch, weil faul, ist. Faul deshalb, weil man sich damit nicht mehr der schmerzhaften Mühe unterziehen muss, den lebendig gedachten Gedanken wirklich nachzuvollziehen. Mehr noch aber, weil man diesen damit tötet. „Philosophie ist nicht ein Unternehmen mit einem Ziel oder gar einer Methode, von dem man sich auch nur selbstständig machen könnte. Philosophie ist das Sammelsurium von Überlegungen, die aus irgendwelchen Gründen im Laufe der Zeit unter diesem Titel abgeheftet worden sind. Ein Problem ein philosophisches nennen heißt, eine bibliothekarische Auskunft geben, nicht mehr." (ebd., 26)

Die offenkundige Heterogenität des philosophischen Diskurses sollten wir Bittners Ansicht nach also zum Anlass nehmen, um von diesem fadenscheinigen Alleinstellungsmerkmal abzulassen. Verschwindet also das Problem mit dem philosophischen Problem, sobald dieses als theoretisches Problem firmiert? Sobald die Gegenstände der Philosophie nicht mehr beanspruchen, mehr als Gegenstände unter Gegenständen zu sein? Jürgen Mittelstraß schreibt dazu: „Tatsächlich teilt der Begriff des philosophischen Problems mit dem Begriff des Problems allgemein die Eigenschaft, in Form von Sätzen oder Sachverhalten unvereinbar mit der Menge bisher akzeptierter bzw. für wahr gehaltener Sätze oder Sachverhalte zu sein." (Mittelstraß 2001: 135) Im weiteren Verlauf bestreitet Mittelstraß dann allerdings, dass die Rede von philosophischen Problemen sich in diesem Sinne auf Validitäts- und Kohärenzkriterien beschränkt. Weder lassen sich diese für ihn auf auftretende Unwägbarkeiten innerhalb einer Denkungsart reduzieren, noch bezeichnen sie eine im Vollzug des Denkens freizulegende ewige und unveränderliche Klasse von spezifischen Einsichtshemmnissen. So wenig uns das systembezogene Argument der Einstimmung mit sich selbst der gesuchten Problemlösung näher bringt, gelingt dies dem Problemrealismus. Die Vorstellung, dass es „einigen Problemen gewissermaßen auf der Stirn stünde, daß sie philosophische Probleme sind" (ebd., 136), erscheint Mittelstraß abwegig. Philosophische Probleme bezeichnen vielmehr den unsicher gewordenen Grenzverlauf zwischen System und Lebenswelt. Von diesem unsicheren, kaum mehr *fest*stellbaren Ort, ergeht auch noch an das so genannte nachmetaphysische Denken der Ruf des Absoluten. Aus dem Umstand, dass sich das Etwas, was das philosophische Problem bezeichnet, aus der Perspektive von

Problemlagen, die an eine bestimmte Konzeption geheftet sind, ebenso unzureichend erschließt, wie aus der Perspektive des perspektivischen der Wahrheit, und doch von beidem nicht getrennt werden kann, folgert Mittelstraß dessen Hybridexistenz. „Es ist wohl das Charakteristikum jener Probleme, die wir als philosophische Probleme bezeichnen möchten, daß sie gewissermaßen zwischen Himmel und Erde, zwischen den Sphären der Wissenschaft und den Sphären der Lebenswelt angesiedelt sind und sich von dort auch nicht einfach – entweder in Richtung Himmel (Wissenschaft) oder in Richtung Erde (Lebenswelt) – vertreiben lassen." (ebd., 143)

Bittners dualistische Auffassung von Problemen, die man hat und Problemen, die man (bewusst) aufsucht, scheint uns diese Ambivalenz zu ersparen. Die Problemform, die wir für innerweltlich problematische Sachverhalte und Sätze annehmen, soll auch bei philosophischen Problemen weiterhelfen. Eine gewisse (dialektische) Unmündigkeit wäre demnach geradezu heilsam. Das Spannungsverhältnis, das Fichte in seine Bemerkung eingezeichnet hat, dass Philosophieren im eigentlichen Sinne Nicht-Leben heißt, wie umgekehrt Nicht-Leben Philosophieren, sollte mit anderen Worten in die Auskunft aufgelöst werden, dass das Nachdenken über Praxis tunlichst nicht mit dieser selbst verwechselt werden darf. Einem solchen Irrtum erliegen nach Bittner vor allem all jene, die im Rahmen ihrer Problembetrachtungen die Existenz über die Essenz stellen. Noch das Nichts, an dessen Abgrund die Angst uns wirft, sollte uns nicht darüber hinwegtäuschen, dass Probleme dem Denken und dem Begriff angehören und nicht dem unmittelbaren (Er-)leben und Erfahren. „Selbst wenn es also die tiefgehenden Erfahrungen sind, die uns in philosophische Probleme treiben, ändert das nichts daran, daß diese Probleme uns bei dem Versuch in den Weg treten, Dinge zu begreifen." (Bittner 2001: 24) Kurz, Bittners Begriff verzichtet auf das Ganze und teilt sich die Welt mit dem Leben. Verstanden werden muss diese von ihm vertretene Begriffsemphase vor dem Hintergrund hermeneutisch-holistischer bzw. sprachanalytischer Perspektiven. Soll heißen, philosophische Probleme lassen sich nicht als Krankheiten diagnostizieren und dann therapieren. Stellen also keine bloßen Irrtümer dar, die sich dann über die Rückführung in die Idylle der Lebenswelt bereinigen lassen.

Eine solche (rousseaustische) Motivlage kann wohl schon aufgrund des allerorts zu konstatierenden Reflexiv-Werdens der Selbst- und Weltbezüge kaum (mehr) überzeugen. Der Begriff „doppelter Hermeneutik" (Giddens), um nur eines der Diagnoseformulare zu nennen, das versucht dieser Situation Rechnung zu tragen, bezweifelt dieses koloniale Szenario nachdrücklich. Danach ereignet sich der Lebensvollzug nicht in einer Welt, die auf der einen Seite durch von lebensweltlichen Einflüssen gänzlich unbefleckten Wissensakkumulation und -produktion beherrscht wird, wie auf der anderen Seite den Rückzugshort von systemischen Imperativen freien Sprechens und Schreibens gewährt. So wie sich das Denken zunehmend „als in vortheoretischen Zusammenhängen fundiert begreift", erweist sich die Lebenswelt als „in Teilen selbst durch theoretische Leistungen [...] konstituiert." (Mittelstraß 2001: 141) Für Mittelstraß ist es Kant, der, indem er davor gewarnt hat, den Aufklärungsprozess (Zeitalter der Aufklärung) nicht vorschnell mit feierlicher soziokultureller Besitzstandwahrung kurzzuschließen (aufgeklärtes Zeitalter), uns der Problemlösung ein Stück näher bringt. Ein Blick in Kants Vernunftkritik lehrt im Kontext der Freiheitsantinomien, „daß eine gelingende Praxis keine philosophischen Probleme [...] kennt." (ebd., 140) Derselbe Kant wird jedoch auch nicht müde zu betonen, „daß einem nachdenkenden und forschenden Wesen anständig ist, gewisse Zeiten lediglich der Prüfung seiner eigenen Vernunft zu widmen" (ebd., 140). Sinn und Zweck philosophischer Probleme erschließen sich somit im Lichte des (negativ) Absoluten.

Der Lösungsorientierte Ansatz der Begriffsanalyse trägt jedoch, wie bereits angemerkt, nicht wesentlich zur Verfertigung von Bittners Gedanken bei. Dessen Einlassungen speisen sich viel eher aus den beobachtbaren Achtungsgewinnen, die das Leben verzeichnet. Für ihn scheint die Wahlverwandtschaft, die das Leben zwischen sich und der Sorge entdeckt, mit Unschärfen verbunden. Unschärfen, die den normativen Richtungssinn philosophischer Probleme erreichen. „Manchmal wird auch gesagt: philosophische Probleme sind Lebensprobleme. Aber wenn das heißt: philosophische Probleme handeln vom Leben oder vom eigenen Leben, so ist es in vielen Fällen falsch [...]. Wenn es aber heißt: philosophische Probleme begegnen einem im Leben, so ist es wahr, aber trivial. Alle Probleme, nicht nur die philosophischen, begegnen einem im Leben." (Bittner 2001: 25) Nicht von ungefähr könnte seine Suche nach einem Beispiel so bei Kant Station machen. Anhand der zwischen erstarkendem Eigennutz wie den nachlassenden Kohäsionskräften substanzieller Sittlichkeit, verdeutlicht er die von ihm gezogene Trennlinie zwischen Problemen und theoretischen Problemen. „So scheinen moralische Forderungen entweder keine oder nur eine solche Autorität zu haben, die den Individuen einen ihnen selbst nicht mehr einsichtigen Gehorsam abverlangt – beides Möglichkeiten, in denen ein Überlegender das, was er als moralische Forderung kannte, wohl nicht mehr findet. Aber das, was er kannte, versuchte er zu begreifen, und dem stellt sich die gerade beschriebene Überlegung in den Weg. Er hat also ein Problem." (ebd., 23) Vollzieht man diese Reflexionsbewegung nach, die über Selbsterhalt und Vernunft verläuft und dabei die Formel „der Menschheit in meiner Person" hervorbringt, soll es also naheliegen, philosophische Probleme der Klasse theoretischer Probleme zuzuordnen. Löst praktische Vernunft also ein Problem? Für Dorothea Frede wohl eher nicht. Nur unzureichend begriffen bliebe für sie aus dieser Optik der Ausgriff auf das Ganze, der dahinter steht. Für sie lassen sich philosophische Selbstvergewisserung und philosophische Problembestimmung nur schwer auseinanderdividieren. Vom Standpunkt des Denkens bedenklich an unserer heutigen Zeit sind so zwei sich ergänzende Tendenzen. Einerseits die schon bekannte Ermäßigung von Philosophie zur Sprachtherapie, andererseits eine bis in das Reich des Nutzens reichende bzw. Fragen des persönlichen Lebensstils betreffende Ausweitung von Bindestrichphilosophien. Diese, die sich ihren Geltungsansprüchen nach gleichsam als Antwort auf die Gefahrenlagen der technologischen Hochzivilisation verstehen, bilden eine Art Schnittstelle zwischen der dort befürworteten Auswanderung des Denkens in die Theoriebildung und der hier betriebenen unbekümmerten Verwertung des Denkens. „Weltweit hat sich die Mode verbreitet, von Philosophie zu sprechen, wo es um bestimmte Grundvorstellungen geht. So propagieren Firmen ihre eigene Firmenphilosophie, und auch Privatleute beanspruchen den Titel ‚Philosophie' für ihre Überzeugungen." (Frede 2001: 43) Den Tendenzen erwehren können soll sich das Denken, indem es sich über den Titel der Besinnung ins Vernehmen setzt. Eine durch Besinnung moderierte Selbstverständigung bewahrt das Denken davor, zu einem bloßen Erfüllungsgehilfen der Theoriebildung herabzusinken. Zum einen. Zum anderen wird dadurch eine Rehabilitierung „der umstrittenen Kernbereiche der Philosophie" (ebd., 47) begünstigt. Ein Denken, das sich darauf besinnt, dass seine Probleme einem „Reich der Besinnung auf das Grundsätzliche" (ebd., 45) angehören, versetzte sich in die Lage, Befunde über Grundlagenkrisen tiefer zu fassen. D.h. zunächst die Interpretationshorizonte zu übersteigen, aus denen heraus sich diese dem wissenschaftlichen Verstand erschließen und dann, eingedenk des Ganzen, zu korrigieren. Philosophen werden dann nicht nur konsultiert, um im Sinne der Sprachtherapie bei „Unklarheiten mit Begriffbestimmungen" (ebd., 46) dem wissenschaftlichen Geist auszuhelfen. Stattdessen verlässt das sich besinnende Denken die Zuschauerränge, von welchen aus es, ansonsten vielleicht nur untätig und ehrfürchtig, „den arkanen Debatten hochspezialisierter Naturwissenschaft[en]" (ebd., 46) beiwohnt. Mittels der Besinnung soll dem Denken also der selbstbewusste Aufenthalt in der unspezialisierten Arena der „umstrittene[n] Metaphysik" (ebd., 48) gelingen. D.h., selbst dann, wenn es sich als richtig herausstellen sollte, dass sich all die Fragen, die sich um die letzten Dinge ranken, nur inadäquaten Wortverwendungen verdanken, wird darüber die Frage nach dem guten Leben doch nicht verstummen. Die „Besinnung auf den ontologischen Status, den wir Dingen, ihren Eigenschaften, Ereignissen und Handlungen [...] zuschreiben" (ebd., 48), wird auch dann „nicht überflüssig" (ebd., 48), wenn wir zugestehen, dass alle unsere metaphysischen Entitäten auf „der Besonderheit indoeuropäischer Sprachen beruhen." (ebd., 48) Denn, „[d]a unsere Beschreibungen der Wirklichkeit auf solchen Begriffen beruhen, haben Reflexionen über Sinn und Begründung weiterhin ihre Berechtigung. Ob man diese Besinnung als Metaphysik oder Ontologie bezeichnen will oder aber vorzieht, sie der Sprachphilosophie zuzuweisen, ist demgegenüber eine sekundäre Frage." (ebd., 48). Durch eine stärkere Anbindung an die „Kernfächer" (ebd., 47) der Philosophie könnte es demnach der wachsenden Zahl der „vielen Bindestrich-Philosophien" (ebd., 46) vielleicht gelingen, aus dem Schatten der Theoriebildung zu treten. Alles was dafür notwendig wäre, wäre die Frage nach dem Grund aus der Perspektive einer bescheiden gewordenen Besonnenheit zu stellen. „Grundlagendebatten beruhen immer auf Prinzipien, die zwar einsichtig und nachvollziehbar sein sollten, sich aber ihrerseits nicht mehr zwingend ableiten lassen.“ (ebd., 50) Eigentümlich ist dem philosophischen Problem demnach, dass es untrennbar mit dem Ausgriff auf das Ganze verbunden ist. Wobei nur derjenige Einlass in das der Philosophie einheimische Reich der Besinnung findet, der das Ganze aus einem Blickwinkel der Selbstermäßigung, wenn nicht Selbstbeschränkung erschließt. Einer Stellung des Gedankens zur Objektivität also, wie sie etwa aus der Einsicht in das gleichursprüngliche Geschehen von Entbergen und Verbergen folgt. „Philosophische Probleme sind Fragekomplexe, die nicht immer endgültige Lösungen, wohl aber eine Besinnung auf Grundsätzliches zum Ergebnis haben, und zu dieser Besinnung gehört auch die Erkenntnis der Notwendigkeit einer Selbstbeschränkung.“ (ebd., 52 f.) Handelt es sich bei der Philosophie also um einen Beruf unter Berufen? Eine Tätigkeit mit spezifischer Problemlösungskompetenz?

Die im Titel aufgerufenen Reflexivpronomen lassen erahnen, dass das Rätsel der Subjektivität den philosophischen Selbstvergewisserungsprozess durchzieht. Die Philosophie, so Henrich in ‚Das eine Problem, sich Problem zu sein‘, hat es vor allem mit ihrer eigenen (radikalen) Selbstbezüglichkeit zu tun. Denken, oder vielmehr Nachdenken heißt in erster Linie, über das eigene Tun Rechenschaft ablegen. Nur aus einer Leben, Begriff und Absolutes umspannenden Verständigungsbewegung heraus, lässt sich eine tragfähige Unterscheidung zwischen dem Plural philosophischer Probleme wie dem einen Problem gewinnen. So scheint der Philosophie Unmögliches aufgegeben: Sie muss tun, was sie nicht kann und doch tun muss. Die Philosophie „entfaltet sich an den Grenzen dessen, was zum Thema verläßlichen Wissens gemacht werden kann. So verwahrt und entwickelt sie in der höchstmöglichen Form von Verantwortung die Probleme, welche die Menschheit weder definitiv lösen noch unbeachtet lassen kann.“ (Henrich 2005: 97) Ihrem Wesen nach hat es die Philosophie also nicht mit diesem oder jenem aufkommenden Problem zu tun. Das gilt, wenngleich Einführungen in die Disziplin, die entlang eines Kanons erfolgen, immer wieder das Gegenteil suggerieren. Reine enzyklopädische, an einem vermeintlich von Vormeinungen und Zeitumständen unbeeinflussten Problemkanon orientierte Gelehrsamkeit, führt nach Henrich also nicht an das Problem im Singular heran. Stattdessen sollte man auf die Art und Weise achtgeben, wie in der Philosophie Problem-

und Methodenbestimmungen wechselseitig ineinander greifen und sich gegenseitig destabilisieren. Aus dieser Perspektive gibt sich die Philosophie als hochgradig reflexiv verfasst zu erkennen. Im gleichen Moment, da der Blick sich von der ontologischen „Erkenntnis der ersten Gründe" (Henrich 2005: 89) abwendet, und sich dem Bewusstsein zuwendet, entdeckt er die mit jeder gewählten Verfahrensweise wie deren Rechtfertigung einhergehende Problematik unausgesprochener Blickverengungen (vgl. Henrich 2005: 89). Spätestens auf Höhe des mentalistischen Paradigmas zeigen sich die verschiedenen Wege und Ziele des Denkens also von einer Selbstbezüglichkeit erfasst, die das „eine Problem" hinter den durch Weg und Ziel umrissenen Problemfeldern zum Vorschein bringt. Methodische Bestimmungsleistungen fallen von nun an unter das Gebot der erreichten Rationalitätsstandards. Nur das ausgewiesene Verfahren verspricht überzeugende, weil überprüfbare Einsichten. Im gleichen Moment holt die Reflexion jedoch auch eine gewisse Unruhe ein. Fortan hat jede gewählte Verfahrensweise mit der Bestimmung ihrer Grenze auch darüber Auskunft zu geben, inwiefern sie dabei das Ganze mitkommuniziert. In diesem Sinn könnten Platon, Hume und Kant für Henrich auf eine Unabschließbarkeit verweisen, die anderes verfolgt als die bloße (Eröffnungs-)Geste der Differenz. Von ihnen kann nach Henrich jedenfalls lernen, wer im Wissen um die Grenzen des eigenen Verfahrens erstens, dennoch unbeirrt an diesem festhalten, dieses zweitens auf die Reichweite seiner Anwendungsmöglichkeiten hin ausloten und drittens, im Zuge der Überprüfung der Belastbarkeit des eigenen Verfahrens, nicht der Verlockung der dogmatischen Schließung, erliegen will (vgl. Henrich 2001: 98).

Durch Leitbestimmungen wie Episteme, Paradigma oder historischem Apriori wird demnach das Reflexivwerden aller Problembestimmungen und Verfahrensweisen greifbar. Das lässt sich nach Henrich auch von einer anderen Seite her beleuchten. Die Philosophie ist offen gegenüber den verschiedensten Verfahrensweisen. Gleichwohl beanspruchen so prominente Verfahrensweisen wie sie durch Kant, Husserl oder Wittgenstein namhaft werden, doch gewisse Exklusivrechte für sich. Unabhängig voneinander wollen alle drei die Frage, worüber sich die Philosophie im Kern verständigt, durch die von ihnen aufgesuchten Perspektiven und begrifflichen Mittel auf grundlegende Weise beantwortet haben. Bedingt scheinen deren „originären Leistungen" gleichzeitig also durch eine gewisse „Rigidität" (Henrich 2001: 89). Diese kompromisslose Haltung konnte jedoch keiner der Ansätze durchhalten. Anhand der Karriere aller drei wird demnach deutlich, inwiefern nicht-intendierte Handlungsfolgen in Form von Folgeproblemen zur Eröffnungsgeste des philosophischen Gesprächs gehören (vgl. Henrich 2001: 93).

Worauf nun deuten diese kurzen Notizen? Womöglich darauf, dass die philosophische Reflexion sich vornehmlich in den Bahnen von Nachdenken, Meditation oder Selbstbesinnung bewegt. Daraus wiederum könnten sich Rückschlüsse für die Forderung nach individueller Selbstbestimmung ableiten lassen. Ihr Begriff könnte in erster Linie auf einen Lebensgang abstellen, in dem sie sie sich sowohl entfalten wie bewähren muss. D.h., auf Selbstbildungs- und Formierungsprozesse, die aus dem Horizont des Verpflichtungscharakters des moralischen Sollens heraus nachzuzeichnen sind. An der Stelle sollte so womöglich einem Missverständnis vorgebeugt werden. Henrich wird nicht daran gelegen sein, das evaluative Selbstverhältnis den Gründen nachzuordnen. Im Gegenteil. Hinsichtlich der Schwierigkeiten, welche die Frage der Moralmotivation aufwirft, scheint ihm dieses unserer endlichen Lage immer noch angemessener als die rationalistische Variante. Nur sollte daraus eben nicht der Schluss gezogen werden, als sei damit jeder Gedanke an die verschwisterten Begriffe des Unbedingten und Unendlichen obsolet. Henrichs Interesse gilt einem Freiheitsinn, der gleichsam quer zur Vereinbarkeitsthese verläuft. Wenngleich diese dadurch eben auch nicht widerlegt werden soll. Bestimmt zeigt sich die Reflexion demnach durch die beiden ihr gerade noch begreiflichen Unbegreiflichkeiten. Am Ende seines Essays entlässt Henrich den Leser so auch mit Schlüssen, die auf Kants der Vernunftkritik vorausgeschickte Aufgabenbestimmung der Philosophie reflektieren. Sich selbst Problem sein (und bleiben) bedeutet demnach, den mit jeder neuen Verfahrensart sich einstellenden Fragen der philosophischen Selbstbegründung nicht ausweichen. Zugleich sollte sich die philosophische Reflexion jedoch stets auch als Ort der Selbstverständigung über das Leben verstehen. Sich also nicht von der im Leben selbst verankerten Frage nach „einem unbeherrschbaren Ganzen" lossagen wollen, sondern in Verantwortung für und gegenüber dem Leben über die Frage orientieren. Wenngleich es dadurch zugestandenermaßen auch so scheinen könnte, als sei die Philosophie „im Bereich des Vagen, Nebulösen und monumental Selbstbezogenen“ angesiedelt (Henrich 2001: 101). Woran also sollte sich das (spekulative) Denken bemessen lassen? Womöglich daran, inwiefern es ihm gelingt, die im 19. Jahrhundert sich formierende Subjekt- und Moralkritik (bzw. deren naturalistischen Derivate) als in der menschlichen Subjektivität hinterlegte Möglichkeiten auszuweisen. Gleichzeitig damit hätte es wohl auch die in den kantischen Antinomien vorgezeichneten (gegenläufigen) Lebensentwürfe zum Austrag zu bringen.

7.1 Bloßer Gedanke

Das Absolute gilt den Idealisten vor allem als Problembegriff. Im philosophischen Sprachgebrauch, so denn auch Henrich, meint absolut „ohne alle Einschränkung.“ (Henrich 2006: 22) Anders als in unserer umgangssprachlichen Wortverwendung, belässt es das Prädikat hier also nicht bei der Überwindung bloßer bestimmter Einschränkungen. Absolut zielt im Kontext seiner philosophischen Verwendungsweise also nicht allein auf das Erreichen maximaler Sachverhalte etwa im Sinne absoluter Kälte (technisch) oder absoluter Niederträchtigkeit (moralisch) (vgl. ebd., 22). Absolut markiert hier vielmehr ein anspruchsvolles Programm. Nämlich das Ganze der spezifischen Hinsichten erstens in ihrem bestimmten Unterschied begrifflich zu durchdringen, wie zweitens diesen begriffenen Verweisungszusammenhang dabei auch noch begründet vor sich selbst zu bringen (vgl. ebd., 22). Was Herbert Schnädelbach für die hegelsche Vernunft behauptet, dürfte im Wesentlichen für die Stoßrichtung des gesamten nachkantischen Idealismus gelten. „Die Philosophie selbst wird […] zum Ort der Selbstreferenz des Absoluten, an dem sich die ganze Wahrheit als ganze Wahrheit weiß.“ (Schnädelbach 1993: 15) Kant selbst behandelt das Absolute im Kontext der Diskussion des Unbedingten. D.h., im Rahmen der von ihm getroffenen Unterscheidung zwischen den sekundären Syntheseleistungen der Vernunft wie der primär im Lichte der Einbildungskraft vollzogenen „Verstandeseinheit.“ (Kant KrV: 359) Dabei bestimmt er jene als diejenige, die das Absolute avisiert. „Eine gewisse

Einheit [...] von der der Verstand keinen Begriff hat, und die darauf hinausgeht, alle Verstandeshandlungen, in Ansehung eines Gegenstandes, in ein absolutes *Ganzes* zusammenzufassen." (ebd., 359) Gemäß der relationalen Urteilssätze bezieht sich der Totalitätsanspruch danach entweder auf das den Dingen zu Grunde Liegende (kategorisch), das die Reihe der Dinge Anfangende (hypothetisch) oder das die immanente Ordnung der Dinge Vollendende (disjunktiv) (vgl. ebd., 356). Bezogen auf „das Wort absolut", das einem in diesem Zusammenhang unweigerlich in den Sinn kommt, konstatiert Kant so einen „schwankende[n] Gebrauch" (ebd., 357). Abhilfe schafft für ihn diesbezüglich eine Sichtung der (alltäglichen) Wortverwendung und zwar entlang der Modalkategorien der Möglichkeit und Wirklichkeit. Die Wendung „absolutmöglich", die sonach auf die interne Möglichkeit einer Sache schielt, so Kant, könnten wir getrost aus unserem Wortschatz streichen. Hier wird „in der Tat das wenigste" gesagt, „was man von einem Gegenstande sagen kann" (ebd., 357). Am anderen Pol findet sich das Absolutmögliche. Nämlich im Sinne der Bedeutung von „in aller Beziehung (uneingeschränkt) gültig" (ebd., 357). Vor dem Hintergrund dieser Extreme (das wenigste/das meiste) kommt nach Kant zum Vorschein, was die Ausdrücke der absoluten und inneren Notwendigkeit voneinander trennt. Letztere bildet „in gewissen Fällen einen ganz leere[n] Ausdruck" (ebd., 358). Warum, weil es zwischen den beiden Verwendungsweisen des Adjektivs (Möglichkeit/Notwendigkeit) keine feststehende Übersetzungsregel gibt, so dass also von der internen Möglichkeit einer Sache kein zwingender Schluss zur Notwendigkeit (uneingeschränkten Gültigkeit) derselben führt. Zwar ist es zulässig, so Kant, dass, was einer Sache entgegengesetzt ist, dieser zu bestreiten, insofern jene nicht vorliegt, doch darf daraus nicht der Umkehrschluss gezogen werden, dass, „was absolut notwendig ist, dessen Gegenteil [...] innerlich unmöglich" ist (ebd., 358). D.h., wovor wir uns nach Kant hüten sollten, ist jene mit „innere[r] Notwendigkeit" (ebd., 358) gleichzusetzen. Denn das verleitet nur zu teleologischen Perspektiven, die unserer endlichen Vernunftsituation unangemessen sind.

Ganz anders die nachkommende Generation. Was aber bezeichnet denn das Wissen im ‚absoluten Wissen', das mit dem ‚absoluten Subjekt' in einem Atemzug genannt wird? Stellt sich diese nicht gleichsam naturwüchsig ein? Muss nicht, wo von Wissen die Rede ist, nicht je der

Vorgriff auf das Absolute gewagt werden? Unter Halbwissen, so Henrich, lässt sich streng genommen nichts denken. Denn seiner Extension nach kann Wissen zwar unterschiedlich eingeschränkt sein, worin es sich jedoch selbst gleich bleibt, ist hingegen der Anspruch, das, was es weiß, uneingeschränkt zu wissen. Was Meinen und Wissen von daher voneinander trennt, ist das Kriterium des klaren ganz und gar. „,Wissen' ist aber wie ,Vater sein' ein Begriff, der einen Zustand bezeichnet, der erst dann besteht, wenn er ganz und gar besteht." (Henrich 2006: 22). Wäre das absolute Wissen allein durch dieses Kriterium bereits hinreichend umrissen, reduzierte es sich somit auf eine pleonastische Begriffskonstruktion. Was allein noch bliebe, wäre, sich in dem Unterschied zwischen wirklichem und scheinbarem Wissen zu üben. Eine solche epistemologische techné entspricht jedoch augenscheinlich nicht der Begriffsintention. Seinem Namen nach weiß sich das absolute Wissen gleichsam per se immun gegenüber dem Irrtum; will es einerseits Wissen von Wirklichem und dabei andererseits apodiktisch gültig sein. Im Umkreis unserer pragmatisch-praktischen Selbst- und Welterschließung, soll sich hierfür kein geeigneter Kandidat finden lassen. Die Frage nach dem ,Wie', die unsere praktischen Wissenskontexte strukturiert, formuliert sich unterhalb dieses metaphysischen Interesses. Fündig werden wir vielmehr im Umkreis des expliziten „Wissen von etwas", über das die experimentelle wissenschaftliche Methode und das demonstrative Wissen reiner Mathematik konkurrieren. Wirklich überzeugen kann letztendlich jedoch auch hier keiner der beiden Kandidaten. Generiert die experimentelle Methode vor dem Hintergrund ihrer fallibilistischen Leitmaxime ein Wissen, dessen Realitätsbezug außer Frage steht, erreicht dieses niemals die apodiktische Gewissheit mathematischer Lehrsätze. Diese wiederum müssen sich jedoch die Frage gefallen lassen, ob in ihnen „überhaupt etwas wirkliches erfasst wird." (Henrich 2006: 23) An dieser Stelle macht nun das absolute Subjekt seine nicht ganz unbescheidenen Geltungsansprüche geltend. Das Ich, so Henrich, markiert ein vom Irrtum befreites Wissen, das zugleich als Wissen von Wirklichem erfasst wird. Um als absolutes Wissen prädiziert werden zu können, muss also nicht allein die Vermittlung des Vielen (das Wissen der experimentellen Methode) und Einen (der selbstevidente Charakter der mathematischen Axiome) gelingen, sondern diese selbst muss im gleichen Atemzug mitexpliziert werden können. „Gibt es ein absolutes Wissen, dann muss es dem Wissen von sich gleichen; und es muss dann zudem auch das Wissen, welches wir von uns selbst haben, in irgendeiner Weise einbegreifen und verständlich werden lassen." (Henrich 2006: 23) Folgen wir Henrich, hält die jüngere Generation an der von Kant, wie Herbert Schnädelbach schreibt, „ironisch verabschiedet[en]" korrespondenztheoretischen Wahrheitsauffassung fest (Schnädelbach 1993: 5). Eine gewisse Unterstützung hierfür könnte ihr durch unsere Alltagspraxis widerfahren. Denn womöglich ist es uns nie wirklich gelungen, die Korrespondenztheorie der Wahrheit zu verabschieden. Davon könnte nicht zuletzt auch unsere hochtechnologische Forschungspraxis mit ihren spezialisierten Wissensgebieten zeugen. Mit jeder weiteren Erfolgsmeldung, so Jürgen Mittelstraß, bringt uns diese weiter auf die Rückseite des Universalen (vgl. Mittelstraß 2002: 153). Für Henrich dürfte sich dieser Sachverhalt wohl ungefähr wie folgt wiedergeben lassen. „Wir wissen zwar, dass unsere Erkenntnis begrenzt und täuschungsfähig ist. Es misslingt uns aber, uns eine klare Vorstellung davon zu machen, dass irgendetwas der Erkenntnis gänzlich entzogen ist und auf immer entzogen bleibt [...]. Wenn man nämlich auch nur voraussetzt, mit der endlichen Erkenntnis immer weiter vorankommen zu können, dann muss man irgendeine Korrespondenz zwischen Wissen und Wirklichem voraussetzen." (Henrich 2006: 26). Hegel soll es sein, der diese Beobachtung auf den Begriff bringt. Nach dessen Überzeugung muss „dies ‚absolute Wissen'" im Rahmen unserer Selbstverständigungspraxis je „mitvollzogen sein". Nur so ließe sich der „Kollaps in der Stabilität" unserer „Weltbeziehungen" verhindern, der angesichts der „Widersprüche, die dem endlichen Erkennen innewohnen" latent droht (ebd., 29). Im gleichen Atemzug wird von Henrich jedoch auch dessen Fehler gleich mit identifiziert. Hegel verwechselt die „Konstruktion", die er „selbst aufgebaut hat", „um dem Gedanken eines absoluten Wissens einen begrifflichen Halt zu geben", mit jenem selbst. (ebd., 29) Aus Sicht Henrichs ist so denn auch an Fichtes späte Darstellungen anzuschließen. D.h., worüber wir uns ins Vernehmen setzen sollten, ist eine Auffassung vom absoluten Wissen als einem *„bloße[n]* Gedanken". Mittels dieses Gedankens soll sich uns unsere eigene Endlichkeit als inbegriffen in einem selbst uneingeschränkten Absoluten erschließen. Uns über diesen also eine Perspektive eröffnet werden, die es uns erlaubt, unsere vielfältigen Wissenserzeugungsprozesse in einen Sinnzusammenhang einzurücken, der uns ein Dasein als Spielbälle undurchdringlicher Systemprozesse erspart. Ein solcher Selbst- und Weltbezug kann zwar nicht mit den Garantieversprechen absoluten Wissens aufwarten, ähnelte diesem aber, insoweit der Gedanke als unhintergehbarer letzter Fluchtpunkt unserer Selbstverständigungsprozesses an uns heranträte. Vor dem Hintergrund der allgegenwärtigen Kontingenzerfahrungen lässt sich das absolute Wissen nur mehr als ein Wissen auslegen, das in einem „intelligenter Vollzug und letzter Akt im Vollzug einer Lebensorientierung ist." (ebd., S. 29).

7.2 Epochenunterschiede

Der frühe Fichte sichert das absolute Wissen in der unhintergehbaren Selbstevidenz des Selbstbewusstseins ab. „Gibt es ein absolutes Wissen, dann muss es dem Wissen von sich gleichen; und es muss dann zudem auch das Wissen, welches wir von uns selbst haben, in irgendeiner Weise einbegreifen und verständlich werden lassen." (Henrich 2006: 24) Der Einheitsanspruch der Idealisten muss also auch eine überzeugende Antwort für die Problemlagen der Intersubjektivität formulieren. Mein Wissen von mir, und dein Wissen von dir, dürfen sich nicht äußerlich bleiben, insofern ein solchermaßen geteiltes absolutes Wissen hinter seinem Begriff zurück bliebe (vgl. ebd., 24). Aus dem System immanenten Gründen musste sich Fichte also die kritische Anfrage gefallen lassen, wieso eine Allgemeinheit, die „bloß von [...] den einzelnen Fällen [abgeleitet ist, S.S.], in denen jeder nur für sich von seinem höchst eigenen Dasein weiß" (Henrich 2006: 24), die vakante Stelle des Absoluten ausfüllen soll. Genau darin unterscheiden sich die deduktiven Systementwürfe der frühen Jahre von den Entwürfen der späten Jahre. In diesen scheint die Subjektanalyse dezidiert an ein vorgängig Absolutes gebunden (vgl. Sandkühler 2005: 11). Die „Krise der Reflexion", die Fichte um 1800 ereilt, würde demnach dessen gewachsene Einsicht bezeichnen, dass er in seinen frühen Entwürfen Subjektanalyse und absolutes Wissen unzulässig miteinander vermengt. Diese in ihrer Differenz gleichsam beseelt von dem Griff nach dem Ganzen im Rahmen seiner strikt konsequenzlogischen Ableitungen die Wesensbestimmung des Ich vernachlässigt. „Man muss daraus folgern, dass die Idee, im Selbstbewusstsein ein Wissen zu begründen, das alle Kriterien eines absoluten Wissens erfüllt, wohl mehr aus der Suche nach einem Ansatz für den Gewinn eines absoluten Wissens hervorgegangen ist als aus einer voraussetzungslosen Untersuchung des Wissens von sich. Das Selbstbewusstsein erfüllt wirklich einige, doch eben nur einige der Bedingungen für absolutes Wissen. Geht die Vermutung nicht fehl, dass zwischen dem Wissen von sich und einem absoluten Wissen ein Zusammenhang besteht, dann müsste er sich auf einem anderen Wege aufweisen lassen.“ (Henrich 2006: 25)

Von hier aus lassen sich also die permanenten Kurskorrekturen nachvollziehen, durch welche der idealistische Wettstreit schon rein äußerlich in die Augen fällt. Im gleichen Atemzug erscheint nach Henrich jedoch auch die immer wieder formulierte These von einem Bruch in Fichtes Theorieentwicklung fragwürdig.

Insgesamt soll es Fichte – motiviert mitunter durch seine sich wandelnden Lebensumstände – auf insgesamt sieben Neufassungen seiner Wissenschaftslehre bringen. D.h., ungeachtet der von ihm parallel dazu veröffentlichten zahlreichen Propädeutiken. Was diese über alle Unterschiede hinsichtlich der erprobten begrifflichen Mittel wie die jeweils gewählte Darstellungsform hinweg eint, ist für Henrich seine anfängliche Entdeckung. Fichte ist es, der als erster in den irreduziblen Abgrund blickt, der zwischen dem Ich wie seinen Darstellungsformen aufklafft. Erst durch ihn wird dessen rätselhafter Charakter vollends zur Geltung gebracht. Unterteilen ließe sich Fichtes intellektuelle Entwicklung so in drei Phasen. Danach setzt dessen Suchbewegung buchstäblich bei dem Ich ein, das sich selbst schlechthin setzt (1794), um dann vermittelt über das Ich, das sich schlechthin als sich setzend setzt (1797) in dem Ich, dem als Aktivität, ein Auge eingesetzt ist (1801), aufzugipfeln. Zu lesen sind alle drei Ansätze demnach auf Folie Fichtes ursprünglicher Einsicht. Das lässt sich nach Henrich entlang zwei voneinander unterscheidbarer Epochen neuzeitlicher Selbstbewusstseinstheorie erhellen: Reflexionsphilosophie einerseits, nachkantischer Idealismus andererseits. Folgen wir Henrich, speist sich das reflexionsphilosophische Modell im Wesentlichen aus drei unhinterfragten Vorannahmen. Vorausgesetzt wird ein Ich, das denkt, das sich beständig im Modus der Selbstbeziehung bewegt und diesen Modus vor sich selbst bringen kann und zwar, indem es sich objektiviert. Diese Reflexionsfigur stützt dann zugleich die Differenz von Mensch und Tier, wie sie in epistemologischer Hinsicht das Vermögen zu erkennen, was heißt, Objekte zu identifizieren, ermöglicht (vgl. Henrich 2001: 62). Im Gegensatz dazu ist der intellektuelle Höhenflug, der bald nach Kant einsetzt, dadurch gekennzeichnet, dass hier das Ich in seiner Struktur zum überragenden Problem avanciert. So lautet denn auch Fichtes programmatisches Resümee hinsichtlich reflexionsphilosophischer Ansätze: „Man setzt immer ein Subjekt voraus, ohne es jemals finden zu können. Diese Sophisterie lag bisher allen Systemen – selbst dem Kantischen – zu Grunde." (Fichte zit. n. Henrich 2001: 64). Henrich zufolge sind es nun vor allem zwei Einwände, wodurch sich die Reflexionsphilosophie den Vorwurf der Sophisterei einhandelt und Fichte zur Seele von Jena aufsteigt. Das Verb reflektieren suggeriert a) ein Etwas, das von sich weiß, indem es b) sich auf sich rückwendet. Sowohl im Hinblick auf das evozierte Bild der zu durchlaufenden Kreisbewegung, als auch auf die damit verknüpfte Annahme nachgeordneter Selbsterkenntnis, lässt sich nun der fehlerhafte Zirkel aufdecken, in den sich die Reflexionstheorie des Ich verstrickt. Nehmen wir das Ich, das sich erst in der Reflexion vor sich selbst bringt. Rasch zeigt sich, dass aussagendes und ausgesagtes Ich nicht in der polaren Form auseinander treten, wie dies durch das Verb suggeriert wird. Schließt nicht jede Rede vom Ich bereits ein sich selbst meinen ein? D.h., sagen wir Ich, setzen wir je das Ich im Verstehen seiner Identität mit sich voraus. Ebenso wie der Versuch scheitert, das aussagende Ich isoliert in reiner Form zu gewinnen, stellt sich nun auch die daran geknüpfte Annahme eines Wissens von sich als Resultat der Reflexion als unhaltbar heraus. Denn hier zeigt sich, dass jeder reflektierte Selbstbezug bereits ein schon vorausgehendes Wissen von sich in Anspruch nimmt. So würden wir also niemals aus dem Spiegel erfahren können, wer wir sind, wenn wir es nicht schon vorher wüssten. Kurzum, Selbstbewusstsein ist alles andere als selbstexplikativ. So wie nun jede Theorie zu spät kommt, die von dem Umstand ausgeht, dass wir zu uns selbst in Distanz treten können, soll nun auch jede Theorie, die in diesem Sinne beim Handeln einsetzt, zu spät kommen. Jede Engführung von Ich- und Tatbewusstsein verspätet sich also ebenfalls gegenüber dem ursprünglichen Phänomen. Indem Fichte den Begriff der Handlung als

Grundbegriff etabliert, trägt er also zunächst einmal dem Umstand Rechnung, dass sich Selbstbewusstsein gleichsam unmittelbar auf einen Schlag einstellt. Das Phänomen in seiner Vielschichtigkeit und Komplexität folglich jeden Zugang über eines seiner (isolierten) Elemente vereitelt (Selbstbewusstsein ist also kein Phänomen, das man als Ganzes voraussetzen kann, um dann von einem seiner Enden hineinkommen zu wollen). Indem er dabei auf den Vollzug abstellt, gelingt es ihm zudem, die für die optische Metapher anfällige Relation von Subjekt und Objekt durch die prägnantere Differenz von Produktion und Produkt auszutauschen. D.h., der Sache nach sowohl die Gleichursprünglichkeit von Wissensgrund und Wissen wie ihr Gefälle auszudrücken. Zu einer ersten Begriffsrevision sieht sich Fichte Henrich zufolge somit veranlasst, sobald ihm klar wird, dass das Setzen „die Verschiedenheit der Relata" (Henrich 1967: 20) nur unzureichend berücksichtigt. Sich das von ihm zurückgewiesen Reflexionsmodell folglich wieder in seinen eigenen Gegenentwurf einschleicht. Und zwar insofern das Ich, das sich schlechthin selbst setzt, hier über einen in sich zurückgedrängten Akt von sich weiß, so dass sich hier also die Frage aufdrängt, wie denn aus jener in sich zurückgedrängten Aktivität jenes in Ansatz gebrachte Wissen hervorgehen soll. Wenn auch durch das Setzen ja bereits der unterschiedliche Bedeutungsgehalt der Relata verzeichnet wird. Mit einem Wort, im Rahmen der Grundlegung kommt die Selbstgegenwärtigkeit, die jede Rede über Selbstbewusstsein einschließt, nach Ansicht Henrichs noch nicht recht zum Ausdruck. Ein Umstand, der sich für ihn mit dessen Ansätzen um 1797 ändert. In ihnen soll er der „Selbstheit des Ich", die aller „Aneignung" vorausgeht, Rechnung tragen (ebd., 21). Verbunden damit umso deutlicher aufzeigen, inwiefern das im Ich Gewusste nicht mit seinem eigenen Wissengrund gleichgesetzt werden darf. Für Henrich dürfte es so vielleicht das kleine Verhältniswörtchen als sein, über das die oben angeführten naturalistischen Deutungsperspektiven zu Fall kommen. „Selbstbestimmung durch eigene Kraft ist ein allgemeines Phänomen der Natur. Leben hat sogar eine in sich selbst zurückgehende Tätigkeit. Beide sind nicht ‚Ich'. So hängt die spezifische Differenz zwischen Natur und Freiheit an der einen Eigenschaft, daß das Setzen des Ich sich ‚als' setzend setzt und somit Wissen von sich ist." (ebd., 22) Wie dem auch sei - mittels des ‚als' etabliert Fichte das Ich für Henrich jedenfalls gemäß seiner Unmittelbarkeit als wissende Selbstbeziehung. Kaum ausgesprochen stellen sich dessen Analyse zufolge darüber allerdings sofort wieder neue Problemlagen ein. Denn wer das Verhältniswort verwendet, ruft zwingend eine dreistellige Relation auf. „Etwas (1) stellt etwas (2) als etwas (3) vor." (ebd., 22). Damit verbunden sind nach Henrich nun Schwierigkeiten, die auf das Verhältnis von Anschauung und Begriff führen. D.h., setzen wir für einen Augenblick einmal voraus, dass sich qua Vollzug tatsächlich ein Wissen von sich erlangen ließe, so wird schnell klar, dass dieses allein von anschaulicher Art sein könnte. Nur so stellt sich die Existenzgewissheit ein, die das ursprüngliche Selbstverhältnis charakterisiert. Eine Gewissheit, die allerdings, wie leicht einzusehen ist, wiederum nur dann nicht ins Leere läuft, insofern sie gleichzeitig als Verhältnis „begriffen" wird. Demzufolge bildet das Ich also keine Ausnahme von Kants Diktum über Anschauung und Begriff. So setzt sich das Ich unter den neuen Voraussetzungen also als im Setzen vom eigenen Setzen wissend. Inwiefern gewahrt es darin nun seine eigene Abgründigkeit? Waren es im Wesentlichen zwei Einwände, die gegen das Reflexionsmodell vorgebracht werden mussten, sind es auch hier zwei Einwände, die diese neuerliche Absetzungsbewegung konterkarieren. Ihrem eigenen Programm nach, so Henrich, müsste die neue Formel verständlich machen können, wie das Ich sich in Richtung von Anschauung und Begriff auseinanderlegt. Augenscheinlich gelingt dies nicht. Schließlich geht der avisierte Doppelaspekt dem eigenen Theorieentwurf nach ja bereits in den Grund des Selbstbewusstseins ein. Muss derselbe demnach bei jedem seiner Erklärungsversuche schon vorausgesetzt werden, deutet dies darauf, inwiefern auch hier der Einheit des Selbstbewusstseins nur rhetorisch entsprochen wird. Das jedoch führt, macht man sich den Sachverhalt nur recht klar, nach Henrich zu der Annahme eines der Doppelung vorausliegenden unvordenklichen Grunds. Dem Wortlaut nach soll das Ich also noch seinem eigenen Setzungsakt beiwohnen. Inhaltlich wird durch die Formel hingegen das absolute Subjekt durch das Absolute ausgetauscht. Das Ich somit der Tendenz nach von nun an als einbegriffen in ein Ganzes fassbar. Ein Austausch, der anscheinend nicht zuletzt unter normativen Vorzeichen geschieht. Derselbe deutet auf die moralisch-praktische Signatur des Gefälles. „Im Falle eines Ich, in dem Ich-Begriff und Ich-Anschauung gleichwertige Repräsentationen einer

Tätigkeit sind, bestünde die Möglichkeit, die anschauliche Tätigkeit selbst durch den Begriffscharakter nicht nur als Gedanke, sondern in der Weise ihres Tätigseins zu bestimmen. Diese Möglichkeit aber öffnet günstige Perspektiven für die Begründung der praktischen Philosophie. Denn das sittliche Bewußtsein ist die Erfahrung eines Gedankens, der eine Weise der Tätigkeit zur Folge hat und somit etwas ganz anderes ist als deren Erkenntnis." (ebd., 25) Das lässt womöglich Rückschlüsse auf Fichtes ungefähr in diesem Zeitraum entstehende „Bestimmung des Menschen" zu. Diese Schrift ist gleichsam für den Goetheleser bestimmt. D.h., anders als die Wissenschaftslehre, die Fichte von Seiten Kants den Vorwurf einbringt, sich in bloße Logik zu versteigen, beansprucht diese zur Jahrhundertwende veröffentlichte kleine Schrift für alle Leser verständlich zu sein, „die überhaupt ein Buch zu verstehen vermöchten." (Fichte BM: 5) Die Gliederung dieses Buchs scheint denn auch so einfach wie überzeugend. Entlang der Titel Zweifel, Wissen und Glauben führt Fichte im Übergang vom Wissen zum Glauben Subjektivität als unbestimmte Bestimmtheit vor, die an nichts mehr halt findet, außer ihren eigenen bestimmten Handlungen. Unter dem Einfluss Jacobis wird die imaginative Natur des Menschen, in der das Wissenskapitel aufgipfelt, so gemäß des idealistischen Diktums über Denken und Handeln stabilisiert. „Wir handeln nicht, weil wir erkennen, sondern wir erkennen, weil wir zu handeln bestimmt sind; die praktische Vernunft ist die Wurzel aller Vernunft." (ebd., 124) Erreichte das erste Kapitel seine Klimax in der Revolte des Herzens gegen die deterministische Verstandesthese, obgleich ihm jeder „Entscheidungs-Grund" (ebd., 43) fehlt, verbürgt sich das Gewissen am Ende unter dem Titel Glauben für alle Realitätsgewissheit. „Wir können", so Fichte über das Moralgesetz, „den ersteren nicht absagen, ohne daß uns die Welt, und mit ihr wir selbst, in das absolute Nichts versinken; wir erheben uns aus diesem Nichts, und erhalten uns über diesem Nichts lediglich durch unsere Moralität." (ebd., 124). Womöglich ist es also nur dem Zeitgeist geschuldet, wenn es so scheint, als würde hier gegen Fichtes ursprüngliche Einsicht Gott wieder reüssieren. D.h., als würden die zuvor zusammengestellten rechts- wie moralphilosophischen Resultate in ihm als dem (unergründlichen) Grund der Subjektivität wieder aufgehoben (vgl. ebd., 168 ff.). Diese Vermutung könnte auch Walter Schulz nähren. Fichtes Bestimmung des

Menschen, so derselbe anlässlich dessen 200. Geburtstags, gipfelt in der für Subjektivität konstitutiven asymmetrischen Verantwortungssituation auf. Entwickelt über die Begriffe „Glauben" und „Gewissen" eine Wirklichkeitsauffassung, die dezidiert aus dem Verpflichtungscharakter des Sollens folgt und die Begriffe Recht und Gerechtigkeit dabei in ein unauflösliches Spannungsverhältnis setzt. Jede noch so intime Beziehung zwischen Ich und Du bahnt sich aus dem Horizont eines „Wir" an, das in seinem übersummenhaften Charakter gleichzeitig die für Subjektivität verantwortliche wie von ihr zu verantwortende Differenz bezeichnet. „Obwohl dieses System ohne die einzelnen Willen nicht ist, ist es doch gerade nicht das Resultat einer äußeren Summierung, sondern das eigentlich Wahrhafte, das mein moralisches Tun bereits von Grund her durchwaltet. Wenn ich moralisch wirke, werde ich von der moralischen Ordnung ebenso bestimmt, wie ich sie selbst durch mein Tun bestimme im Sinne der Verwirklichung. In dieser Dialektik, daß mich die moralische Ordnung trägt und zugleich doch fordert; daß ich sie meinerseits verwirkliche und in aller Verwirklichung zugleich doch von ihr immer umgriffen werde, liegt die einzige und eigentliche Realität, die es für den Menschen als Menschen geben kann." (Schulz 1977: 28)

7.3 Wissen von sich

Schelling gilt die Reflexion als Geisteskrankheit (vgl. Schelling PdN: 251). Für Fichte stürzt nur drei Jahre später (1800) der wissende Selbstbezug ins Bodenlose. Ungefähr zeitgleich diagnostiziert Johann Christian Reil (mit ärztlich-(früh-)romantischem Blick) die Tücken der optischen Metapher: „‚Sie scheinen in tiefes Nachdenken versenkt!' ‚Ich weiß nicht', sagte er mit langsam abgemessenem Tone, den Zeigefinger an die Nase haltend, *‚bin ich das in dem Strome dort,* oder *das',* indem er auf sich deutete, *‚was hier in den Strom sieht?'* ‚Was Sie dort sehen', antwortete ihm der Vorübergehende, *scheinen* Sie zu sein; was hier sitzt, *sind* Sie. Nicht so?' *‚Scheinen* Sie zu sein', fiel er ein: ‚Ja wohl, scheinen: Scheinen, das ist's! Ich scheine mir zu sein! *Wer doch wüsste, ob* und *was er wäre!'* ‚Sind Sie nicht', fuhr der Vorübergehende fort, ‚wenn ich fragen darf, Herr Soundso?' ‚Sie nennen mich so: Ja, es gab eine Zeit, *wo ich war*. Wo ich ganz innig, so wahr, so lebendig mich fühlte. […] Aber nun', so endete er, ,nun ist's vorbei, nun bin ich der Schatten eines Traumes, verloren in der Unendlichkeit, *suche mich, und finde mich nirgends*'." (Reil zit. n. Frank 2007: 17 f.) Eine Szene, der mit Dieter Henrich wohl beizuwohnen wäre. Scheint in ihr doch dessen Unterscheidung zwischen zwei Theorieepochen präsent. Danach ergäbe sich die Rollenverteilung der Protagonisten also nach Maßgabe der trügerischen Selbstgewissheit, die sich über reflexionstheoretische Ansätze einstellt, wie der Unruhe, die einen auf deren Rückseite erwartet. Dass die cartesianische Gewissheit daran gebunden ist, „dass der Zweifel vollzogen wird" (Henrich 2007: 25), bedeutet demnach dreierlei. Erstens, ein mit dem Sinn von Selbsterhalt verbundene Individualität, die sich in unserer durch unseresgleichen ausgelöste Sorge um unsere Personalität ausspricht. Zweitens, das Einbegriffensein in ein Ganzes, gegen das unsere Angst davor, unser Leben nicht mehr eigenverantwortlich führen zu können, verständlich wird, wie drittens, der unverfügbare Ereignischarakter der Selbstvertrautheit, der über unsere nicht weniger der Endlichkeit geschuldeten Ängste vor einem irreversiblen Bewusstseinsverlust greifbar wird (vgl. Henrich 2001: 99). Henrichs Rekonstruktionen zufolge sind es so weniger die Notwendigkeiten des Willens (Frankfurt), denn die Notwendigkeit des Selbsterhalts, welche den Titel der Sorge beglaubigt. D.h., auf einen Sinn von Freiheit deutet, der mehr als nur vereinbar mit der physikalischen Weltbeschreibung ist. Wenngleich diese in ihrem universalen Anspruch damit keinesfalls in Abrede gestellt werden soll. Max Horkheimer konstatierte für die industrielle Moderne: „Das Thema dieser Zeit ist Selbsterhaltung, während es gar kein Selbst zu erhalten gibt." (Horkheimer 1997: 124) Was aber meint das Selbst? Und inwiefern ist diesem an seiner Kontinuierung gelegen? Macht die Rede von Selbsterhalt nicht nur unter der Voraussetzung einer vorreflexiven Selbstbeziehung Sinn? Und dependiert diese ihrerseits nicht wiederum vom Selbsterhalt? Wenn dem so ist, schließt dann diese wechselseitige Abhängigkeit nicht den geläufigen assoziativen Kurzschluss von Selbsterhalt mit Gewinn-, Herrschafts- und Machtstreben aus? Henrich dürfte Horkheimers Beobachtung also ihre ideologiekritische Einfärbung bestreiten. Warum, weil das auf Höhe der modernen Welt paradigmatische Bedeutung erlangende Prinzip der Selbsterhaltung für ihn nicht auf eine (emanzipatorische) Deutungsperspektive festgelegt werden kann. Im Lichte der Doppelung von Selbstbewusstsein und Selbsterhalt lassen sich für ihn vielmehr vier Wege in Moderne nachzeichnen. Neben der baconschen wie der hegelschen Moderne sollten auch ihre skeptischen wie materialistischen Tendenzen entsprechen berücksichtigt werden (vgl. Henrich 2001: 103). Henrichs Rekonstruktion zufolge wird demnach bereits der Übergang in die zweite Theorieepoche über ein dezentriertes Subjekt moderiert. Das zeigt sich, wenn man auf dessen stoische Herkunftslinie achtet. Also hervorhebt, dass die paradigmatische Stellung, welche dem Prinzip der Selbsterhaltung innerhalb der modernen Selbstverständigungsprozesse zweifelsohne zukommt, nicht in markttreuer technisch-wissenschaftlicher Rationalität aufgeht. D.h., ungeachtet der Eingebundenheit der stoischen Denkform in kosmologische Zusammenhänge vorformuliert diese mit ihrem Begriff des Geistes den Gedanken einer unvordenklichen Nähe zu sich, die auf ein anderes hin geöffnet ist. Und das in deutlicher Abgrenzung zur aristotelischen Ontologie des Strebens „Ein jegliches ist Geist schon in ihm selbst, bevor es sich zu anderen in Beziehung bringt. So ist auch die erste und bedeutsamste Weise der Zuwendung nicht die zum Weltgrund als solchem oder zum je schon vorbestimmten Wesen der Art. Ihr voraus geht die Zuwendung, mit der jegliches entdeckt, von welcher Art es überhaupt ist, eine Zuwendung, die man ein ursprüngliches Gewahren seiner nennen muß. In ihr erfährt ein Wesen, daß es wirklich ist und bestimmten Wesens und gründet ein Verhältnis zu sich. Die Stoiker waren der Meinung, daß sich nur unter dieser Voraussetzung von Selbsterhaltung sinnvoll reden läßt. Die erste Hälfte des Wortes, eben das ‚Selbst', hat ohne die Interpretation aus der Vertrautheit mit sich keinen einsehbaren Sinn. Aus dieser Vertrautheit aber entsteht allererst der Trieb zur Selbsterhaltung." (Henrich 2001: 92)

Nach Henrich reichen die Wurzeln des Selbsterhalts demnach weit hinter die anonyme Prosa der „Superstruktur" (Gehlen) zurück. Zeigen sich Denken (Selbstbewusstsein) und Handeln (Selbsterhalt) einer Differenz eingetragen, die jegliche Selbstverfügungsansprüche gleichsam a priori ermäßigt (vgl. Henrich 2001: 113 f.). Der stoische Beitrag zur Vertiefung des Selbst besteht also nicht nur darin, das Prinzip aus seinem teleologischen Bezugsrahmen herausgelöst zu haben, sondern auch rein nutzenorientierte bzw. funktionelle Deutungsperspektiven zurechtzubringen. Mittels des von ihnen diskutierten Geistbegriffs kann ebenso das für die zweite Epoche wesentliche logische Formular (Einheit differenter) nachgezeichnet werden, wie auf jene noch unterhalb der formalen Selbstbezüglichkeit gelegene phänomenale Selbstvertrautheit Bezug genommen werden, die den Selbsterhalt von seiner passiven Seite her aufzeigt. In der gleichen Bewegung das Selbstbewusstsein jedoch auch einer irreduziblen Vermittlungsbewegung eingeschrieben (vgl. Henrich 2001: 95 ff.).

Demnach brechen also gleichsam schon im cogito die Denkfiguren der An- und Abwesenheit, des Ent- und Verbergens auf, die dieses widerlegen sollen. In Anbetracht dessen dürften ihm die de(kon-)struktiven Titel der Selbstmacht und Selbstpräsenz also kaum etwas anhaben können. Gleiches gilt für die Evidenz mathematischer Lehrsätze. Auch hier dürfte die in Akten der Selbstbesinnung erfahrene Ambivalenz ausgespart bleiben. D.h., das Leben zu kurz kommen, das weniger geplant, gesteuert und gewollt wird, denn als unergründlicher Grund diesen bewussten Aktivitäten vorausliegt. „Diese Grundfigur bildet sich aus dem Verhältnis heraus, kraft dessen die Subjektivität in der mit ihrer Selbstgewissheit verbundenen Selbstentzogenheit zu einem Ganzen steht, wobei sie sich dies Ganze nur unter der Bedingung der Selbstentzogenheit vergegenwärtigen kann." (Henrich 2007: 27) Handelt es sich dabei um die Grundfigur modernen Denkens, wird diese durch die idealistische Diskussion dann in Richtung einer gleichursprünglichen Tendenz *zur* und *aus* der Welt fortgeschrieben (vgl. Henrich 2007: 41). Wobei die Tendenz zur Weltform, wie Henrich sagt, über einen zweistufigen, sich dabei widerstreitenden Erkenntnisprozess verläuft. D.h., über eine Bewegung, die den Ordnungssinn des gemeinen Menschenverstandes – innerhalb der sich die Dramen der um-sichtigen Daseinsfürsorge abspielen – als unverändert der aristotelischen Ontologie verhaftet ausweist. Zunächst. Dann jedoch in jene szientistische Forschungslogik umschlägt, die letztendlich dahin tendiert, auch noch das Subjekt, das es zu erkennen gilt, zum Verschwinden zu bringen (vgl. Henrich 2007: 36 ff.). Weshalb es tiefsinnige Gedanken heute so schwer haben, erklärt sich für Henrich also nicht zuletzt durch diese beiden im Subjekt hinterlegten und miteinander verwandten Weltformen (vgl. ebd., 28). Nicht weniger in der menschlichen Subjektivität hinterlegt sind für ihn jedoch auch letzte Gedanken. Gedanken, die eben auch heute noch von den fünf wesentlichen Momenten des Selbstbewusstseins profitieren könnten, die Fichte bis in seine dritte Theoriephase hin ausmacht.

7.4 Unauflösbare Begriffe

Fernando Pessoa schreibt: „Sich nicht kennen heißt leben. Sich kaum kennen heißt denken. Sich erkennen, plötzlich wie in diesem läuternden Augenblick, heißt eine flüchtige Vorstellung von der inneren Monade zu gewinnen, vom magischen Wort der Seele. Doch dieses plötzliche Licht verbrennt, verzehrt alles. Entblößt uns sogar von uns selbst.“ (Pessoa 2006: 48) Meditative Sätze, die es allem Anschein nach offen lassen, ob man lieber mit Pascal Mercier (Peter Bieri) in literarischer Anlehnung an den portugiesischen Nationaldichter den „Nachtzug nach Lissabon“ besteigen will oder erneut nach Jena aufbricht. D.h., die Frage für unentscheidbar halten. Womit diese also im Unterschied zu all denjenigen Fragen, da entsprechende Programme, Vorschriften, Regeln etc. entlasten, in unsere Zuständigkeit fällt. Anlässlich des Henrich verliehen Hegelpreises (2003) erklärt Gerhardt: „Schon das bloße Haben des Selbstbewusstseins ist ein reflexiver Vorgang, an dem mehrere Momente – die Ausrichtung auf einen Inhalt, die Gegenwärtigkeit des sich ausrichtenden Selbst wie auch die uno actu stattfindende Rückwendung des Selbst auf sich – beteiligt sind.“ (Gerhardt 2013: 12) Selbstbewusstsein, so also auch der Festredner, spricht sich nicht einfach hin aus. Indes verbindet die von Henrich abgegrenzte zweite Theorieepoche mit dem Leben vor allem das flüssigwerden aller festgewordenen Gegensätze. So zeigt sich Fichtes begriffliche Suchbewegung für ihn auch durch jene wissende Selbstbeziehung veranlasst, die Selbstbewusstsein ausmacht. Wobei das erfahrene Selbstbewusstsein über das bisher skizzierte hinaus, für ihn jedoch von weiteren „sekundäre[n] Momente[n]“ (Henrich 2001: 67) abhängt: Ohne den Begriff, von welchem her die Momente der „Grundstruktur“ (ebd., 67) als Einheit differenter fassbar werden, wie dem Moment der (anschaulichen) Selbstgegenwärtigkeit , kein „wirkliche[s] Selbstbewußtsein.“ (ebd., 67 f.)

Gesucht wird demnach nach einer der inneren Verfasstheit des Phänomens angemessenen Theorie. Nach einer Begriffsform, die, so wie sich das Phänomen real gleichsam blitzartig auf einen Schlag einstellt (damit fast unweigerlich den Gedanken der causa sui evoziert), dessen Einheit wie dessen interne Bestimmungsmomente in ihren wechselseitigen Verweisungen aus einem Guss erklärt. Eine Aufgabe, an der Fichte zunächst scheitert. In dessen frühen Entwürfen geht das Subjekt noch als unaufgeklärte Voraussetzung ein, aus der die Handlungs- und Weltorientierung dann systematisch hervorgeht (vgl. ebd., 64). Um die Jahrhundertwende soll in demselben dann die Überzeugung heranreifen, dass das Selbstsein nur über prima facie „dunkl[e] Metaphern" zugänglich wird (ebd., 66). Genau an den Stellen, da dessen Begriffsform vermeintlich (reaktionäre) mystische Erfahrungshorizonte aufsucht, nach Henrich also anschlussfähige Beschreibungsformulare vorliegen (vgl. ebd., 66 u. 75 ff.).

Womöglich führt jedoch bereits Fichtes Grundeinsicht in die Irre. Wird hier eine „intuitive Evidenz" in Anspruch genommen, über die sich nicht sprechen lässt (Tugendhat 1979: 55). Bedarf es demzufolge also erst einmal einer angemessenen Problembeschreibung. Und zwar mittels des einfachen Aussagesatzes. Nach Tugendhat sind es im Wesentlichen fünf Schritte, die zur Gründung der „Heidelberger Schule" (ebd., 10) führen. „1. Man beachte mit Recht, dass der Subjektausdruck ‚ich' eine Identifizierungsfunktion hat; diese wird aber nicht näher untersucht [...]. 2. Man stellt fest, daß es Sätze der Form ‚ich weiß, daß ich so-undso' gibt, bei denen dieses Wissen die Erkenntnis eines Identitätssatzes ‚ich=a voraussetzt. 3. Man gibt zu, daß beim unmittelbaren epistemischen Selbstbewußtsein keine Sätze dieser Art zur Erkenntnis kommen müssen. Und nun begeht man 4. den Fehler zu meinen, daß dann wenigstens die Erkenntnis der Wahrheit des Satzes ‚ich = ich' vorausgesetzt ist, und versteht diese in falscher Analogie zu ‚ich = a' als Erkenntnisleistung. 5. Kann es dann auch nicht genügen zu sagen ‚ich erkenne, daß ich = ich', analog zu ‚ich erkenne, daß ich = a', denn das Problem wiederholt sich für das erste ‚ich'; daher dann solche Formulierungen wie ‚ich weiß mich' und das Ineinanderschieben der Wissens- und Identitätsrelation." (ebd., 61) Angesicht der aus der Neckarstadt vorliegenden idealistischen Forschungsberichte rät derselbe so zu grammatikalischer Aufklärung. Zumindest insoweit uns die paradoxen und dunklen Wendungen, hinter denen Dieter Henrich und seine Schüler (Ulrich Pothast/Konrad Cramer) das Selbstbewusstsein letztendlich „zum Verschwinden" (ebd., 54) bringen, nicht überzeugen. In der Neckarstadt wird nach Tugendhat also nicht genügend zwischen der mit dem Phänomen verknüpften Identitäts- und Wissensproblematik unterschieden (vgl. ebd., 58). In ganz anderen Zusammenhängen erklärt Peter Singer hinsichtlich unseres praktischen Orientierungswissens, dass Urteile, die den Praxistest nicht bestehen, unter „einem theoretischen Defekt leiden" (Singer 2008: 16). Ähnliches gilt anscheinend also auch für das Verfügungswissen. „Wenn", so Tugendhat, „sich bei der Beschreibung eines Phänomens Paradoxien ergeben, müssen wir annehmen, daß die Beschreibung von unangemessenen Prämissen ausgeht, daß sie sich inadäquater kategorialer Mittel bedient." (Tugendhat 1979: 11) Haben sich also alle bisherigen Erklärungsversuche am Ende als zirkelhaft erwiesen und wurde dabei nicht zuletzt im Rahmen der Diskussionen der Heidelberger Schule deutlich, inwieweit diese allesamt von einer als Beziehung gedeuteten Subjektivität ausgehen, warum dann nicht einmal wenigstens versuchsweise den einfachen Aussagesatz heranziehen?

Gleich zu Beginn seiner Karriere lässt Fichte wissen, dass wir allenfalls angemessenere Beschreibungen der kantischen Einsichten erwarten sollten. Überdauert in dessen eigenem Grundmotiv des Setzens nun nicht der alte schöpfungstheologische Gedanke der *creatio ex nihilo*? Über ihn wird laut Tugendhat jedenfalls verständlich, wie Fichte den an sich passiv konnotierten „logisch-ontologischen Gedanken vom Sein als Gesetztsein" aktiv wenden kann (ebd., 63). Bereits Schiller bemerkt gegenüber Goethe: „Die Welt ist ihm nur ein Ball, den das Ich geworfen hat, und den es bey der Reflexion wieder fängt!!! Sonach hätte er seine Gottheit wirklich declariert, wie wir neulich erwarteten." (Schiller zit. n. Schäfer 2006: 32) Worüber sich für Tugendhat die untersuchten Beiträge also in sonders zu einer „Schule" zusammenschließen, ist die Art und Weise, wie in ihnen sachliche Tiefenschärfe mit einem unbeirrt idealistischen Bekenntnis zusammenfinden. Wie hier im Verlauf der Diskussion eine gegenüber den relational gefassten Selbstbewusstseinstheorien nochmals vertiefte, das ist, nicht-relationale Rede über das Bewusstsein angestoßen wird. Mit ihr wird die „Grenze der Verständlichkeit" (ebd., 66) erreicht. Welcher Sinn soll sich etwa noch mit dem ausdrücklich ohne einen Moment von Selbstkenntnis auskommenden Vorschlag verbinden, das Bewusstsein als „objektiven Prozeß" (Pothast) aufzufassen? (vgl. ebd., 54 u. 66) Oder im Fall Henrichs, Selbstbewusstsein und Bewusstsein einerseits terminologisch klar voneinander abzugrenzen, andererseits jedoch gleichzeitig eine Form von Selbstkenntnis zu supponieren, die weder hier noch dort ihren Ort hat? (vgl. ebd., 66 f.) Nach Tugendhat geht Henrich so vor allem deshalb dazu über, das Bewusstsein als „Dimension" (ebd., 66) auszulegen, um dadurch eine vorreflexive Selbstvertrautheit einzuholen, die den Fallstricken des wissenden Selbstbezugs entgeht.

Mit der beziehungslos gedachten Vertrautheit-mit-sich, so Manfred Franks Resümee hinsichtlich der Kontroverse, zieht Henrich gleichsam die Summe aus dem Umstand, dass weder innenverliebte Nabelschauen („jede Schau setzt ein Geschautes voraus"), noch Modelle der Selbstidentifikation (ob der darin vorausgesetzten „Dualität von distinkten Gegebenheiten"), bzw. die Annahme einer ursprünglichen Selbstgewissheit („denn jedes Wissen erschließt etwas *als* etwas") die optische Metapher letztendlich loswerden (Frank 1986: 61). Von daher also Henrichs Proben auf paradoxe Wendungen (ebd., 62). D.h., auf Begriffe[46], durch die 1) die in cartesianisch-kantischer Einstellung hinlänglich erkundete Spontaneität des Denkens, 2) von einer dem vorausliegenden anonymen und ichlosen Dimension des Bewusstseins ebenso abgehoben wird, wie die den Vollzugcharakter des transkategorial und transzendental gefassten cogito nach vorne übersteigende (existenzielle) Selbstvertrautheit 3) gleichzeitig zum Ausdruck gebracht wird (vgl. ebd., 62).

Für Henrich lässt sich das Ich also auch nicht durch den regelkonformen Gebrauch von Wörtern und Zeichen wegerklären. Wenngleich wir uns zugestandenermaßen dadurch auch anderen zu erkennen geben. Sei es etwa entlang des von Tugendhat diskutierten zweistufigen Erkenntnisprozesses (Charakterisierung/Identifizierung). Um das einzusehen, genügt für ihn bereits ein flüchtiger Blick auf die kindliche Entwicklung. Bildet das Kind auch erst nach und nach die Fähigkeit aus, die entsprechenden sprachlichen Codes passgenau anzuwenden,

46 Die Rede ist etwa von einem „selbstlosen Bewußtsei[n] vom Selbst" (Henrich zit. n. Frank 1986: 64).

liegt dessen eigentliche Leistung doch vielmehr darin, sich nunmehr in seinem Selbstverhältnis gegenüber anderen auszudrücken. Folglich gegenüber sich selbst in reflektierte Distanz treten zu können (vgl. Henrich 1999: 55). Ein flüchtiger Blick mit womöglich ethischen Implikationen. Im Umkreis der so genannten Theory of mind wird die Fähigkeit, im Geist eines anderen zu lesen, mitunter über den frühkindlichen Narzissmus beschrieben. D.h., von dessen Ende her, das ungefähr mit dem 18. Lebensmonat eintritt und an die Stelle der frühkindlichen Idylle sukzessiv den anderen in seiner verstörenden Gegenwart rückt. Wäre diese beginnende Perspektivenübernahme mit Henrich denn nicht auf Folie der ursprünglichen Verspätung gegenüber uns selbst auszudeuten, die das Selbstverhältnis kennzeichnet? Sprachen, die vom ich Gebrauch machen, so lässt er jedenfalls wissen, drücken zwar besonders eindrücklich den Trieb zur Selbstständigkeit aus, verraten damit aber keinesfalls einen ungezügelten Herrschaftswillen im Sinne der einsamen Bewusstseinsrobinsonade (vgl. Henrich 2007: 30). Wie dem auch sei, bezüglich der Selbstvertrautheit wird Henrich selbst jedenfalls auch seine eigenen Theorieansprüche ermäßigen. Dass a) in Rücksicht auf Kants noch in seine vorkritische Phase fallende Einsicht, dass die philosophische Analyse „unauflösbare Begriffe anzuerkennen hat". Und b) im Hinblick auf die darin vorgezeichnete Perspektive bewussten Lebens (Henrich 2007: 2).

7.5 Bewusstes Leben

So gewiss das Wissen von sich ist, verlangt es doch schier Unmögliches. Nämlich, das Begriffslose durch den Begriff aufzuschließen. Eine gegen den hartnäckig sich einstellenden Gedanken der Selbstbeziehung gerichtete begriffliche Leistung, die anscheinend auch die Beziehung zu anderen umfasst. D.h., dem „Für-sich" zwingend ein „Für-mich-Sein" vorordnet. Womit es Analyseformen, die bei den gemeinsam geteilten Kommunikations- und Interaktionsformen ansetzen, also ähnlich wie der Begriffsanalyse ergeht. Ohne den (cartesianischen) Ich-Gedanken also keine Theorieelemente wie etwa das des „generalisierten Anderen" – geschweige denn dessen „signifikantes" Gegenstück. Wobei sich dessen ethisches Gewicht wohl vor allem aus den sich (im

Sinne Hölderlins) widerstreitenden Lebenstendenzen ergibt. Als das mithin Bedenklichste dieser Zeit erachtet Henrich so auch die Tendenz zu nachmetaphysischem Denken. Wenigstens in Rücksicht auf das Verantwortlichkeitsbewusstsein, das für den Ich-Gedanken elementar ist. „Zur Intersubjektivität wird man im Ausgang vom ‚Für-mich-Sein' der Subjektivität durch ein anderes Moment in dessen Verfassung geführt: Insofern für sie nicht das in sich allgemeine Für-sich des formalen Selbstverhältnisses, sondern das Für-mich des Ich-Gedankens konstitutiv ist, versteht sich das Subjekt jeweils notwendig als ein *Einzelnes.* Darin liegt, wie gesagt, daß es den Gedanken von möglichen anderen Subjekten, folglich aber auch den Gedanken einer Ordnung denken muß, in der solche Subjekte voneinander verschieden sind. Von dieser *Ordnung* oder Dimension als solcher muß es in seinem Selbstverhältnis keinen bestimmten Begriff haben. Aber beides, den Ich-Gedanken im Zusammenhang mit dem dieser Ordnung, schließt sich ohne weiteres der Gedanke von einer Beziehung an, welche die Subjekte untereinander aus ihrem Für-mich-Sein heraus aufnehmen könnten." (Henrich 1999: 70) Aus dem „Für-mich", quasi als Ermöglichungsgrund des „Für-sich-Seins", gehen nach Henrich auch die miteinander verwandten Themenfelder (Leib/Körper, Person, Sprache und Mit-Sein) hervor, die im Zusammenhang mit der Bildsamkeit angeführt wurden. Aus dieser Perspektive wird für ihn also einsichtig, inwiefern die Subjekte in ihrem unvordenklichen Selbstsein nur qua Verkörperung füreinander real werden; Inwiefern sich diese von raum-zeitlichen Körperdingen im Wesentlichen dadurch unterscheiden, dass sie sich in ihrer Leiblichkeit mitteilen. Sprache also tiefer reicht als ein bloßes Verständigungsmittel. Als Medium, das auf einer „reale[n] Gemeinsamkeit" (ebd., 71) basiert, somit auf solch mitleidsethische Kategorien wie Verletzlichkeit, Sterblichkeit und Endlichkeit verweist. „Dies Für-sich-Sein läßt sich durchaus nicht aus der Kommunikation herleiten. Doch ist es, wie die Analyse der wissenden Selbstbeziehung zeigt, auch nicht selbstgewirkt. Es muß aus unverfügbarem Grund spontan aufkommen. Wohl aber ist zu verstehen und zu erwarten, daß Subjekte, die in ein zeitliches Dasein eintreten und die in ihm erlöschen, der Anleitung, der Bergung und der Begleitung durch andere Subjekte bedürfen." (ebd., 71) Näher besehen, eignet dem „Für-sich" somit sowohl eine Dynamik nach innen wie eine nach außen. Besonnen lebt, wer auf beides achtet. Über die personelle Identität, welche den komplexen Zusammenhang von Subjekt, Person und Leib unter sich befasst, kommen all die unserer Verfügungsmacht entzogenen Anlässe und Ohnmachtserfahrungen in den Blick (Krisen, Krankheit, Schicksalsschläge), die nicht nur zu einem immer neuen Abgleich zwischen dem Bild, das wir uns von uns selbst machen, wie den Erwartungen, die an uns gestellt sind, führen (einschließlich der darin implizierten Rollenkonflikte), sondern darüber hinaus eben das Zeug dazu haben, an die dramatische Frage zu rühren, was es denn mit dem eigenen Leben im Ganzen auf sich hat. Anders nach innen. Hier zählen der Analyse zufolge Erweckungserlebnisse. Die paradigmatische Rolle, die die Kunst für das Leben spielen kann, dürfte damit auf der Hand liegen. Worum es geht, sind Einschnitte, Augenblicke überraschender Klarheit, in denen sich das spontane Aufkommen von Selbstbewusstsein gleichsam einmalig im Lebensvollzug wiederholt. Das Dahinleben aus unverfügbarem Grund somit im Hinblick auf die Summe des eigenen Lebens ins Stocken gerät. In diesen Ausnahmesituationen wird der Einzelne aus seiner je eigenen individuellen Lebenslage heraus in eine Selbstverständigung über die Verfasstheit menschlicher Subjektivität gezogen, die dem diskursiven Denken entzogen bleibt. In solchen unverfügbaren Momenten der Klarheit werden die beiden (gleichursprünglichen) Enden (Welt/Absolute) demnach aus einer Perspektive fassbar, die es ermöglicht, ihren Widerstreit fern falscher Befriedungstendenzen oder Harmonieversprechen in sich auszusöhnen. D.h., in seinem Leben dahin gelangt, zukünftig auf das ursprüngliche Selbstverhältnis aus vergrößerter (Selbst-)Distanz herabzublicken. (vgl. ebd., 73 f.) So lebt also besonnen, wer glaubt; wer aus der in solch unverhofften Momenten aufgetanen prinzipiellen Unentscheidbarkeit heraus seine weitere Lebensorientierung gewinnt. Wer sein Leben, mit anderen Worten, von diesem Moment an in die Fluchtlinie letzter Gedanken stellt und versucht, aus diesen heraus seinen festen Stand zu gewinnen. Diese Anstrengungen der Selbstverortung, das wird von Henrich betont, können von jenem der ästhetischen Erfahrung verwandten Evidenzerlebnis abweichen. Gleichwohl bildet dieses den unwiederbringlichen Bezugspunkt (vgl. ebd., 74). Was Fichte aus Jacobis salto mortale macht, führt demnach (anders als Fichte meint), zu einer Ethik mit gedämpftem Imperativ. D.h., zu einer Handlungsanweisung, in die sich der

Doppelsinn der Besinnung einfindet. „(1) Halte ein, so kannst du nicht ohne Besinnung weiter verfahren! (2) Erwäge, welches Handeln nach diesem Einspruch, den Du anerkennst, das richtige wäre, und gewinne dann auch die richtige Einstellung zu solcher Handlungsart! (3) Du bist doch noch ein ganz anderer, als Du meinst, wenn Du so handelst, wie Du zunächst wolltest. Du weißt das in Wahrheit auch – und Du weißt es ganz und gar, wenn Deine eigene Besinnung Dich in Deinem Handeln wirklich leiten wird." (ebd., 116) Folgen wir Henrich, reicht es also kaum, Raskolnikov einfach die Fähigkeit der reflexiven Selbstbeobachtung entgegenzusetzen. Vielmehr sollte derselbe wohl mit den Punkten zwei und drei konfrontiert werden. Danach erschließt sich mir der Verpflichtungscharakter des moralischen Sollens gegen den Hintergrund des mir entzogenen Grunds über eine Tiefenanalyse meines Selbstseins. D.h., aus einer gegen abschließende Analysen gefeiten Perspektive, die somit erst gar keine Gedanken an womöglich verborgene „Techniken der Selbstüberredung" aufkommen lässt. Aus ihr heraus wird deutlich, inwiefern ich insbesondere durch jene beiden Punkte festen Stand im Leben gewinne. Wenngleich dieses auch weiterhin in dessen Wechselfälle eingespannt bleibt. Der Sinnlosigkeitsverdacht hinsichtlich des eigenen Lebens sich also wohl niemals ganz wird ausräumen lassen. Von ganz entscheidender Bedeutung ist dabei die Begegnung mit dem anderen Menschen. D.h., der Sinn dafür, dass mich dessen Gegenwärtigkeit nicht nur aus anthropologischer Perspektive (Mitteilungsfähigkeit, Kooperationsbereitschaft etc.) angeht. Denn dann rückt eine zweite Stufe der normativen Selbstverständigung in den Blick. Aus ihr heraus wird sich das an den Liebespflichten explizierte Spannungsverhältnis von universaler Norm und partikularer Bindung und Verpflichtung zwar auch nicht auflösen lassen, jedoch wenigstens in seiner Persistenz begreifbar. D.h., als wesentlicher Bestandteil und korrektiver Auskunftsort für Wesen lesbar, die sich ob der sie (im Verborgenen) umtreibenden Frage nach der Bewandtnis des eigenen Lebens selbst auszeichnen. „So sehen wir also, wie der philosophische Rahmen, innerhalb dessen der Ort und der Ursprung des sittlichen Bewusstseins bestimmt wurden, verstehen lässt, wieso dies Bewusstsein eine ihm selbst begründete Erweiterung und Vertiefung erfahren muss. Diese Entfaltung folgt einer nur in ihm selbst gelegenen Konsequenz und versetzt doch zugleich in eine neue Spannung: die im notwendigen Ausgleich zwischen der sittlichen Konkretion eines Lebens der Person und ihrem Prinzipienbezug, welcher der Grundform im Weltaufbau durch das Subjekt entspricht.“ (ebd., 129)

7.6 Ein philosophisches System ist kein toter Hausrat

Für Fichte ist klar, Leben und Begriff kommen niemals zusammen. Zwischen dessen Vermittlungsleistungen wie dem gelebten Leben kann es keinen Vereinigungspunkt geben. Kaum weniger ungeschickt dürfte sich für ihn das „auch“ anstellen, welches heute zuweilen als eine Ambivalenz und Paradoxie angemessene Leitwährung diskutiert wird. Auch die „Wahrnehmungskraft“, durch die etwa „die Literatur seit jeher der Philosophie überlegen“ (Seel 2006: 71) sein soll, dürfte für ihn den Graben also nicht überspringen können. Wobei der springende Punkt für ihn nicht ist, dass das Leben geführt werden muss. Sowenig der Gegensatz zwischen dem quantitativen und qualitativen Individuum (Simmel) seine Sache ist, ist es das Leben der kybernetischen Einsamkeit. Soll heißen, das auf Optimierung programmierte Leben bleibt für ihn wohl nicht weniger im Umkreis der Tatsachen stehen, wie das zusammengebastelte. Sein Interesse gilt vielmehr dem allen sachhaltigen Bezügen vorausliegenden *bewussten Leben*. Dem Leben also, das sich dem Paradox der Wahl stellt, wonach derjenige, der die Freiheit wählt, schon vorher frei gewesen sein muss (bzw. derjenige, der dem Zwang unterliegt, niemals wirklich die Wahl hatte). So sehr Begriff und Urteil die Extreme von Freiheit und Zwang auch unvoreingenommen und schonungslos durchdenken, bewahrt demnach allein der persönliche Entscheid ohne „Entscheidungs-Grund“ (Fichte BM: 43) die Reflexionen vor dem Gang in leere Abstraktionen. Nicht ohne Grund wird also jeder, der selbst denkt, auf dessen Brief an Rheinhold verwiesen. „Meine Theorie ist auf unendlich mannigfaltige Art vorzutragen. Jeder wird sie anders denken und anders denken müssen, um sie selbst zu denken. Je mehrere ihre Ansicht derselben vortragen werden, desto mehr wird ihre Verbreitung gewinnen.“ (Fichte zit. n. Stegmaier 2000: Anm. 142) Bewusst Leben, so wie es aus dem unendlichen Satz „Ich bin“ folgt und Fichtes eigenen Worten zufolge unendliche Vortragsarten provoziert, sollte also nicht mit den mittlerweile erhältlichen esoterischen Sinnangeboten verwechselt werden (vgl. Henrich 1999: 11 f.). Dem entgegen stellt es auf eine dreistellige Relation ab. Unter analytischen Gesichtspunkten verweist der Titel auf Bestimmungsmomente, die mit dem Leben immer wieder verknüpft werden. D.h., das bewusste Leben leugnet weder die Spontaneität oder Innerlichkeit, noch den mit dem Leben gleichfalls verbundenen Gedanken der in sich bewegten und organisierten Ganzheit. Diese Momente, die das Leben von seinem biologischen Substrat losketten und als polemische Opposition gegen die toten Werke des Verstandes etablieren, weisen nach Ansicht Henrichs vielmehr in Richtung einer Theorie des Selbstbewusstseins, die berücksichtigt, dass sich dieses zwar denken lässt, sich jedoch niemals restlos in den Begriffsnetzen der Theorie verfängt. Selbstbewusstsein, wie es aus dem Vollzugscharakter bewussten Lebens verstehend nachvollzogen werden kann, hat mit anderen Worten nichts gemein mit jener (Vulgär-)Psychologie bzw. Soziologie, die mittlerweile die Regalmeter der Buchhandlungen ausfüllt und den Siegeszug des authentisch geführten Lebens belegt (vgl. ebd., 14).

Bewusstes Leben, wie es sich über das durch Hölderlin moderierte Gespräch zwischen Fichte und Heidegger ausformt, zielt jedoch nicht nur auf solch verlegerisches Kalkül. Auch jene sozialwissenschaftlichen Perspektiven auf Selbst, Person und Identität, die sich nicht ohne weiteres unter die Gemengelage lebensweltlicher Ratgeber rubrizieren lassen, dürfen sich angesprochen fühlen. Denn was Subjektivität überhaupt besagt, ist auch heute noch weniger klar, als es diese Diskurse nahelegen. So wäre also auch in Rücksicht auf jene zu diskutieren, was Autonomie eigentlich meint. Über eine klare Abgrenzung der Disziplinen, deren Zusammenarbeit also überhaupt erst vorzubereiten. „Schon die Abgrenzung verlangt, soll sie einleuchtend und erhellend sein, daß die philosophischen Probleme und Positionen, die in einer gewissen Nähe zur sozialpsychologischen Identitätskonzeption stehen, als solche verdeutlicht werden, damit beurteilt werden kann, ob sie zur Aufklärung über Prämissen und Problemhorizonte beitragen können, in denen sich die sozialpsychologische Konzeption bewegt.“ (Henrich 1996: 136) Kein geringes Programm. Verlangt es doch eine prozessorientierte Semantik der Subjektivität bereitzustellen, durch die sowohl das Leben, das Problemlösungen favorisiert, wie auch das Leben, das Wahrheit als lebensdienliche (bzw. –steigernde) Fiktion behandelt, aus dem grundlosen Gang des Ich heraus verständlich wird (vgl. Henrich 1999: 19 f.). D.h., als durchaus plausible Alternativen, denen allenfalls in praktischer Absicht begegnet werden kann. Etwa im Rückgriff auf das kantische Postulat. Dessen Doppelsinn erlaubt anscheinend, Problem- und Rätselperspektiven voneinander abzuheben. „Diese Kantische Formel ist wesentlich zweideutig. Sie kann meinen: Was angenommen wird, „als ob" es wahr sei, hat dieselbe Wirkung, die eine Einsicht haben könnte, aber in Kenntnis dessen, daß es nicht um die Wahrheit, sondern allein um die Weise des Gebrauchs geht. Sie kann aber auch einen Sinn haben, der dieser Lesart in dem entscheidenden Punkt geradewegs entgegengesetzt ist: Was zu begründen uns unmöglich ist, was aber aus dem Ganzen unseres Vernunftwesens als unverzichtbare These hervorgeht, auf das dürfen wir ebenso unser Leben orientieren, wie wenn es eine begründete Erkenntnis wäre. Wir sind berechtigt in der Meinung, daß das, was wir so annehmen, und das, was wahr ist, sich ineinander kontinuieren. Das eigentliche Wirkliche, das auch unsere Wirklichkeit ist, verlangt nicht, die Wahrheit dessen zu dementieren, was doch nur angenommen wurde, weil seine Annahme unabwendbar war." (ebd., 146) Was folgt daraus für Kants Stein der Weißen?

Kant, so wurde gezeigt, schwankt hinsichtlich der Verhältnisbestimmung von Moral und Freiheit zwischen zwei miteinander unvereinbaren Lesarten. Womöglich mag hier ein Blick auf dessen eigene Biographie orientieren. Wollte man mit Kant einen Zeitpunkt benennen, indem die Erziehung zur Mündigkeit abgeschlossen sein sollte, wäre man mit dem vierzigsten Lebensjahr gut beraten. Erst in diesem Alter müssen wir über unseren Charakter Rechenschaft ablegen. Mit vierzig stellt sich dessen Beobachtungen zufolge ein Verhältnis zwischen den Neigungen und Leidenschaften ein, das uns einerseits noch an den Dingen genügend Anteil nehmen lässt, uns andererseits jedoch auch in eine gewisse Distanz gegenüber den Dingen entlässt. Uns damit also erlaubt, unser durch Erfahrung geschärftes Urteilsvermögen unter Beweis zu stellen (vgl. ebd., 175). Mit vierzig erschaffen wir uns, wie Kühn schreibt, gleichsam „aus dem Stoff unseres bisherigen Lebens" (ebd., 181) neu. In diesem Lebensabschnitt droht also weniger eine Midlife-Crisis, als dass es zur vollen Ausbildung der eigenen Persönlichkeit kommt. Um die vierzig wird jeder-man(n) gewissermaßen zum Adressat des oben geschilderten intellektuellen Erweckungserlebnisses, das Fichte schon mit seiner Hauslehrertätigkeit ereilt. Die sinnenfreie Neigung gewissermaßen gegen den Hintergrund eines alles andere als zufälligen Bruchs im Leben lesbar. „Der Mensch, der sich eines Charakters in seiner Denkungsart bewußt ist, hat ihn auch nicht von Natur, sondern muß ihn jederzeit erworben haben. Man kann auch annehmen: daß die Gründung desselben gleich einer Art der Wiedergeburt, eine gewisse Feierlichkeit der Angelobung, die er sich selbst tut, sie und den Zeitpunkt, da diese Umwandlung in ihm vorging, gleich einer neuen Epoche ihm unvergeßlich mache. – Erziehung, Beispiele und Belehrung können diese Festigkeit und Beharrlichkeit in Grundsätzen überhaupt nicht nach und nach, sondern nur gleichsam durch eine Explosion, die auf den Überdruß am schwankenden Zustande des Instinkts auf einmal erfolgt, bewirken. Vielleicht werden nur wenige sein, die diese Revolution vor dem 30sten Jahre versucht, und noch wenigere, die sie vor dem 40sten fest gegründet haben.- Fragmentarisch ein besserer Mensch werden zu wollen, ist ein vergeblicher Versuch; denn der Eindruck erlischt, während dessen man an einem anderen arbeitet; die Gründung eines Charakters aber ist absolute Einheit des innern Prinzips des Lebenswandels überhaupt."[47](Kant zit. n. Kühn 2007: 174) Maximen sind Grundsätze. Grundsätze, durch welche der Charakter nicht bloß ausgedrückt wird, sondern durch welche er geformt und hervorgebracht wird. Solchermaßen in das Leben einbegriffen also keinesfalls einer Selbstisolation entspringen. Über den „öffentlichen Diskurs", „das Gespräch mit Freunden über moralische Fragen", so Kühn, steigt das objektiv Vernünftige in die Alltagswelt hinab. (ebd., 175).[48] Als Grundsätze für unser Handeln qualifizieren sich Maximen danach nur, insoweit sie das

47 Vor seinem vierzigsten Geburtstag soll Kant selbst mit der ästhetischen Existenz liebäugeln. Eine Lust, die allerdings jäh endet. Der Tod seines engsten Vertrauten in Königsberg, Funke, zieht ihm buchstäblich den Boden unter den Füßen weg und lässt ihn nach einem Leben mit festen Grundsätzen Ausschau halten. Nach Kühne handelt es sich hierbei also um eine erwähnenswerte Koinzidenz zwischen Leben und Begriff. Trägt eine solche Kontextualisierung dessen eigener Kehre doch dazu bei, zu zeigen, dass Kant nicht der (verschrobene) anästhetische Zeitgenosse ist, zu dem ihn seine Biographen machen.

48 Ein Umstand, der nun allerdings keinesfalls Kants Zurechnung der Maxime zu unserem Privat-Horizont widerspricht. Mit dieser Einordnung aus seiner Logikvorle-

Zeug dazu haben, sich als kontextübergreifende Leitfäden zu bewähren. Von daher ihr Purismus. Einerseits. Andererseits impliziert die gesuchte „Beständigkeit und Festigkeit" der Maximen, daß ihre Zahl „relativ klein sein muß" (Kühn 2007: 176 f.). D.h., als „Lebensregeln", die zutiefst verinnerlicht werden, widerstreiten sie dem kognitivistischen Zerrbild, permanenter Neubewertungen von aufeinanderfolgenden Handlungssituationen. Dementgegen bleibt ihre Zahl limitiert. Wo es denn einmal zur Infragestellung dieser übersichtlichen Haushaltung kommt, stellt sich also vielmehr gleich eine fundamentale Korrektur der bisherigen Selbstinterpretation ein (vgl. ebd., 177).

Mit dem vierzigsten Lebensjahr könnte die begriffsanalytische Perspektive also an Zuspruch verlieren? Selbstbestimmung scheint auf einen Lebensgang abzustellen, indem sie sie sich ebenso entfalten wie bewähren muss. An die Stelle von an Laborbedingungen erinnernde Gedankenexperimenten, durch welche freies Handeln weder bewiesen noch widerlegt wird, rücken damit anscheinend Selbstbildungs- und Formungsprozesses, die aus dem Horizont des moralischen Sollens nachgezeichnet werden. Denn „[g]ibt es die Freiheit der Selbstbestimmung, die am deutlichsten im sittlichen Bewusstsein vorausgesetzt wird, dann ist sie nicht eine Eigenschaft, die sich in einzelnen Handlungssituationen realisiert. Sie realisiert sich in einem Prozess, der zur Begründung einer Handlungsart führt." (Henrich 2007: 352). Für Kant war es unter den mächtigen Eindrücken der Kausalkategorie das Gesetz, das Moral und Freiheit verband. Auf die damit einhergehenden Schwierigkeiten reagiert Henrich, indem er letztere prozessual fasst. So unbegreiflich der Grund (Realgrund) der Freiheit für uns notwendig auch bleibt, nehmen wir sie doch unentwegt (als Idealgrund) in Anspruch. Insbesondere immer dann, wenn wir uns der Selbstverständigung in praktischer Absicht verweigern. Wenn wir an die Stelle des (versöhnenden) Ausgriffs nach einem Ganzen, in das wir inbegriffen sind, also Lebensperspektiven puren faktischen Daseins rücken. Den unverfügbaren Grund in uns somit in Form von Machbarkeits- und

sungen will er uns vielmehr nur einschärfen, dass wir uns niemals in die richterliche Position des göttlichen Beobachters versteigen sollten. Denn im Hinblick auf die Handlungsregeln bzw. -dispositionen, die sich alter ego aus seiner einmaligen Situation heraus auferlegt, muss unser Urteil notwendig äußerlich bleiben (vgl. Stegmaier 2000: 78).

Verfügungsphantasien oder Erklärungsabsichten nach außen projizieren. Stattdessen sollten wir die Freiheit also aus der umrissenen doppelten Unbegreiflichkeit heraus explizieren (vgl. ebd., 354 ff.). Was das heißt, dürfte auch über die Idee der Menschheit deutlich werden, die aus dieser Perspektive anscheinend in die Empörung einzieht. Danach korrespondiert das persönliche Schuldgefühl wohl keinesfalls in erster Linie mit der Empörung dritter. Worauf sich dieses demnach vielmehr bezieht, ist eine Revision des eigenen Selbstverständnisses. D.h., der Selbstwahl, die durch den bösen Willen eingestanden wird. „Gegenstück" meiner persönlichen Schuldgefühle, so Henrich, ist nicht „die Empörung anderer Menschen. Diese Empörung, die zu einer anderen Art von Schuldvorwurf führt, erklärt sich vielmehr aus den potenziellen und den wirklichen Folgen eines Lebens nur im Eigeninteresse für die anderen, die als böse, weil zerstörerisch beschrieben werden können. Im Blick auf diese Folgen und im Urteil der Anderen hat darum auch die Charakterisierung der Selbstwahl, über die das Selbstsein deformiert wird, als ‚das Böse' ihren ersten Ursprung. Der Akteur wird es sich, und zwar von sich aus, auch zu eigen machen müssen, obwohl es den Akt seiner Selbstbestimmung zum Selbstverlust als solchen eigentlich nicht trifft." (ebd., 336)

7.6.1 Grund der Freiheit

Mit Fichte lässt sich also ein Grund der Freiheit denken. Auch wenn das zunächst paradox klingt. Der Verpflichtungscharakter des Moralgesetzes wird danach aus der Bewegung der Subjektivität heraus verständlich. D.h., im Lichte des vertieften Aufschlusses über sich selbst erhellt, welche die moralische Selbstthematisierung in Aussicht stellt. So müssen Moralverächter vom Schlage Raskolnikovs zwar keinen Freiheits- doch einen Selbstverlust fürchten. Leitend für diesen Gedankengang ist nicht zuletzt die von Fichte von der dritten Periode an untersuchte Augentätigkeit. Mit ihr verlagert sich der Akzent vom Aktivum des Setzens hin zum Passivum des Eingesetzt-seins (vgl. Henrich 1967: 26). Aus Sicht Henrichs sind die paradoxen Wendungen, die Fichte von diesem Zeitpunkt verwendet, also kein Ausdruck theoretischer Verlegenheit, sondern vielmehr dem Phänomen geschuldet. Von den Stoikern war zu lernen, dass das Ich noch in einem ganz anderen Sinn nicht Herr im eigenen Haus ist, als dies die antiidealistischen Dezentrierungslektüren des 19. Jahrhunderts verkünden. Der stoische Geistbegriff erschien vielmehr als Vorläufer der spinozistischen Substanzmetaphysik bzw. der diese rezipierenden idealistischen Begriffsformen.

Vom Unendlichen zum Endlichen kein Übergang. Eine Einsicht, die, wie Schelling weiter ausführt, die überlieferte Emanationslehre mit der spinozistischen Substanzmetaphysik teilt (vgl. Schelling IWL: 159). Folgen wir Henrich, zeichnet sich durch diesen Interpretationshorizont hindurch die monistische Grundüberzeugung ab, die die miteinander konkurrierenden Systementwürfe eint. Der idealistische Wettstreit kennt, mit anderen Worten, theorieimmanente Gründe. Die plakative Formel: ‚Von Kant zu Hegel' umschreibt demnach eine Denkanstrengung, die sich darum bemüht, aus „den Begriffsbildungen der Transzendentalphilosophie heraus" eine Begriffsform zu entwickeln, die es erlaubt „den monistischen Grundgedanken zunächst in eine eigenständige formale Ontologie und sodann in eine Weltsicht auszuarbeiten" (Henrich 2001: 145). Und zwar mit der Zielsetzung, die festgewordenen Gegensätze, die die „Vormeinungen der alltäglichen Weltsicht oder [die, S.S.] historisch[e] Religion" (ebd.) suggeriert, zu verflüssigen. Der monistische Grundgedanke, „daß Endliches durchaus und in sich selbst unselbstständig nur in Beziehung auf das besteht, was einzig von sich aus eigentlich wirklich ist" (ebd., 144), wird von ihnen also als „Programm der Korrektur hin zur Wahrheit" ebd., 145) rezipiert. Zugleich leitet sich aus dem idealistischen Rezeptionsinteresse die enorme Unruhe ihrer Begriffsbildungen ab. So wie die monistische Grundüberzeugung „dazu nötigen will, von dem falschen Glauben an die Wirklichkeit vom rein Endlichen abzulassen, so kann sie auch im weiteren Verlauf der Entfaltung eines jeden Monismus wiederum gegen jede Form monistischer Begriffsbildung gestellt werden, in der die Innerlichkeit des Endlichen im Einen Wirklichen nicht in voller Konsequenz ausgedacht und festgehalten wird." (ebd., 146) Mit einem Wort, die überlieferte Einsicht bezeichnet das Problembewusstsein, das die Kontroverse speist. Das sei in aller Kürze an Schellings ‚System des transzendentalen Idealismus' (1800) illustriert. Hinsichtlich des Absoluten als „leere Idee der reinen Indifferenz" (Schulz

1981: 42), wie Walter Schulz schreibt, kann gezeigt werden, dass dieses sich einen mit dem eigenen Systemgedanken unverträglichen Dualismus einhandelt. Schelling erkauft die angenommene strukturhomologische Einheit der beiden Extreme um den Preis zweier nicht miteinander vermittelter Dimensionen. Das Absolute erscheint in einer Doppelperspektive (vgl. ebd., 42 f.). Zum einen erscheint dieses als Schnittstelle der aufeinander bezogenen Extreme (relative Totalität). Zum anderen als der unvordenkliche Einheitsgrund („absolute Totalität") der Unterschiedenen. Beide Perspektiven erweisen sich so in ihrer Differenz als auf den Fluchtpunkt der Indifferenz hin angeordnet. Behandelt Schelling Freiheit hier „wesentlich als spekulativ-theologisches Problem" (ebd., 41), zeigen sich Ich und Welt in ihrem Gegensatz dabei auf ein gegensatzloses Absolutes verwiesen, in dessen differenzloser Nacht, wie Hegel in der Vorrede zur Phänomenologie des Geistes spottet, alle Kühe schwarz sind. Der von Schelling scheinbar nur wiederholte Tenär wird demnach von einem Dualismus durchzogen, der letztlich mit dessen eigenem Theorieanspruch unvereinbar ist (vgl. ebd., 42). Deutlich werden sollte an Schellings Rezeption des von Parmenides herkommenden All-Einheitsgedanken also folgendes. Will man die Subjekte, die man in ihrem Wissen von sich unter ontologischen Gesichtspunkten als Einzelne ansprechen kann, mit diesem auf der Rückseite ihres Status als Erkenntnissubjekte verbundenen Gedanken der All-Einheit zusammenführen, bedarf es begrifflicher Mittel, die ebenso von der Sprache der ontologischen Alltagsontologie wie der Terminologie der physikalischen Weltbeschreibung abweichen. Also ganz im Sinne Fichtes paradox anmuten. Als Frage formuliert: Wie lässt sich der entzogene Grund, der die Denk- und Handlungsart bestimmt, mit dem Ganzen, das nicht zuletzt in Krisensituationen lebhaft verspürt oder erfragt wird, zusammendenken? Die Antwort auf diese Frage deutete sich weiter oben schon an. Nämlich im Kontext der Erörterung des „bloßen Gedankens". Diesem zufolge gilt es, das von Hegel von seiner Frankfurter Zeit an entwickelte Formular des absoluten Unterschieds nicht mehr im Sinn der finalisierenden Dialektik, sondern im Sinne der kantischen Idee auszulegen. Bereit in seinem unter dem Titel ‚La découverte de Fichte' am College de France im Jahre 1966 – gleichsam im Epizentrum der radikalen Vernunftskepsis – gehaltenen Vortrag, verfolgt Henrich so das Ziel der Rehabilitierung

Fichtes. Noch bevor die Hysterie über die sich allerorts verbreitenden semiotischen lacacacacinsichen und deridadadadischen Virenstämme hierzulande die Feuilletons überschwämmen, verteidigt er Fichte also gegenüber dem Vorwurf ‚totalitärer Vernunft'. Die Diskurshoheit, welche die spekulative Vernunft schon recht bald erlangt hatte und deren Geltungsansprüche sich auch noch durch die linksrheinischen Absetzungsbewegungen hindurch verfolgen lässt, trägt demnach erfolgreich dafür Sorge, dass Anschlussversuche an Fichtes anfängliche Entdeckung unterbleiben. Der Preis, den die philosophische Agenda dafür entrichtet, beziffert sich so für Henrich durch den Verlust einer Perspektive nachmetaphysischen Denkens, die ohne das (Beliebigkeit aufrufende) Präfix- Post überzeugt. Ganz am Ende seines Vortrages äußert sich Henrich so über die Unruhe der Subjektivität in einer Weise, die nicht ohne das hegelsche Formular des absoluten Unterschieds auszukommen scheint und dabei doch beansprucht, diese ganz anders aufzufassen (vgl. Henrich 2001: 82). Was Henrich bei Fichte entdeckt, ist eine in sich bewegte Subjektivität, die, indem sie auf ein dialektisches Drehbuch verzichtet, unserer endlichen Situation angemessener scheint. Nichtsdestotrotz dürfte sich diese nicht ohne das hegelsche Formular des absoluten Unterschieds darstellen lassen. Fichte erklärt hinsichtlich der kantischen Verstandeskategorien, dass die Bewusstseinsinhalte nicht nur „wie in einer Zeitung des menschlichen Geistes" neben- bzw. übereinander gestellt werden dürfen (Fichte BM: 74). Dem kommt Hegel in der Phänomenologie des Geistes nach, indem er Anschauung und Begriff in eine gemeinsame Erfahrungsgeschichte hineinzieht. So wird das transzendentale Selbstbewusstsein an der Schwelle zum Selbstbewusstseinskapitel gleichsam organisch aus dieser mit der sinnlichen Gewissheit einsetzenden Erfahrungsgeschichte entwickelt. Kurzum, an den absoluten Unterschied herangeführt. „*Ich unterscheide mich von mir selbst, und es ist darin unmittelbar für mich, dass dies Unterschiedene nicht unterschieden ist.* Ich, das Gleichnamige, stoße mich von mir selbst ab; aber dies Unterschiedene, Ungleich-Gesetzte ist unmittelbar, indem es unterschieden ist, kein Unterschied für mich." (Hegel PhG: 135) Nimmt man dieses Formular und speist es in das reformulierte Verhältnis von Vernunftfaktum und Achtungsformel ein, gelangt man anscheinend zu dem Gedanken einer All-Einheit, welche die Differenz in sich selbst einschließt. D.h., zugleich als Nichtdifferenz, wie als Differenz begriffen und beschrieben werden kann. Als solche also die Attribute des Einen wie des Unendlichen trägt, ohne dabei in einen äußerlichen Gegensatz zum Endlichen zu geraten. Denn dieses lässt sich unter dieser Voraussetzung nach Henrich über die Begriffe des Selbstgenügsamkeit und Selbstdifferenzierung, die es demnach mit der All-Einheit teilt, als inbegriffen in das Eine fassen. Über beide Begriffe in ihrem Zusammenspiel wird somit das endliche Einzelne zugleich als radikal abhängig wie ursprünglich selbstständig begreifbar. Unterschieden und doch nicht dem Unendlichen äußerlich, ist die Einzelheit demnach über den Begriff des Selbsterhalts. Für alles Belebte gilt danach, dass es sich von anderem Einzelnen über Prozesse der internen Selbstdifferenzierung organisiert. Genau dadurch in seiner grundsätzlichen Gefährdung behauptet (wenngleich, wie Henrich anfügt damit noch nicht ausgemacht sein dürfte, ob dieses Beschreibungsformular auch für alles unorganische Anwendung finden kann) (vgl. Henrich 2007: 266 ff.).

Seinem aus dem lateinischen, speculator (erspähen, auskundschaften) herzuleitenden Wortsinn nach, stellt sich das spekulative Denken in den platonisch-augustinischen Traditionszusammenhang der inneren Wesensschau oder des geistigen Auges (vgl. Schnädelbach 2007: 18). In groben Zügen wäre also bereits durch diese etymologische Notiz die Ausgangslage der (Schelling-)Hegelschen Fichtekritik umrissen: Fichte will dasselbe wie sie. Da er allerdings weiterhin am Letztbegründungsprogramm der Vernunftkritik festhält, bleibt die avisierte (umfangslogische) „Identität von Denken und Sein“ für ihn unerreichbar (Siep 2000: 40). Nach Ansicht Henrichs spricht dieses Resümee also nicht zwingend gegen Fichte. Fichtes Erfahrung dürfte vielmehr verstehen Helfen, weshalb philosophische Beratung an Bedeutung gewinnt. Vernünftig handelt, so wurde oben in Erfahrung gebracht, wer sich selbst sorgsam auf die eigenen Motive und Gründe hin evaluiert. Konfrontiert etwa mit existenziellen Fragen, die bis ins Mark der eigenen Identitätskonstruktion zielen und dabei doch von exemplarischem Charakter sind, gegebenenfalls das Gespräch mit seinesgleichen sucht (vgl. Gerhardt 2007: 14 ff.). Wer mit anderen Worten durchschaut hat, dass die vordergründig nur auf das Handeln zugeschnittene Frage ‚was soll ich tun‘, in Wirklichkeit die „Frage der Ethik“ anzielt (Gerhardt 2007: 91). Nämlich, „*Wer bin ich? Wie (und worin) verstehe ich mich selbst?*" (ebd., 91) Wer also im Rahmen von zugleich spielerisch wie phantasievollen Probehandlungen gewissenhaft den Ernstfall übt. Folglich den Fall vorbereitet, da „das Ganze einer Situation, die auf das Ganze einer Person bezogen wird, die darin Gefahr läuft, in Widerspruch zu sich und zum Ganzen ihres Lebens zu geraten" (ebd., 420).

Als Bestimmungsort von Selbstkontrolle ließe sich demnach die Notwendigkeit der Selbstbesinnung angeben (vgl. ebd., 68 ff.).[49] Als deren Realisierungsort die philosophische Praxis. Wobei inzwischen klar sein sollte, dass diejenigen, die dieser Form der Lebensberatung nachgehen, einen „unmöglichen Beruf" ausüben. „Eine der größten Schwierigkeiten Philosophischer Praxis dürfte darin liegen, dass sie ihre Klientel bereits so voraussetzt, wie sie – nach deren Verlangen – allererst werden möchte: Der Klient kommt philosophisch nämlich nur als selbstständiger Gesprächspartner in Frage. Denn der Philosoph kann sich philosophierend nur an den eigenständigen Menschen richten – einen Menschen, der davon durchdrungen ist, nach eigener Einsicht handeln zu wollen. Wer das aber wahrhaft könnte, brauchte weder die Philosophische Praxis noch die Philosophie." (Gerhardt 2007: 17)

Thema der Beratung sollte allerdings nicht nur das tätige, aktive Leben sein. Fragen des Zorn und des Übelnehmens. Thema der Beratung sollte wohl auch das passive, das *responsive* Leben sein. Das Leben das empfängt, dem Dinge zu Teil werden bzw. widerfahren. Kurzum, dessen Gelingen gewährt ist. Maßgeblich für diese Facette der Lebensführung könnte die existenzielle Dimension der kantischen Vernunftantinomien sein:

49 Gerhardt dürfte aus Sicht Henrichs beispielhaft für eine weitere Facette des (physikalischen) Naturalismus stehen. Dessen Überzeugung nach folgt aus dem Leben, das der Mensch führen muss, für die Ethik die Aufgabe der Klärung sowohl der Selbst- wie der normativen Leitbegriffe, die dabei verwendet werden. Ziel dessen ist es, darüber die Frage nach moralischen wie rechtlichen Prinzipien, als in den vorgelagerten Problemlagen personeller Identität fundiert, auszuweisen. Wobei sich im Rahmen der Moralbegründung zeigen soll, wie die einzelnen Aspekte dabei ineinander greifen (vgl. Gerhardt 2007: 100). Worauf wir am Grund jedes Moralentwurfs so letztendlich stoßen, wäre eine von geschichtsphilosophischen Hypothesen befreite Forderung nach individueller Selbstbestimmung. Inwieweit diese ihrerseits notwendig in konkrete Selbstverwirklichungsansprüche einmündet, soll eben eine lebenswissenschaftlich motivierte (organische Anthropologie) Überprüfung instrumentellen Handelns belegen.

> „Es muß sich die Einheit eines Weges durch diese Stellungen verstehen lassen und mit ihr muß ein Wahrheitsanspruch hinsichtlich einer Weltinterpretation verbunden werden können, der die antagonistischen Wahrheitsansprüche der Bewußtseinsstellungen aufnimmt, sie also in ihrer Möglichkeit und Motivation kohärent begreift, ohne sie weiterhin affirmieren zu müssen." (Henrich 2001: 38)

7.7 Gewährtes Gelingen

Wer bin ich? Wie (und worin) verstehe ich mich selbst? Auf diese Fragen hat Ernst Tugendhat im Kontext seiner kritischen Auseinandersetzung mit den idealistisch inspirierten Selbstbewusstseinstheorien eine Antwort gesucht. Und zwar gegen den Hintergrund Georg Herbert Meads naturalistisch gewendeten Anschlussversuch an Hegel. Eine kurze Skizze Meads könnte von daher angebracht sein. Derselbe hat in einer Reihe von Aufsätzen die soziale Genese des Selbst nachgezeichnet. Insbesondere in dessen aus Vorlesungsnachschriften hervorgehenden Hauptwerk *Geist, Identität und Gesellschaft* hat er dabei die Bedeutung der Fähigkeit der Perspektivenübernahme des anderen herausgearbeitet. Über diese Fähigkeit bzw. ihren Erwerb lässt sich nach Mead der sprachvermittelte Selbst- und Weltbezug des Menschen nicht weniger erklären lassen, als der Sozialisationsprozess des Einzelnen. Seine zentrale Einsicht der Einstellungs- bzw. Rollenübernahme bringt Mead also sowohl auf (phylogenetischer) Gattungs- wie auf (ontogenetischer) individueller Ebene zur Geltung. Zunächst verbindet er mit der Fähigkeit kognitive Verhaltenszumutungen. Diese führen den Menschen für ihn aus dem Umkreis tierischen Sozialverhaltens hinaus. Ruft ein Theatergast in einem vollbesetzten Theatersaal plötzlich Feuer, dann löst dies bei den anderen Gästen sicherlich eine ganze Palette an Reaktionen aus. Einige springen vielleicht sofort auf, andere bleiben womöglich noch sitzen und halten erst selbst nach der Brandursache Ausschau und wieder andere zeigen sich vielleicht in erster Linie um ihre schwerhörigen Sitznachbarn besorgt. Worauf es Mead an der Stelle nun ankommt, ist, dass alle im Saal ungeachtet ihrer verschiedenen Reaktionsweisen das gleiche mit dem Ruf verbinden. Selbst an solchen simplen Einwortäußerungen, die, wie Jürgen Habermas in kritischer Auseinandersetzung mit Mead schreibt, „nur quasi-indikativisch, oder quasi imperativisch oder quasi expressiv gebraucht werden können", lässt sich für ihn also der Beweis erbringen, dass sich deren Bedeutung erst aus der vollzogenen Handlungssequenz heraus erschließt (Habermas 1995: 15). Also nicht schon an den einzelnen Reaktionen abgelesen werden kann. Bereits anhand einfacher signalsprachlicher Äußerungen wie „Feuer", „Angriff", „Hunger" wird für Mead so verständlich, wie der Mensch sich im Laufe des Evolutionsprozesses objektive Sinnstrukturen qua Verinnerlichungsprozess verfügbar macht.

Mit dem Wechsel auf die individuelle Ebene wird die Einstellungsübernahme bei Mead dann vor allem als Rollenübernahme thematisch. Gegenüber den kognitiven Verhaltenszumutungen jetzt die normativen Verhaltenserwartungen hervorgekehrt, welche strukturell in die Genese des Selbst eingehen. Auf dieser Ebene sind es insbesondere die Theoriebausteine des signifikanten und generalisierten Anderen bzw. die Spaltung der Ich-Identität in die Perspektiven des ICH und Ich (Me and I), durch die Mead der Vernunfttradition den Rücken zukehrt. Während das Me den Niederschlag der gesellschaftlichen Anspruchshaltungen und Forderungen im Einzelnen bezeichnet, steht das I für die individuellen Antworten des Einzelnen. Im I finden sich so einerseits die Begriffe der Spontaneität und Kreativität aufbewahrt, wie andererseits der „konstitutionelle Antriebsüberschuss" (Joas 1989: 117), der den Menschen von seiner Triebnatur her ausmacht. So markiert das I für Mead gewissermaßen den Punkt, da das Selbst sich selbst zum Problem wird. Lässt sich dessen Handlung in erster Linie auf die Über- und Hineinnahme der Rolle des Anderen zurückverfolgen, muss, um von einer dem Individuum zurechenbaren Handlung sprechen zu können, also ein Moment hinzutreten, das von diesem allenfalls im Nachhinein kontrolliert werden kann. Das I, so Mead, stellt eine „historische Figur" dar (Mead 1973: 218).

Im Rekurs auf dieses nur im Nachhinein fassbare I sucht Mead nun die zuvor von ihm herausgearbeitete Dominanz der gesellschaftlichen Perspektive des Me wieder aufzubrechen. Die angesprochenen Begriffe des signifikanten und generalisierten Anderen beziehen sich dabei auf die Entwicklungslogik, in die Mead die Ausbildung einer stabilen Persönlichkeitsstruktur im Zuge dessen einträgt. Der Weg zu einem einheitlichen Selbstbild führt danach über die sukzessive Integration einer Pluralität von mini Me´s. D.h., von zunächst leiblich präsenten dabei jedoch unabhängig voneinander erfahrenen frühkindlichen Bezugspersonen. Angefangen vom emotionalen Nahbereich der Familie bis in die Zugehörigkeit zu solch abstrakteren gesellschaftlichen Gruppierungen wie die der Schuldner und Gläubiger hinein, muss der Einzelne demnach zwei elementare Entwicklungsaufgaben bewältigen. Erstens den Umgang mit unterschiedlichen Rollenprädikaten lernen. Zweitens, Strategien im Umgang mit sich widersprechenden Erwartungshaltungen ausbilden und diese einüben. Fasst man den Begriff personeller Identität in diesem Sinne als Prozess eines permanenten Abgleichs, dann rückt darüber das kindliche Spiel in den Blickpunkt. Im Wesentlichen unterscheidbar sind dabei zwei Stadien. Ein erstes Stadium, da das Kind vor allem mittels seiner Phantasie die Erfahrung der mehreren Me´s verarbeitet. Zu denken wäre hier z.B. an Gelegenheiten, da Kinder gedankenverloren erlebte Situationen durchspielen (etwa im Puppenspiel den Umgang mit widersprüchlichen Erwartungshaltungen ihrer Eltern einüben, indem sie dabei unbewusst unterschiedliche Handlungsalternativen erproben).

Der Weg von dieser spielerischen Rollenübernahme hin zum verantwortungsbewussten Rolleninterpreten wird dann für Mead durch eine weitere Form von Spielen gebahnt. Nämlich durch regelegeleitete Spiele. Vorzüglich durch Wettkampfspiele. Wobei insbesondere der Mannschaftssport vermittelt, was ein guter Teamplayer ist. Die Kompetenzen, die hierbei erworben werden illustriert Mead am Beispiel der Ballsportart Baseball.

> „Damit ein menschliches Wesen eine Identität im vollen Sinn des Wortes entwickelt, muß es ebenso, wie es die Haltungen anderer Individuen zu sich selbst und untereinander einnimmt, auch ihre Haltungen gegenüber den verschiedenen Phasen oder Aspekten der gemeinsamen gesellschaftlichen Tätigkeit oder der gesellschaftlichen Aufgaben übernehmen, in die sie, als Mitglieder einer organisierten Gesellschaft [...] alle einbezogen sind." (Mead 1968: 196)

Meads Anspruch ist es also, die Begriffe Selbstbewusstsein, Selbstbestimmung und Selbstverwirklichung aus intersubjektiver Perspektive nachzuzeichnen. Spannend blieb für ihn dabei gleichwohl die Frage, wie aus der durch ihn vorgezeichneten Perspektive noch „Appelle an die Vernunft" (à la Sokrates) zu verstehen sind. An der Stelle setzt Tugendhat gewissermaßen an.

Für dessen Interpretation maßgeblich sind somit Fragen, die er nicht direkt in der Auseinandersetzung mit Mead diskutiert. Allen voran die Frage nach der Verbindlichkeit der Moral. Über Kant hinausweisende Moralkonzepte sind dadurch gekennzeichnet, dass sie mit der Freiheit *zum* Moralgesetz auch die Freiheit *vom* Moralgesetz thematisieren. Worüber sich die Frage der Moralmotivation aus nachmetaphysischer Perspektive demnach klären lässt, ist der Begriff der inneren Sanktion. Gegen den Hintergrund dieses Begriffs erscheint der Verpflichtungscharakter des Sollens auf zweifache Weise relativiert. Erstens, durch die damit verbundene Auslegung der kantischen Selbstgesetzgebung als Moral der wechselseitigen Forderungen. Zweitens, durch die der Sanktion logisch vorzuordnende Frage der Zugehörigkeit. Sowohl die Wirkung äußerer wie innerer Normen hängt demnach von einem vorauseilenden „ich will" ab. Ausgesprochen wird dieses elementare *dazugehören* wollen für Tugendhat gleichsam durch den Sozialisationsprozess. Dieses „ich will" ist also mit keinem unmotivierten Entschluss vergleichbar. Worüber sich Tugendhat durch Mead im wesentlichen Aufschluss erhofft, ist der Funktionsmechanismus dieser inneren Sanktion.

Meads erklärtes Beweisziel ist es, Denken und Handeln gleichermaßen über die Perspektivenübernahme verständlich zu machen. Auch in solchen Situationen, da der Einzelne für sich im Stillen eine Sache durchdenkt, so derselbe, sind die zunächst im kommunikativen Umgang ausgebildeten und erprobten Auswahlverfahren bzw. geistigen Probehandlungen und Perspektivenübernahmen am Werk. Tugendhats erster Schritt besteht nun darin, genau dieses Beweisziel zu hinterfragen. Eine der Grundthesen Meads besagt, dass jede explizite Reaktion von einer entsprechenden impliziten Reaktion begleitet wird. Wer etwa einen anderen auffordert, einen Stuhl zu holen, steht selbst im Begriff, die Handlung auszuführen. Das erklärt augenscheinlich die Sonderstellung der Lautgebärde. Wer spricht, hört sich selbst. Stimuliert sich also nicht anders als sein Gegenüber. Sich in diesem Sinn selbst stimulieren kann sich allerdings auch ein Papagei. Das allein reicht also noch nicht aus, um die Übersetzung von einfachen Reiz-Reaktionsbögen in Sprecher/Hörer-Verhältnisse zu erklären. Notwendig ist, dass Stimulus und Reaktion auseinandertreten. Zwischen beiden also eine gewisse Verzögerung eintritt. Korrespondiert jeder expliziten

Reaktion eine entsprechende implizite Reaktionshaltung, lässt sich deren Stellenwert für Mead also erst über den Handlungsaufschub ermessen, der dadurch eingeräumt wird. „Verzögerte Reaktion ist für intelligentes Verhalten notwendig. Organisation, implizite Überprüfung und schließlich Auswahl der sichtbaren Reaktionen auf die gesellschaftlichen Situationen, mit denen ein Individuum konfrontiert wird, wären unmöglich, wenn seine sichtbaren Reaktionen in solchen Situationen nicht verzögert werden könnten." (Mead 1968: 139 f.)

In der verzögerten Reaktion spiegelt sich also der für menschliche Kommunikation typische Interpretationsspielraum. Diesen Befund löst Tugendhat nun ebenso wie die Lautgebärde aus Meads biologisch grundierter Narrative. Verstehbar wird die implizite Reaktion dann als Antwort fordernde Disposition. Worüber die Kommunikationspartner so gewissermaßen vorverständigt sind, sind die verbalen Stellungnahmen, die sie mit ihren Sprechakten einfordern. „Der verbale Stimulus des Sprechers ist also nicht direkt auf die erbetene Handlung des Hörers bezogen, sondern vermittelt über die verbale Antwort des Hörers [...]. Die Reaktion des Hörers, die vom Sprecher implizit vorweggenommen wird, ist also dessen Antwort mit ‚Ja' oder ‚Nein'." (Tugendhat 1979: 256) Für Tugendhat wäre das Schicksal der im Theaterbeispiel geäußerten Fluchtaufforderung so von assertorischen Sätzen wie: „ja, da brennt es" bzw. praktischen Klugheitserwägungen wie: „Bitte bewahren sie Ruhe", abhängig.

Im Hinblick auf letztere ist denn auch erklärbar, weshalb Mead das Denken als implizites Gespräch begreifen konnte. Wer in dem Sinne besonnen handelt, dass er Risiken und Chancen abwägt bzw. Handlungspläne entwirft, spricht gewissermaßen mit sich selbst. Ausgeschlossen sind dabei allerdings die für reale Gesprächssituationen typischen Missverständnisse. Was das innere Zwiegespräch allenfalls zulässt sind gewisse Unklarheiten. Erst auf Höhe seiner Identitätstheorie gelangt Mead demnach zu der intersubjektiven Grundlegung, die er von Anfang an anstrebt. Gleichwohl bleibt bei Mead der Unterschied zwischen der Rollen- wie der Charakteridentität diffus. Tugendhats zweiter Schritt besteht nun also darin, diesen Unterschied auszuarbeiten.

Mit den Rollen, welche die gesellschaftlichen Akteure übernehmen, sind gewisse Entscheidungsspielräume verbunden. Spielräume der Rollendistanz bzw. -identifikation, die Tugendhat auf die Sinnangebote hin auslotet, die mit ihnen einhergehen. An der Stelle greift die Ja/Nein Stellungnahme also ein zweites Mal. Diesmal im Hinblick auf eine Selbstverständigung, die nicht aus funktionalen Gründen hervorgehen kann. Der Satz: „er ist zwar ein guter Lehrer, aber er versteht sich nicht als guter Lehrer." Und der Satz: „er ist zwar ein guter Lehrer, als Mensch jedoch ist er verabscheuungswürdig", bewegen sich nicht auf derselben Ebene. Liest man Mead in diesem Sinn gegen den Strich, dann lassen sich dessen Analyse drei gewichtige Anhaltspunkte für ein gelingendes Leben entlehnen. Dass das Leben gelingt, hängt danach erstens davon ab, dass das eigene Leben bejaht werden kann. Das setzt zweitens wiederum voraus, dass das eigene Leben als bejahenswert erfahren wird. Dazwischen schaltet sich drittens wiederum die Frage nach dem Worumwillen der eigenen Lebensführung. Die Aufgabe dem eigenen Leben einen Sinn zu geben, wäre es demnach, die für Tugendhat in die entgegengesetzten Pole der Selbstwertschätzung ausstrahlt. An den Stellen also, da Mead das Thema der Selbstverwirklichung aufgreift, weist er über sich selbst hinaus. Durch den Begriff der Selbstverwirklichung wird die Einsicht bezeichnet, dass das moderne Leben neben formaler Freiheit und rechtlicher Gleichheit mindestens ebenso gewichtig nach Möglichkeiten des individuellen Selbstausdrucks verlangt. Dieser Wille zum Unterschied („Sense of Superiority") bewegt sich nach Ansicht Tugendhats allerdings noch ganz in den Bahnen der bestehenden Verhältnisse. Das zeigt sich daran, dass der tugendethische Richtungssinn des I hier noch unterbelichtet bleibt. Anders verhält es sich mit der am entgegengesetzten Ende der Selbstverwirklichungsskala gelegenen Selbstbehauptung. Die als Selbstbehauptung begriffene Selbstbestimmung bezeichnet den Punkt, da der gegebene Konformitätsdruck nachlässt. D.h., den gesellschaftlichen Ort, da der einzelne nicht in radikaler Abkehr, sondern gerade in innovativer Zuwendung an die Ordnung, die gegebenen Selbstverständigungshorizonte aufbricht und verschiebt; im gedanklichen Ausgriff auf eine zukünftige Gemeinschaft gleichsam den demokratischen Prozess vertieft. Wesentlich für nonkonformistische Charaktere wäre demnach, dass sowohl die Identifikation mit wie die Selbstbehauptung gegenüber der Gemeinschaft als Modi der Selbstverwirklichung begriffen werden müssen. An der Stelle greift die Ja/Nein Stellungnahme also ein drittes

Mal. Diesmal im Hinblick auf die elementare Frage der Zugehörigkeit. Durch den generalisierten Anderen wird also nicht nur der soziale und schwer greifbare Druck (social pressure), der mit den verschiedenen Gruppenzugehörigkeiten einhergeht bezeichnet, sondern auch der konstitutive Zusammenhang von Rechten und Pflichten. In der Besinnung auf die darüber eröffneten Horizontverschiebungen läge also die Chance für Appelle an die Vernunft. Aus Meads Perspektive wäre Selbstbestimmung folglich in erster Linie als Selbstbehauptung auszubuchstabieren. Mead „spricht nicht von Selbstbestimmung, sondern Selbstbehauptung, weil das Individuum sich so zu sich verhält, daß es sich darin zu anderen verhält, die sich zu ihm verhalten, und es sich daher gar nicht neu verstehen kann, ohne gleichzeitig die gesellschaftlichen Verhältnisse anders zu verstehen, und deswegen darauf angewiesen ist, seine neue Sicht des Menschseins – eines sozialen Seins – gegen die anderen zu behaupten und durchzusetzen.“ (Tugendhat 1979: 280)

Tugendhat bietet demnach Orientierung in Lebensfragen. Dessen Analyse erhellt den Zusammenhang von Selbstbejahung und Selbstwertgefühl. Zudem kommt dessen Theorie offenbar dem heutigen Forscherideal der interdisziplinären Zusammenarbeit entgegen. Nur verhalten scheint er sich hingegen immer dann zu äußern, wenn es um Lebensberatung geht. Weshalb diese Zurückhaltung? Bisher wurde der signifikante Andere vor allem aus der Perspektive des generalisierten Anderen heraus vorgestellt. Wer aber ist der signifikante Andere? Mit dieser Frage wird womöglich das Thema der Selbstbehauptung gegenüber der Selbstbewahrung in den Hintergrund gedrängt. Übelnehmen und Dankbarkeit markieren Extreme. Allem Anschein nach sind wir jetzt bei letzterer angelangt.

Danken wir es unseren Eltern nicht später, dass sie durch ihre Liebe den Grundstein für unsere Neugier auf die Welt gelegt haben? Und empfinden umgekehrt Eltern nicht tiefe Dankbarkeit für das ihnen geschenkte Kind? Der signifikante Andere könnte also auf Fragen verweisen, deren Beantwortung offen bleibt und die doch unwiderstehlich ins Nachdenken ziehen.

Dankesworte gehören zum Alltag. Dabei ergeht der Dank an die unterschiedlichsten Adressen. In einer ersten Annäherung wären vielleicht drei Adressatenkreise unterscheidbar: konventionelle, solidarische und metaphysische Dankesadressen. Im Sinne konventioneller Danksagung ergeht eine entsprechende Geste etwa an denjenigen, der uns im Straßenverkehr die Vorfahrt belässt, oder den örtlichen Briefträger. Schon die kleinsten finden sich zu dieser Form des Danks angehalten. Zum Beispiel gegenüber der Metzgersfrau, die ihnen ein Stück Wurst über die Fleischtheke entgegenreicht. Den eigentlichen Dank bezeichnet jedoch der solidarische Dank. D.h., der Dank, der für die Hilfe in einer konkreten Notlage oder für die Hilfe, die sich über einen längeren Zeitraum erstreckt, geäußert wird. Diesem Dank zuzuordnen ist jedoch auch die Anteilnahme und stille Dankbarkeit, zu der wir fähig sind, wenn wir Zeugen der Hilfe durch Dritte werden. Hier in diesen Situationen, da Menschen uneigennützig für einander einstehen und da sind, hat der Dank also seinen eigentlichen Ort. Dieses Geben und Nehmen im Dank strahlt jedoch nicht nur in den konventionellen Dank aus. Das Wechselspiel findet sich auch in die Vertikale übertragen. So gehören für den Gläubigen Bitt- und Dankgebete fest zum Alltag. Doch auch aufgeklärten Geistern entfährt bisweilen ein Gott sei Dank! Für Dieter Henrich, an den sich diese Gedanken anschließen, würde man der religiösen Praxis an der Stelle allerdings unrecht tun, wenn man sie auf ein wohlkalkuliertes Tauschgeschäft reduzierte. Etwa mit Freuds These der kindlichen Hilflosigkeit abkanzelte. Denn mit dem im Bitten und Danken manifesten menschlichen Kontrollanspruch wird gleichzeitig ein Gelingen vernehmbar, das nur gewährt ist. Für diese Form des Danks gilt, dass sie heute ohne Adresse bleibt. Gleichwohl stellt sich das mit ihr verbundene Gefühl tiefer Dankbarkeit noch immer ein. Nicht ohne Grund. Im Verlauf des Lebens gibt es immer noch Schlüsselmomente. D.h., Momente überraschender Klarheit, die in ein autobiographisches Nachdenken ziehen. Durch diesen der Verfügungsmacht Grenzen setzenden Dank wird nach Henrich die Schieflage deutlich, in die das (spät-)moderne Leben geraten ist. Noch während der Dank ausgesprochen wird, muss er quasi schon wieder dementiert werden. Den inneren Konflikt, der hier aufbricht, veranschaulicht Henrich anhand Gilbert Keith Chesterton. Chesterton verweist auf die paradoxe Lage, in die ein notorischer Atheist gerät, „der für die Rettung der geliebten Frau tiefe Dankbarkeit empfindet" (Henrich 1999: 154). Dem also, wie man vielleicht anfügen möchte, auch die Wahrscheinlichkeitsberechnungen, in die er sich in der nächsten Sekunde stürzen wird, nicht weiterhelfen.

Für Henrich dürfte der von Tugendhat thematisierte Unterschied zwischen der Rollen- und der Charakteridentität demnach in der „Fähigkeit zur Dankbarkeit" liegen. Wenn dem so ist, dann müsste mit der Frage „was für ein Mensch will ich sein?", womöglich auch die Frage „was für ein Mensch durfte ich sein?" erhoben werden. Dieser Frage wendet sich Henrich gewissermaßen mit der von ihm getroffenen Unterscheidung zwischen dem Dank, der „an eine Person" ergeht und dem Dank, der einem Menschen gilt, zu. Weit intensiver fällt danach der Dank aus, der sich über das autobiographische Nachdenken einstellt.

Vor dem Hintergrund der inzwischen erreichten reproduktionsmedizinischen Möglichkeiten hat Michel Sandel die Elternschaft gleichsam zum Testfall der „Offenheit für das Unerbetene" erklärt. Ähnliche Gedanken finden sich auch schon bei Gilbert Keith Chesterton:

> „Die Prüfung jeglichen Glücksempfindens ist Dankbarkeit. Kinder sind dankbar, wenn der Nikolaus ihnen Spielzeug oder Süßigkeiten in die Strümpfe stopft. Kann ich dann dem Nikolaus nicht ebenfalls dankbar sein, wenn er in meine Strümpfe das Geschenk zweier wunderbarerer Beine stopft? Wir danken anderen Menschen für Geburtstagsgeschenke ... Kann ich niemandem für das Geburtstagsgeschenk der Geburt danken"? (Chesterton zit. n. Emmons 2008: 29 f.)

Henrich könnte sich also ein zweites Mal auf Chesterton berufen. Markiert dessen Frage doch den Anfangs- und Endpunkt seiner Überlegungen zum Dank, der nicht an eine Person ergeht, sondern für einen Menschen gegeben wird. Wesentlich für diese Form des Danks ist, dass sie über das bisher beschriebene Wechselspiel von Geben und Nehmen hinausgreift. Die tief empfundene Dankbarkeit, die Eltern für das ihnen anvertraute Kind empfinden, aber auch die tiefe Verbundenheit, die in Liebe und Freundschaft verspürt wird, lässt auf ein Leben blicken, das in Bindungen geführt wird. Wer sein Leben in diesem Bewusstsein führt, für den wird sein Selbstbestimmungsanspruch keineswegs dadurch geschmälert, dass er sich in Abhängigkeiten wiederfindet. Wer darüber klagt, muss umgekehrt erst einmal unter Beweis stellen, dass er der Lebensorientierung allein aus eigener Kraft fähig ist.

Erfahrbar wird der andere in seiner Bedeutsamkeit für das eigene Leben so gerade von seinem Ende her. Nicht zuletzt der Tod eines geliebten Menschen bietet also einen ausgezeichneten Anlass zur Besinnung auf das unerwartete Geschenk, das einem in und durch den anderen Menschen zuteil wurde. Der Adressatenkreis dieser Form der Dankbarkeit, anhand der deutlich wird, dass sich zu bestimmen auch immer bedeutet, sich bestimmen zu lassen, erstreckt sich für Henrich bis hin zu dem ewigen Dank, der für Lehrer oder Vorbilder empfunden werden mag. Gleichwohl sind es Liebe und Freundschaft, in der diese zunächst auf den anderen gerichtete Form der Dankbarkeit selbstbezüglich vertieft wird. Insbesondere anhand dieser beiden Begegnungsformen lässt sich vielleicht erahnen, inwiefern derjenige, der Dank empfinden können will, zuvor zu Staunen gelernt haben müsste. „Die meisten Menschen erfahren irgendwann Freude an ihrem Dasein. Wenn nun diesem Dasein etwas ihm Wesentliches gelingt, und beim Gelingen von Freundschaft und Liebe zumal, kann sich diese Freude bis hin zu einem Jubel steigern. Ihm hat Beethoven, inspiriert durch Schillers Ode, musikalisch Ausdruck gegeben. Aber die Jubelfreude der Freundschaftsnähe, ist doch der Erfahrung aus der sie aufkommt für sich allein nicht gänzlich angemessen [...]. Der Jubel kann nicht der eines Triumphators noch dem Siege sein oder bleiben, der aus dem Vollgefühl eigener Kraft aufsteigt. Da er vielmehr aus dem Bewußtsein eines Gelingens kommt, das gewährt ist und das nicht erzwungen werden konnte." (Henrich 1999: 164) Nicht zuletzt von Wert für die Verständigung über das eigene Leben sind demnach ästhetische Ausdrucksmittel. Die Weltbeziehung der Passung von Subjekt und Welt, wie sie in Matthias Claudius Lied „Täglich zu singen" (1777) zum Ausdruck kommt, bildet denn auch den Anlass für Henrichs „Gedanken zur Dankbarkeit". Gleichwohl muss für ihn dabei stets die Gefahr einer ästhetisch grundierten Theodizee mit im Auge behalten werden. So führen ihn denn auch die Selbstzweifel hinsichtlich dessen, inwieweit ein Dank für das eigene Dasein angesichts des Weltlaufs überhaupt vertretbar ist, an eine Form der Selbstbejahung heran, die im Gegensatz zu den zuvor beschriebenen Mustern der Selbstbejahung nicht über die eigenen Fähigkeiten und Leistungen zu begreifen ist. Selbst derjenige, der sich selbst tiefgründig ablehnt, so Henrich, macht im Spiegel der anderen die Erfahrung, dass für ihn gedankt wird. Stellt sich allein aufgrund der Tatsache, seinerseits auch Gegenstand der Dankbarkeit zu sein, auch noch kein tief verankertes Gefühl der Selbstbejahung ein, wird durch diese Perspektivenumkehr für ihn so doch ein Nachdenken über die eigene Existenz angeregt. An dessen Ende steht dann nicht selten etwa der Dank für den Dank des anderen, sondern das Staunen darüber, für den anderen bedeutsam zu sein. D.h., der Dank dafür, zu dessen Gelingen im Leben beitragen haben zu können. Vom Selbstlob unterschieden ist dieser Dank also, insofern er sich auf Aspekte der eigenen Lebensführung bezieht, die der eigenen Kontrolle entzogen sind.

Damit wäre im Rahmen von Henrichs Meditationen zu Dank und Dankbarkeit der Punkt erreicht, da die „Offenheit für das Unerbetene" zum zweiten Mal thematisch wird. Diesmal aus Perspektive des Kinds bzw. der Rückbesinnung des Erwachsenen. Gegen den Dank für die eigene Existenz dürfte nicht zuletzt die tragische Weltbetrachtung revoltieren. Besser als zu sterben, so heißt es bei Nietzsche, wäre es für den Menschen, nie geboren zu sein. Mit Henrich wäre wenigstens dem, der nicht bis in den letzten Winkel seiner Existenz von dieser Weisheit überzeugt ist, die Selbstbesinnung auf die eigene Existenz entgegenzuhalten. D.h., die elterliche Liebe und Fürsorge, durch die sich der pure Zeugungsakt (sei er in vivo oder in vitro) erst in eine Adresse des Danks verwandelt. Mit der Besinnung auf den Hervorgang aus unverfügbaren Grund wird der Blick frei für eine Lebensbilanzierung, die über das Gegenüberstellen von Soll und Haben hinausgreift. Was sich gegen den Hintergrund des denkmöglichen Nichtseins abzeichnet, ist ein Lebensdank, der die Aktiva und Passiva übergreift. D.h., die in dem Satz „Ich bin" ausgesprochene Existenzgewissheit mit der Situation der eigenen Lebensführung zusammenbringt, ohne dabei falschen Harmonisierungstendenzen anheim zu fallen. Dieser zuletzt genannte Punkt ist es denn auch, der Henrichs gesamte Überlegungen überspannt. Bricht sich in ihm doch das nicht aufzulösende Spannungsverhältnis zwischen der universalen Norm wie den partikularen Pflichten, das er im Anschluss an die nachkantische Moraldiskussion erkundet. Mit anderen Worten, die Trennlinie, die zwischen einem Leben in Abhängigkeit (Übelnehmen) wie einem Leben in Bindungen (Dankbarkeit) verläuft. Statt von der prinzipiengeleiteten Selbstgesetzgebung sollte so vielmehr von einem zweistufigen Bildungsgeschehen gesprochen werden. Die Sittlichkeit, die aus der Verpflichtung auf das Prinzip der Verallgemeinerung hervorgeht, so Henrich, setzt die Distanz zu dem Wollen aus natürlicher Interessiertheit voraus und begründet eine Handlungseinheit, die vom natürlichen Weltbegriff nicht vorgezeichnet ist. Gleichwohl ist diese Sittlichkeit in neuer Weise selbstzentriert. Und es ist diese Selbstzentrierung, welche „in der zweiten sittlichen Dimension aufgehoben wird, der die Dankbarkeit zugehört" (Henrich 1999: 177). Leben in Bindungen. Der Satz: „Ich tu nur meine Pflicht" kann also selbst ein Dankeswort ausdrücken. Nämlich für gewährtes Gelingen. Zumal er aus dem Horizont einer Lebensbilanz formuliert wird, welche die bloße Auflistung von Aktiva und Passiva übersteigt.

8. Ausblick

Die nachwachsende Generation bringt Kants Sakralbau zum Einsturz. Versammeln sich die jungen Stiftler unter der Losung einer „unsichtbaren Kirche“ (Rosenkranz 1998: 69), verrät die Metapher also vielleicht einiges über die Enge und Strenge ihrer Ausbildungssituation. Wenig hingegen über ihr intellektuelles Engagement. Diesbezüglich zählen sie zu jenen „Proselyten“, die sich die Wissenschaftslehre insbesondere unter noch jungen Lesern erhofft. Unter unvoreingenommenen Charakteren also, die sich bereitwillig zu jener Introspektion auffordern lassen, die in die allgemeine Verfasstheit menschlicher Subjektivität einführt. Die von daher ohne größere Gegenwehr davon zu überzeugen sind, dass allem Leiden (unmerklich) ein Tun vorausliegt. Damit gegenüber der (prinzipiell) unentscheidbaren Frage von Freiheit und Zwang standhalten. Ein „philosophisches System ist nicht ein todter Hausrath, den man ablegen oder annehmen könnte, wie es uns beliebte, sondern es ist beseelt durch die Seele des Menschen, der es hat“[50] (Fichte ErE: 434). Auch anhand der (informellen) Bildungsgänge der Stiftler ließe sich demnach wohl der enge Zusammenhang zwischen Lebenswelt, Lebensführung und Denkform nachzeichnen, der Anschlussversuche an das moralische Gesetz verpflichtet. D.h., an die dahinter stehende existenzielle Wahl im Spannungsfeld von Urteil und Begriff wie Denk- und Handlungsart erinnert. Mit Henrich wurde Kants Stein der Weisen so in Richtung von Bildungsprozessen verfolgt, die auf die Erweiterung von Erfahrungsmöglichkeiten wie eine Vertiefung von Möglichkeiten des Angesprochenwerdens zielen. Vorgezeichnet schien diese in der idealischen Person, die uns im Gewissen gegenübertritt. Durch diesen Begriff soll Kant gleichsam an der eigenen

50 „Doch nur wer eine Philosophie der Selbstbestimmung wählt“, so Stegmaier, „wählt wirklich, denn nur ein solcher ist frei im Wählen. Daraus ergibt sich das Paradox, daß wer sich zur Freiheit bestimmen soll, schon als frei vorausgesetzt werden müsse.“ (Stegmaier 2000: 141 f.)

Schlussteinsymbolik rütteln – wenngleich hier zunächst einmal alles nach dem „Purgatorium der Vernunft" klingt. „Die Freiheit, deren wir uns im Gewissen bewußt sind, steht nur noch im Gegensatz zu Knechtschaft unter fremder Gewalt und zur Verfassung dessen, der seiner selbst nicht mächtig oder sich entfremdet ist. Bevor sie Freiheit der *Willkür* ist (etwas schon Bestimmtes, das in unserem bewußten Belieben steht, zu tun oder zu lassen), hat sie bereits den Charakter von *Autokratie*, unter welcher das betreffende Tun oder Unterlassen überhaupt erst zu etwas Bestimmten in Alternative zu anderem Bestimmten für uns wird. Bevor sie als Freiheit des *Willens* zu nehmen ist (d.i. als dessen Kraft, sich seine Inhalte unter allen Umständen in einer dem moralischen Gesetz entsprechenden Form zu geben und ihre Verwirklichung um des Gesetzes willen zu betreiben), muß sie als ein *Selbstbestimmen* begriffen werden, aus dem diese Kraft (der Seelenstärke) hervorgeht. Und noch ehe sie in solchem Selbstbestimmen auch *Autonomie* ist (d.i. die Tätigkeit, die sich das moralische Gesetz selbst zu geben), muß sie schon die Verfassung ursprünglichen *Bei-sich-selbst-Seins* desjenigen haben, welcher der Autonomie in seinem Gewissen inne wird." (Fulda 2007: 44)

Im Sinn dieser Gewissensperspektive wird der Glaube von Fichte aus dem Horizont der idealistischen Grundforderung heraus vorgetragen. Für den Autor der „Bestimmung des Menschen" sieht der Platz, den die Vernunftkritik für den Glauben schafft, also keine größeren Stellen für Trost vor. Für das behütende Obdach also, das die Vielen mit ihm verbinden. Im Gegenteil, unter transzendentalen Gesichtspunkten gilt ihm die personale Gottesvorstellung (Schöpfer und Ordner der Welt) geradezu als gotteslästerlich. Statt „merke", heißt es in dessen späten Schriften so tendenziell „höre" auf dich selbst. Für Fichte persönlich zieht diese begriffliche Kurskorrektur die offizielle Demission nach sich.[51] Aus Sicht von Henrich bleibt im Zuge dieses Alarms der frommen Seelen gewissermaßen der Beitrag Fichtes ungehört, der mit dessen (unfreiwilligem) Umzug von Jena nach Berlin ver-

51 Und wie man an der Stelle vielleicht anfügen möchte, Jacobis „Salto mortale" in den Glauben (Jacobi 1799: 43). D.h., einen Glauben, der auf das Gefühl bzw. die Ahndung eines ganz anderen setzt. Fichte, so in etwa derselbe, spricht nur gelassen die nihilistische Konsequenz aus, die der minutiöse Gang („logisch[e] Enthusiasmus") durchs Selbstbewusstsein zeitigt (ebd., 28).

bunden ist. „Die unaufhörliche Faktizität, die dem sittlichen Bewusstsein eignet, lässt sich verstehen, wenn man in diesem Bewusstsein zugleich einen Aufschluss des Subjekts, das sich seinen eigenen Grund entzogen weiß, über die ihm wesentliche Verfassung sieht. Nur so ist die unreduzierbare Faktizität des sittlichen Wissens damit zu vereinbaren, dass die Person mit ihm weder unter ein ihr auferlegtes Gesetz noch unter eine natürliche Notwendigkeit gerät, die ihr nicht weniger auferlegt wäre – dass es vielmehr gerade in jener Faktizität, wie man sie immer schon dem Gewissen zugeschrieben hat, sich selbst erfasst und verstehen kann.“ (Henrich 2007: 227)

Zwischen Leben und Begriff kein Vereinigungspunkt. Offen blieb bisher jedoch die Frage, ob sich das Selbstsein überhaupt in einem ursprünglichen Bei-sich-selbst-Sein stabilisieren lässt. Eingespannt scheint dieses Leben gleichermaßen in ethische, ästhetische, wie politische Bezüge. Diese Bezüge gestalten sich jedoch keineswegs immer spannungsfrei. Das sei zum Schluss wenigstens kurz angedeutet, und zwar entlang der Stichworte ästhetisches Subjekt und subjektlose Subjektivität.

Ästhetisches Subjekt.– Gegen den Hintergrund der bisher angestellten Betrachtung, wäre es womöglich nicht zuletzt an der ästhetischen Erziehung, dem Zusammenhang von Fiktion und Wahrheit nachzugehen. Noch vor allen Debatten über die Kommentarbedürftigkeit moderner Kunst oder das Eigentümliche der ästhetischen Erfahrung, sollte die Orientierungsleistung ins Auge gefasst werden, die ihr (ungeachtet ihrer divergierenden Formsprachen) einen festen Platz im bewussten Leben sichert (vgl. Henrich 1999: 151). Die Kunst, so Henrich, bietet einen hervorragenden Erfahrungsraum für jenen aus dem Wissen von sich heraus erfolgenden doppelten Ausgriff (Grund/Ganzes). Im Anschluss an Henrich schreibt Kazimir Drilo: „Die Umwendung von der Fiktion in die Wirklichkeit des Grundes werde im Akt der Hervorbringung des Werks vollzogen: Die Kunstproduktion sei somit die ausgezeichnete Weise der Umwendung in den Grund und des Sich-Haltens im Grund mit den Mitteln der Fiktion.“ (Drilo 2007: 502) Nicht zuletzt im Medium der Kunst zeigt sich demnach, inwiefern Subjekt und Selbstmacht keine Synonyme bilden. Für entsprechend übereilt werden von Henrich denn auch die Schlüsse erachtet, welche eine von Nietzsches Wahrheits- und Moralkritik inspirierte Modernekritik aus dieser Gleichsetzung zieht. Die strukturelle Entsprechung von Ich-Gedanke und Kunstwerk sollte stattdessen vielmehr so erläutert werden, dass darüber ein ganz anderer als auf Gebrauch abonnierter Sinn von Fiktion erfahrbar wird. Ähnlich äußerten sich auch Menke und Pollmann. Ihre Kritik an der (einseitigen) Konzentration auf Räume der Würdedarstellung (expressive Selbstachtung) scheint gleichwohl auch jeden archimedischen Punkt des Wissens einzuholen. Ausgenommen das ästhetische Subjekt. Das zeigt vor allem Menke.

Skizziert wurde oben ein Achtungsbegriff, der auf die wechselseitige Unausdeutbarkeit von ego und alter ego abstellt. Hinterlegt ist dieser Begriff nicht zuletzt in ästhetischen Überlegungen. Viel Zeit sollte die ästhetische Bildung diesen Überlegungen zufolge auf die Imaginationskraft der Individuen verwenden. Noch mehr vermutlich jedoch auf das ästhetische Subjekt. Nach Ansicht Menkes sollten sich ihre Lehrpläne jedenfalls auch heute noch der Ästhetik verpflichtet fühlen. D.h., der Dialektik von aisthesis und Kunsttheorie, die er im Herzen der Disziplin ausmacht. Von Anfang an verfährt der Diskurs der Ästhetik zweigleisig. Wird ihr Profil als Disziplin gleichermaßen über Analysen des sinnlichen Wahrnehmungsprozesses wie die Diskussion der besonderen Gegenstände (Naturphänomenen bzw. das Kunstschöne) geformt – wenngleich die Aktenzsetzung je nach Autor auch anders ausfällt. Was für den ästhetischen Diskurs so bezeichnend wäre, ist, dass hier allgemeine Aussagen zur Wahrnehmungslehre nur vor dem Hintergrund konkreter Gegenstandsdiskussionen getroffen werden können. Diese ihrerseits jedoch wiederum von jenen abhängen. Folgen wir Menke, dann ist es also gerade die ihre Schönheitsanalysen vermeintlich belastende „metaphysische Hypothek", die diese auszeichnet. Uns etwa verstehen hilft, weshalb dem „Lassen" (in all seinen Schattierungen) heute so ein hoher Stellenwert zukommt. Das besondere Augenmerk sollte dabei nach Menke den von der Ästhetik diskutierten energetischen Begriffen (Kraft, Tätigkeit und Subjektivität) gelten. Folgt ihr Diskurs quasi a priori einem anti-cartesianischen Kurs, dann aufgrund dieser Grundbegriffe. Was die Kunstbetrachtung danach im Wesentlichen von alltäglichen Wahrnehmungsvorgängen unterscheidet, ist ihre spezifische Form der Selbstbezüglichkeit. Vor den Werken der Kunst wird explizit, was im Alltag nur anwest. Wobei, und darin liegt für Menke neben der *Einheit* gleichzeitig die *Differenz* zu den Desideraten einer allgemeinen Wahrnehmungslehre, dies hier im Rahmen der ästhetischen Erfahrung auf eine von allen Handlungszwängen entlasteten Form geschieht. Gekennzeichnet ist diese also durch eine gesteigerte Intensität, welche das Kunsterlebnis von der philosophischen Reflexion über den Doppelcharakter der ästhetischen Disziplin abhebt (vgl. Menke 2002: 46 ff.).

Nach Menke profiliert sich die Ästhetik also vorrangig als polemischer Gegenentwurf zur rationalistischen Subjektphilosophie. Die Ästhetik flirtet gewissermaßen von Anfang an mit dem Gedanken, dass Ich ein Anderer ist (vgl. ebd., 26). Ausdruck verleiht sie dem nicht zuletzt durch das Üben, das sie den cartesianischen Mächten der Beichte (dem Disziplinarindividuum) entgegensetzt (vgl. ebd., 27). Diese Konzentration auf den nach außen gerichteten „Gegenstandsbezugs und Tätigkeitscharakter[s]" (ebd., 33) der ästhetischen Einstellung reicht jedoch nicht aus, um das ästhetische Subjekt vollständig in seiner spezifischen Form der Selbstbezüglichkeit zu erfassen. Dazu ist es nach Menke vielmehr erforderlich, die „innere Begrenzung" (ebd., 32) aufzusuchen, welche der durch den Gegenstandbezug gesetzten äußeren Grenze entspricht. Durch die Brille der Kraft zeigt sich das ästhetische Subjekt als eines, das tuend leidet und leidend tut. Folglich durch die herkömmlichen begrifflichen Oppositionen nicht zu fassen ist (vgl. ebd., 37). Charakterisiert das ästhetische Subjekt von außen seine Ausrichtung an Individualität, tätigen Vollzug und Übung, wie von innen seine Akzeptanz ihm vorausliegender Kräfte, scheinen sich beide Perspektiven so im Künstlersubjekt zu überlagern. Genauer, in dessen Können. Insbesondere im Rahmen des künstlerischen Schaffensprozesses wird die Ambivalenz der Kraft offenkundig, wonach Kräfte ermöglichen, indem sie beschränken und beschränken, indem sie ermöglichen (vgl. ebd., 36).

Mit Menke wäre der (kairologische) Ernst der ethischen (Ausnahme-)Situation, so vor allem auf der Rückseite der (wohlproportionierten) mittleren Stimmung auszumachen. D.h., vor dem Hintergrund zu diskutieren, dass das Schöne sich auf Höhe der von ihm nachgezeichneten Debatte am Problembegriff des Erhabenen und nicht mehr an den (kontemplativen) Idealen der Vollkommenheit und Harmonie ausrichtet. Dieser kurzen Skizze zufolge wäre das ästhetische Subjekt somit vielleicht auf doppelte Weise mit der vorreflexiven Selbstvertrautheit ins Gespräch zu bringen. Zunächst hinsichtlich der Bestimmungsmomente der Selbstvertrautheit: Wie weit reichen denn die Unterschiede zwischen den ästhetischen wie den nicht-ästhetischen Akten, denen wir im Vollzug der Wahrnehmung gewahr werden? Inwiefern spielt hier ein Denken hinein, das frei ist, nicht auf einen bestimmten Zweck gerichtet zu sein? Dann jedoch vor allem hinsichtlich der mit dem Autonomieanspruch der Kunst virulent werdenden Fragestellungen. Wie ist der zwischen Kunst und Politik ausgetragene Widerstreit zu verstehen? Entspricht oder kann dem überhaupt eine Ethik entsprechen, die Freiheit als Geschick expliziert? Anknüpfungspunkte für eine in diese Richtung verlaufende Diskussion dürften sich etwa bei Jacques Rancière finden lassen (vgl. Ranciere 2007: 45).

Subjektlose Subjektivität.– Meads Anspruch ist es, die Begriffe Selbstbewusstsein, Selbstbestimmung und Selbstverwirklichung auf naturalistische Weise herzuleiten. Offen bleibt für ihn dabei die Frage, wie aus der von ihm vorgezeichneten intersubjektiven Perspektive „Appelle an die Vernunft" zu verstehen sind. Der Frage geht im Anschluss an Mead auch Axel Honneth nach. Honneths Interesse gilt vor allem der Konfliktlogik, die dem Begriff des generalisieren Anderen eingeschrieben ist. Dessen Rekonstruktion nach sind es die Überschussenergien des I, die das Me im Sinne einer emanzipatorischen Entwicklungslogik beständig sabotieren. D.h., für ein gegenläufiges Prozessgeschehen von Integration und Individuation Sorge tragen, in dessen Verlauf in historischer Perspektive sowohl das Verständnis der individuellen Abwehrrechte vertieft, wie deren Adressatenkreis erweitert wird. Parallel zu diesem rechtsförmigen Autonomiediskurs werden für Honneth durch die Unschärfen des I jedoch auch Ansprüche auf individuelle Selbstverwirklichung artikuliert. Durch diese wird also eine weitere Facette des Achtungsbegriffs vernehmbar. Diese Facette appelliert, wie Honneth nun gegenüber Mead betont, an eine andere Gemeinschaft. D.h., während der Begriff der Selbstachtung auf den abstrakten Universalismus liberaler Gesellschaften reflektiert, zielt der Begriff der Selbstschätzung auf die prinzipiell umkämpften Zielvorstellungen demokratischer Wertegemeinschaften (vgl. Honneth 1998: 179). Auch für diesen Kampf um soziales Ansehen und Prestige stellt Mead die Weichen. Nach Honneth verpasst er es im Zuge dessen allerdings, dieses „ethische Mich" mit der gleichen Sorgfalt, wie das ‚Mich' der mündigen Rechtsperson auszubuchstabieren. Zunächst hat Mead eine klare Vorstellung davon, dass der Beitrag der einzelnen Individuen zum kollektiven Gelingen auf Höhe moderner Gesellschaften nicht mehr an traditionellen Wertmaßstäben gemessen werden kann. Glaubt dann jedoch fälschlicherweise, die entstandene Leerstelle bereits durch die funktionelle Arbeitsteilung ausfüllen zu können. Über das Können des Einzelnen und die Wertschätzung, die ihnen dafür zuteil werden, sollen von nun an die sachlichen Erfordernisse der industriellen Gesellschaft wachen. D.h., das legitime Überlegenheitsgefühl, das daraus resultiert, ein guter Arzt, Lehrer oder Koch zu sein. Auf Höhe moderner Gesellschaften, das nun Honneths zentraler Einwand, kann jedoch weder unstrittig sein, was einen guten Arzt, Lehrer oder Koch ausmacht, noch was überhaupt als „sozial nützlicher Arbeitsbeitrag gilt" (ebd., 144). Entsprechend kann die Frage des Selbstwertgefühls also nicht an Effizienzkriterien festgemacht werden. Welcher Beitrag von Wert ist, das muss unter diesen Bedingungen vielmehr immer wieder neu entlang der Kriterien der Offenheit und Vielheit ausgehandelt werden. Für das spätmoderne „ethische Me" gilt so gleichsam der Imperativ: „Handle stets so, dass du im Hinblick auf die gemeinsame Zielsetzung aktiv für die Entfaltung der dir fremden Eigenschaften der anderen Sorge trägst".

Von Honneth wird also mittels der psychologischen Begriffe der Selbstachtung und Selbstschätzung zwischen dem moralisch-rechtlichen wie dem evaluativen Bedeutungsaspekt der Achtung unterschieden. Analytisch aufschließen will er damit zu Protestbewegungen, die sich nicht mehr ausschließlich über materielle Verteilungskämpfe rekonstruieren lassen. Fluchtpunkt dessen Überlegungen bildet so gewissermaßen ein „strittiges Allgemeines". Worauf das gelingende Leben heute angewiesen ist, ist ein Begriff des Allgemeinen, der einerseits weit genug gefasst ist, um die unterschiedlichsten Lebensentwürfe und sozialen Bewegungen zuzulassen, andererseits jedoch auch eng genug, um diese alle unter sich versammeln zu können. Erfüllt wird dieses Anforderungsprofil nach Honneth durch den Begriff der Solidarität. Der Begriff verfügt über die nötige kognitive Ausrichtung, ohne darüber jedoch die für das Zusammenleben unerlässliche affektive Bindungskomponente preiszugeben.

Der mit Mead nachgezeichneten intersubjektiven Genese des Selbst zufolge sollte Subjektivität also vor allem als *reservatio mentalis* behandelt werden.[52] Der breiten Resonanz, die Mead zu Teil wird, kann sich auch Henrich nicht entziehen. Dessen Analyse zufolge wird das interaktionistische Theoriemodell allerdings von den Versäumnissen der ersten Epoche der Selbstbewusstseinstheorien eingeholt. Verweilt man länger bei der für Mead zentralen Lautgebärde, erweist sich diese noch dem Subjekt-Objekt Modell verhaftet. So verspätet sich also auch dessen Sozialpsychologie noch gegenüber dem Phänomen. Was sich für die reflexionsphilosophischen Modelle zeigen ließ, wird bei Mead gewissermaßen umso offensichtlicher. Nicht das Ich verstrickt sich in einen Zirkel, sondern die genetische Rekonstruktion, die das Selbstbewusstsein aus dem Phänomen der Selbstwahrnehmung ableiten will. Der optischen Metapher (Spiegel) verwandt, setzt nach Henrich also auch die Lautgebärde (unausgesprochen) den ungegenständlichen Selbstbezug voraus. An Mead wird so gleichsam auf exemplarische Weise deutlich, worin Gegenüberstellungen von bewusstseinsphilosophischen wie intersubjektivitätstheoretischen Ansätzen fehlgeleitet sind. Und zwar unabhängig davon, ob man die „pragmatische Geschichte des menschlichen Geists" eher unter spekulativen oder naturalistischen Vorzeichen fortführt. Oder, alternativ zu interaktionistischen Beschreibungsformularen, auf phänomenologisch oder dialogphilosophische imprägnierte Einsatzpunkte setzt. D.h., auf Formulare, die je auf ihre Weise die transzendentale Rolle des Anderen für das Selbst betonen. Als zielführend erachtet Henrich dagegen eine Diskussion am Leitfaden der Kategorie des Mitseins. Dem Mitsein lassen sich demnach Dimensionen entlehnen, die ebenso über dessen daseinsanalytische Konturen wie die perspektivischen Verkürzungen des absoluten Subjekts hinausweisen. An der Stelle distanziert sich Henrich also deutlich gegenüber Fichte. Auch in der Kategorie des Mitseins schlagen gewissermaßen die gegenläufigen Lebenstendenzen durch, die Friedrich Hölderlin in seinem Werk erkundet. Wodurch nun bewäh-

52 Vergleichbar Gerhardt: Es ist „im höchsten Grade irreführend, die Theorie des Selbstbewusstseins unter den Titel der Subjektivität zu stellen." Vielmehr ist es so, dass die Subjektivität als „reservatio mentalis" des aus anthropologischer Perspektive über Interaktion wie Kooperation sich erschließenden Selbstbewusstseins zu fassen ist (Gerhardt 2007: u. 220 u. 274) .

ren sich kritische Auseinandersetzungen mit Fichte? Dadurch, dass sie an der Stelle keinem einfachen Umkehrschluss erliegen. Durch diese wird der vermeintliche Paradigmenwechsel also nicht einfach zurückgenommen. Stattdessen werden Selbstseins und Andersheit (Mitsein) in ihrer (gleichursprünglichen) „Wechselabhängigkeit" aufgesucht (Henrich 2007: 161).

Ein erster Hinweis, der in diese Richtung zielt, könnte in der Unterscheidung zwischen dem Anlass wie dem Ursprung der Moral gelegen sein. Die Verbindlichkeit der Moral erläutert sich aus dem Horizont einer gesteigerten Selbsterfahrung heraus, in der sich das Individuum als Glied einer Ordnung weiß, die sich quer zu pragmatischen Handlungskontexten verortet. Der räumliche Vektor „quer" bezeichnet dabei zweierlei. Durch ihn wird gleichzeitig mit dem Überstieg auch die Anbindung des Moralischen an pragmatische Kontexte festgehalten. Von dieser Differenz werden aus Sicht des Mitseins in gewisser Weise auch sozialwissenschaftliche Befunde erfasst. Analog zur Moral müssen Befunde zur personellen Identität (Rolle, Norm, Funktion) bzw. die für diesen Theorietypus grundlegende Frage wie soziale Ordnung überhaupt möglich sei, ebenso aus der Dynamik der Subjektivität heraus begriffen wie in ihr hinterlegt gedacht werden.

Einen ersten Ansatzpunkt für diese Aufgabe bietet der doppelte Ausgriff der Subjektivität nach dem Grund wie dem Ganzen. In ihm ist gleichsam der Gedanke von einer Einzelheit impliziert, die mir wesensgleich und doch von mir unterschieden ist. Deren Wirklichkeit für mich hängt dabei ganz wesentlich von ihrer Verkörperung ab. Noch unterhalb des spekulativen Gedankens der Allheit und doch auf diesen hin geordnet, findet sich so der Gedanke einer allumfassenden Ordnung der Subjekte. Dieser Gedanke wird nach Henrich jedoch gegenläufig zur moralischen Ordnungserfahrung insbesondere als „unbestimmter Grenzbegriff" thematisch (ebd., 228). Im Ausgang der kritischen Rezeption der Theoriestücke der Aufforderung und Bildsamkeit lassen sich die miteinander konfligierenden Ordnungszusammenhänge, innerhalb derer sich das bewusste Leben vollzieht, demnach auf eine Weise aneignen, die nicht in die Falle der genetischen Rekonstruktionsversuche tappt. Charakteristisch für diese ist die Annahme, dass sich abstrakte Ordnungszusammenhänge bzw. Zugehörigkeiten sukzessive aus Erfahrungen der Kopräsenz ableiten lassen. Dieser bruchlose Ableitungszusammenhang von Nah- und Fernverhältnissen wird von Henrich also durch eine Perspektive ersetzt, in der die Zugehörigkeiten und Bindungen der Individuen im Lichte eines die gesamte Lebensführung (gleichsam apriori) überdauernden Widerstreits erscheinen (vgl. 216 ff.).

Mit Henrich werden die aktuell vernehmbaren Apelle der Selbststeigerung-, -optimierung bzw. -Vermarktung so als Symptome einer den Widerstreit überschreibenden Uniformität diagnostizierbar. Die nachlassende Bindungskraft der nationalstaatlichen Narrative, so derselbe, wird heute nicht, wie man vielleicht zunächst erwarten möchte, für kommunitaristische Neuerzählungen genutzt, sondern stattdessen durch einen auf pragmatische Imperative eingestellten individuellen Rückzug ins Private beantwortet (vgl. ebd., 225). Nicht zuletzt diese Entwicklung soll also über die in der Kategorie des Mitseins gedachte Wechselabhängigkeit als in der Dynamik der Subjektivität hinterlegte Möglichkeit begreifbar werden. Darin impliziert ist eine bestimmte Hoffnung. Zielt diese unter existenziellen Gesichtspunkten gleichsam auf den Gedanken, dass kein Leben je verloren ist, nährt dieses im Hinblick auf die Weisen des Mitseins, die dem Menschen von seinen epistemischen wie technisch-praktischen Weltbezügen her erschlossen sind, die Hoffnung auf eine im Zeichen der hochzivilisatorischen Gefährdungslagen ausgebildeten Gedanken der „Weltzivilisation“ (ebd., 224).

Anlass zur Hoffnung gibt nach Henrich also das wachsende ökologische Bewusstsein; das sich vertiefende Wissen um die schonungsbedürftige wie verletzliche Natur. Verfolgt Henrich unter normativen Gesichtspunkten somit das Ziel des *befriedeten* Allgemeinen?[53] Dagegen spricht die von ihm mit Hölderlin auf exzentrische Bahnen verlegte Lebensführung. Nicht zuletzt Hölderlins dichterischen wie spekulativen Rundgängen durch das Leben ist ein Dank zu entlehnen, der ohne Adresse ist. Und doch mutet dieser nicht widersinnig an. Vorgezeichnet scheint dieser Dank mitunter in der zuletzt angesprochenen Naturerfahrung. Ihrem Erfahrungsgehalt entspricht gleichsam die von Henrich umrissene Fundamentalontologie. Aus der Perspektive des Danks

53 Nachdem klar ist, dass die (hegelsche) Moderne als Projekt (Habermas) gescheitert ist, sollte die gesamte Anstrengung der Aufklärung als (unvollendetem) Projekt gelten (vgl. Schnädelbach 1997: 16 ff.).

betrachtet, sollte man diese Erfahrung als erst an zweiter Stelle dem ästhetischen Naturerlebnis im Zeichen des Erhabenen assoziieren. Wer im Dank ergriffen ist, fühlt sich weder überwältigt, noch durch Gewalt gepackt. Vielmehr fühlt er sich angerührt, gebunden oder durch das, was ergreift, zu sich hingezogen. Einerseits. Andererseits verweist seine Ergriffenheit über die bloße Welthaftigkeit hinaus auf einen ganz bestimmten und konkreten Bezugspunkt (vgl. Henrich 1999: 184). Nicht weniger vorgezeichnet findet Henrich diesen alle Formen des „kommunalen Danks" übersteigenden „kontemplativen Danks" jedoch auch in der Erfahrung der Anteilnahme. Auch im humanitären Dank für die sowohl unsere Verantwortlichkeit wie unsere Verfügungsansprüche übersteigende unverhoffte Rettung in Not geratener Dritter, zeichnet sich der in unserer Subjektivität hinterlegte doppelte Ausgriff zur Welt wie dem Ganzen ab. Oben wurde behauptet, dass Mitleid heute nur noch als telegenes Zitat vorkommt. Zu verstehen ist die avisierte Weltzivilisation entgegen dieser These demnach sowohl gegen den Hintergrund der „Anteilnahme am *Geschehen* des Guten" wie der gegenüber der spekulativen Denkform geöffneten Naturerfahrung. „Wer eigentlich dankt", so Henrich, dem ist nicht selbstverständlich, wofür er dankt und was ihn danken läßt." (ebd., 173) Erkennen dürfte man den zivilisierten Bürger also mitunter an seiner Bereitschaft zu „Gedanken der Dankbarkeit". D.h., zu einer Selbstbesinnung, die ihn, gemessen an der sittlichen Grunderfahrung, nochmals aus größerer Ferne auf sich und das Weltganze, in das er einbegriffen ist, ebenso zurückschauen wie verändert hervorgehen lässt. Die ihn damit also nochmals in Distanz zu der Selbstzentrierung bringt, welche die sittliche Grunderfahrung bestimmt. Dessen ungeachtet, bleibt der kontemplative Dank jedoch stets an diese Erfahrung rückgebunden (vgl. ebd., 177). Über die komplexen Verflechtungen von kommunalen wie kontemplativen Danks wird so eine Dimension des Mitseins erfahrbar, die im Wesentlichen in der Liebe hinterlegt scheint. „So werde ich in der Rückkehr auch mich selbst in neuer Weise annehmen – als der, der ich wirklich bin, aber zugleich als einer im Verbande aller der Blicke, die in eine Welt gehen, welche diese Blicke beheimaten kann. Ohne diese Blicke wäre sie gar nicht die Welt, die vertraut ist und in der Vertrautheit und Vertrauen sein kann. Und doch kann nicht mehr gesagt werden, daß die Welt um dieser Blicke willen sei, was sie ist. Denn jeder

Blickpunkt ist und erscheint nun zugleich als gebunden in und relativ auf das Ganze, welches in Einem die Welt ist und der Aufgang der Welt im Antlitz." (ebd., 176) Im Mitsein wird demnach festgehalten, dass die Subjekte nicht erst qua Vernunftschluss Realität und Bedeutung füreinander gewinnen. Nur unzureichend berücksichtigt wird diese Einsicht nach Henrich jedoch auch durch handlungstheoretische Theoriemodelle. Das belegen insbesondere phänomenologische Ansätze. Gleichwohl sollten die eindrücklichen Phänomenbeschreibungen auch nicht überstrapaziert werden. So wendet sich die Kategorie auf der anderen Seite also auch gegen Interpretationsansätze, welche aus der Vielschichtigkeit der Bedeutung der Individuen füreinander eine quasi transzendentale Rolle des Anderen gegenüber dem Selbst ableiten (vgl. Henrich : 167 f.).

Gegenüber handlungstheoretischen Theoriemodellen distanzieren sich auch die Artikulationsversuche. Für diese lässt sich die Stabilität in der Weltbeziehung an keinem noch so in sich gebrochenen Ankerpunkt der Verständigungspraxis festmachen. Die Stabilität muss vielmehr immer wieder im und durch den Widerstreit der Gegensätze hindurch gewonnen werden. Gleichwohl scheint auch in diesen Artikulationsversuchen Hölderlins Denkmotiv der Versöhnung mitten im Streit präsent. Inwiefern, ließe sich womöglich im Lichte von Hegels Phänomenologie des Geistes illustrieren. Eingeleitet wird die Erfahrungsgeschichte des Bewusstseins durch die Gestalt der sinnlichen Gewissheit. Für das, was uns diese Gestalt mitzuteilen hat, werden wir womöglich jedoch erst dann empfänglich, wenn wir es nicht bei einer sprachanalytischen Lektüre bewendet sein lassen. Vordergründig lehrt uns diese Gestalt, dass jede Zeigehandlung (dieser/dieses) oder einfache Orts- bzw. Zeitbestimmung (hier/jetzt), ohne nähere Kontextangaben wie die entsprechenden Verweisungszusammenhänge leer bleibt; kommunikativ ins Abseits gerät. Unmöglich wird dadurch jedoch vielmehr noch, an der optischen Metapher festzuhalten. Bereits im Rahmen der Widerlegung der einfachen Unmittelbarkeitshypothese des gesunden Menschenverstands führt die Phänomenologie einen verständigungsorientierten Wissensbegriff ein, der unvereinbar mit der ersten Epoche der Selbstbewusstseinstheorien ist. Auf den zweiten Blick könnte sich hinter der sprachkritischen Lektüre somit der Alteritätsgedanke abzeichnen, welcher die Dialektik von Meinen und Sagen speist. Nach Gerhard Gamm ist in der Lücke, welche die sinnliche Gewissheit zwischen der Individualität wie dem Allgemeinen ausmacht, eine Anerkennungssemantik angelegt, die Abstand davon nimmt, dieses Motiv aus dem Horizont von Wert, Nutzen und Vertrag auszudeuten. Jedes Meinen macht die Erfahrung, auf ein Allgemeines verwiesen zu sein, das es von sich entfremdet, insofern mit jeder Äußerung des Gemeinten Bedeutungsüberschüsse mit aufgerufen werden, welche die ursprüngliche Intention übersteigen. In der gleichen Bewegung muss jedoch auch das Sagen (das Allgemeine) eingestehen, dass es auf eine Individualität verwiesen bleibt, über die es nicht vollständig verfügt. Kurzum, auf einer zweiten Ebene demonstriert die sinnliche Gewissheit, inwiefern das Meinen notorisch durch das Sagen unterlaufen wird: Ich bin, ist gleichsam nur noch dort, wo das (alltagstaugliche) hermeneutische Drehbuch innerer Selbst- und äußerer Fremdbestimmung versagt. Wo die Vertreter der ersten Epoche auf die Feststellbarkeit und Berechenbarkeit von Ich und Welt setzen, sucht, findet und verfehlt sich dieses Selbst also unablässig selbst. Worüber die Dialektik von Sagen und Meinen so also unterrichten könnte, ist die Unbestimmtheit, welche das moderne Selbst- und Weltverhältnis bestimmt. Auf Höhe der „Unbestimmbarkeit des bestimmenden Ich" (Luckner 2002: 55), die alle Bestimmungen trägt und selbst durch keine getragen wird, bin ich weder in dem von mir Gemeinten noch dem Gesagten, sondern allein in dem eigentümlichen Dazwischen, das aus seiner Vermittlungsleistung je auch schon wieder verschwunden ist. Lesen sollte man die „Artikulationsversuche" demnach wohl auf Folie der von Hegel in der Phänomenologie von Beginn an in Szene gesetzten nachhaltigen Destabilisierungsdramaturgie. „Man könnte sagen, die Differenz von Meinen und Sagen birgt ein Plädoyer, eine Ethik vielleicht, die darauf drängt, sich gegenüber der Dezentrierungsmacht der allgemeinen Bedeutung nicht zu verhärten, ‚flüssig' zu werden gegenüber dem, was sich in/an der Wirklichkeit verändert." (Gamm 1997: 131) Dieses Plädoyer wäre mit Gamm über den Begriff „subjektloser Subjektivität" weiterzuverfolgen[54](Gamm 2000: 80). Eine ähnlich klingende Formulierung findet sich auch bei Henrich. Derselbe gelangt im Kontext der

54 Anders gewendet, auf ein zugunsten staatlicher Belange ausfallendes Machtgefälle deutet Ludwig Siep schon die *Phänomenologie des Geistes*. Rein äußerlich ließe sich also bereits Hegels Behandlung der alt-griechischen Welt, des Reichtums und

Rekonstruktion von Fichtes intellektueller Entwicklung vor die „Paradoxie des subjektlosen Wissens“ (Henrich 1967: 32). Durch beide Begriffsformen wird die Philosophie demnach augenscheinlich als „unmöglicher Beruf“ bekräftigt. Kaum weniger augenscheinlich wird durch diese Gemeinsamkeit jedoch auch gleich ihre Vermittelbarkeit sichergestellt. Unter normativen Gesichtspunkten könnte so nicht zuletzt das „Plädoyer“ Aufschluss über die vorreflexive Selbstvertrautheit

---

schließlich des entfremdeten Geists problemlos in Beziehung zu dessen späteren, gestuften Sittlichkeitskonzept (Familie/bürgerliche Gesellschaft/Staat) setzen (vgl. Siep 1998: 116). Wohin Hegels Aufhebung des fichteschen Aufforderungsgeschehens tatsächlich führt, ist hingegen dessen Unterscheidung zwischen ganz konkreten interpersonellen Interaktionsverhältnissen wie institutionellen bzw. symbolisch vermittelten Beziehungsformen zu entlehnen. Buchstabiert Hegel den Begriff der Anerkennung gegen das instrumentelle Selbst(miss)verständnis der Begierde (Bedürfniszirkel), über die Motive Liebe und Kampf aus – wobei hinsichtlich des Selbsterhalts noch einmal genauer zwischen den Aspekten der sinnlich-leiblichen Existenz wie der Provokation durch seinesgleichen unterschieden werden muss – wie einem übersummenhaften „Wir“, so rührt dessen Attraktivität nach Siep daher, dass er die liberalistische Forderung nach formeller Freiheit und rechtlicher Gleichheit um die affektiven Punkte weitreichender Solidarität und Wertschätzung erweitert. Und das wohlgemerkt, sowohl auf individueller wie überindividueller Ebene. Erstens. Zweitens, weil er durch seinen Begriff wie seine Analyse der Anerkennung eine Deutungsfolie bereitstellt, auf der sich das Soziale zunächst ebenso gut verstehen, wie dann die Logik seiner Konflikte nachzeichnen lässt. Wobei letzteres nach Siep über Hegel hinausweist. Gewissermaßen sozialpsychologisch auf die von ihm konstatierte „Asymmetrie“ reagiert (vgl. ebd., 112 f. u. 121). Wie dem auch sei, nach Siep übersetzt sich die aufgezeigte Parallele zum Schluss in eine innere. Nämlich in die zwischen der spekulativen Staatsräson der Rechtsphilosophie, wie der insgeheim spinozistischen Akzentsetzung des spekulativen Satzes. So sehr das Absolute auch als Subjekt aufzufassen ist, bleibt „auf der institutionellen Ebene [gleichwohl S.S.] etwas von der Zufälligkeit und Ersetzbarkeit der Akzidenzien im Verhältnis zur Substanz erhalten […]. Sittlich zu leben, heißt vor allem auch begreifen, daß die staatlichen Institutionen Selbstzwecke sind, für die die Existenz und das Wohl der Einzelnen im Konfliktfall bloß akzidentell sind.“ (ebd., 123). Für Gamm ist die Geschichte damit gleichwohl noch nicht zu Ende. Ein wesentliches Kapitel derselben macht für ihn vielmehr Schellings Gegenrede aus. Der späte Schelling erkundet einen Begriff „Positiver Unbestimmtheit“, der erstens mit identitätsphilosophischen Prämissen bricht und zweitens darüber ein logisches Formular bereitstellt, das (kritisch) auf die nietzeanische Moderne vorausdeutet. D.h., mittels des von ihm ausgewiesenen Stachels eines irreduziblen „Unbestimmten X“ im Herzen des Bestimmtheitsdenkens, dem nicht zuletzt durch phänomenologische Untersuchungen promovierten Denkens in Figuren und Konstellationen zu seiner paradigmatischen Rolle verhilft (vgl. ebd., 212 ff.).

geben.[55] Hans Jörg Sandkühler kommt zu folgendem Summenschluss: „Zusammenfassend kann man feststellen, daß im Deutschen Idealismus der Flirt der philosophischen Vernunft mit dem Absoluten kurz, heftig und sehr variationsreich war, aber zu keiner stabilen Verbindung führte." (Sandkühler 2005: 12) Anscheinend dauert der Flirt also an.

55 Als Gesprächsleitfaden dürfte etwa das Verzeihen dienen können. Auch im Verzeihen wird Gelingen gewährt. Zudem, prononciert wird mit den evaluativen Selbstverhältnissen die Fähigkeit, die Dinge bzw. sich selbst in der Schwebe zu halten? Nach Terry Pinkard ist es dieses Talent, das bei der Lektüre der von Hegel in der Phänomenologie des Geistes im Kontext der Gewissensdialektik entfalteten Macht des Verzeihens die Richtung vorgibt. Inhaltlich zeigt sich dieses Kapitel durch den Widerstreit von ironiefreien Normverfechtern wie ironiebegabten Normverächtern bestimmt. Auf Folie dieses Streits lässt sich nach Pinkard nachzeichnen, wie Hegel mit der im Verzeihen aufgipfelnden Gewissensdialektik Kants praktische Vernunft sozialphilosophisch wendet (vgl. Pinkard 1996: 219).

Siglenverzeichnis

Immanuel Kant

GMS = *Grundlegung zur Metaphysik der Sitten (1785)*

KpV = *Kritik der praktischen Vernunft (1788)*

KrV = *Kritik der reinen Vernunft (1782)*

KU = *Kritik der Urteilskraft (1790)*

MdS = *Die Metaphysik der Sitten (1797)*

Prol. = *Prolegomena zu einer jeden künftigen Metaphysik, die als Wissenschaft wird auftreten können (1783)*

RGV = *Die Religion innerhalb der Grenzen der bloßen Vernunft (1793)*

TP = *Über den Gemeinspruch: Das mag in der Theorie richtig sein, taugt aber nicht für die Praxis (1793)*

ÜGTP = *Über den Gebrauch teleologischer Prinzipien in der Philosophie (1788)*

WDO = *Was heißt sich im Denken orientieren? (1786)*

VRLM = *Über ein vermeintes Recht aus Menschenliebe zu lügen (1797)*

SzP = *Schriften zur Pädagogik.*

Johann Gottlieb Fichte

AeR = *Rezension des Aenesidemus (1792)*

BM = *Die Bestimmung des Menschen (1800)*

BWL = *Über den Begriff der Wissenschaftslehre (1794)*

ErE = *Erste Einleitung in die Wissenschaftslehre (1797)*

GGW = *Über den Grund unseres Glaubens an eine göttliche Weltregierung (1798)*

GNR = *Grundlagen des Naturrechts (1796)*

GWL = *Grundlage der Wissenschaftslehre (1994/95)*

VnD = *Versuch einer neuen Darstellung der Wissenschaftslehre (1798)*

ZwE = *Zweite Einleitung in die Wissenschaftslehre (1797)*

Friedrich Wilhelm Joseph von Schelling

IdW = *Abhandlung zur Erläuterung des Idealismus der Wissenschaftslehre (1796/97)*

GnP = *Geschichte der neueren Philosophie*

PdN = *Einleitung zu: Ideen zu einer Philosophie der Natur als Einleitung in das Studium dieser Wissenschaft (1797)*

ÜdU = *Vom Ich als Prinzip der Philosophie oder über das Unbedingte im menschlichen Wissen (1795)*

Georg Wilhelm Friedrich Hegel

DS = *Differenz des Fichteschen und Schellingschen Systems der Philosophie (1801)*

EpW = *Enzyklopädie der philosophischen Wissenschaften im Grundrisse (1830)*

GPR = *Grundlinien der Philosophie des Rechts (1821)*

GW = *Glauben und Wissen oder Reflexionsphilosophie der Subjektivität in der Vollständigkeit ihrer Formen als Kantische, Jacobische und Fichtesche Philosophie (1802/03)*

PhG = *Phänomenologie des Geistes (1807)*

WBN = *Über die wissenschaftliche Behandlungsart des Naturrechts, seine Stelle in der praktischen Philosophie und sein Verhältnis zu den positiven Rechtswissenschaften (1802/03)*

FS = *Frühe Schriften.*

Friedrich Schiller

AW = *Über Anmut und Würde (1793)*

ÄE = *Über die ästhetische Erziehung des Menschen in einer Reihe von Briefen (1795)*

GdV = *Über den Grund des Vergnügens an tragischen Gegenständen (1792)*

KB = *Kallias oder über die Schönheit (1793)*

ÜdP = *Über das Pathetische (1793)*

Literaturverzeichnis

Adorno, Theodor W.: Soziologische Schriften 1. Frankfurt a.M. 1979.

Bahar, Alexander: Auf dem Weg in ein neues Mittelalter? Folter im 21. Jahrhundert. München 2009.

Bauman, Zygmunt: Identitätsprobleme in der Postmoderne. In: Widersprüche Heft 55. 1995.

Bauman, Zygmunt: Verworfenes Leben. Bonn 2005.

Beckerman, Ansgar: Schließt biologische Determiniertheit Freiheit aus? In: Hermanni, Friedrich/Koslowski, Peter (Hg.): Der freie und der unfreie Wille. Philosophische und theologische Perspektiven. München 2004.

Beck, Ulrich: Risikogesellschaft. Auf dem Weg in eine andere Moderne. Frankfurt a.M. 1986.

Bielefeldt, Heiner: Die Menschenwürde als Fundament der Menschenrechte. In: Jahrbuch Menschenrecht. Schwerpunkt Frauenrechte durchsetzen! Frankfurt a.M. 2004.

Birnbacher, Dieter: Natürlichkeit. Berlin 2006.

Bieri, Peter: Das Handwerk der Freiheit. Über die Entdeckung des eigenen Willens. Frankfurt a.M. 2006.

Bittner, Rüdiger: Probleme, theoretische Probleme, philosophische Probleme. In: Schulte, Joachim/Wenzel, Justus, Uwe (Hg.): Was ist ein ‚philosophisches' Problem? Frankfurt a.M. 2001.

Bayertz, Kurt: Einleitung: Warum moralisch sein? In: Bayertz, Kurt (Hg.): Warum moralisch sein? Paderborn 2006.

Böhme, Gernot: Ethik im Kontext. Frankfurt a.M. 1997.

Bollenbeck, Georg: Bildung und Kultur. Glanz und Elend eines deutschen Deutungsmusters. Frankfurt a.M. 1996.

Brumlik, Micha: Weltbürgerliche Tugend im Zeitalter der Globalisierung: Menschenrechtliche Bildung und globales Gedächtnis. In: Beiheft der Zeitschrift für Pädagogik 29. Weinheim 1992.

Bubner, Rüdiger: Das Endliche und das Unendliche und der Übergang. Ein Motiv der Systembegründung im Frühidealismus. In: Stolzenberg, Jürgen (Hg.): Kant und der Frühidealismus. Hamburg 2007.

Cassirer, Ernst: Idee und Gestalt. Darmstadt 1971.

Drilo, Kazimir: Dieter Henrichs Theorie des bewussten Lebens. Online erschienen: 15.05.2009 http://epub.ub.uni-muenchen.de/12509/1/Drilo_Dieter_Henrichs_Theorie_des_bewussten_Lebens.pdf

Fichte, Johann Gottlieb: Die Bestimmung des Menschen. Stuttgart 2003.

Fichte, Johann Gottlieb: Fichtes Werke Band V. Zur Religionsphilosophie. Berlin 1971.

Fichte, Johann Gottlieb: Fichtes Werke Band III. Zur Rechts- und Sittenlehre I. Berlin 1971.

Fichte, Johann Gottlieb: Fichtes Werke Band I. Zur theoretischen Philosophie. Berlin 1971.

Frank, Manfred: Einführung in die frühromantische Ästhetik. Vorlesungen. Frankfurt a.M. 1989.

Frank, Manfred: Die Unhintergehbarkeit von Individualität. Frankfurt a.M. 1986.

Frank, Manfred: Warum bin ich Ich? Eine Frage für Kinder und Erwachsene. Frankfurt a.M. 2007.

Frankfurt, Harry G.: Sich selbst ernst nehmen. Frankfurt a.M. 2007.

Frankfurt, Harry G.: Gründe der Liebe. Frankfurt a.M. 2014.

Frankfurt, Harry G.: Alternate Possibilities and Moral Responsibility. In: The Journal of Philosophy, Vol. 66, No. 23. (Dec. 4, 1969), S. 829-839.

Frankfurt, Harry G.: Freedom of the Will and the Concept of a Person. In: The Journal of Philosophy, Vol. 68, No. 1. (Jan 14, 1971), S. 5-20.

Frede, Dorothea: Meditationen über Sein und Sinn philosophischer Probleme. In: Schulte, Joachim/Wenzel, Justus, Uwe (Hg.): Was ist ein ‚philosophisches' Problem? Frankfurt a.M. 2001.

Freud, Sigmund: Gesammelte Werke Band 16. Frankfurt a.M. 1999.

Früchtl, Josef: Ethik und Ästhetik. Eine nachmetaphysische Attraktion. In: Bubner, Rüdiger/Waldenfels, Bernhard: Philosophische Rundschau. Tübingen 1992.

Fulda, Friedrich Hans: Der Begriff der Freiheit – Schlußstein von dem ganzen Gebäude eines Systems der reinen Vernunft? In: Stolzenberg, Jürgen (Hg.): Kant und der Frühidealismus. Hamburg 2007.

Gamm, Gerhard: Der unbestimmte Mensch. Zur medialen Konstruktion von Subjektivität. Berlin 2004.

Gamm, Gerhard: Nicht nichts. Studien zu einer Semantik des Unbestimmten. Frankfurt a.M. 2000.

Gamm, Gerhard: Flucht aus der Kategorie. Die Positivierung des Unbestimmten als Ausgang aus der Moderne. Frankfurt a.M. 1994.

Gamm, Gerhard: Das rätselvoll Unbestimmte. Zur Struktur ästhetischer Erfahrung im Spiegel der Kunst. Gamm, Gerhard/Schürmann Eva (Hg.): Das unendliche Kunstwerk. Von der Bestimmtheit des Unbestimmten in der ästhetischen Erfahrung. Berlin 2007.

Gamm, Gerhard: Der Deutsche Idealismus. Eine Einführung in die Philosophie von

Fichte, Hegel und Schelling. Stuttgart 1997.

Gamm, Gerhard: Die Macht der Metapher. Im Labyrinth der modernen Welt. Stuttgart 1992.

Gamm, Gerhard: Philosophie im Zeitalter der Extreme. Darmstadt 2009.

Gerhardt, Volker: Selbstbestimmung. Das Prinzip der Individualität. Stuttgart 2007.

Gerhardt, Volker: Lebensführung. Die Individualität des Menschen. Juni 2007. Online erschienen: 01.06.2007 http: //www.jp.philo.at/texte/GerhardtV1.pdf

Gerhard, Volker: Das Subjekt ist die Substanz. Laudatio auf Dieter Henrich. http:// www1.stuttgart.de/stadtbuecherei/ldh/HenrichHegel203.pdf

Gerhardt, Volker: Selbstbestimmung: zur Aktualität eines Begriffs. In: fiph-Journal Nr. 8, 2006.

Giddens, Anthony: Die Konstitution der Gesellschaft. Frankfurt a. M. 1997.

Habermas, Jürgen: Der philosophische Diskurs der Moderne. Frankfurt a.M. 1988.

Habermas, Jürgen: Theorie des kommunikativen Handelns. Frankfurt a.M. 1995.

Heitmeyer, Wilhelm: Es geht ums Ganze, es geht um Anerkennung. Rede auf den bielefelder Hauptschultagen 1996 (unveröffentlichtes Redemanuskript).

Hegel Georg Wilhelm Friedrich: Phänomenologie des Geistes. Werke Band 3. Frankfurt a.M. 1986.

Hegel Georg Wilhelm Friedrich: Frühe Schriften. Werke Band 1. Frankfurt a.M. 1986.

Hegel Georg Wilhelm Friedrich: Grundlinien der Philosophie des Rechts. Werke Band 7. Frankfurt a.M. 2000.

Hegel Georg Wilhelm Friedrich: Frühe Schriften. Werke Band 1. Frankfurt a.M. 1986.

Hegel Georg Wilhelm Friedrich: Jenaer Schriften. Werke Band 2. Frankfurt a.M. 1986.

Henrich, Dieter: Hegel im Kontext. Frankfurt a.M. 2010.

Henrich, Dieter: Bewußtes Leben. Stuttgart 1999.

Henrich, Dieter: Denken und Selbstsein. Vorlesungen über Subjektivität. Frankfurt a.M. 2007.

Henrich, Dieter: Selbstsein und Bewusstsein. Online erschienen: 01.06.2007 In: e-journal Philosophie der Psychologie 2007. http://www.jp.philo.at/texte/HenrichD1.pdf

Henrich, Dieter: Selbstverhältnisse. Stuttgart 2001.

Henrich, Dieter: Das eine Problem, sich Problem zu sein. In: Schulte, Joachim/ Wenzel, Justus Uwe (Hg.): Was ist ein ‚philosophisches' Problem? Frankfurt a.M. 2001.

Henrich, Dieter: Fichtes ursprüngliche Einsicht. Frankfurt a.M. 1967.

Horster, Detlev: Was soll ich tun? Moral im 21. Jahrhundert. Leipzig 2005.

Horstmann, Peter-Rolf: Deutscher Idealismus – ein Aufstand der Epigonen? Online erschienen: 14.01.2014 http://www.philosophie.hu-berlin.de/institut/lehrbereiche/idealismus/mitarbeiter1/horstmann/texte/Aufstand%281996b%29.pdf

Höffe, Otfried. Immanuel Kant. München 2000.

Höffe, Otfried: Kants Kritik der reinen Vernunft. Die Grundlegung der Modernen Philosophie. München 2004.

Hölderlin, Friedrich: Hyperion. Oder der Eremit in Griechenland. Stuttgart 2000.

Hume, David: Untersuchung über den menschlichen Verstand. Essen 1999.

Jacobi, Friedrich H: Jacobi an Fichte. Hamburg 1799.

Jacobs, Wilhelm G.: Johann Gottlieb Fichte. Eine Biographie. Berlin 2012.

Jannidis, Fotis: Die Bestimmung des Menschen. Kultursemiotische Beschreibung einer sprachlichen Formel. Online erschienen: 07.03.2004 In: Goethezeitportal. http://www.goethezeitportal.de/db/wiss/epoche/jannidis_bestimmung.pdf

Kant, Immanuel: Die Metaphysik der Sitten. Stuttgart 1997.

Kant, Immanuel: Die Religion innerhalb der Grenzen der bloßen Vernunft. Stuttgart 2004.

Kant, Immanuel: Träume eines Geistersehers und andere vorkritische Schriften. Werke 1. Köln 1995.

Kant, Immanuel: Der Streit der Facultäten und kleinere Abhandlungen. Werke 6. Köln 1995.

Kant, Immanuel: Prolegomena zu einer jeden künftigen Metaphysik, die als Wissenschaft wird auftreten können. Stuttgart 2009.

Kant, Immanuel: Schriften zur Geschichtsphilosophie. Stuttgart 1999.

Kant, Immanuel: Werke in 10 Bänden. Darmstadt 1998.

Kant, Immanuel: Kritik der reinen Vernunft. Hamburg 1993.

Kant, Immanuel: Kritik der praktischen Vernunft/Grundlegung zur Metaphysik der Sitten. Werkausgabe Band VII. Frankfurt a.M. 1977.

Kant, Immanuel: Ausgewählte Schriften zur Pädagogik und ihrer Begründung. Paderborn 1982.

Kant, Immanuel: Kritik der Urteilskraft. Werkausgabe Band X. Frankfurt a.M. 1974.

Keil, Geert: Willensfreiheit und Determinismus. Stuttgart 2009.

Kühn, Manfred: Kant. Eine Biographie. München 2007.

Lévinas, Emmanuel: Die Spur des Anderen. Untersuchungen zur Phänomenologie und Sozialphilosophie. Freiburg 1999.

Lichtenberg, Christoph Georg: Aphorismen. Briefe. Satiren. Stuttgart 1962.

Luckner, Andreas: Mit dem Ich auf Du und Du. Die deutschen Idealisten. In: der blaue reiter. Journal für Philosophie „Ich" (15). Stuttgart 2002.

Margalit, Avishai: Politik der Würde. Über Achtung und Verachtung. Berlin 1997

Martens, Ekkehard: Ich denke, also bin ich. Grundtexte der Philosophie. München 2006.

Mead, George H.: Geist, Identität und Gesellschaft. Frankfurt a.M. 1973.

Menke, Christoph: Wahrnehmung, Tätigkeit, Selbstreflexion: Zur Genese und Dialektik der Ästhetik. In: Kern, Andrea/Sonderegger, Ruth (Hg.): Falsche Gegensätze. Zeitgenössische Positionen zur philosophischen Ästhetik. Frankfurt a.M. 2002.

Menke, Christoph: Tugend und Respekt. In: ZDF-nachtstudio (Hg.). Tugend und Laster. Gradmesser der Menschlichkeit. Frankfurt. a. M. 2004.

Menke, Christoph/Pollmann, Arnd: Philosophie der Menschenrechte. Hamburg 2008.

Meyer-Sickendiek, Burkhard: Scham und Grazie. Zur Paradoxie der „schönen Seele“ im achtzehnten Jahrhundert. Online erschienen 28.05.2004 In: Goethezeitportal. http://www.goethezeitportal.de/db/wiss/epoche/meyers_seele.pdf

Moore, George E.: Freier Wille. In: Ulrich Pothast (Hg.): Seminar: Freies Handeln und Determinismus. Frankfurt a.M. 2016.

Nagel, Thomas: Was bedeutet das alles? Eine ganz kurze Einführung in die Philosophie. Stuttgart 2007.

Neiman, Susan: Das Böse denken. Eine andere Geschichte der Philosophie. Frankfurt a.M. 2006.

Nida-Rümelin, Julian: Strukturelle Rationalität. Stuttgart 2016.

Nida-Rümelin, Julian: Über menschliche Freiheit. Stuttgart 2012.

Nida-Rümelin, Julian: Tief in unserer Lebenswelt verwurzelt. Humanismus und Freiheit: Die vollständige naturalistische Erklärung unseres Handelns steht im Widerspruch zu unserer moralischen Alltagspraxis. In: Frankfurter Rundschau Nr. 52. 2004.

Nietzsche, Friedrich: Werke I. München 1972.

Nietzsche, Friedrich: Werke III. München 1979.

Noetzel, Wilfried: Mit Anmut und Würde. Professor Dr. Schillers Anthropologie und Lebenskunst. In: Zeitschrift Aufklärung & Kritik 2. 12. Jahrgang. Nürnberg 2005.

Pauen, Michael: Illusion Freiheit? Mögliche und unmögliche Konsequenzen der Hirnforschung. Frankfurt a.M. 2004.

Pauen, Michael: Freiheit: Eine Minimalkonzeption. In: Hermanni, Friedrich/Koslowski, Peter (Hg.): Der freie und der unfreie Wille. Philosophische und theologische Perspektiven. München 2004.

Pauen, Michael: Eine Frage der Selbstbestimmung. In. Spektrum der Wissenschaft (Highlights). Heidelberg 2015.

Pessoa, Fernando: Das Buch der Unruhe des Hilfsbuchhalters Bernardo Soares. Frankfurt a.M. 2006.

Pinkard, Terry: Hegel´s Phenomenology. The Sociality of Reason. Cambridge 1996.

Pothast, Ulrich: Letzte Verantwortlichkeit und Verantwortlichkeit unter Menschen. Über einen vernachlässigten Aspekt des Streits um Willensfreiheit. In: Hermanni, Friedrich/Koslowski, Peter (Hg.): Der freie und der unfreie Wille. Philosophische und theologische Perspektiven. München 2004.

Pothast, Ulrich: Einleitung. In: Ulrich Pothast (Hg.): Seminar: Freies Handeln und Determinismus. Frankfurt a.M. 2016.

Pothast, Ulrich: Die Unzulänglichkeit der Freiheitsbeweise. Frankfurt a.M. 1987.

Prauss, Gerold: Für sich selber praktische Vernunft. In: Gerhard Schönrich/Yasushi Kato (Hg): Kant in der Diskussion der Moderne. Frankfurt a.M. 1997.

Rancière, Jacques: Das Unbehagen in der Ästhetik. Wien 2007.

Ritsert, Jürgen: Aufforderung zur Selbstständigkeit. Zur Philosophie der Bildung in Fichtes Naturrechtslehre. In: Franz Grubauer (Hg.): Subjektivität – Bildung – Reproduktion. Perspektiven einer kritischen Bildungstheorie. Weinheim 1992.

Rohs, Peter: Johann Gottlieb Fichte. München 1991.

Rosenkranz, Karl: Georg Wilhelm Friedrich Hegels Leben. Darmstadt 1998.

Rorty, Richard: Solidarität oder Objektivität. Stuttgart 2005.

Rorty, Richard: Stolz auf unser Land. Die amerikanische Linke und der Patriotismus. Frankfurt a.M. 1999.

Rorty, Richard: Hoffnung statt Erkenntnis. Eine Einführung in die pragmatische Philosophie IWM-Vorlesungen zur modernen Philosophie. Wien 1994.

Rousseau, Jacques-Jean: Abhandlung über den Ursprung und die Grundlagen der Ungleichheit unter den Menschen. Stuttgart 2008.

Safranski, Rüdiger: Friedrich Schiller oder die Erfindung des deutschen Idealismus. München 2004.

Sandkühler, Jörg Hans: Handbuch Deutscher Idealismus. Stuttgart/Weimar 2005.

Schäfer, Rainer: Johann Gottlieb Fichtes ‚Grundlage der gesamten Wissenschaftslehre' von 1794. Darmstadt 2006.

Schelling, Friedrich Wilhelm Joseph: Ausgewählte Schriften. Band 1 (1794-1800). Frankfurt a.M. 1985.

Schelling, Friedrich Wilhelm Joseph: Zur Geschichte der neueren Philosophie. Münchener Vorlesungen. Darmstadt 1959.

Schiller, Friedrich Wilhelm Joseph: Sämtliche Werke Band 5. Erzählungen/ Theoretische Schriften. München

Schiller, Friedrich Wilhelm Joseph: Theoretische Schriften. Köln 1999.

Schmid, Wilhelm Wilhelm Joseph: Glück. Alles, was Sie darüber wissen müssen, und warum es nicht das Wichtigste im Leben ist. Frankfurt a.M. 2007.

Schnädelbach Herbert: Werte und Würde. In: Thies, Christian (Hg): Der Wert der Menschenwürde. Paderborn 2009.

Schnädelbach, Herbert: Kant – der Philosoph der Moderne. In: Gerhard Schönrich/Yasushi Kato (Hg): Kant in der Diskussion der Moderne. Frankfurt a.M. 1997.

Schnädelbach, Herbert: Hegels Lehre von der Wahrheit. Antrittsvorlesung 26. Mai 1993. http://edoc.hu-berlin.de/humboldt-vl/schnaedelbach-herbert/PDF/Schnaedelbach.pdf

Schnädelbach, Herbert: Ist alles bloß Ansichtssache? Meinen, Glauben und Wissen. In: Schnädelbach Herbert/Hastedt Heiner/Keil, Geert (Hg.): Was können wir wissen, was sollen wir tun? Zwölf philosophische Antworten. Hamburg 2009.

Schnädelbach, Herbert: Vernunft. Stuttgart 2007.

Schönrich, Gerhard: Bei Gelegenheit Diskurs. Von den Grenzen der Diskursethik und dem Preis der Letztbegründung. Frankfurt a.M. 1994.

Schulz, Walter: Fichte/Kierkegaard. Pfullingen 1977.

Schulz, Walter: Vernunft und Freiheit. Aufsätze und Vorträge. Stuttgart 1981.

Schwinger, Elke: Angewandte Ethik: Naturrecht/ Menschenrechte. München 2001.

Seel, Martin: Paradoxien der Erfüllung. Philosophische Essays. Frankfurt a.M. 2006.

Siep, Ludwig: Der Weg der Phänomenologie des Geistes. Ein einführender Kommentar zu Hegels „Differenzschrift“ und „Phänomenologie des Geistes“. Frankfurt a.M. 2000.

Siep, Ludwig: Die Bewegung des Anerkennens in Hegels Phänomenologie des Geistes. In: Köhler, Dietmar/Pöggeler Otto (Hg.): G.W.F. Hegel. Phänomenologie des Geistes. Berlin 1998.

Siep, Ludwig: Anerkennung in der Phänomenologie des Geistes und der praktischen Philosophie der Gegenwart. In: Information Philosophie Heft 1. März 2008.

Simmel, Georg: Aufsätze und Abhandlungen 1909-1918. Frankfurt a.M. 2001.

Simmel, Georg: Individualismus der modernen Zeit. Frankfurt a.M. 2008.

Singer, Peter: Praktische Ethik. Stuttgart 1994.

Stegmaier, Werner/Frank Hartwig: Interpretationen. Hauptwerke der Philosophie von Kant bis Nietzsche. Stuttgart 2000.

Stocker, Michael: Die Schizophrenie moderner ethischer Theorien. In: Rippe, Peter Klaus/Schaber, Peter (Hg.): Tugendethik. Stuttgart 1998.

Strawson, F. Peter: Freiheit und Übelnehmen. In: Ulrich Pothast (Hg.): Seminar: Freies Handeln und Determinismus. Frankfurt a. M. 2016.

Schulz, Walter: Vernunft und Freiheit. Stuttgart 1981.

Taylor, Charles: Sources of the Self. The Making of the Modern Identity. Cambridge 1989.

Taylor, Charles: Wieviel Gemeinschaft braucht die Demokratie? Aufsätze zur politischen Philosophie. Frankfurt a.M. 1998.

Taylor, Charles: Die Motive einer Verfahrensethik. In: Kuhlmann, Wolfgang (Hg.): Moralität und Sittlichkeit. Frankfurt a.M. 1986.

Tugendhat, Ernst: Philosophische Aufsätze. Frankfurt a.M. 1992.

Tugendhat, Ernst: Selbstbewußtsein und Selbstbestimmung. Sprachanalytische Interpretationen. Frankfurt a.M. 1979.

Thyen, Anke: Kopernikanische Bescheidenheit und Rigorismus. Das ambivalente Erbe der deutschen Spätaufklärung nach Kant und Schiller. Online erschienen: 01.06.2006 http://www.velbrueck-wissenschaft.de/pdfs/2006_thyen.pdf

Walzer, Michael: Lokale Kritik – globale Standards. Hamburg 1996.

Welsch, Wolfgang: Ästhetisches Denken. Stuttgart 2003.

Williams, Bernard: Der Amoralist. In: Bayertz, Kurt (Hg.): Warum moralisch sein? Paderborn 2006.

Wittgenstein, Ludwig: Über Gewißheit. Werkausgabe Band 8. Frankfurt a.M. 1984.

Wolf, Ursula: Das moralische Sollen. In: Information Philosophie. August 2010.

Ziolkowski, Theodore: Das Wunderjahr von Jena. Geist und Gesellschaft 1794/95. Stuttgart 1998.

Zeitfracht Medien GmbH
Ferdinand-Jühlke-Straße 7
99095 Erfurt, Deutschland
produktsicherheit@kolibri360.de